青山学院大学法学叢書　第10巻

弁護人の援助を受ける権利の現代的展開

Recent Developments in Right to Assistance of Counsel

葛野 尋之
Hiroyuki Kuzuno

日本評論社

はじめに

　私は、前著『刑事司法改革と刑事弁護』（現代人文社、2016年）の「はじめに」において、次のように述べた。

　　防御の主体は、あくまでも被疑者・被告人自身である。弁護人は、刑事手続において被疑者・被告人の主体性と参加が保障され、それらが具体化するように、被疑者・被告人に対して法的援助を提供する役割を負っている。弁護人がこのような役割を十分に果たし、それによって被疑者・被告人の主体性と参加が確保されてこそ、刑事手続の基本構造たる当事者主義は実質化する。当事者主義が真実の発見という目的に寄与しうるのは、このときである。

　被疑者・被告人が、刑事手続において、捜査・訴追を担う国の機関と対峙するなかで、捜査・訴追の客体となることなく、手続に自ら参加する主体としての地位を確保するためには、自己に保障された防御権を実効的に行使することができるよう、弁護人の効果的な援助を保障されなければならない。弁護人は、その職責として、被疑者・被告人による防御権の実効的な行使を可能にするような効果的な援助を提供するために、力を尽くさなければならない。
　近年、被疑者弁護の拡大とともに、刑事手続全体にわたり刑事弁護の高度化が進んでいる。刑事弁護の高度化は、身体拘束を回避し短期化するための積極的な活動、頻繁な接見、捜査機関に対する内部的取調べガイドラインを遵守せよとの要求、義務化対象外の事件についての取調べ録音・録画の要求、原則黙秘の防御方針の採用、在宅事件を含む取調べ立会の要求、積極的な証拠開示の要求、説得力あるケースセオリーの構築、周到な尋問準備、高度な尋問・弁論技術、誤判の是正を求める再審弁護など、さまざまな形において具体化している。刑事弁護の拡大と高度化に伴い、被疑者・被告人は、自己

の防御権を実効的に行使しうるようになり、刑事手続の主体としての実質を取り戻しつつある。また、刑事弁護の拡大と高度化は、刑事手続全体が透明性を高め、公正さを強めることを促している。

　私が、弁護人の援助を受ける権利の現代的な展開を主題とする本書を刊行しようと考えたのは、このような刑事手続の変化に刺激されたからである。弁護人の援助を受ける権利をさらに強化し、被疑者・被告人の主体性と参加をいっそう促進するために、理論面でも、制度・手続面でも、なお多くの問題が残されている。これらは、研究の対象とすべき重要な課題である。

　本書各章のもとになった論攷のいくつかは、刑事弁護のあり方、すなわち被疑者・被告人の弁護人の援助を受ける権利の保障のあり方が問われた訴訟について、先端的な刑事弁護の担い手たる弁護士諸氏より依頼され、作成し、裁判所に提出した「意見書」をベースにしたものである。本書所収のもの以外にも、いくつかの「意見書」を作成する機会を与えられた。これら「意見書」の作成を通じて、刑事弁護が直面する生きた問題について知り、被疑者・被告人が効果的な弁護を受けるために解決すべき重要な課題について、深く考えることができた。事件の当事者の方々をはじめ、関係諸氏に、感謝申し上げる。しかし、訴訟においては、望んだ結果が得られなかったものもある。自らの非力を痛感するとともに、今後も研究を続け、深めていかなければならないとの思いに駆られる。

　前著『刑事司法改革と刑事弁護』を上梓してから、8年近くが経過した。2022年まで勤務した一橋大学からは、落ち着いた研究環境の提供を受け、研究の遂行を大いに励まされた。また、学部、研究大学院、法科大学院の教育を通じて、多くの学生・院生諸氏より、数々の学問的刺激を受けた。感謝申し上げる。

　青山学院大学においては、キリスト教主義のもとで、静かで暖かな研究環境を与えられている。先輩・同僚諸氏のみならず、学生・院生諸氏からも、一橋大学に在籍していたときと同じく、学問的刺激を受けている。本書を、「青山学院大学法学叢書」として刊行できたことを嬉しく思う。すべてに感謝申し上げる。

　本書の編集を担当されたのは、日本評論社社長の串崎浩氏、同社編集部の

武田彩氏である。串崎氏には、私の最初の単著書である『少年司法の再構築』（日本評論社、2003年）の編集も担当していただき、武田氏には、同書の装丁を担当していただいた。20余年を経て、本書の編集をお二人にご担当いただいたことを嬉しく思う。お二人からは、本書の構成・内容について的確な助言をいただいた。ここに感謝の意を表したい。

2024年11月11日

葛 野 尋 之
国立市の自宅にて

目 次

はじめに　i

初出一覧　xii

序　章　刑事弁護の拡大と高度化——その現状と改革課題……………1
1　考察対象と視点　1
2　総括的評価　3
　（1）弁護人の効果的な援助を受ける権利の実質化
　（2）刑事手続改革と刑事弁護
　（3）矛盾と限界
3　重要領域における法と実務の展開　6
　（1）被疑者取調べ
　（2）接見交通権
　（3）公判弁護の高度化
4　制度改革の課題　8
　（1）国の権利確保義務と制度的基盤の構築
　（2）被逮捕者および取調べを受ける在宅被疑者に対する公的弁護の保障
　（3）被疑者・被告人による弁護士の指名と公的弁護制度の多元化
　（4）身体拘束の抑制
　（5）被疑者取調べにおける黙秘権の確保
　（6）公判弁護のさらなる高度化
5　理論的課題——弁護人の効果的な援助を受ける権利の実質的保障　16
　（1）権利侵害の救済
　（2）弁護人の義務と性格
6　結　語　26

第 1 章　任意同行された被疑者の弁護人の援助を受ける権利……32
　　　　――逮捕状の執行準備と接見機会の保障

1　問題の所在と本章の骨子　32
　（1）本件の経緯
　（2）本件控訴審判決
　（3）理論的課題
2　任意同行された被疑者と弁護人等との面会の利益　37
　（1）弁護人の援助を受ける権利と面会の利益
　（2）過去の裁判例
　（3）本件一審判決（さいたま地判令3・11・12）
　（4）被疑者の弁護人の援助を受ける権利および弁護人の弁護権と適正手続
3　逮捕前の面会と「適正な捜査権の行使」　47
　（1）「適正な捜査権の行使を妨げること」の具体的意味
　（2）被疑者・弁護人等の面会の利益の制約
　（3）逮捕前の面会と逮捕状の適正な執行に対する顕著な支障
　（4）憲法上の権利の侵害、法令違反および判例違反
4　捜査上の必要と面会の制限　55
　（1）刑訴法39条3項の趣旨
　（2）「厳格な時間的制約」の不存在
　（3）制限を認める規定の不存在
　（4）任意処分と強制処分との峻別
　（5）「特段の事情」と「社会通念上相当な範囲の措置」
　（6）憲法上の権利の侵害と判例違反
5　本章の結論　70

第 2 章　任意同行中の被疑者と弁護人等との電話連絡……76
　　　　――被疑者に弁護人等からの電話への不応答を求めた警察官らの措置を違法とした事例（札幌高判令6・6・28 LEX/DB25620302）

1　事実の概要　76
2　判決の要旨　78
3　電話連絡の法的利益　79
　（1）電話連絡による相談・助言
　（2）電話連絡の制限

4　電話連絡の利益の主体　81
　　　5　不応答を求める警察官らの措置　82

第3章　弁解録取と弁護人の援助を受ける権利………………………84
　　1　問題の所在　84
　　2　最判平12・6・13とさいたま地判平25・10・24　86
　　　（1）最判平12・6・13
　　　（2）さいたま地判平25・10・24
　　3　接見指定をしないままに接見させない措置の違法性　90
　　4　弁解録取の目的と取調べへの転化可能性　93
　　　（1）弁解録取の目的と被疑者の選択権
　　　（2）弁解録取の取調べへの転化可能性
　　5　弁解録取と被疑者の防御の準備　99
　　　（1）留置の必要性の再考と被疑者の防御の準備
　　　（2）供述の採取・証拠化と被疑者の防御の準備
　　6　結　論　103

第4章　保護室収容と弁護人接見……………………………………106
　　　――保護室収容中であることを理由にして勾留中の被告人との
　　　　弁護人の接見申出を拒否した拘置所職員の措置を違法とした
　　　　最高裁判決（最判平30・10・25民集72巻5号940頁）
　　1　事実の概要　106
　　2　判決の要旨　108
　　3　本判決の意義　110
　　4　接見交通権の保障と刑事施設の規律・秩序の維持　111
　　5　保護室収容を理由とする接見交通権の制約　113
　　6　告知・確認の原則的義務　117
　　7　面会不許可の判断　118

第5章　接見交通権と被疑者取調べ…………………………………125
　　　――弁護人の援助による被疑者の黙秘権の確保
　　1　本章の課題　125
　　2　接見交通権の生成・発展と被疑者の黙秘権　127
　　　（1）治罪法から旧刑訴法

　　　　（2）現行刑訴法
　　　　（3）接見交通権と被疑者の黙秘権
　　3　捜査・取調べ権限による接見交通権の制限　132
　　　　（1）接見交通権に対する捜査・取調べ権限の優越
　　　　（2）判例法理の限界
　　4　接見交通権と被疑者の黙秘権の確保　137
　　　　（1）欧州人権裁判所の判例
　　　　（2）弁護人にアクセスする権利に関するEU指令
　　　　（3）イギリス法の概要
　　5　終　章——黙秘権確保のための取調べに先立つ接見の保障　148

第6章　弁護人による接見時の情報通信機器の使用をめぐる
　　　　法的問題…………………………………………………………153
　　1　問題の所在と本章の骨子　153
　　　　（1）問題の所在
　　　　（2）本章の骨子
　　2　情報通信機器の使用類型とその持込み・使用の制限　159
　　　　（1）接見交通権の憲法的重要性と情報通信機器の使用
　　　　（2）情報通信機器使用の諸類型
　　　　（3）情報通信機器の持込み・使用の制限
　　3　情報通信機器の使用と「接見」　164
　　　　（1）面会室におけるコミュニケーションとしての「接見」
　　　　（2）「口頭での打合せに付随する証拠書類等の提示」としての
　　　　　　「接見」
　　　　（3）情報通信機器の使用を制限する「法令」の不存在
　　　　（4）接見交通権の本質に及ぶ制限の排除
　　4　庁舎管理権、規律・秩序侵害行為と接見交通権　174
　　　　（1）刑訴法39条2項と刑事収容施設法117条・113条
　　　　（2）刑事収容施設法117条・113条1項の解釈
　　　　（3）刑事収容施設法118条の趣旨と弁護人による情報通信機器の
　　　　　　使用禁止
　　　　（4）弁護人による情報通信機器の使用と逃亡・罪証隠滅の危険
　　　　（5）刑事施設長の禁止措置違反と刑事施設における規律・秩序
　　5　情報通信機器の許容されない使用の回避可能性　186

　　　　（1）情報通信機器の他の使用類型の適法性
　　　　（2）許容されない使用の的確な選別と確実な回避
　　6　結　論　192

第7章　弁護人接見と電子機器の使用……………………………………194
　　　──裁判例の到達点と限界
　　1　本章の課題と検討の視角　194
　　2　資料提示事案の裁判例　196
　　　　（1）大阪高判平17・1・257
　　　　（2）大阪高判平29・12・19
　　　　（3）広島高判平31・3・2811
　　3　スマートフォン事案の裁判例──東京高判令3・3・2　201
　　4　裁判例の判断構造　203
　　　　（1）資料提示事案の裁判例
　　　　（2）スマートフォン事案の裁判例
　　5　理論的検討　206
　　　　（1）地図アプリケーション画像の提示と接見交通権の保障
　　　　（2）地図アプリケーション画像の提示にともなう危険の有無・程度
　　6　終　章──情報通信技術の発達と刑事弁護　213

第8章　被逮捕者と弁護人の援助を受ける権利……………………216
　　　──公的弁護制度と確実な援助要求のための手続保障
　　1　序──逮捕段階における弁護人の援助を受ける権利　216
　　2　イギリス法における弁護人の援助を要求する権利　218
　　　　（1）弁護人の援助を要求する権利
　　　　（2）権利告知および意思確認の手続
　　　　（3）BLAST プロジェクト
　　3　手続初期における弁護人の援助を要求する権利に関するEU法　230
　　　　（1）弁護人の援助を要求する権利
　　　　（2）権利告知の手続
　　4　日本法改革の課題と方向　234
　　　　（1）日本法の現状と課題
　　　　（2）被逮捕者のための公的弁護制度
　　　　（3）確実な援助要求のための手続保障

5　結　語　243

第9章　被疑者の黙秘権と弁護人の効果的な援助を受ける権利……246
　　1　問題状況と本章の課題　246
　　　（1）問題状況
　　　（2）本章の課題
　　2　EU 法およびイギリス法の展開——弁護人の効果的な援助による
　　　黙秘権の確保　249
　　　（1）欧州人権裁判所の判例
　　　（2）弁護人にアクセスする権利に関する EU 指令
　　　（3）イギリス法における弁護人にアクセスする権利
　　　（4）イギリス法における弁護人の効果的な援助
　　3　被疑者の黙秘権を確保するための弁護人の効果的な援助　262
　　　（1）被疑者の黙秘権の内実
　　　（2）黙秘権の確保のための弁護人の効果的な援助
　　　（3）弁護人立会権と取調べ受忍義務
　　　（4）弁護人立会権の行使と取調べ権限の発動との「調整」
　　4　終　章——被疑者取調べの位置と機能　273

第10章　刑事手続における通信秘密の保護………………………277
　　　——弁護人の効果的な援助の保障と正確な事実認定
　　1　日本法の現状と課題　277
　　　（1）接見交通権の歴史的展開
　　　（2）本章の課題
　　2　国際自由権規約による通信秘密の保護　284
　　　（1）国際自由権規約の効力と関連規定
　　　（2）欧州人権条約と欧州人権裁判所判例
　　　（3）国際自由権規約の解釈基準としての欧州人権裁判所判例
　　　　　および国際準則
　　3　秘匿特権の理論的検討　292
　　　（1）理論的根拠
　　　（2）秘匿特権に対する批判
　　　（3）批判に対する応答（1）
　　　（4）自己負罪拒否特権と秘匿特権

　　　　　（4）批判に対する応答（2）
　　4　終章——日本法改革の視座　306
　　　　　（1）手続の公正さと弁護人の効果的な援助
　　　　　（2）裁判所の判決における正確な事実認定

第11章　少年司法における少年の参加・再訪……………………312
　　　　——少年審判における法的援助の保障
　　1　問題設定——「対話」と「参加」　312
　　2　児童の権利条約　314
　　　　　（1）北京ルールズ
　　　　　（2）児童の権利条約
　　　　　（3）児童の権利委員会「一般的意見」
　　3　欧州人権裁判所の判例　318
　　　　　（1）T. 対英国事件・V. 対英国事件判決
　　　　　（2）S.C. 対英国事件判決
　　　　　（3）ギュベチ対トルコ事件判決
　　　　　（4）公正な裁判を受ける権利と実効的な手続参加
　　4　欧州評議会指針および EU 指令　322
　　　　　（1）欧州評議会閣僚委員会「子どもにやさしい司法に関する指針」
　　　　　（2）2016年 EU 指令
　　5　日本法改革の視座　327
　　　　　（1）手続参加の権利構造
　　　　　（2）意見表明権と手続参加権
　　　　　（3）公正な裁判を受ける権利と手続参加権
　　　　　（4）弁護士付添人の法的援助の保障
　　6　結語——少年と弁護士付添人との関係性　336

第12章　再審請求中の死刑執行をめぐる法的問題…………………338
　　1　問題の所在と本章の骨子　338
　　　　　（1）問題の所在
　　　　　（2）本章の骨子
　　2　再審請求権の意義と性格　342
　　　　　（1）再審請求権の基礎
　　　　　（2）再審請求権と裁判を受ける権利

　　　　（3）再審請求権と再審公判の裁判にアクセスする権利
　　3　再審請求中の死刑執行の違法性　350
　　　　（1）死刑執行による再審請求権の侵害
　　　　（2）現行法規定の解釈における基本的視座
　　　　（3）刑訴法442条の解釈
　　　　（4）刑訴法475条の解釈
　　　　（5）再審請求の繰り返しと死刑執行
　　4　再審請求中の死刑執行と請求手続の継続　356
　　　　（1）請求人死亡による請求手続終了とする立場
　　　　（2）請求人死亡後の請求手続の継続
　　　　（3）旧刑訴法の規定との対比
　　　　（4）再審請求中の死刑執行による請求人の死亡
　　5　再審請求中の死刑執行による弁護権の侵害　364
　　　　（1）弁護人の請求手続追行権の法的性格
　　　　（2）再審請求手続における弁護権
　　　　（3）再審請求中の死刑執行による弁護権の侵害
　　6　終　章　371

終　章　刑事弁護の拡大・高度化と起訴基準　……………………………375
　　　　――起訴基準引下げの現実的契機

　　1　問題設定――「精密司法」と起訴基準　375
　　2　起訴基準の引下げ　378
　　　　（1）検察実務における確信基準
　　　　（2）確信基準引下げの提起
　　　　（3）起訴基準引下げの方法
　　3　被疑者取調べの適正化と起訴基準の引下げ　385
　　　　（1）被疑者取調べと起訴基準
　　　　（2）被疑者取調べの適正化
　　　　（3）起訴基準引下げの現実的契機
　　4　結　語――さらなる変化を促進するための手続保障　390

索　引　393

【初出一覧】

序　章　「刑事弁護の拡大と高度化——その現状と改革課題」青山法学論集65巻2号（2023年）

第1章　「任意同行された被疑者の弁護人の援助を受ける権利——逮捕状の執行準備と接見機会の保障」青山法学論集65巻4号（2024年）

第2章　「任意同行中の被疑者に弁護人等からの電話への不応答を求める警察官の措置の適法性」法学セミナー増刊速報判例解説 vol.35新・判例解説Watch2004年10月

第3章　「弁解録取と弁護人の援助を受ける権利」一橋法学21巻3号（2022年）

第4章　「保護室収容と弁護人接見——最判平30・10・25民集72巻5号940頁」判例評論733号（判例時報2430号）（2020年）

第5章　「接見交通権と被疑者取調べ——弁護人の援助による被疑者の黙秘権の確保」葛野尋之＝石田倫識編『接見交通権の理論と実務』（現代人文社、2018年）所収

第6章　「弁護人による接見時の情報通信機器の使用をめぐる法的問題」一橋法学17巻3号（2018年）

第7章　「弁護人接見と電子機器の使用——裁判例の到達点と限界」季刊刑事弁護108号（2021年）

第8章　「被逮捕者と弁護人の援助を受ける権利——公的弁護制度と確実な援助要求のため手続保障」『寺崎嘉博先生古稀祝賀論文集（上）』（成文堂、2021年）所収

第9章　「被疑者の黙秘権と弁護人の効果的援助を受ける権利」『刑事法学と刑事弁護の協働と展望——大出良知・高田昭正・川崎英明・白取祐司先生古稀祝賀論文集』（現代人文社、2020年）所収

第10章　「刑事手続における通信秘密の保護——弁護人の効果的援助の保障と正確な事実認定」一橋法学20巻3号（2021年）

第11章　「少年司法における少年の参加・再訪——少年審判における法的援助の保障」服部朗編集代表『融合分野としての少年法』（成文堂、2023年）所収

第12章　「再審請求中の死刑執行をめぐる法的問題」一橋法学21巻1号（2023年）

終　章　「刑事弁護の拡大・高度化と起訴基準——起訴基準引下げの現実的契機」小坂井久編『取調べの可視化——その理論と実践』（現代人文社、2024年）所収

序章　刑事弁護の拡大と高度化
―― その現状と改革課題

1　考察対象と視点

　刑事訴訟法について、とくにこの30数年間の変化を回顧し、その将来を展望しようとするとき、刑事弁護に注目することが不可欠であろう。1980年代中期に「かなり絶望的」とまでに評された刑事手続の状況[1]は、刑事弁護の沈滞を伴っていた[2]。そこから現在に至る刑事手続の大きな変化は、刑事弁護の量的な拡大と質的な高度化[3]を重要な要素としており、むしろ刑事弁護の拡大・高度化こそが、被疑者・被告人の防御権の実効化を通じて、刑事手続を変化させる力となってきたからである[4]。公判整理手続および裁判員制度に続く、証拠開示、被疑者取調べの録音・録画など、近年の手続改革の帰

＊私は、本章の内容に関連するものとして、日本刑法学会第100回大会第2分科会「刑事訴訟法の回顧と展望」（2022年5月21日・関西学院大学）において報告『「刑事弁護」分野の回顧と展望」を行い、同報告を再現したものとして、葛野尋之「『刑事弁護』分野の回顧と展望」刑法雑誌62巻3号（2023年）を発表した。本章は、同報告において十分論じることのできなかった事項をより詳しく論じ、また、触れなかった問題を検討するなどした別稿である。

1　平野龍一「現行刑事訴訟の診断」『団藤重光博士古稀祝賀論文集（第4巻）』（有斐閣、1985年）407頁。

2　デイビッド・T・ジョンソン（大久保保光ほか訳）『アメリカ人のみた日本の検察制度』（シュプリンガー・フェアラーク東京、2004年、原書2002年）92頁。

3　ここにいう「高度化」とは、被疑者・被告人の権利・利益を擁護し、その防御権を実効化するために誠実にないし熱心に活動する弁護の実践を意味する。「熱心弁護（zealous advocacy）」の現状について、宮澤節生ほか「（ミニ・シンポジウム）刑事弁護の高度化に関する予備的検討」青山法務研究論集18号（2019年）、同「連載・刑事弁護の変化と課題」季刊刑事弁護102～104号（2020年）参照。また、「熱心弁護」の理念と実践例について、註46参照。

趨は、刑事弁護のあり方いかんによるとも指摘されている[5]。

　刑事弁護の回顧と展望については、様々な視点から行うことが可能であろう。ここにおいて、本章は、被疑者・被告人に対する弁護人の効果的な援助を受ける権利（以下、「効果的な弁護を受ける権利」ともいう）の実質化という視点から、それを行うこととする。憲法・刑訴法は、被疑者・被告人を防御の主体として位置づけ、防御権ないし自己弁護権を保障したうえで、弁護人の援助を受ける権利を保障している。このような権利保障の構造からすると、弁護人の援助は、被疑者・被告人の防御主体としての地位を実質化し、その防御権を実効化するための、この意味における効果的な援助でなければならない[6]。そのことは、市民的及び政治的権利に関する国際規約（以下、国際自由権規約）14条3項（b）が、刑事手続においてすべての者は「防御の準備のために十分な時間及び便益を与えられ並びに自ら選任する弁護人と連絡する」権利を保障され、同規定（d）が、「直接に又は自ら選任する弁護人を通じて、防御する」権利を保障される旨規定していることに現れている。「弁護士の役割に関する基本原則」（1990年国連犯罪防止・犯罪者処遇会議決議）においては、より端的に、「全ての人は、自己の権利を保護、確立し、刑事手続のあらゆる段階で自己を防御するために、自ら選任した弁護士の援助を受ける権利を有する」（原則1）と規定されている。弁護人の効果的な援助を受ける権利の実質化という視点を設定したのは、それゆえである。

---

[4] 日本国憲法下における刑事弁護の展開を刑事手続、さらには司法全体の状況との関連において分析したものとして、大出良知『刑事弁護の展開と刑事訴訟』（現代人文社、2019年）参照。刑事弁護の展開についてほかに、上田國廣「刑事弁護の形骸化とその克服への努力」『美奈川成章先生・上田國廣先生古稀祝賀記念論文集』（現代人文社、2016年）、浦功ほか「座談会・日本の刑事弁護の到達点と課題」浦功編『新時代の刑事弁護』（成文堂、2017年）、季刊刑事弁護100号（2019年）所収の諸論攷・座談会参照。

[5] 三井誠「鍵は刑事弁護」論究ジュリスト12号（2015年）110頁。

[6] 村井敏邦「刑事弁護の有効性、相当性」『竹澤哲夫先生古稀祝賀記念論文集』（現代人文社、1998年）112頁、佐藤博史『刑事弁護の技術と倫理』（有斐閣、2007年）20頁、憲法37条3項について、田宮裕「弁護権の実質的な保障」北大法学論集16巻2＝3号（1965年）292頁、田鎖麻衣子「弁護人の効果的な援助を受ける権利」一橋法学16巻2号（2017年）335頁、憲法34条の保障する権利の意味について、最大判平11・3・24民集53巻3号514頁参照。

【グラフ1】被疑者国選弁護人受理件数と選任率

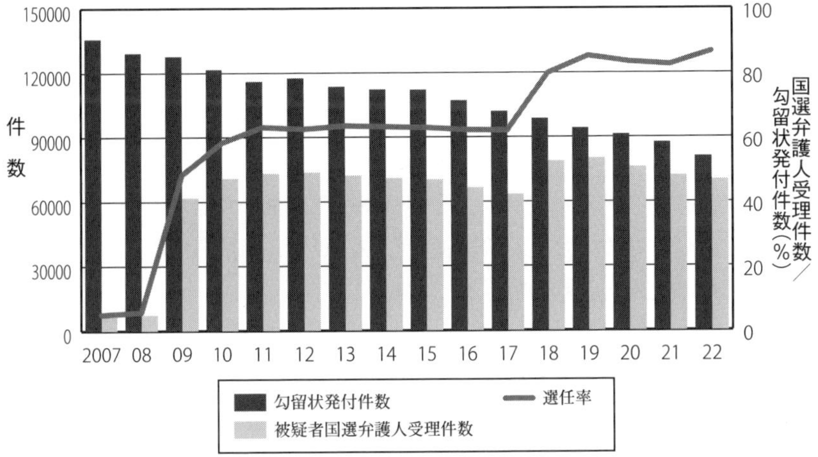

各年の『司法統計年報(刑事編)』をもとに作成

2 総括的評価

(1) 弁護人の効果的な援助を受ける権利の実質化

　総じてみれば、1980年代後期以降、刑事弁護の拡大・高度化を通じて、被疑者・被告人の弁護人の効果的な援助を受ける権利は実質化の方向に前進を遂げた。

　被疑者弁護の貧困に対処するために、1990年、弁護士会がボランティアとしての当番弁護士制度を開始し、92年には全国実施に至った。同制度の実績を踏まえて、世紀転換期の司法制度改革において、被疑者国選弁護制度の導入が決まり、具体化された。2004年刑訴法改正により同制度が導入され、その後、2009年、18年の選任対象の拡大を経て、現在、勾留された被疑者の事件すべてが選任対象とされている。2020年、請求による勾留状発付人員の83.4％にあたる被疑者について国選弁護人が選任されていた。私選弁護人の選任を合わせると、勾留された被疑者の90％程度が実際に弁護人の援助を受けていることになる(【グラフ1】参照)。1990年以前の状況からすると、劇

的ともいえる変化である。

　他方、被疑者弁護の拡大、公判前整理手続と裁判員制度の始動によって、刑事弁護はいっそうの高度化を迫られることとなった。刑事弁護は、捜査と公判を通じての一貫した弁護体制を構築し、日本司法支援センター（法テラス）のスタッフ弁護士、都市型公設事務所、刑事専門弁護士らの先端的な実践に牽引されつつ専門性を高め、また、弁護士会の組織的対応を強化し、専門的研修を拡充させるなどして、質的な高度化を進めてきたといってよい[7]。法科大学院における弁護実務の基礎教育の広がり、司法研修所における刑事弁護修習の強化も、これに寄与している。

（2）刑事手続改革と刑事弁護

　刑事手続の改革が、刑事弁護の拡大・高度化につながるというだけでなく、刑事弁護の拡大・高度化によって、刑事手続がその原則を実質化し、被疑者・被告人の防御権を実効化する方向に変化したことも確かであろう。

　被疑者取調べとの関係において、刑事弁護の拡大・高度化は、被疑者との接見による取調べ状況の把握、それに基づく捜査機関への要望・働き掛けなどを通じて、その適正さを保障する機能を果たす。録音・録画の制度化についても、弁護士会の組織的運動が、その実現に対して重要な役割を担った。勾留請求却下率の上昇、保釈率の上昇など、近年、身体拘束の厳格化の傾向がみられるところ、これに対しても刑事弁護の拡大・高度化、とりわけ捜査初期段階からの身体不拘束に向けた積極的な弁護が寄与しているといえよう（【グラフ2】参照）。

　視点をさらに広げるならば、弁護人の効果的な援助を通じて被疑者・被告人の防御権が実効化されることは、両当事者の武器対等による当事者主義の実質化をもたらす。当事者主義の実質化は、被告人側からの必要な証拠提出とともに、検察官請求証拠の効果的な弾劾によって、裁判所に対して多角的視点に立った証拠評価を促す。もって裁判所がトンネル・ビジョンに陥り、

---

[7] 刑事弁護の担い手の拡大、弁護人の「質」の確保などにおける弁護士会の取組みを含め、菅野亮「刑事弁護人の育成、弁護体制の整備——弁護士会の取組みと課題」法律時報93巻10号（2021年）参照。

【グラフ２】勾留請求却下率と保釈率の推移

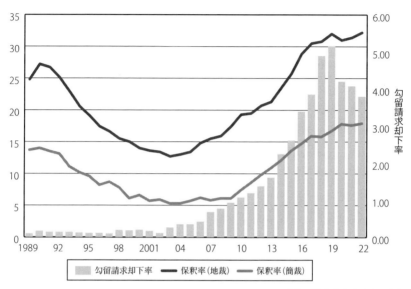

各年の『犯罪白書』をもとに作成

あるいは確証バイアスに囚われることを防止し、それらを解消することとなろう。こうして、刑事訴訟の目的たる正確な事実認定（刑訴１条）に寄与することにもなる[8]。

また、とくに裁判員裁判においては、供述調書の使用が抑制され、直接主義・口頭主義に立った公判審理が再生することにより、捜査と公判の分離を中核とする公判中心主義の実質化が進んでいるところ[9]、ここにおいても、捜査と公判を通じての弁護の高度化が重要な役割を担っている。

（３）矛盾と限界

以上のように、刑事弁護の拡大・高度化によって、被疑者・被告人に対す

---

[8] 葛野尋之「刑事手続における通信秘密の保護――弁護人の効果的援助の保障と正確な事実認定」一橋法学20巻３号（2021年）（本書所収・第10章）1266頁。
[9] 葛野尋之＝王雲海編著『刑事訴訟における公判中心主義――日本と中国』（成文堂、2022年）参照。

る効果的な弁護を受ける権利の保障は実質化を深めてきた。また、当事者主義、公判中心主義など、刑事手続の原則が具体化し、被疑者・被告人の防御主体としての地位が強化されてきた。これらのことは確かである。しかし、刑事弁護が拡大し高度化するにつれて、それと現在の法および実務とのあいだの矛盾も顕在化してきている。この矛盾は、被疑者・被告人の防御権の実効化において、刑事弁護がその真価を最大限に発揮することを妨げる。

また、刑事弁護それ自体においても、逮捕段階での公的弁護制度の不在、弁護の質の確保、効果的な弁護を受ける権利の侵害の救済などの点において、なお制度的・手続的な限界が残存している。

このような矛盾・限界は、必然的に、被疑者・被告人に対する効果的な弁護を受ける権利の保障を限定することになる。同権利の保障をさらに実質化し、もって被疑者・被告人の防御権を実効化するためには、克服すべき課題なのである。この点については後述する。

3 重要領域における法と実務の展開

(1) 被疑者取調べ

いくつかの重要領域における法と実務の展開について指摘する。

当番弁護士制度および被疑者国選弁護制度を通じて、被疑者の弁護人選任が劇的に拡大したことは上記のとおりである。

弁護の高度化についても触れたが、従前に増して頻繁な接見、捜査機関内部のガイドラインの遵守要求、義務化対象外の事件における取調べの録音・録画の要求、在宅事件を含む取調べ立会の要求、さらには「原則黙秘」の弁護方針の広がりなどを通じて、被疑者取調べは、適正さを強める方向へと変化をみせている[10]。

---

10 浦功「取調べの可視化と黙秘権──新時代の刑事弁護の展望」同・註4書、小坂井久「可視化時代の刑事弁護」・秋田真志「弁護人立会権の実践と展望」佐藤博史責任編集『捜査と弁護』(岩波書店、2017年) など参照。

（2）接見交通権

　身体を拘束された被疑者・被告人が弁護人の効果的な援助を具体的に受けようとするとき、最も重要な手段となるのが接見交通である。接見内容の秘密性の保障、接見に際しての弁護人の電子機器の使用などをめぐって、なおも実務上の争いが続いているものの、接見機会の保障については、顕著な前進がみられる[11]。自由な接見機会の保障は、効果的な弁護を受ける権利の実質化に強く寄与するものである。

　現行刑訴法制定時から、捜査・訴追機関のなかには、自由な接見交通が捜査・取調べの強い妨げになるとの意見が強くあった。この意見に応えて設けられた接見指定制度（刑訴39条3項）の運用においては、一般的指定制度がとられ、指定要件たる「捜査のため（の）必要」は罪証隠滅の可能性および取調べ・供述獲得の困難を含む捜査全般の必要性を意味するという理解のもとで、具体的指定が接見要求から相当時間経過後に発せられ、回数・時間が厳しく制限されていた。接見交通権は、捜査・取調べ権限に対して圧倒的な劣位におかれていた。

　1960年代中期より、弁護人が接見指定の適法性を争う準抗告が広がった。1970年代に入り、各地で相次いで、接見指定の違法を主張する国家賠償訴訟が提起され、弁護士会がこれを組織的に支援した。このなかで、1970年代後期より、一連の最高裁判決によって、「捜査のため（の）必要」とは、被疑者を現に取調べ中である、確実で間近な取調べ予定があるなど、接見を認めることにより捜査に対して顕著な支障が生じる場合を意味するものとされ、指定にあたっては弁護人との協議のうえ、速やかな接見の機会を設定すべきものとされた[12]。もっとも、この最高裁判例の立場においても、被疑者の取調べの最中に接見要求があった場合など、接見交通権の行使と捜査・取調べ権限の発動とが現実に拮抗し、両者間の「調整」が実際に必要とされる場面では、前者に対し後者がなお優位におかれている。

　日弁連と法務省との協議を踏まえ、1988年、一般的指定制度は廃止され、

---

[11] 葛野尋之＝石田倫識編著『接見交通権の理論と実務』（現代人文社、2018年）参照。
[12] 最大判平11・3・24民集53巻3号514頁。ここに至る経緯について、赤松範夫「接見妨害を争う国賠訴訟の到達点」葛野＝石田・註11書参照。

接見指定における時期・回数・時間の制限も大幅に緩和された。その後、最高検察庁、警察庁の各2008年通達を通じて、「現に取調べの場合であっても、できる限り早期に接見の機会を与えるように」すべきとされた。被疑者弁護の拡大に伴い、接見要求が現実に増加するなかで、現在、接見指定による接見機会の制限をめぐる争いはみられなくなった。

(3) 公判弁護の高度化

近年の手続改革は、刑事手続の複雑性を高め、刑事弁護に対していっそう高度な専門性を要求するものであった。このような手続環境の変化のなかで、公判前整理手続および裁判員裁判の開始などに伴い、公判弁護も顕著な高度化をみせた。これは、直接主義・口頭主義に立った公判中心主義の実質化と公判手続における当事者対等の具体化につながるものである。

公判前整理手続における証拠開示制度の導入とその拡充、あるいは検察官による任意開示の広がりを通じて[13]、弁護人は、公判前に、限界を残しつつも証拠の全体像を把握し、それを踏まえた十分な防御準備によってケース・セオリーを構築したうえで、公判においては、ケース・セオリーに基づくより効果的な主張・立証および弁論を行うことが可能となった。また、裁判所が、罪責認定、量刑のいずれについても、当事者の主張・立証に基づき判断を行うという姿勢をいっそう強めるなかで、裁判員裁判の経験を通じて、多くの弁護人が、公判における尋問および弁論の技術を向上させた[14]。

4　制度改革の課題

(1) 国の権利確保義務と制度的基盤の構築

以上のように、刑事手続が大きく変化するなかで、刑事弁護は拡大・高度化をみせており、それによって被疑者・被告人の効果的な弁護を受ける権利は実質化してきた。しかし、同権利の保障を限定するような制度的限界も残

---

[13] この背後には、証拠開示の拡大に積極的姿勢を示した一連の最高裁判例があろう。
[14] 贄田健二郎「裁判員裁判によって弁護活動に変化はあったか」一橋大学刑事法部門編・葛野尋之編集代表『裁判員裁判の現在』(現代人文社、2021年) 103頁。

存している。

　憲法・刑訴法が被疑者・被告人に対して効果的な弁護を受ける権利を保障していることからすれば、被疑者・被告人の権利に対応して、国は被疑者・被告人の同権利を確保する義務を負っているというべきである[15]。そうであるならば、国は、権利の保障を実質化するための制度的基盤を構築しなければならない[16]。

（2）被逮捕者および取調べを受ける在宅被疑者に対する公的弁護の保障

　被疑者弁護については、逮捕段階における権利の実質化が急務である。被疑者国選弁護制度は、勾留された被疑者の事件に対象を限定している。被疑者弁護については、一般に、取調べの適正さの確保、取調べ対応に関する助言、身体拘束からの早期解放、起訴・不起訴の決定および公判のための早期の防御準備、被疑者と家族・社会との繋がりの維持、などが重要な活動内容とされているところ、これらの弁護活動を通じて、被疑者が弁護人の効果的な援助を受けるためには、被疑者がそれを必要としているとき、逮捕段階、それもその初期から確実な選任が可能でなければならない。被疑者の防御権を実効化するために弁護人の効果的な援助が提供されるべき必要は、逮捕段階においてひときわ高い。この必要は、捜査実務において、取調べ・供述採取の早期化傾向がみられる現在、いっそう高まっている。

　逮捕段階における公的弁護制度の「空白」を埋めるために、弁護士会による当番弁護士制度が運用されており、近年、逮捕中の接見要求も増加し、接見後の弁護人としての受任率も高まっている（【グラフ3】参照）。しかし、逮捕段階初期に弁護人を選任したうえでその援助を実際に受けている被疑者は、依然として少数に留まっている。欧州人権裁判所のサルダズ判決[17]を契機として、2013年EU指令[18]を経て、EUにおいては、各国内法により、逮

---

[15] 岡田悦典「有効な弁護を受けリル権利と国家の義務」一橋論叢118巻1号（1997年）159頁、田鎖・註6論文382頁。
[16] 村岡啓一「弁護の質の保証」後藤昭＝高野隆＝岡慎一編著『現代の刑事弁護1──弁護人の役割』（第一法規、2013年）369頁。
[17] Salduz v Turkey, (2008) 49 EHRR 421.

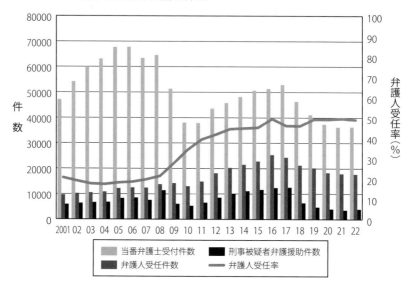

各年の『弁護士白書』をもとに作成

捕直後からの無料弁護と取調べ開始前の接見機会の保障が確立している。

　逮捕段階初期からの弁護人選任を拡大し、被逮捕者の効果的な弁護を受ける権利を実質化するためには、逮捕段階の公的弁護制度を創設する必要がある[19]。そのことが、逮捕段階と勾留段階とを区別することなく、身体を拘束されたすべての被疑者・被告人に対して弁護人の援助を受ける権利を保障している憲法34条の趣旨に適うところであろう。迅速な選任を確保するために、書面またはオンラインによる選任手続をとること、逮捕段階については資力要件を課さないことなどが検討されるべきであろう。

　さらに、公的弁護の保障は、逮捕・勾留された被疑者に限らず、任意の取

---

[18] DIRECTIVE 2013/48/EU OF THE EUROPEAN PARLIAMENT AND OF THE COUNCIL of 22 October 2013. この翻訳および解説として、久岡康成「EU指令2013年48号における弁護人に対するアクセス権と第三者及び領事との連絡権」香川法学34巻3・4号（2015年）参照。

[19] 葛野尋之『未決拘禁法と人権』（現代人文社、2012年）213頁、同「被逮捕者と弁護人の援助を受ける権利」『寺崎嘉博先生古稀祝賀論文集（上巻）』（成文堂、2021年）195頁参照。

調べを受ける在宅被疑者に対しても及ぼされるべきである。取調べがなおも重要な証拠収集手段であることからすれば、取調べを受ける在宅被疑者の防御権を実効化するために、効果的な弁護を受ける権利を実質的に保障する必要があるからである。逮捕前、長時間にわたり被疑者を取り調べて、自白ないし不利益供述を獲得するという捜査実務が広がっている現状からすると、その必要性は高い。手続初期段階における法律扶助ないし無料弁護への早期アクセスが、国際人権基準の要請するところでもある。法律扶助に関する2016年EU指令[20]においてと同様、2012年国連総会決議による「刑事司法制度における法律扶助へのアクセスに関する国連原則・指針」[21]においては、被疑者・被告人が逮捕・拘禁されたときだけでなく、死刑または拘禁刑に相当する犯罪の被疑者・被告人であれば、逮捕・拘禁されていなくとも、刑事司法のあらゆる段階において、法律扶助にアクセスする権利を保障されている。逮捕・勾留された被疑者について取調べ受忍義務を肯定する捜査実務のなかで、受忍義務を負うことのない在宅被疑者(刑訴法198条1項但書)に対する弁護が拡大することは、とくに取調べとの関係において、被疑者弁護のいっそうの高度化を促すであろう。

　弁護人の援助を必要としている被疑者が確実に選任要求をすることができるようにするためには、選任手続の起点として、逮捕直後、あるいは在宅被疑者が取調べを受ける前に、被疑者の要求の有無にかかわらず、当番弁護士との接見機会を設ける必要があろう。被疑者は、当番弁護士から、被疑者の

---

[20] DIRECTIVE 2016/1919/EU OF THE EUROPEAN PARLIAMENT AND OF THE COUNCIL of 26 October 2016.

[21] United Nations Principles and Guidelines on Access to Legal Aid in Criminal Justice Systems, Resolution Adopted by the General Assembly (A/67/458) (2013), Principle 3. 註20の2016年EU指令とともに、同原則・指針について、久岡康成「法律扶助EU指令と2012年国連総会決議及び法律扶助国連原則・指針」香川法学37巻1=2号(2017年)、岡田悦典「弁護権保障と国際人権——刑事手続における法律扶助理念の展開」法学館憲法研究所Law Journal 25号(2021年)参照。国連薬物犯罪対策室の2021年解説書によれば、死刑・拘禁刑相当の犯罪についての被疑者・被告人は、逮捕・拘禁されているかどうかにかかわらず、捜査が開始されたときから、刑事司法手続の全過程において、また、これら以外の犯罪について逮捕・拘禁された被疑者・被告人は、逮捕・拘禁の時点から、いずれも資力のいかんを問わず、法律扶助にアクセスする権利を保障される(United Nations Office of Drugs and Crime, Early Access to Legal Aid in Criminal Process: A Handbook for Policymakers and Practitioners 46 [2014])。

防御権とその実効化のための弁護人の援助を受ける権利について説明・助言を受け、当番弁護士と十分相談をしたうえで、弁護人を自ら選任するかどうか、国選弁護人の選任を請求するかどうかを判断することとなる。身体拘束という状況下において確実な選任を保障するためには、このような手続保障が求められる。当番弁護士の接見は公的弁護制度を支え、それを有効に機能させるために必要とされるものであるから、公的弁護制度の構成要素といえるのであって、公費により運営されるべきである。逮捕直後の接見を確保するために、警察署常駐型当番弁護士の制度化も検討されるべきであろう。

(3) 被疑者・被告人による弁護士の指名と公的弁護制度の多元化

被疑者・被告人が効果的な弁護を受ける権利を保障されるべきとき、弁護人との信頼関係がその基礎になる。弁護人に守秘義務が課されるのも、両者のあいだに信頼関係が求められるからである[22]。欧州人権裁判所の判例が、公的弁護制度においても、誰を弁護人とするかについての被疑者・被告人の意見に基づいて選任すべきとしているのは、本人が指名する弁護士を選任することが、信頼関係の形成につながるからである[23]。イギリスのジュディケア型法律扶助は、被疑者・被告人が自ら選任した弁護人について公費を充てている。ドイツにおいては、国選制度が採用されているところ、裁判官・裁判所は被疑者・被告人の指名した弁護士を選任すべきとする原則がとられている(ドイツ刑訴142条5項)[24]。

他方、日本の国選制度においては、選任の偶然性が求められている。もちろん、指名に基づくことなく選任された場合でも、信頼関係の形成は必要とされるのであるが、信頼関係の形成にとって、被疑者・被告人の指名に基づき選任する方が有利であることは否定できないであろう。被疑者・被告人の指名に基づく選任を制度化すべきである。

---

[22] 佐藤・註6書29頁。

[23] Croissant v. Germany, Application No. 13611/88, Judgement of 25 Sept. 1992; Lagerblom v Sweden, Application No. 26891/95, Judgement of 14 Jan. 2003.

[24] 辻本典央『刑事弁護の理論』(成文堂、2017年) 233頁、ダーヴィット・ヘルマン (加藤克佳=辻本典央訳)「国選弁護の現在」近畿大学法学60巻2号 (2012年) 58頁参照。

また、国選制度と並行して、私選弁護人に対する法律扶助の適用も認められるべきであろう。当番弁護士制度に対する公費の支出を含め、公的弁護制度の多元化は、取調べを受ける在宅被疑者に対する公的弁護の保障にも役立つであろうし、被疑者・被告人に対する効果的な弁護を受ける権利の保障全体を強化することになろう。

　被疑者・被告人の指名に基づく国選弁護人の選任、あるいは私選弁護人に対する法律扶助の適用は、刑事弁護における弁護士間の競争を強める可能性がある。また、刑事弁護の専門化を促すかもしれない。それらが弁護の質的な高度化につながるのであれば、否定する必要はなかろう。

（4）身体拘束の抑制

　被疑者・被告人の身体拘束は、身体の自由という重要な権利の制約にほかならず、それ自体として不利益である。加えて、心身の健康、社会生活などとともに、防御準備に対しても重大な不利益をもたらす（裁量保釈の判断にあたっての考慮事項に関する刑訴90条参照）。無罪推定の法理（市民的及び政治的権利に関する国際規約14条2項）のもと、身体の拘束は最終手段でなければならず、最大限抑制されるべきである。

　そのためには、身体拘束の実体的要件たる罪証隠滅の可能性が、より厳格に解釈され認定されるべきことが指摘されてきたが、それに加え、勾留質問、保釈審査など、身体拘束に関する手続が長期の身体拘束を決定するのに相応しい手続となるよう、弁護人の効果的な援助の保障によって、被疑者・被告人の防御権を強化しなければならない。手続を対審化したうえで、身体拘束の理由・必要を基礎づける証拠への弁護人のアクセスを認め、弁護人の手続立会と意見陳述の機会を保障すべきである。裁判官・裁判所は判断を行うにあたり、必要な事実の取調べを行い、検察官、被告人・弁護人双方の意見を直接聴取すべきである[25]。

25　このような手続保障が、欧州人権裁判所の判例によって要求されているところ、日本においても、本来、国際自由権規約9条3項・4項により要求されているものといえよう（葛野尋之『未決拘禁法と人権』（現代人文社、2013年）43頁。

(5) 被疑者取調べにおける黙秘権の確保

　原則黙秘の弁護方針の広がり、弁護人の立会要求の高まりなどにみられるように、被疑者取調べにおいて被疑者の黙秘権を実効化するための弁護活動があらためて重視されている。欧州人権裁判所のサルダズ判決、上記2013年、2016年の各 EU 指令、刑事手続における情報提供を受ける権利に関する2012年 EU 指令[26]は、弁護人の効果的な援助を保障することにより被疑者の黙秘権を確保すべきことを要求した。これら EU 指令に基づく各国内法によって、EU 諸国においては、取調べに先立つ接見機会の保障、弁護人に対する被疑事実・証拠についての接見前の情報提供、取調べへの弁護人の立会と即時的援助という一連の手続保障が、すでに制度として具体化されている。日本においても、たしかに録音・録画の制度化とその実務的広がりは、黙秘権の実効化に寄与するものであるが、これに加え、さらなる弁護人の援助が保障されるべきである。

　第1に、取調べを受けるにあたり、被疑者が弁護人との接見を要求した場合には、取調べに先立ち接見機会を保障されるべきである。

　第2に、取調べに臨むにあたり効果的な防御準備が可能となるよう、接見の前に、弁護人は捜査機関から被疑事実および嫌疑を基礎づける証拠について必要な情報の提供を受けることとすべきである。

　第3に、取調べへの弁護人の立会が認められるべきである。弁護人の立会は、録音・録画によっては解消されない不可視的な供述圧力を解消・緩和するとともに、手続全体にわたる防御の観点から、被疑者が取調べにおいて、何について、いつ、どのように供述するか、しないかを決定することに対して必要な援助を、必要なときに、その場で提供しうる点において、被疑者の黙秘権を実効化するものといえよう。また、取調中、被疑者・弁護人が秘密の相談を要求したときは、捜査機関は、取調べを中断して、接見機会を提供しなければならない。

---

[26] DIRECTIVE 2012/13/EU OF THE EUROPEAN PARLIAMENT AND OF THE COUNCIL of 22 May 2012. これについては、久岡康成「手続的権利強化の2009年ロードマップと EU 指令2012年13号・権利告知書——手続的権利保護の共通最小限基準」香川法学33巻3＝4号（2014年）参照。

逮捕・勾留された被疑者について取調べ受忍義務を肯定する捜査実務を前提にしても、弁護人の立会が権利として認められたときは、被疑者・弁護人が立会を要求した場合には、弁護人の立会なくして取調べを行うことはできないのが原則というべきである。取調べの「真相解明」機能を低下させるとして、弁護人の立会に反対する意見がある。たとえば、法制審議会「新時代の刑事司法制度特別部会」が、2013年1月に発表した『時代に即した新たな刑事司法制度の基本構想』においては、被疑者の権利として取調べへの弁護人立会を認めるならば、「何よりも、取調べという供述収集手法の在り方を根本的に変質させて、その機能を大幅に減退させることとなるおそれが大きい」とする反対意見が紹介されている[27]。これは、弁護人の立会のない孤立無援の状況下でなければ、被疑者から真実の供述を獲得することが困難だという前提に立つものといえよう。このような取調べのあり方こそが、被疑者の黙秘権の実効化を阻害してきたのである。被疑者の黙秘権を実効化したとき取調べが有効に機能しないというのであれば、そのような取調べのあり方、さらには取調べに強度に依存した刑事手続のあり方を見直すべきである。むしろ、弁護人の立会は、原則黙秘の弁護方針の広がりと相俟って、捜査機関に対して、被疑者供述以外の証拠、とくに客観的証拠の収集にいっそう注力することを促し、また、取調べ自体の短縮にもつながりえよう。被疑者取調べへの依存を軽減させる方向へと、刑事手続を変化させるのである。

(6) 公判弁護のさらなる高度化

現在までに、公判弁護は、公訴事実を争うかどうかにかかわらず、公判準備において構築したケース・セオリーに基づいて行われるべきことが求められるところ、ケース・セオリーの構築にとって十分な証拠開示が不可欠だとされる。2016年刑訴法改正の後も、証拠開示の運用をめぐる争いは残り、開示時期の遅れもあると指摘されている。このことは、公判前整理手続の長期化にもつながる[28]。

---

27 法制審議会新時代の刑事司法制度特別部会『時代に即した新たな刑事司法制度の基本構想』（2013年1月）21頁。https://www.moj.go.jp/content/001329707.pdf
28 「特集・証拠開示制度のあり方、活用の道を探る」季刊刑事弁護101号（2020年）参照。

制度的問題も指摘されている[29]。2016年改正による証拠一覧票の交付（刑訴316条の14第2項）は、弁護人による必要十分な開示請求を助けるものとなりえるが、法定の一覧票記載事項（同条3項）が簡潔に過ぎて、開示請求の手掛かりとして不十分だとされる。類型証拠開示の対象拡大についても、被告人側の防御にとって重要な供述が調書化されないことがあるとされるなかで、参考人などの供述を録取した「聞き込み捜査報告書」が対象とされなかったことの問題も指摘されている。公判前整理手続の請求権が認められたものの、公判前整理手続までは必要ないが、証拠開示は必要な場合があるから、両手続を切り離すべきとの意見もある。

　最後の点について、十分な防御準備が充実した公判審理にとって不可欠であるものの、防御準備のための証拠開示の必要と、充実した公判審理に向けて争点・証拠を整理するための公判前整理手続の必要とが区別されるのであれば、十分な防御準備を通じての公判弁護をいっそう高度化させるためには、公判前整理手続とは切り離して、独自の証拠開示請求権を認めるという方向が目指されるべきであろう。

5　理論的課題——弁護人の効果的な援助を受ける権利の実質的保障

（1）権利侵害の救済

　被疑者・被告人に対して効果的な弁護を受ける権利を確実に保障しようとするとき、実際に効果的な弁護が提供されることがなく、したがって同権利が侵害された場合には、救済がなされなければならない。弁護士会内部の懲戒制度は、効果的な弁護の提供を担保するものであるにせよ、被疑者・被告人の権利の侵害の救済としては機能しない。

　アメリカ法においては、早くから、弁護人の効果的な援助を受ける権利（合衆国憲法修正6条）の侵害について、それが「公正な裁判」を損なうものであるとして、裁判所による救済が認められてきた。1984年の合衆国最高

---

[29] 白取祐司「証拠開示」川崎英明＝後藤昭＝白取祐司『刑事司法改革の現段階』（日本評論社、2021年）135頁。

裁判決[30]は、弁護人の援助が「現実に効果的なものとはいえない」とされるのは、公正な裁判の確保という観点から、「弁護人の行為が当事者主義手続の適切な機能を損ない、そのために裁判の結果が正当なものであるとは信頼できない」ときであると判示し、裁判所がこれを認めて有罪判決を破棄するためには、被告人において、弁護が合理性の客観的基準を満たしていなかったこと、そのような弁護の過誤がなければ手続の結果が異なっていたという合理的蓋然性があることを証明しなければならないとした。

日本において、かつて最判昭36・3・30[31]は、弁護人が「死刑はやむを得ない」、被告人の「行為は実に戦慄を覚ゆる」としたうえで、「控訴の理由なし」とする控訴趣意書を提出したという事案について、弁護人は可能な控訴理由について詳細に調査しており、また、被告人の控訴趣意である量刑不当について控訴審判決が詳細に説示していたとの理由から、控訴審の訴訟手続に違法はないとした。

最決平17・11・29[32]は、被告人が第一審公判の終盤において従前の供述を変更して全面否認をするに至ったものの、弁護人が従前の供述を前提にした有罪を基調とする最終弁論を行い、裁判所がそのまま結審したという事案について、弁護人が「被告人の利益のために訴訟活動を行うべき誠実義務」（補足意見）に違反したことを否定し、訴訟手続に法令違反があることを認めなかった。上田裁判官補足意見は、同判決の前提となるべき問題に言及して、弁護人が誠実義務に違反して、「被告人の防御権ないし実質的な意味での弁護人選任権を侵害」したときは、「それ自体が違法とされ、あるいは……（被告人の防御権ないし実質的な意味での弁護人選任権を侵害するような・引用者）主張を放置して結審した裁判所の訴訟手続が違法とされることがあり得る」としたうえで、最終弁論が「専ら被告人を糾弾する目的でされたとみられるなど、当事者主義の訴訟構造の下において検察官と対峙し被告人を防御すべき弁護人の基本的立場と相いれないような場合」には、そのような違法が認められるとした。

---

30 Strickland v. Washington, 466 U.S. 668 (1984).
31 刑集15巻3号688頁。
32 刑集59巻9号1847頁。

さらに、東京高判平23・4・12[33]は、控訴審が現行犯逮捕手続の違法に関する審理不尽を理由にして有罪の原判決を破棄・差戻した後、差戻審の公判において、弁護人が現行犯逮捕に関与した警察官らの証言を弾劾するような反対尋問を行わず、そのため被告人は弁護人の被告人質問に対して供述することを拒否し、また、最終弁論のなかで弁護人が被告人の犯人性は明らかであるとしつつ、現行犯逮捕手続の違法を積極的に主張しなかったという事案について、「弁護人は、……被告人の有罪を確信するとともに、被告人の弁解は不合理・不自然であると断じ、……『破棄・差戻し』は無意味であると批判する姿勢を堅持している」と認めたうえで、「弁護人は、被告人の利益のために訴訟活動を行うべき誠実義務に違反し、被告人の防御権及び実質的な意味での弁護人選任権を侵害しているというほかなく、それを放置して結審した原審の訴訟手続には法令違反がある」として、被告人を有罪とした差戻審の判決を破棄した。

同判決によれば、弁護人が被告人の有罪および主張・立証の無意味性を確信し、その確信に基づき被告人の利益を擁護するための弁護を行わなかったとき、弁護人は誠実義務に大きく違反しており、被告人の効果的な弁護を受ける権利を侵害したことになる。さらに同判決は、裁判所が救済措置をとるべき義務を認め、「少なくとも、原審弁護人の違法な訴訟活動が明らかになった最終弁論の時点で、国選弁護人である原審弁護人を交替させるなどして、不適切に行われた証人に対する反対尋問の部分及び被告人質問並びに最終弁論をそれぞれ補完する必要があった」とした。

裁判所の義務について、弁護人が司法機関的性格を有するとの前提から、弁護人の行為が被疑者・被告人の効果的な弁護を受ける権利を侵害した場合には、その不利益は国に帰属されるべきであり、ここから裁判所の救済措置が義務づけられるとする見解[34]、あるいは、裁判所が弁護人の活動を通じて効果的な弁護が提供されることを後見的に保証する責任を負っているとの理解を前提として、権利侵害の直接的な主体は弁護人であるものの、その違法

---

[33] 判タ1399号375頁。
[34] 辻本典央「判批」新・判例解説 watch—速報判例解説16号(2015年)192頁。

状態を放置した裁判所も不作為の権利侵害を行ったものとして、そこから救済措置をとるべき裁判所の義務を導く見解[35]などがみられる。しかし、これらの前提に立たなくとも、裁判所が救済措置をとるべき義務を負うことを肯定することは可能であろう。

憲法・刑訴法は、被疑者・被告人に対して効果的な弁護を受ける権利を保障しており、それゆえ国は、同権利を確保する義務を負っている。弁護人の行為によって効果的な弁護を受ける権利が侵害された手続は、それ自体として重大な違法手続である。権利の主体は被疑者・被告人である。効果的な弁護を受ける権利の侵害という重大な違法手続がもたらす不利益を、同権利の主体たる被疑者・被告人に負担させるべきではない。同権利を確保すべき国の義務に由来して、裁判所は、同権利の侵害を認めたときは、救済措置をとらなければならないのである。国ないし裁判所の側の権利侵害を媒介とする必要はなく、また、弁護人による権利の侵害を、違法手続を放置した裁判所の訴訟指揮の違法に結びつける必要もない[36]。

救済方法としては、敵対的弁護のように、手続過程において効果的な弁護を受ける権利の侵害が明白に認められたときは、被疑者・被告人の申立に基づく国選弁護人の交替、裁判所の訴訟指揮などによる是正措置をとることもできよう。しかし、防御の独立性・秘密性が確保されるべきことからすると、効果的な弁護を受ける権利の侵害があったとしても、そのことが裁判官・裁判所において認識されない場合も多いであろう。そうすると、主要な救済方法は、有罪判決を前提として、判決に影響を及ぼす訴訟手続の法令違反（刑訴379条・411条1号）による原判決の破棄ということになろう。このとき、訴訟手続の法令違反を裁判所の訴訟指揮の違法に求めなければならないとすると、救済の範囲は限定されることになる。効果的な弁護を受ける権利を侵害した違法手続のもたらす不利益を被疑者・被告人に負担させることは不合理である。同権利の侵害それ自体をもって、訴訟手続の法令違反を認めるべきである[37]。

---

35 村岡啓一「判批」刑事法ジャーナル35号（2013年）156頁。
36 芦澤政治「判批」『最高裁判所判例解説・刑事編〔平成17年度〕』661頁は、裁判所の訴訟指揮の違法に結びつける立場を示唆している。

権利侵害の判断基準が問題となる。たしかに、弁護が臨機応変に展開されることからすると、事後的・客観的評価には困難が伴い、また、基準を厳格にするならば、自由闊達な弁護が抑制されることにもなりかねない。このような問題から、裁判所による救済は相当重大な侵害がある場合に限るべきであって、本来的には、弁護人の専門職倫理および弁護士会内の懲戒制度に委ねるべきとする見解もある[38]。しかし、これらの手段は、効果的な弁護を受ける権利を侵害された被疑者・被告人に対する救済とはならない。裁判所による救済に伴う上記の問題を考慮するならば、1984年の合衆国最高裁判決が示した基準、すなわち弁護が合理性の客観的基準を満たしていたかどうかという基準によるべきであろう。この基準を機能させるためには、弁護士会内部において、明確で具体的な弁護指針が作成される必要がある。刑事弁護の拡大・高度化が進むにつれて、弁護士会内部においても、そのような弁護指針の必要性の認識が広がることとなろう[39]。

(2) 弁護人の義務と性格

最決平17・11・29および東京高判平23・4・12は、弁護人の誠実義務違反が直ちに被告人の効果的な弁護を受ける権利の侵害になるとしたわけではないにせよ、誠実義務の重大な違反が被告人の権利を侵害することを認めていた。このことからしても、弁護人がどのような義務を負い、どのように性格づけられるのかを明確にし、これらが刑事弁護を担う弁護士のあいだだけでなく、刑事手続のすべての関与者のあいだで共有されることが、被疑者・被

---

[37] 田鎖・註6論文417頁。芦澤・註36判批661頁が示唆するように、裁判所の訴訟指揮の違法に結びつける立場があるところ、被疑者・被告人の弁護人の効果的な援助を受ける権利が侵害された場合において、控訴理由たる訴訟手続の法令違反(刑訴法319条)を、裁判所の行為の違法に限定する必要はない。それは、権利侵害に対する救済の範囲を限定しないためであり、また、このような場合において同控訴理由を裁判所の行為に起因するものとして捉えることは、弁護人が効果的な弁護を提供しないこと自体が被疑者・被告人の効果的な弁護を受ける権利を侵害するという本質を不明確にするからである。さらには、裁判所の後見的役割を強調することにつながり、当事者主義の実質化を妨げることにもなりかねない。

[38] 弁護人の民事法上の義務違反をめぐって、田宮裕「国選弁護人の弁護拒否について」ジュリスト291号(1964年)29頁。

[39] 田鎖・註6論文419頁。

告人に対する効果的な弁護を受ける権利の保障の強化につながるであろう。これらをめぐっては、多くの議論が交わされてきた。いまだ収斂するには至っていないが、刑事弁護の拡大・高度化が進むなかで、さらなる議論を通じて、一致点が明らかになるであろう。

　上記両判決においては、弁護人が「被告人の利益のために訴訟活動を行うべき誠実義務」に大きく違反して、被告人の効果的な弁護を受ける権利を侵害したのではないかということが問題となった[40]。弁護人が誠実義務を負っていること、さらに誠実義務が弁護人の基本的任務を規定していることは広く承認されている[41]。憲法・刑訴法は、被疑者・被告人における自己を防御

---

[40] 最決平17・11・29においては、誠実義務と真実義務との対立が問題となったとする見方がある（芹沢・註36判批660頁）。しかし、真実義務が問題になるのは、「弁護人自身が情報源として主張及び立証活動を行う場合であって」、最終弁論は「すでに行われた証拠調に対する評価」としての「意見陳述」であるから、真実義務は問題にならないというべきである（辻本・註24書53、62頁）。

[41] 佐藤・註6書19頁、森際康友編『法曹の倫理（第3版）』（名古屋大学出版会、2019年）152頁〔笠井治〕。窃盗事件により有罪判決を受けた被告人の弁護人が、控訴趣意書において、被告人の無罪主張を要約し、それに続けて、「被告人の主張を否定する内容の……（自己の・引用者）意見（コメント）を付し」、さらに、弁護人の説得にもかかわらず、「被告人は納得せず、控訴審においても、あくまで無罪を主張するというので、弁護人も被告人の主張に従い、原判決は事実を誤認しており、被告人は無罪であると主張する」と述べたことについて、「被告人が無罪を主張しているにもかかわらず、……（弁護人・引用者）が実質的に被告人が有罪であるとの内容を含む本件控訴趣意書を提出した行為は、被告人の防御権を侵害するものであり、刑事弁護制度の存在意義を否定しかねないものであって、弁護士法56条1項の『弁護士としての品位を失うべき非行』に該当するとして、戒告の懲戒処分を受けたことについて、取消などを求めた訴訟において、東京高判平26・5・21判例時報2239号57頁は、「憲法、刑事訴訟法その他の法令、規則により、被疑者・被告人には防御権が保障されており、その行使を制度的に担保するため憲法37条3項により、刑事被告人には弁護人依頼権が保障されている」とし、弁護士法1条2項および弁護士職務基本規程46条を引きつつ、「被告人の権利・利益を擁護することは、刑事弁護活動の本質であり、弁護人には、最善努力義務、誠実義務が課されているから、被疑者・被告人にとって必要な事項を時宜にかない、適切かつ十分な内容で行うことが要請されている」とし、さらに、無罪を推定される被告人の法的地位を指摘しつつ、「本件被告事件において、被告人は一審以来一貫して無罪を主張しているのであるから、弁護人は、被告人の意思を尊重して弁護活動をすることが行為規範として要請されている」としたうえで、「本件控訴趣意書は、被告人が作成し、同人の意思を表している控訴趣意書の内容と背馳するものであり、被告人の防御権を侵害し、その限りで被告人に不利益となる弁護活動と評価されるものと解される。もとより、刑事弁護を行う平均的水準の弁護士からみても、最善の弁護活動とはいえないことは明らかである」から、「弁護士としての『品位を失うべき非行』に該当する」と判断した。

する権利を実効化するためにこそ、弁護人の効果的な援助を保障していることからすると、弁護人の基本的任務は、刑訴法などが定めるルールに従いつつ、被疑者・被告人の利益のために活動することにあるというべきである[42]。

誠実義務について、弁護士法1条2項は、「弁護士は、基本的人権を擁護し、社会正義を実現することを使命とする」と定める同条1項を受けて、「弁護士は、前項の使命に基き、誠実にその職務を行い、社会秩序の維持及び法律制度の改善に努力しなければならない」と規定しているところ、さらに同規定を受けて、弁護士職務基本規程5条は、「弁護士は、真実を尊重し、信義に従い、誠実かつ公正に職務を行うものとする」とし、同規程46条は、「弁護士は、被疑者及び被告人の防御権が保障されていることにかんがみ、その権利及び利益を擁護するため、最善の弁護活動に努める」としている。同規程の解説によれば、「弁護士は、ひとたび刑事弁護人として受任した以上は、個人的な良心・信念・法律上の見解を優先させるのではなく、被疑者・被告人の権利・利益の擁護のために最善の努力を傾注して弁護をしなければならないこと」が求められており、「刑事弁護活動の本質が被疑者・被告人の権利擁護にあることは争いがなく、弁護人の基本的役割について、誠実義務を中核とすべきことにも異論はない」ものとされている[43]。

誠実義務の核心をなすものは、守秘義務などの「消極的」誠実義務ではなく、被疑者・被告人の権利・利益を擁護するために全力を尽くすという意味における「積極的」誠実義務である[44]。ここにいう「積極的」誠実義務は、「情熱的な」弁護[45]、あるいは「熱心」弁護[46]（いずれも zealous advocacy の訳語である）ともいわれる。刑事弁護人は、被疑者・被告人の権利・利益

---

[42] 浦功「弁護人の義務論」後藤ほか編著・註16書13頁。
[43] 日本弁護士連合会弁護士倫理委員会『解説・弁護士職務基本規程（第3版）』〔2005年〕14・134頁。
[44] 佐藤・註6書24頁。
[45] 松尾公也「弁護人の使命・（補説）刑事弁護の倫理」同『刑事訴訟法講演録』（有斐閣、2004年）263頁参照。
[46] 下村忠利＝高山巌「都市型公設事務所の挑戦・弁護士を待つ人々の中へ（20）――誰がなんと言おうとあなたの味方です――熱心弁護は我らの誇り」法学セミナー656号（2009年）、大阪パブリック法律事務所編『熱心弁護の精神と実践（大阪パブリック法律事務所記念誌）』（2023年）参照。

を擁護するために全力を尽くし、情熱的な弁護を行うべきであって、この意味における「積極的」誠実義務こそが、刑事弁護人の任務の基本となる誠実義務の中核にあるのである。

　問題は、弁護人は誠実義務とともに、真実義務をも負うのかという点である。これこそが、弁護人の任務をめぐる基本的問題とされ、議論が重ねられてきた。弁護人の公的な、あるいは司法機関的な性格を承認し、そこから真実義務を導く立場が、かつては優勢であった。真実義務については、刑事手続における真実発見に積極的に寄与する義務としての積極的真実義務と、犯人隠避、虚偽証拠の提出、偽証の教唆などを禁止して真実発見を妨害してはならないという消極的真実義務とを区別したうえで、消極的真実義務を肯定する一方、誠実義務との決定的な矛盾をはらむとして、積極的真実義務を否定する立場が、現在までに有力となっている[47]。かつては、真実に反して有罪判決を受けようとする「身代わり犯人」の事案については、積極的真実義務を肯定して、弁護人は裁判所に対して被告人が「身代わり犯人」であるとの事実を明らかにすべきとする見解が有力であった。しかし、弁護人は積極的真実義務を負わないばかりか、被告人が秘密裏に打ち明けた事実を暴露することは、誠実義務の構成要素である守秘義務に反することにもなるとして、弁護人は被告人が「身代わり犯人」であることを明らかにする必要はなく、そうすべきでもないとする見解が共有されつつある。もっとも、弁護人が被告人の犯人隠避に荷担することは許されない。それは、消極的真実義務に反し、あるいは犯人隠避の共犯となりうるからである。また、弁護人が被告人に対して真実を明らかにする方が自身の利益になるとする説得を行うことは、それ自体として、誠実義務の履行にあたる[48]。しかし、最終的に弁護人がどのようにすべきかについて、いまだ意見の一致はない[49]。

---

[47] 佐藤・註6書31頁、森際編・註40書157頁〔笠井〕。日本弁護士連合会弁護士倫理委員会・註43書12頁は、憲法により黙秘権を保障されている被疑者・被告人に積極的真実義務がないことは明らかであるとしたうえで、「したがって、被疑者・被告人に対して誠実義務を負う弁護人にも積極的真実義務がないことも明らかである」とする。弁護士職務基本規程82条1項が「第5条の解釈適用に当たって、刑事弁護においては、被疑者及び被告人の防御権並びに弁護人の弁護権を侵害することのないように留意しなければならない」と定めているのも、そのような趣旨によるものだとする。

積極的真実義務のみならず、消極的真実義務をも否定する見解も有力化している。弁護人固有の義務としての真実義務が認められ、それによって誠実義務が制約されるわけではないとするのである。真実義務を否定する見解は、誠実義務以外の義務を認めることは、誠実義務の履行として被疑者・被告人の利益のための弁護に徹すべきという弁護人の基本的任務を不明確にし、弁護人において誠実義務と真実義務との葛藤を生じさせかねないとする。もっとも、この見解からも、犯人隠避、偽証の教唆、偽造証拠の提出などについての一般的な禁止規範は弁護人にも適用されるから、誠実義務の履行を理由にして、これに違反することはできないとされる[50]。そうすると、消極的真実義務を認める見解との実際上の差異はないことになろう。

誠実義務が弁護人の基本的任務を規定するとしても、被疑者・被告人の利益を誰が判断するかが問題となる。被疑者・被告人の判断によるべきとする見解と弁護人の判断によるべきとする見解とが対立してきた[51]。

弁護人の必要な助言と被疑者・被告人との十分な相談を前提としつつも、最終的には、弁護人の判断によるべきとする見解が有力である[52]。この見解は、弁護人の司法機関的性格を承認し、重視する立場と結びつくことがある。最決平17・11・29において、上田裁判官補足意見は、弁護人が誠実義務を負うとともに、「法律専門家……ないし裁判所の許可を受けた者……として、真実発見を使命とする刑事裁判制度の一翼を担う立場をも有している」としたうえで、「何をもって被告人の利益とみなすかについては微妙な点もあり、

---

48 佐藤・註6書37頁。被告人が弁護人の説得に応じない場合、最終的に弁護人の判断により無罪の主張・立証をすることができるかは、何が被告人の利益となるかを本人の判断によるべきか、弁護人の判断によるべきかによって決まることになる（森際編・註40書165頁〔笠井〕参照）。
49 浦・註41論文24頁。日本弁護士連合会弁護士倫理委員会・註43書15頁参照。
50 村岡啓一「被疑者・被告人と弁護人の関係①」季刊刑事弁護22号（2000年）23頁、浦・註41論文23頁。
51 日本弁護士連合会弁護士倫理委員会・註43書134頁は、弁護人は被疑者・被告人の意思・意向から乖離した弁護活動を行うべきでないとする立場、弁護人は司法機関に準じた立場にあるとして、被疑者・被告人の意思・意向に反しても、弁護人独自の判断に基づき弁護活動を行うこともできる場合があるとする立場、これらの中間的な立場があるとしたうえで、「弁護人の役割や権利擁護のあり方につき、どの立場を重視するかということは、個々の弁護人の選択・判断によるべきものである」としており、明確な立場を示していない。

この点についての判断は、第一次的に弁護人にゆだねられる」とした。これを踏まえて、同決定は、被告人の変更後の主張には合致しないものの、弁護人が被告人の利益に適うと判断した弁護方針に従って最終弁論を行ったことを適法とした。

　他方、被疑者・被告人の防御主体としての性格、それに由来する弁護人の代理人的性格を強調する立場から、何が被疑者・被告人の利益かは弁護人の判断によるのではなく、本人の判断によるべきとする見解が有力化している[53]。たしかに、憲法・刑訴法は、被疑者・被告人自身を防御の主体として位置づけ、被疑者・被告人の権利として防御権を保障したうえで、弁護人の効果的な援助を受ける権利を、被疑者・被告人の防御権を実効化するために保障している。防御の主体は弁護人ではなく、被疑者・被告人なのである。また、裁判の結果および手続の負担は、ほかならぬ被疑者・被告人にかかり、裁判結果以外の利益との選択も問題になる[54]。これらのことからすると、何が利益であるかは、最終的には、防御の主体たる被疑者・被告人の判断によるべきであろう。

　被疑者・被告人が判断するにあたり、弁護人は「被疑者・被告人の利益」についての自己の意見を伝え、必要な助言を提供しなければならず、被疑者・被告人と十分相談する必要がある。これは、まさに誠実義務の履行である。防御の基本方針・重要事項は、被疑者・被告人の判断により決するべき

---

[52] 弁護人は辞任すべきとする見解もあるが、後に選任された弁護人が同じく辞任を繰り返す可能性がある以上、辞任により問題が解決することはないというべきであろう。上田國廣「被疑者・被告人と弁護人との関係②」季刊刑事弁護22号（2000年）35頁は、虚偽の証拠を提出しないようにし、被告人質問において弁護人は誘導を避けつつ、供述内容は被告人の判断に委ね、公判に提出された関係証拠に基づき、無罪の弁論をすべきとする。森際編・註40書153頁〔笠井〕は、弁護活動をとりまく条件・環境の多様性から「最善の弁護」の選択は裁量的判断に委ねられる範囲が広いこと、弁護士は法律専門家であり、職業倫理において独立性が求められること、本人の意見がその利益にならないこともあることなどから、被疑者・被告人こそが防御の主体であって、弁護人はその防御権の実効化のために援助を提供すべきことを承認しながらも、弁護人の選択した行動が本人の意思に沿わないものであっても、弁護人の誠実義務に違反しないとしたうえで、このような理解が「専門家としての弁護士の役割に正当な位置づけを与えるもの」だとする。
[53] 村岡・註50論文25頁、岡慎一＝神山啓史『刑事弁護の基礎知識』（有斐閣、2015年）20頁。
[54] 後藤昭「刑事弁護における依頼者と弁護士」庭山英雄ほか編『日本の刑事裁判——21世紀への展望』（現代人文社、1999年）129頁。

ことになる。その枠内において、具体的な弁護方法は、弁護人の専門的裁量により決せられる。

6 結 語

　被疑者・被告人は、弁護人の効果的な援助を受ける権利を保障されている（憲法34条・37条3項、刑訴法30条）。それは、被疑者・被告人の防御主体としての地位を実質化し、被疑者・被告人が自己の防御権を実効的に行使しうるようにするためである。刑事弁護は、近年、被疑者に対する弁護人の選任において拡大し、また、捜査、公判を通じて高度化を遂げた。それによって、被疑者・被告人の効果的な弁護を受ける権利の保障は、被疑者取調べ、接見交通、逮捕・勾留と保釈、公判弁護など諸局面において、実質化していった。
　しかし、被疑者・被告人の効果的な弁護を受ける権利を限定するような制度的限界も残存している。この限界を克服するためには、制度改革として、第1に、逮捕段階の初期より、さらには在宅被疑者として取調べを受ける段階において、被疑者が弁護人の効果的な援助を実際に受けることを確保するために、これらの段階から公的弁護を制度化しなければならない。第2に、「効果的な」弁護を受ける権利の保障を強化するために、国選弁護人の選任においても、被疑者・被告人による弁護士の指名によるべきであり、また、裁判所・裁判官による選任という国選弁護制度とともに、私選弁護人に対する法的扶助の適用が認められるべきである。第3に、被疑者・被告人の身体拘束の抑制のために、弁護人の効果的な援助を保障することによって、決定手続における被疑者・被告人の防御権を強化しなければならない。第4に、取調べにおける被疑者の黙秘権を確保するために、被疑者が要求した場合には、取調べ前に、弁護人との接見が保障されなければならず、効果的な防御準備が可能となるよう、弁護人は、接見前に、捜査機関から被疑事実および証拠について必要な情報の提供を受けなければならず、さらに、被疑者は、取調べへの弁護人の立会を受け、取調中の弁護人の即時的援助を保障されなければならない。第5に、公判弁護をいっそう高度化するために、証拠開示のさらなる拡充が必要である。

他方、被疑者・被告人の効果的な弁護を受ける権利を確保するための理論的課題として、第1に、被疑者・被告人が効果的な弁護を受ける権利を侵害された場合には、それを理由として有罪判決の破棄（判決に影響を及ぼす訴訟手続の法令違反）を認めるなどして、確実な救済がなされなければならない。効果的な弁護を受ける権利を侵害した違法手続のもたらす不利益を、同権利の主体である被疑者・被告人に負担させるべきではない。第2に、弁護人の義務と性格を明確化し、刑事弁護を担う弁護士のあいだだけでなく、刑事手続のすべての関与者のあいだで共有されるべきである。弁護人の基本的役割は、被疑者・被告人の権利・利益の擁護のために誠実に弁護を尽くすことにある。少なくとも誠実義務と矛盾する限りにおいて、真実義務は否定されるべきであり、したがって、積極的真実義務が肯定される余地はない。被疑者・被告人こそが防御の主体であって、弁護人の援助は被疑者・被告人が自己の防御権を実効化するためにあることからすれば、防御の基本方針・重要事項は、弁護人の判断によるのではなく、被疑者・被告人の判断により決するべきである。被疑者・被告人が判断するにあたり、弁護人は、何が利益かについて、被疑者・被告人に対して自己の意見を伝え、必要な助言を提供しなければならず、被疑者・被告人と十分相談する必要がある。これは、弁護人における誠実義務の履行である。

　これら制度的・理論的課題を解決することを通じて、被疑者・被告人に対する弁護人の効果的な援助を受ける権利の保障を強化し、それによって被疑者・被告人が自己の防御権を実効的に行使しうるよう確保しなければならない。そのことによってこそ、刑事手続は、被疑者・被告人に対して手続の主体としての地位を保障しつつ、憲法における適正さの要請（31条以下）に応えることができるのであり、また、両当事者の実質的対等を通じて、正確な事実認定のためにもよりよく機能しうるのである。

【補論】犯罪少年の事件について、少年法は、家裁送致前の捜査段階、家裁の逆送決定から検察官の公訴提起までの段階および検察官の公訴提起から刑事裁判所継続中の段階を少年の「刑事事件」としており、原則、刑訴法の規律によるべきとしている（40条）。少年の刑事事件については、少年法によ

る付添人（10条）ではなく、刑訴法による弁護人の選任がなされることになる。ここにおいて問題となるのが、少年の刑事事件について弁護人が負うべき役割は、成人事件の場合と異なるのか、少年法の理念・目的によって、弁護人には異なる役割が与えられるのか、という点である。

家庭裁判所の審判に付された少年との関係において、弁護士付添人の機能についても、現在までに、刑事弁護人の誠実義務と同内容のものとして理解されるに至っており、そうである以上、少年の「刑事事件」において、被疑者・被告人が少年であるか、それとも被疑者・被告人が成人であるかによって、刑事弁護人としての任務の中核をなす誠実義務の内容において、有意な差異が生じることはないというべきである。

少年事件の弁護士付添人の機能をめぐっては、少年司法が担うべき教育機能と司法機能に対応する形で、家庭裁判所の教育機能が十分発揮されるようその調査・審判に協力する機能という意味の「協力者的機能」と、適正手続の履践を監視・要求しつつ少年の権利・利益を擁護する機能としての「刑事弁護人的機能」との両面があるとされてきた[55]。たとえば、「少年保護事件における附添人は、訴訟手続における弁護人に当たるものであるが、保護事件手続のもつ司法的性格と行政的すなわち教育的福祉的性格との二重性に対応して、一面では少年・保護者の利益の代弁者並びに人権の保護に関する弁護人的機能をもつとともに、他面刑事訴訟における弁護人とは異なる機能をもつ」とされ、「弁護人的機能」とは「弁護人的な立場をとりつつ、家庭裁判所の各種の中間的あるいは終局的決定における誤りを防ぐことであ」り、後者の機能は「少年にとって最も有効かつ適切な処分を家庭裁判所がすることができるような条件を備えることである。少年並びに保護者等に少年保護事件手続の趣旨を納得させ、適切な態度のとれるように啓蒙することも必要である。少年に対する具体的処遇について、その意味を理解し、その適正な実現に協力することが望まれる」とされた[56]。

両機能のいずれを重視するか、両機能の関係をどのように捉えるかをめぐ

---

[55] この点について、葛野尋之『少年司法の再構築』（日本評論社、2003年）608頁、武内謙治『少年法講義』（日本評論社、2015年）512頁など参照。

[56] 団藤重光＝森田宗一『新版少年法（第2版）』（有斐閣、1984年）103頁。

っては、その基調に変遷があった。現行少年法施行後しばらくは「協力者的機能」を主要なものと理解する立場が優勢であったが、1967年の合衆国最高裁判所ゴールト判決や1970年の「少年法改正要綱」の影響もあって、1970年代に入ると、優劣を示すことなく両者の併存、統合、止揚を説くものが多くなり、さらには「弁護人的機能」を重視する立場も現れた。1980年代に入ると、司法機能が強調されるにともない、「弁護人的機能」を重視する立場が有力になった[57]。

このような流れのなかで、弁護士の多田元は、従来論じられてきた弁護人的機能と協力者的機能のあいだに生じる矛盾を解決すべく、家庭裁判所との関係においてではなく、少年との関係において、少年の主体的権利行使を尊重しつつ援助するという視点から付添人の機能を捉えることを提起し、それをパートナー的機能として性格づけた[58]。

すなわち、多田元によれば、「付添人の役割は、少年が固有の成長発達権に基づいて適正手続による最善の個別処遇を要求し、そのために審判において権利を行使するのを援助する『少年のパートナー』というのが相当であると考える。……裁判所のみならず保護者との関係においても、あくまで少年の立場に立ち、少年の主体性を尊重しつつ援助する者としての付添人の立場を表すために『パートナー』と表現するのが相当であると思う」。付添人は、「少年が自ら選び、心を開くことのできるパートナーとしての信頼関係」を基盤としつつ、少年自身が主体的にかかわることのできるように、その自己決定、意見表明などを援助しながら、冤罪の防止と適正手続の保障を確保する役割を果たすと同時に、「少年の自由の拘束等の不利益を必要最小限にとどめながら、個別的な成長・自立を援助しうる処遇」という意味の「最善の個別的処遇」を、少年が自分自身の成長発達のために求めることを援助する役割を果たすことである。

---

[57] 斉藤豊治「少年審判の対審化論と付添人の役割」法律時報70巻8号13〜14頁（1998年）。

[58] 多田元「少年審判における付添人の役割」加藤幸雄＝野田正人＝赤羽忠之編『司法福祉の焦点』（ミネルヴァ書房、1994年）96頁。ほかに、多田元「付添人の役割と活動」自由と正義42巻9号（1991年）、同「少年事件の弁護はどのように行うか」竹澤哲夫＝渡辺保夫＝村井敏邦編『刑事弁護の技術（下）』（第一法規、1994年）も参照。また、津田玄児「少年事件における弁護士実務」同編著『子どもの人権新時代』（日本評論社、1993年）も基本的立場を同じくする。

多田元によれば、少年審判はそれ自体「教育の場」であって、結論の妥当性とともに、そこに至るプロセスが重要であるが、このとき、「付添人は、少年を『説得』する『家庭裁判所の協力者』であるよりも、不適切な取扱いによって傷つくことのないよう少年を防御しつつ、少年自身の『理解と納得』を助ける助言者であるべき」ことになる。また、あくまで少年の立場から、その主体的権利行使の援助を行うべきであって、「附添人は、少年の『代弁者』である前に、少年自身が主体的に審判に臨むように、自己決定と意見表明等を援助するパートナーでなければならない」。

　多田元は、このように少年の立場から少年自身の権利主体性に基づく自己決定、意見表明、権利行使の援助を行う付添人の機能をパートナー的機能と性格づけたのであり、その具体的活動の基軸をインフォームド・コンセントの原理においた。すなわち、「附添人は、少年の訴えに謙虚に耳を傾け、少年とともに考えるという基本的態度が必要である。そして、少年との面接においては、徹底していわゆるインフォームド・コンセントを尽くす必要がある。そのために、わかりやすい言葉で共感をもって少年と対話する努力が要求される」というのである。

　現在までに、弁護士付添人の機能を「パートナー的機能」として理解する立場は、少年と弁護士付添人との関係のあり方を含め、少年の自由権にとどまらず、より広く、少年が少年として保障されるべき権利の総体である「成長発達権」の保障に対して、少年司法において弁護士付添人が担うべき役割ないし果たすべき機能を表現するものとして、広く支持されるに至っている。とりわけ、実際に付添人を務める弁護士層からは、広く支持されている[59]。ほぼ一致した支持とさえいえよう[60]。

　弁護士付添人の機能を「パートナー的機能」として理解したとき、弁護士付添人の基本的任務は、少年の「最善の利益」という観点から、少年自身の

59　川出敏裕『少年法（第2版）』（有斐閣、2022年）151頁。
60　城戸浩正「少年事件と弁護士の役割」宮川光治他編『変革のなかの弁護士（上）』（有斐閣、1992年）309頁、川村百合『少年事件実務の手引き』（ぎょうせい、2011年）、福岡県弁護士会子どもの権利委員会編『少年事件付添人マニュアル――少年のパートナーとして（第3版）』（日本評論社、2013年）、第二東京弁護士会編『新・少年事件実務ガイド（第3版）』（現代人文社、2015年）など。

権利行使を援助し、また、少年の自己決定・意見表明の援助を通じて、少年自身の主体性を確保することにあるとされるから、このような任務は、刑事弁護人の誠実義務と重なる。また、弁護士付添人の「パートナー的機能」においては、少年との関係における「インフォームド・コンセント」が強調されることからも分かるように、弁護人が誠実義務を果たすにあたり、何が本人の利益かについては本人の最終判断に従うという立場に重なる[61]。

　このように、少年司法において付添人として活動するか、刑事司法において弁護人としての務めを担うかの違いはあるにせよ、弁護士付添人の任務と刑事弁護人の任務とは、少年、あるいは被疑者・被告人の権利・利益を擁護するために最善の活動を行うという意味における誠実義務を果たすことを基本にするという点において共通する。そうであるならば、少年の「刑事事件」において、被疑者・被告人が少年であるか、それとも被疑者・被告人が成人であるかによって、刑事弁護人として果たすべき誠実義務の内容に有意な差異はない。

【付記】本章は、逮捕・勾留された被疑者について取調べ受忍義務を肯定する捜査実務を前提にしても、弁護人の立会が権利として認められたときは、被疑者・弁護人が立会を要求した場合には、弁護人の立会なくして取調べを行うことはできないのが原則であるとした（より詳しくは、本書第9章参照）。取調べを受ける被疑者に受忍義務を課すことは、供述の強要からの保護という側面においても、手続全体にわたる防御の観点からの、どのような事項について、いつ、どのように供述するか、しないかの自由な決定という側面においても、被疑者の黙秘権を侵害する危険を高めるといえよう。受忍義務を課された取調べのなかで黙秘権侵害の危険が現実化しないよう確保するためには、全過程の録音・録画に加えて、弁護人が取調べに立ち会い、被疑者に対して必要な援助を即時提供できるようにしなければならない。取調べ受忍義務を肯定するとき、弁護人立会権を保障すべき必要はいっそう高まるのである。

61　葛野尋之「少年司法における少年の参加・再訪」服部朗編集代表『融合分野としての少年司法』（成文堂、2023年）215頁参照（本書所収・第11章）。

第1章　任意同行された被疑者の弁護人の援助を受ける権利
―― 逮捕状の執行準備と接見機会の保障

1　問題の所在と本章の骨子

（1）本件の経緯

　最高裁第一小法廷に係属している令和5年（オ）第1783号国家賠償請求事件（以下、「本件」）は、被疑者、とくに逮捕・勾留されることなく、警察署等に任意同行（刑訴法198条1項本文）された被疑者が弁護人または弁護人を選任することができる者の依頼により弁護人となろうとする者（以下、両者をあわせて「弁護人等」）と立会人なく自由に面会する利益、ひいては身体を拘束されることなく、警察署等に任意同行された被疑者に対する弁護人の援助を受ける権利（刑訴法30条1項、憲法31条）の保障のあり方に対して、重要な問題を提起している。

　原審の東京高等裁判所が、令和3年（ネ）第5640号接見妨害に関する国家

＊本章は、本件上告人代理人弁護団を通じて最高裁判所に対して提出した「任意同行された被疑者の弁護人の援助を受ける権利をめぐる法的問題」（2023年9月22日）と題する私の意見書の一部をベースにしている。私は、被控訴人代理人弁護団を通じて控訴審である東京高等裁判所第21民事部に対して提出した意見書「任意同行された被疑者と弁護人等との接見をめぐる法的問題」（2022年6月19日）をベースにして、葛野尋之「任意同行された被疑者と弁護人等との接見機会の保障」『土井政和先生・福島至先生古稀祝賀論文集』（現代人文社、2022年）、同「弁解録取と弁護人の援助を受ける権利」一橋法学21巻3号（2022年）（本書所収・第3章）を発表している。最高裁判所に提出した私の意見書は、被疑者の逮捕前に弁護人等が面会を申し出ていたときに、捜査機関において逮捕前に両者を面会させないことが適法とされる場合があるとの前提に立ったとしても、捜査機関は弁解録取を開始する前に両者が接見する機会を保障しなければならないと論じた部分を含んでいる。この部分は、一橋法学に発表した上記論文と多く重複するので、本章は、この部分については論じていない。

賠償請求控訴事件（以下、「本件」）について令和5年7月27日に言い渡した判決（以下、「本件控訴審判決」）[1]は、身体を拘束されることなく、警察署等に任意同行された被疑者に対する弁護人の援助を受ける権利の保障を大きく後退させるものであった。

本件控訴審判決が、本件一審判決（さいたま地判令3・11・12）[2]が認定した事実をおおむね踏襲しつつ認定した事実によれば、2017年11月27日（以下、すべて同日）、本件被疑者は、詐欺の被疑事実について、警察官らから任意同行を求められ、12時頃に所沢警察署に到着し、12時3分から任意の取調べを受けた。警察官らは、12時12分、同警察署内で、主任捜査官の具申、刑事課長の承認、副署長の決裁、署長の指揮など、本件被疑者に対する逮捕状の執行準備を開始した。被疑者の父の依頼を受け、当番弁護士として出動した弁護士が、12時17分、被疑者との面会を申し出たところ、警察官らは、本件弁護士から面会の申出があったことを被疑者に告げることなく、すでに発付されていた逮捕状の執行準備を進め、速やかに本件被疑者と弁護士とを面会させる措置をとらなかった。逮捕状の執行準備が整ったため、警察官らは、12時30分、本件被疑者に対し逮捕状を執行し、逮捕後、12時48分頃に弁解録取を終了させると、本件弁護士からの面会の申出について被疑者に伝え、その意思を確認した。本件被疑者が接見を希望したため、警察官らは、12時51分から、接見室において本件被疑者と弁護士とを接見させた。捜査官が、逮捕状の執行前、12時28分頃、待機していた本件弁護士に対し、「本件被疑者については逮捕状の執行中であるため、弁解録取後に接見できる予定である」と告げたところ、本件弁護士は「即時に接見させるよう抗議」していた。なお、この時点において、所沢警察署内では、「警察官の立会いなしに身柄を拘束されていない被疑者の逃亡防止を図ることのできる」面会室その他の場所を用意することができなかった。

本件弁護士が、逮捕前に速やかに面会させなかったことは違法であり、逮捕後も弁解録取を接見に先行させたことも違法である、と主張して、県に対

---

[1] 判例集未掲載。
[2] LEX/DB25591930。

して国家賠償請求訴訟を提起したところ、本件一審裁判所は、警察官らが本件被疑者に対し本件弁護士からの面会の申出について直ちに告げることなく、本件被疑者と弁護士とを速やかに面会させなかったことは違法であるとし、県に対し損害賠償を命じた。この点について違法を認めたため、逮捕後、弁解録取の前に接見させなかったことの適法性については判断を示さなかった。

本件一審判決に対し、県が控訴した。県は、本件弁護士からの面会の申出は被疑者に対し逮捕状を執行する直前のことであり、面会の申出の時点では面会場所としうる適当な場所がなかったため、被疑者の逃亡・罪証隠滅を防止するとともに、できるだけ早期の接見を実現するために、逮捕状を執行した直後に接見室において接見させたものであるから、速やかに面会させなかったことは違法ではなく、また、速やかに面会させることができなかったのであるから、速やかに本件弁護士からの面会の申出について被疑者に告げて、その意思を確認しなかったことも違法ではないと主張した。

（2）本件控訴審判決

2023年7月27日、本件控訴審判決は、刑訴法30条1項が「……被疑者は、何時でも弁護人を選任することができる」と定めていることからすれば、「被疑者は、身体の拘束を受けていない段階にあっても、（刑訴法39条1項による身体を拘束された被疑者の・引用者註）接見交通権に準じて、立会人なく弁護人と面会する利益（以下、『面会の利益』という。）を有する」のであって、このような面会の利益は、相手方である弁護人等にとっても「その十分な活動を保障するために不可欠なものであるから、弁護人等もその固有の利益を有する」とし、「そうすると、身体の拘束を受けていない被疑者の弁護人等が任意の取調べを受けている被疑者等との間で立会人のない面会の申出をした場合には、速やかにその申出があった事実を被疑者に告げて弁護人等と面会するか任意の取調べを継続するかを捜査機関において確認すべきであって、その事実を告げないまま任意の取調べを継続する捜査機関の措置は、……特段に事情がない限り、被疑者の面会の利益を侵害するだけでなく、その弁護人等の固有の利益をも害し、捜査機関の職務上の法的義務に違反するものとして、国賠法上1条1項の適用上違法というべきである」と判示した。

このように判示した後、同判決は、弁護人等が身体を拘束されていない被疑者との面会を申し出たときでも、「被疑者に対して逮捕状が発付され、任意の取調べを終えて逮捕状を執行する段階に至った場合には、捜査機関による適正な捜査権の行使を妨げることはできないから、逮捕前に必ず弁護人等に面会させなければならないということはできず、逮捕前に面会させる義務がないのであれば、弁護人等から面会の申出があった事実を逮捕前に被疑者に告げる義務もない」と判示したうえで、本件弁護士からの面会の申出を逮捕前に被疑者に告げて、その意思を確認しなかった警察官らの措置は、国賠法1条1項の適用上違法ではないとした。

　さらに、本件控訴審判決は、刑訴法203条1項の規定によれば、「弁解録取は、被疑者の逮捕後、直ちに弁解の機会を与えることによって、改めて留置の必要性について捜査機関に検討させることを目的としており、身柄の引致後直ちに行うことが要求されている手続であ」って、また、最判平12・6・31[3]が、「弁護人となろうとする者から被疑者の逮捕直後に初回の接見の申出を受けた捜査機関は、即時又は近接した時点での接見を認めても接見の時間を指定すれば捜査に顕著な支障が生じるのを避けることが可能なときは、留置施設の管理運営上支障があるなど特段の事情のない限り、被疑者の引致後直ちに行うべきものとされている手続及びこれに引き続く指紋採取、写真撮影等所要の手続を終えた後、たとい比較的短時間であっても、時間を指定した上で即時又は近接した時点での接見を認める措置をとるべきである」と判示していたことからすれば、「弁解録取前に被疑者に弁護人等と接見させなかったとしても、国賠法1条1項の適用上違法になるということはできず、このことは、逮捕前から面会や接見の申出を受けていたとしても変わりはない」と判示し、本件被疑者を逮捕した後、弁解録取の前に接見させなかった警察官らの措置を適法とした。

　本件控訴審判決について、本件弁護士が上告した。本件は、最高裁第一小法廷に係属した。

---

[3] 民集54巻5号1635頁。

（3）理論的課題

　以上のような本件の経緯および本件控訴審判決の内容から、本章が検討すべき理論的課題が明らかになる[4]。

　身体を拘束されることなく、警察署等に任意同行された被疑者が逮捕される前に、弁護人等が面会を申し出た場合であっても、「被疑者に対して逮捕状が発付され、任意の取調べを終えて逮捕状を執行する段階に至った場合には」、「捜査機関による適正な捜査権の行使を妨げることはできない」との理由から、捜査機関は逮捕前に両者を面会させなくともよく、そうである以上、弁護人等からの面会の申出について、逮捕前に被疑者に告げる必要もないといえるのか。

　本件控訴審判決も、上記のように、「身体の拘束を受けていない被疑者の弁護人等が任意の取調べを受けている被疑者等との間で立会人のない面会の申出をした場合」であれば、捜査機関としては、速やかに弁護人等から面会の申出があったことを被疑者に告げて、その意思を確認したうえで、被疑者が面会を希望したときは、被疑者と弁護人等とを面会させなければならないとしていた。それにもかかわらず、本件事案のように、捜査機関が逮捕状を執行する前であっても、その執行準備に入っていたときは[5]、「捜査機関による適正な捜査権の行使を妨げることはできない」との理由から、逮捕前に面会させなくともよいのか。本章は、この点について、理論的検討を加える。

　この理論的課題に対してどのような回答を与えるかは、身体を拘束されることなく、警察署等に任意同行された被疑者における弁護人等と面会する利益、ひいてはその弁護人の援助を受ける権利（刑訴法30条1項、憲法31条）の在り方を左右する。

---

[4] 本件控訴審判決には、捜査機関が逮捕状の執行準備に入っていたときは、逮捕前に被疑者と弁護人等とを面会させなくともよいとの前提に立ったとしても、弁護人等が逮捕の前に被疑者との面会を申し出ていた場合には、捜査機関としては、被疑者を逮捕した後、弁解録取を開始する前に両者を接見させなくともよいのか、弁解録取の前に接見させなければならないのではないか、という理論的課題も存在する。しかし、上記のように、本章からは、この点についての検討を割愛した。

[5] 本件控訴審判決は、「逮捕状を執行する段階に至った場合」としているところ、「執行する段階」という表現は、いくらか曖昧さを残している。この段階も、逮捕状の執行に着手する前であって、逮捕状の「執行準備」の段階である。

この理論的課題に対する本章の結論は、本章5「本章の結論」に示したとおりである。被疑者が身体を拘束されることなく、警察署等に任意同行されたときに、弁護人等が面会を申し出た場合には、捜査機関としては、速やかに弁護人等から面会の申出があったことを被疑者に告げて、その意思を確認したうえで、被疑者が面会を希望したときは、被疑者と弁護人等とを面会させなければならず、このことは、捜査機関が逮捕状の執行準備に入っていたとしても、変わることはない。本件控訴審判決は、本件被疑者が逮捕される前に、弁護人となろうとする弁護士が面会を申し出ていたにもかかわらず、逮捕前に両者を面会させなかった警察官らの措置を適法とした。この判断は、被疑者の弁護人の援助を受ける権利について定めた刑訴法30条1項の解釈を誤った、失当なものであって、身体を拘束されることなく、警察署等に任意同行された被疑者の弁護人の援助を受ける権利（刑訴法30条1項、憲法31条）を侵害すると同時に、被疑者の権利に対応する弁護人の弁護権を侵害する警察官らの措置を許容している。上告審において、本件控訴審判決は破棄されるべきであった。

2　任意同行された被疑者と弁護人等との面会の利益

(1)　弁護人の援助を受ける権利と面会の利益

　刑訴法30条1項は、身体拘束の有無にかかわらず、被疑者に対して弁護人の援助を受ける権利を保障しており、この権利は、身体を拘束されることなく、警察署等に任意同行された被疑者が弁護人等と立会人なく自由に面会し、相談し、その助言を受けるなどの機会を保障している。他方、被疑者の権利に対応する弁護人の弁護権の内容として、弁護人等も、身体を拘束されることなく、警察署等に任意同行された被疑者と立会人なく自由に面会する機会を保障されている[6]。弁護人は、被疑者と立会人なく自由に面会する機会を保障されなければ、被疑者に対して、その防御権を実効化するために必要とされる援助を提供することができないからである[7]。

　身体を拘束されることなく、警察署等に任意同行された被疑者が、その弁護人の援助を受ける権利（刑訴法30条1項）に基づき、弁護人等と立会人な

く自由に面会する機会を保障され、他方、弁護人等も、被疑者の権利に対応する弁護権に基づき、同じく被疑者と面会する機会を保障される以上、弁護人等が被疑者との面会を申し出たとき、捜査機関としては、速やかに弁護人等からの面会の申出について被疑者に伝え、その意思を確認したうえで、被疑者が面会を希望した場合には、弁護人等と面会させなければならない。弁護人等の申出について速やかに被疑者に告げなければならないのは、被疑者としては、弁護人等から面会の申出があったことを認識できなければ、弁護人等と面会するために、自ら所在場所を退去し、捜査機関の許を離れることが実際上不可能であり、弁護人等としても、被疑者と面会し、被疑者に対して必要な援助を提供する機会を得ることができないからである。

本件控訴審判決も、上記のように、「身体の拘束を受けていない被疑者の弁護人等が任意の取調べを受けている被疑者等との間で立会人のない面会の申出をした場合」には、捜査機関としては、速やかに面会の申出があったことを被疑者に告げ、その意思を確認したうえで、被疑者が面会を希望したときは、弁護人等と面会させなければならないことを認めていた。捜査機関に

---

6 渡辺修「接見交通権の現状と課題」法律時報65巻3号（1993年）33頁は、被疑者はその法的地位に内在する「包括的防御権」を有しており、それに基づき弁護人の援助を受ける権利が憲法上保障され、その内容として自由な接見が保障されるとする。小山雅亀「判批」『ジュリスト増刊・重判解平成4年版』（1993年）194頁もほぼ同旨。角田正紀「判批」研修524号（1992年）21頁は、「被疑者と面会・打合せをすることが内容ないし前提であることを踏まえて、身柄不拘束の被疑者の弁護人等にも接見交通権に準じた利益を認める考え方は是認すべき」とする。三井誠『刑事手続法（上）（補訂版）』（有斐閣、1995年）162頁は、被疑者は刑訴法30条1項により「弁護人による実質的な援助を受ける権利」を保障されるところ、「被疑者が弁護人と面会し話し合うのは当然この権利に含まれ」ると同時に、「弁護人にとっても弁護権の中核を占める」とする。椎橋隆幸『刑事弁護・捜査の理論』（信山社、1993年）73頁、同「判批」ジュリスト1051号（1994年）83頁もほぼ同旨。川出敏裕『判例講座・刑事訴訟法（捜査・証拠編）（第2版）』（2021年）293頁は、福岡高判平5・11・16を支持しつつ、「弁護人は、弁護活動の一環として、自由に被疑者と面会できるのであり、……身柄が拘束されていない場合には、自由に面会できることは当然であるので、あえて（刑訴法39条1項のような・引用者）規定がおかれていないだけであ」って、「このことは、被疑者が任意の取調べを受けている場合にも同様に妥当する」とする。

7 憲法および刑事訴訟法は被疑者・被告人に対して様々な防御権を保障しており、弁護人の援助を受ける権利を被疑者・被告人の防御権を実効化するために保障している。弁護人の援助は被疑者・被告人の防御権を実効化するために「効果的な」援助でなければならない。このことについて、葛野尋之「刑事弁護分野の回顧と展望」刑法雑誌62巻3号（2023年）、同「刑事弁護の拡大と高度化——その現状と改革課題」青山法学論集65巻2号（2023年）（本書所収・序章）参照。

おけるこのような義務を基礎づけるものは、刑訴法30条1項による被疑者の「何時でも弁護人を選任する」権利に基づく、弁護人等との「面会の利益」だとされ、この「面会の利益」は、刑訴法39条1項により身体を拘束された被疑者・被告人に対して保障される接見交通権、すなわち立会人なく自由に接見する権利に準じるものだとされた。

　本件一審判決は、後述するように、刑訴法39条1項が身体を拘束された被疑者・被告人と弁護人等との自由な接見を認めていることからすると、「弁護人等は任意取調べを受けている被疑者等との間でも、その弁護活動の一環として、自由に面会することができる」のであり、また、「任意取調べについては、その開始及び終了が被疑者の意思に委ねられているので（刑訴法198条1項但書）、任意取調べを受けることを続けるか、これを中断して弁護人等との面会に応じるかについても、専ら被疑者の意思に委ねられている」とし、そのうえで、「弁護人等が任意取調べ中の被疑者との面会を申し出た場合、捜査機関は、直ちにその旨を被疑者に伝え、弁護人等との面会を希望するか否かを確認した上、被疑者がその面会を希望したときには、速やかに弁護人等と面会させなければならない義務があり、弁護人等と協議して面会時間の調整が整うなどの特段の事情がない限り、被疑者に弁護人等との面会の意向を確認せずに任意取調べを継続した場合には、被疑者において適時適切な弁護を受けられなくなるおそれが生じ、弁護人等による弁護活動を妨げることになるから、弁護人等の弁護権を侵害するものとして、国賠法上違法と評価される」と判示していた。

（2）過去の裁判例
i　本件事案と過去の裁判例の事案の異同
　被疑者が身体を拘束されることなく、警察署等に任意同行されたときに、弁護人等が面会を申し出た場合において、捜査機関が被疑者に対して弁護人等からの面会申出について直ちに伝達せず、被疑者と弁護人等とを速やかに面会させなかったことの適法性が問題となった裁判例は、いずれも、捜査機関が直ちに伝達せず、速やかに面会させなかったことを違法と判断していた。
　ただし、本件事案においては、弁護人が面会を申し出た時点で、捜査機関

は被疑者の取調べを終えており、逮捕状の執行準備に入っていたのに対して、過去の裁判例は、いずれも、捜査機関が被疑者を取り調べていたときに、弁護人等が面会を申し出たという事案についてのものであった。

ii 函館地決昭43・11・20

被疑者が警察署に任意出頭後、取調べを受けていたときに、弁護人が面会を求めたところ、捜査官が取調べ中であるとの理由から面会させず、被疑者の取調べを継続したという事案について、函館地決昭43・11・20[8]は、「憲法34条、刑訴法30条の保障する弁護人依頼権は単に弁護人を持つという形式的な権利でなく弁護人の援助を受け自己の利益を擁護する実質的な権利であり、殊に任意出頭の段階において、捜査機関が被疑者の取調べを理由に弁護人との面接を拒む合法的な根拠は全く存しない。任意の取調べであるといえ、被疑者は取調室にあって弁護人の来訪を知るべくもない」とし、そのうえで、面会申出を拒否した後の取調べにおいて作成された供述調書の証拠能力について、「本件調書は、弁護人との面接を妨げることによって被疑者の防禦権を不当に侵害した状況において違法に収集された証拠であって、その瑕疵の重大性に鑑み、証拠能力を有しない」と判示した。

iii 福岡地判平3・12・13、福岡高判平5・11・16

捜査官が被疑者を派出所に任意同行し、取り調べていたときに、被疑者の妻からの依頼により弁護人となろうとする弁護士が警察署に赴き、被疑者との面会を申し出たところ、捜査官は取調べ中であるとして面会させず、また、同弁護士からの面会の申出について被疑者に伝えなかったことから、同弁護士が県に対して国家賠償請求訴訟を提起したという事案について、福岡地判平3・12・13[9]は、捜査官の措置を違法とした。

同判決は、憲法34条および刑訴法30条1項が「被疑者一般に対して、弁護人による実質的な弁護を受ける権利を保障している以上、被疑者と弁護人な

---

[8] 判時563号95頁。
[9] 判時1417号45頁。

いし弁護人となろうとする者（以下「弁護人等」という。）との間の面会・打合せの自由が確保されることがその当然の前提となっており、これは被疑者の権利であるとともに弁護人等の弁護権の重要な内容をなすものというべきである」が、それは、「弁護人としても、被疑者との面会・打合せを自由に行えるのでなければ、被疑者に黙秘権等の権利の内容を十分に理解させるとともに、事件の内容、被疑者の言い分を直接聴取し、適切な助言を与え、被疑者に有利な証拠の収集に備えるといった弁護活動を行うことができないからである。そして、以上の理は、被疑者が身柄拘束中であると否とで変わりはない」と判示したうえで、「刑訴法上被疑者の任意の取調がその開始・継続を被疑者の自由な意思に全面的に依存していることに鑑みるならば、面会と取調のいずれを優先させるかも被疑者の意思に委ねられているもの」であるところ、「弁護人等から被疑者との面会の申し出がなされたことは被疑者にとって捜査機関の取調になお継続して応ずるかどうかを決定するにつき重要な事情であるから、すみやかに被疑者に取り次がれなければならない」のであって、「任意取調中の被疑者の弁護人等から面会の申し出を受けた捜査機関は、弁護人等との間で面会についての協議が調えば格別、そうでない場合は取調中であってもこれを中断して、すみやかに右申し出を被疑者に取り次ぎ、その意思を確認しその結果を弁護人に伝えなければならず、被疑者が面会を希望する場合にはさらにその実現のための措置をとらなければならない」とした。

県が控訴したところ、福岡高判平5・11・16[10]は、一審判決を支持して、県の控訴を棄却した。同判決は、弁護人等は「当然のことながら、その弁護活動の一環として、何時でも自由に被疑者に面会することができる。その理は、被疑者が任意同行に引き続いて捜査機関から取調べを受けている場合においても、基本的に変わるところはない」のであって、「弁護人等は、任意取調べ中の被疑者と直接連絡を取ることができないから、取調べに当たる捜査機関としては、弁護人等から右被疑者に対する面会の申出があった場合には、弁護人等と面会時間の調整が整うなど特段の事情がない限り、取調べを

---

[10] 判時1480号82頁。

中断して、その旨を被疑者に伝え、被疑者が面会を希望するときは、その実現のための措置を執るべきであ」り、「任意捜査の性格上、捜査機関が、社会通念上相当と認められる限度を超えて、被疑者に対する右伝達を遅らせ又は伝達後被疑者の行動の自由に制約を加えたときは、当該捜査機関の行為は、弁護人等の弁護活動を阻害するものとして違法と評される」と判示した。

iv　東京地判令2・11・13、東京高判令3・6・16

　被疑者が検察庁において任意の取調べを受けていたとき、その妻の依頼により弁護人となろうとする弁護士が被疑者との面会を求めたところ、検察官が、被疑者の妻の依頼について確認ができないとして、同弁護士から面会の申出があったことを被疑者に伝えることなく、被疑者と同弁護士とを面会させるための措置をとらなかったことから、同弁護士が国に対して国家賠償請求訴訟を提起したという事案について、東京地判令2・11・13[11]は、検察官の措置を違法とした。

　同判決は、「弁護人等は、その弁護活動の一環としていつでも自由に被疑者と面会することができると解されるが、取調べ中の被疑者と直接に連絡を取ることはでき」ず、他方で、「被疑者は、身体の拘束を受けていない場合であっても、弁護人等との面会予定を事前に把握しているなどの特段の事情がある場合を除き、取調べの継続中に自由に退去して弁護人の援助を受けるための手段を自らとることは困難であり、弁護人等の来訪につき告知を受け、接見の機会を得て初めて、弁護人による実質的な弁護を受ける権利……を保障される」ことになるところ、「任意の取調べを行う捜査機関は、当該時点においては、被疑事件の捜査のために被疑者の身柄を拘束する権限を有していないから、取調べが継続中であること又はその予定を理由として接見を拒み、又はその日時等を指定すること……はできない」とした。そのうえで、同判決は、「身体拘束を受けていない被疑者に対する弁護人等から面会の申出があった場合には、捜査機関としては、取調べを中断した上で、速やかに弁護人等の来訪を被疑者に伝え、被疑者が面会を希望するときは、その実現

---

[11]　判時2501号112頁。

のための措置をとらなければならないというべきであり、取調べの性格上、特定の事項に係る質疑等のため一定の時間を要し、即時の中断が困難な場合があること等を考慮しても、社会通念上相当と認められる範囲を超えて弁護人等の来訪を被疑者に伝えず、その結果、速やかに弁護人等との面会が実現されなかった場合には、当該捜査機関の行為は、弁護人等の弁護活動を阻害するものとして違法と評価され」ると判示した。

　国が控訴したところ、東京高判令3・6・16[12]は、一審判決を支持し、国の控訴を棄却した。同判決は、刑訴法30条1項の保障のもとで、「被疑者が刑事手続において十分な防御をするためには、弁護人に相談し、その助言を受けるなど弁護人から援助を受ける機会を実質的に保障する必要があるから、被疑者は、身体の拘束を受けていない段階にあっても、接見交通権に準じて、立会人なく接見する利益……を有する」のであり、また、接見の利益は、弁護人等にとっても「その十分な活動を保障するために不可欠なものであって、被疑者の弁護人等による弁護権の行使においても重要なものであ」って、刑訴法39条1項により保障される接見交通権についての最高裁判例からしても、同利益は弁護人等の固有の利益でもあるとした。これを踏まえて、同判決は、「捜査機関は、……被疑者の任意の出頭を求め、これを取り調べるに当たり、被疑者と弁護人等との接見の利益をも十分に尊重しなければならない」のであり、したがって、「身体の拘束を受けていない被疑者の弁護人等が、任意の取調べを受けている被疑者との間で立会人のない接見の申出をした場合には、速やかにその申出があった事実を被疑者に告げて弁護人等と接見するか任意の取調べを継続するかを捜査機関において確認すべきであって、その事実を告げないまま任意の取調べを継続する捜査機関の措置は、弁護人等であることの事実確認のために必要な時間を要するなど特段の事情がない限り、被疑者の接見の利益を侵害するだけではなく、その弁護人等の固有の接見の利益も侵害するものとして、国家賠償法1条1項の適用上違法」であるとした。

12　判時2501号104頁。

(3) 本件一審判決（さいたま地判令3・11・12）

　以上のように、いずれの裁判例も、身体を拘束されることなく、警察署等に任意同行された、あるいは任意取調べを受けている被疑者および弁護人等が面会ないし接見の権利ないし法的利益を有することを承認したうえで、弁護人等が面会を申し出たときは、捜査機関は被疑者に対して弁護人等からの面会申出について速やかに伝達し、その意思を確認し、被疑者が希望した場合には、被疑者と弁護人等とを面会させなければならないとしていた。函館地決昭43・11・20は、直接的には自白の許容性を否定した判断であったが、このような判断を前提にしていた。本件一審判決も、これら裁判例の線に沿って、捜査官らの措置を違法とした。

　本件一審判決は、刑訴法39条1項が身体を拘束された被疑者・被告人と弁護人等との自由な接見を認めていることからすると、「弁護人等は任意取調べを受けている被疑者等との間でも、その弁護活動の一環として、自由に面会することができる」のであり、また、「任意取調べについては、その開始及び終了が被疑者の意思に委ねられているので（刑訴法198条1項但書）、任意取調べを受けることを続けるか、これを中断して弁護人等との面会に応じるかについても、専ら被疑者の意思に委ねられている」とした。そのうえで、同判決は、「弁護人等が任意取調べ中の被疑者との面会を申し出た場合、捜査機関は、直ちにその旨を被疑者に伝え、弁護人等との面会を希望するか否かを確認した上、被疑者がその面会を希望したときには、速やかに弁護人等と面会させなければならない義務があり、弁護人等と協議して面会時間の調整が整うなどの特段の事情がない限り、被疑者に弁護人等との面会の意向を確認せずに任意取調べを継続した場合には、被疑者において適時適切な弁護を受けられなくなるおそれが生じ、弁護人等による弁護活動を妨げることになるから、弁護人等の弁護権を侵害するものとして、国賠法上違法と評価される」と判示した。

　さらに、同判決は、前記「特段の事情」について、「任意取調べ中の被疑者については、身体の拘束を受けている被疑者……と異なり、捜査上の顕著な支障といった必要性がある場合に面会を制限できる根拠がなく、……取調べを受けることを継続するか否かが被疑者の意思に委ねられていることから

すれば、捜査上の支障や必要性のみを理由として一方的に面会を制限することは許されず、捜査上の支障や必要性があることは、前記特段の事情に該当しない」とした。

　これらの判示を踏まえて、同判決は、「捜査上の必要性を理由として面会を制限することはできないのであって、既に捜査機関側で逮捕状執行に向けた決裁手続に着手した段階にあったとしても、単に捜査機関内部における手続上の必要に過ぎないのであるから」、このことが「特段の事情」にはあたらず、また、「面会の時期や要否については、被疑者及び弁護人等の意思が優先されるべきもの」であるから、「当時、仮に面会する部屋の確保の観点から、逮捕前の面会を実施するよりも逮捕後即時の接見を認めたほうが、より早期に面会（接見）が実現できるという事情があったとしても、そのことを弁護人等に伝えて、これを選択する機会を与える必要があり、このような機会を与えていない以上」、このような事情も「特段の事情」にはあたらないとしたうえで、捜査官が本件被疑者に対して弁護士からの面会申出について伝達することなく、被疑者の意思を確認しなかったことを違法と判断した。

（4）被疑者の弁護人の援助を受ける権利および弁護人の弁護権と適正手続

　本件控訴審判決が、任意同行された被疑者と弁護人等との面会を「権利」ではなく、「利益」としたのは、身体を拘束された被疑者・被告人と弁護人等との接見の場合（刑訴法39条1項）のように、両者の面会を保障する明文規定がないことによるものであろう。しかし、任意同行された被疑者が、弁護人等と自由に立会人なく面会し、相談し、その助言を受けるなどの機会を与えられなかったならば、被疑者は弁護人の援助を受けることができず、刑訴法30条1項が保障する被疑者の弁護人の援助を受ける権利は、画餅に帰すこととなる。この意味において、被疑者と弁護人等との立会人のない自由な面会の機会を保障することは、被疑者の弁護人の援助を受ける権利の本質的な構成要素である。それゆえ、それ自体として、刑訴法30条1項の権利の内容をなすものというべきであろう。他方、弁護人等としても、被疑者と立会人なく自由に面会する機会を保障されなければ、被疑者に対して必要な援助を提供することができないから、被疑者の権利に対応する弁護権の内容とし

て、被疑者との面会の機会を保障されるというべきである。ただし、本件控訴審判決が面会の「利益」としていたことから、本章も、以下、面会の「権利」ではなく、面会の「利益」として論じる。

　さらに、身体を拘束されていない被疑者の弁護人の援助を受ける権利は、たんに刑訴法30条1項によって認められているものではなく、憲法31条が保障する適正手続の本質的な内容をなすものというべきである。たしかに、「抑留又は拘禁」され、身体を拘束された被疑者の場合とは異なり、身体を拘束されていない被疑者の弁護人の援助を受ける権利については、その保障を明記した憲法の規定は存在しない。しかし、身体を拘束された被疑者の権利について憲法が34条に明文規定をおいたのは、身体を拘束され、外部社会と隔離されることによって、被疑者・被告人が自己の防御権を実効的に行使することがとくに困難な状況に置かれていることから、また、被疑者が身体の拘束からの解放を求めるために、弁護人の援助をひときわ強く必要とするがゆえのことであって[13]、身体を拘束されていない被疑者について、憲法が適正手続の内容として、その弁護人の援助を受ける権利を保障していないということを意味しない。

　身体の拘束の有無にかかわらず、憲法31条はすべての被疑者について、適正手続を保障している。憲法34条の保障する弁護人の援助を受ける権利が、身体を拘束された被疑者にとって、適正手続の具体的内容であるのと同じように、身体を拘束されていない被疑者が、憲法31条によって適正手続を保障される以上、適正手続の本質的な内容として、弁護人の援助を受ける権利を保障されているというべきである。弁護人の援助を受ける権利の保障を欠いた手続は、いかなる意味においても、適正なものだとはいえない。身体を拘束されていない被疑者は、憲法31条によって、弁護人の援助を受ける権利を保障されているのである。このことは、被疑者と弁護人等との面会を「権利」として捉えるか、法的「利益」とするかによって、変わるものではない。

13　憲法的刑事手続研究会『憲法的刑事手続』（日本評論社、1997年）286頁〔村岡啓一〕。

3　逮捕前の面会と「適正な捜査権の行使」

（1）「適正な捜査権の行使を妨げること」の具体的意味

　本件控訴審判決は、被疑者および弁護人等に面会の機会が保障されるべきことを認めており、それを「面会の利益」と呼んだ。そのうえで、同判決は、被疑者が任意の取調べを受けているときに、弁護人等が面会を申し出た場合には、捜査機関としては、速やかにその事実を被疑者に告げ、被疑者の意思を確認したうえで、被疑者が面会を希望するときは、両者を面会させなければならないとした。この点についての同判決の判断は、基本的に正当である。

　問題は、捜査機関が逮捕状を執行する前であっても、その執行準備に入ったときは、逮捕前に被疑者と弁護人等とを面会させなくともよいといえるかである。本件控訴審判決は、その必要はないとした。すなわち、同判決は、「被疑者に対して逮捕状が発付され、任意の取調べを終えて逮捕状を執行する段階に至った場合には、捜査機関による適正な捜査権の行使を妨げることはできないから、逮捕前に必ず弁護人等に面会させなければならないということはできず、逮捕前に面会させる義務がないのであれば、弁護人等から面会の申出があった事実を逮捕前に被疑者に告げる義務もない」と判示したのである。

　同判決が、逮捕前に面会させる必要がないとした理由は、逮捕状の執行準備に入った場合には、「捜査機関による適正な捜査権の行使を妨げることはできない」ということである。本件事案をみたとき、ここにいう「捜査権の行使」の具体的内容は、執行準備に入っていた逮捕状の執行に着手することである。

　それでは、捜査権の「適正」な行使を「妨げること」として想定されているのはなにか。本件控訴審判決は、「妨げること」の具体的内容を明示しなかった。しかし、同判決が、逮捕前に面会させなかった警察官らの措置を適法と判断するにあたり、弁護人等が面会を申し出た時点で「被疑者に対する逮捕状を執行する段階に至って」いたことに続けて、「その当時、所沢署では、警察官の立会いなしに身柄を拘束されていない被疑者の逃亡防止を図る

ことができる面会室やその他の場所を用意することができなかったこと」、さらには本件弁護士が「面会を申し出た13分後には現実に逮捕状が執行されていることも考え合わせると」と述べていたことからすると、適正な捜査権行使の「妨げ」として想定していたのは、第1に、逮捕前に本件被疑者と弁護士とを面会させたならば、それにより逮捕状の執行着手に遅延が生じることであり、第2に、「被疑者の逃亡防止を図ることができる面会室やその他の場所を用意することができなかった」ために、逮捕前に面会させることにより、被疑者が逃亡する危険が生じるということであろう。

　しかし、弁護人等の申出に応えて逮捕前の面会を認めることが、「捜査機関による適正な捜査権の行使を妨げる」場合には、捜査機関としては逮捕前に面会させなくともよいとの前提に立ったとしても、本件控訴審判決が、逮捕前に面会させたならば、それは「捜査機関による適正な捜査権の行使を妨げる」こととなり、それゆえ捜査機関としては逮捕前に面会させる必要はないとしたことには、重大な疑問がある。

(2) 被疑者・弁護人等の面会の利益の制約

　ここにおいて、確認しておくべき点がある。それは、逮捕前の面会を認めないことは、被疑者と弁護人等とが面会する機会を遅延させ、被疑者が弁護人等と速やかに面会し、相談し、その助言を受けるなどの機会を失わせる点において、被疑者が弁護人等と面会する利益を制約する一方、弁護人等における被疑者と面会する利益をも制約し、ひいては被疑者の弁護人の援助を受ける権利、弁護人の弁護権をそれぞれ制約することになるという点である。

　上記のように、身体を拘束されることなく、警察署等に任意同行された被疑者は、自己の防御権を実効的に行使するために、弁護人の援助を受ける権利を保障されている（刑訴法30条1項、憲法31条）。被疑者の権利に対応して、弁護人は弁護権を保障されている。両者が立会人なく自由に面会する機会は、被疑者における弁護人の援助を受ける権利、弁護人の弁護権を実効的に保障するために不可欠のものである。これらの権利が刑訴法30条1項により保障されるにとどまらず、憲法31条による適正手続の本質的内容をなすことからすれば、被疑者と弁護人等との面会の機会の保障は、それ自体として、

憲法的重要性を有する重大な利益だといえよう。

　逮捕前の面会を認めないことは、被疑者と弁護人等との面会の機会を遅延させ、もって両者における憲法的重要性を有する面会の利益を制約するものであるから、逮捕前の面会を認めることが「捜査機関による適正な捜査権の行使を妨げる」、すなわち捜査機関における逮捕状の適正な執行の「妨げ」になることを理由にして、逮捕前の面会を認めないとするのであれば、ここにいう「妨げ」とは、逮捕状の適正な執行に顕著な支障が生じることを意味すると理解しなければならない。逮捕状の適正な執行に対して支障が生じたとしても、それが僅かな、抽象的なものにすぎなければ、そのような支障をもって被疑者と弁護人等との面会の機会を遅延させ、両者の面会の利益を制約することは、決して正当化されないからである。

　また、逮捕前に面会させることが「捜査機関による適正な捜査権の行使を妨げる」、すなわち捜査機関における逮捕状の適正な執行を「妨げる」との理由から、逮捕前に面会させる必要はないと主張するのは、捜査機関の側であるから、逮捕前の面会を認めることにより逮捕状の適正な執行に顕著な支障が生じることについては、捜査機関の側（本件訴訟においては県）がそれを証明する責任を負うというべきである。捜査機関の側が顕著な支障が生じることを証明しない限り、逮捕前に面会させないことは正当化されえないのである。それゆえ、裁判所としては、捜査機関がこの証明責任を果たし、もって逮捕前に面会させることが逮捕状の適正な執行に顕著な支障を生じさせることを具体的に認定することができない限り、「捜査機関による適正な捜査権の行使を妨げること」になるとして、逮捕前に面会させないことを適法と判断してはならない。

　本件控訴審判決にいう「捜査機関による適正な捜査権の行使を妨げる」ことをこのように理解することは、接見交通権および接見指定に関する最高裁判例の理にも適合する。

　最大判平11・3・24民集53巻3号514頁は、刑訴法39条3項の接見指定制度が憲法に違反しないと判示するにあたり、接見指定制度の目的・性格について、「刑訴法39条は、……1項において接見交通権を規定する一方、3項本文において、『検察官、検察事務官又は司法警察職員……は、捜査のため

必要があるときは、公訴の提起前に限り、第1項の接見又は授受に関し、その日時、場所及び時間を指定することができる。』と規定し、接見交通権の行使につき捜査機関が制限を加えることを認めている。この規定は、刑訴法において身体の拘束を受けている被疑者を取り調べることが認められていること（198条1項）、被疑者の身体の拘束については刑訴法上最大でも23日間（内乱罪等に当たる事件については28日間）という厳格な時間的制約があること（203条から205条まで、208条、208条の2参照）などにかんがみ、被疑者の取調べ等の捜査の必要と接見交通権の行使との調整を図る趣旨で置かれたものである。そして、刑訴法39条3項ただし書は、『但、その指定は、被疑者が防禦の準備をする権利を不当に制限するようなものであつてはならない。』と規定し、捜査機関のする右の接見等の日時等の指定は飽くまで必要やむを得ない例外的措置であって、被疑者が防御の準備をする権利を不当に制限することは許されない旨を明らかにしている」としたうえで、「このような刑訴法39条の立法趣旨、内容に照らすと、捜査機関は、弁護人等から被疑者との接見等の申出があったときは、原則としていつでも接見等の機会を与えなければならないのであり、同条3項本文にいう『捜査のため必要があるとき』とは、右接見等を認めると取調べの中断等により捜査に顕著な支障が生ずる場合に限られ、右要件が具備され、接見等の日時等の指定をする場合には、捜査機関は、弁護人等と協議してできる限り速やかな接見等のための日時等を指定し、被疑者が弁護人等と防御の準備をすることができるような措置を採らなければならないものと解すべきである。そして、弁護人等から接見等の申出を受けた時に、捜査機関が現に被疑者を取調べ中である場合や実況見分、検証等に立ち会わせている場合、また、間近い時に右取調べ等をする確実な予定があって、弁護人等の申出に沿った接見等を認めたのでは、右取調べ等が予定どおり開始できなくなるおそれがある場合などは、原則として右にいう取調べの中断等により捜査に顕著な支障が生ずる場合に当たると解すべきである……（傍点・引用者）」と判示していた。

同大法廷判決は、刑訴法39条1項の接見交通権は、憲法34条による逮捕・勾留された被疑者・被告人の弁護人の援助を受ける権利の保障に「由来するもの」だと認めていたが、「捜査のため必要があるとき」（同条3項）に当た

るとして、接見指定により接見交通権を制約することが許されるのは、弁護人等からの接見の申出に応えて「接見等を認めると取調べの中断等により捜査に顕著な支障が生ずる場合に限られ」るとした。接見指定による接見交通権の制約が正当化されるのは、「捜査に顕著な支障が生ずる場合」に限られるとしたのである。

　また、最判平12・6・13は、被疑者が逮捕され、警察署に引致されてから約25分後に、弁護人となろうとする弁護士が被疑者との接見を申し出たところ、捜査官は取調べ中なので待ってほしいと繰り返した後、午後5時45分ころになって、接見日時を翌日午前10時以降に指定した措置を違法と判断するにあたり、上記大法廷判決が示した接見指定の要件・措置を確認したうえで、「弁護人となろうとする者と被疑者との逮捕直後の初回の接見は、……これを速やかに行うことが被疑者の防御の準備のために特に重要である。したがって、右のような接見の申出を受けた捜査機関としては、前記の接見指定の要件が具備された場合でも、その指定に当たっては、弁護人となろうとする者と協議して、即時又は近接した時点での接見を認めても接見の時間を指定すれば捜査に顕著な支障が生じるのを避けることが可能かどうかを検討し、これが可能なときは、留置施設の管理運営上支障があるなど特段の事情のない限り、犯罪事実の要旨の告知等被疑者の引致後直ちに行うべきものとされている手続及びそれに引き続く指紋採取、写真撮影等所要の手続を終えた後において、たとい比較的短時間であっても、時間を指定した上で即時又は近接した時点での接見を認めるようにすべきであ（傍点・引用者）」ると判示した。

　同判決は、被疑者と弁護人となろうとする者との逮捕直後の初回の接見については、「接見の時間を指定すれば捜査に顕著な支障が生じるのを避けることが可能」である限り、「たとい比較的短時間であっても、時間を指定した上で即時又は近接した時点での接見を認めるようにすべき」だとしており、接見機会を遅延させる指定によって接見交通権を制約することを正当化するためには、接見時間を制限する指定をしても「捜査に顕著な支障が生じる」場合に限られるとしたのである。

　これら両判決は、接見指定による接見交通権の制約が正当化されるのは、

弁護人等の申出に応じて速やかな接見を認めることにより捜査に顕著な支障が生じる場合に限られるとした。捜査に顕著な支障が生じるとして、接見指定の適法性を主張するのは捜査機関であるから、捜査に顕著な支障が生じることについて証明責任を負うのは、捜査機関の側である。したがって、裁判所としては、捜査機関がこの証明責任を果たし、捜査に顕著な支障が生じると積極的に認定することができたときに限って、接見指定による接見交通権の制約を適法と判断しうるのである。

身体を拘束されることなく、警察署に任意同行された被疑者と弁護人等との面会について、弁護人等の申出に応じて逮捕前の面会を認めたならば、「捜査機関による適正な捜査権の行使を妨げる」場合には、逮捕前に面会させないことが認められるとの前提に立ったとき、「捜査機関による適正な捜査権の行使を妨げる」こととは、上記のように、逮捕前に面会させることによって逮捕状の適正な執行に顕著な支障が生じることを意味するものであり、また、このことについての証明責任を捜査機関の側が負い、したがって裁判所としては顕著な支障が生じることを積極的に認定することができたときに限って、逮捕前に被疑者と弁護人等とを面会させず、もって両者の面会の利益を制約することを適法としうると理解すべきであるところ、このような理解は、接見交通権および接見指定に関する最高裁の上記二判例の理にも適合するのである。

(3) 逮捕前の面会と逮捕状の適正な執行に対する顕著な支障

本件控訴審判決にいう「捜査機関による適正な捜査権の行使を妨げること」とは、逮捕状の適正な執行を妨げることを意味し、さらにその具体的内容は、第1に、逮捕状の執行着手を遅延させることであり、第2に、被疑者が逃亡する危険を生じさせることであった。本件控訴審判決は、これら2点について、捜査機関が逮捕前に面会させたならば、それによって逮捕状の適正執行に顕著な支障が生じるということをなんら具体的に認定しないままに、「捜査機関による適正な捜査権の行使を妨げること」になるとして、逮捕前の面会を認めなかったことを適法とした。

第1に、逮捕状の執行着手を遅延させることについてである。たしかに、

本件事案において、本件弁護士が面会を申し出たとき、警察官らはすでに逮捕状の執行準備に入っていたのであるから、弁護士からの申出に応えて逮捕前に面会させたならば、面会に要する時間の分だけ、逮捕状の執行着手に遅延が生じることはたしかである。しかし、被疑者は逮捕されておらず、したがって逮捕後の場合とは異なり、身体拘束の時間制限は存在しなかったから、面会に要する時間の分だけ執行着手に遅延が生じたとしても、そのことをもって直ちに、逮捕状の適正な執行に顕著な支障が生じるということはできない。

　捜査機関としては、逮捕前に面会させないことを正当化するためには、逮捕状の執行着手の遅延によって、適正な執行に対する顕著な支障が生じることを証明しなければならず、裁判所としては、このことを具体的に認定しない限り、捜査機関が逮捕前に面会させなかったことを適法とすることはできなかったはずである。本件控訴審判決は、逮捕前に面会させることによって逮捕状の適正な執行に顕著な支障が生じることをなんら具体的に認定しなかった。顕著な支障が生じることをなんら具体的に認定しないままに、「捜査機関による適正な捜査権の行使を妨げる」として、捜査機関が逮捕前の面会を認めなかったことを適法としたのである。

　第2に、被疑者の逃亡の危険を生じさせることについてである。この点について、本件控訴審判決は、弁護士が被疑者との面会を申し出た時点で、「所沢署では、警察官の立会なしに身柄を拘束されていない被疑者の逃亡防止を図ることができる面会室やその他の場所を用意することができなかった」ことを指摘していた。逮捕前速やかに面会させたならば、被疑者が逃亡する危険が生じるというのである。「被疑者の逃亡防止を図ることができる……場所」が用意できないとき、たしかに逃亡防止を図ることのできない場所において面会をさせたならば、被疑者の逃亡の危険が生じうることにもなろう。

　しかし、被疑者の逃亡を防止する必要があったとしても、本件事案において、被疑者は身体を拘束されておらず、時間制限が存在したわけではないから、逮捕後の場合とは異なり、捜査機関としては、面会室が空くのを待つなど、「被疑者の逃亡防止を図ることができる……場所」を確保することがで

きるまでそのまま待機し、そのような場所を確保することができ次第、面会させることも可能であったのであり、それによって、待機時間の分だけさらに逮捕状の執行着手に遅延が生じたとしても、上記のように、そのことをもって直ちに、逮捕状の適正な執行に顕著な支障が生じるというわけではない。あるいは、本件被疑者および弁護士に説明し、両者の承諾を得たうえで、身体を拘束され、警察署の留置施設に収容されている被疑者と弁護人等との接見（刑訴法39条1項）に用いる場所を使用することもできたはずである。そのようにすれば、速やかに両者を面会させることもでき、さらに逮捕状の執行着手に対して生じる遅延も、面会に要する時間の分にとどめることができたのである。それにもかかわらず、本件控訴審判決は、被疑者の逃亡防止を図りながら逮捕前に面会させることの可能性をなんら検討しないままに、「捜査機関による適正な捜査権の行使を妨げる」として、捜査機関が逮捕前に面会させなかったことを適法とした。

（4）憲法上の権利の侵害、法令違反および判例違反

このように、本件控訴審判決は、上記2点について、逮捕前の面会を認めたならば、それによって逮捕状の適正な執行に顕著な支障が生じることをなんら具体的に認定しないままに、「捜査機関による適正な捜査権の行使を妨げること」になるとして、逮捕前に面会させなかった捜査機関の措置を適法とした。「捜査機関による適正な捜査権の行使を妨げる」場合には、逮捕前に面会させる必要はないとの前提に立ったとしても、本件控訴審判決は、逮捕状の適正な執行に顕著な支障が生じることを具体的に認定していないのであるから、正当な理由なくして、被疑者および弁護人の面会の利益を制約することを許容したことになる。

両者が立会人なく自由に面会する機会を保障されることは、上記のように、被疑者の弁護人の援助を受ける権利（刑訴法30条1項）、これに対応する弁護人の弁護権にとって本質的な要請である。さらに、これらの権利は、憲法31条の保障内容である。それゆえ、正当な理由なくして両者の面会の利益を制約することは、両者の面会の利益を侵害するにとどまらず、被疑者の弁護人の援助を受ける権利、これに対応する弁護人の弁護権を侵害するものであ

り、これらの権利の侵害は、すなわち憲法31条の保障する適正手続の侵害に当たる。

　また、上記最高裁判例は、接見指定（刑訴法39条3項）により身体を拘束された被疑者および弁護人等の接見交通権（同条1項）を制約することができるのは、弁護人等からの申出に応えて速やかに接見させたならば、それによって捜査に顕著な支障が生じる場合に限られるとしていたから、本件控訴審判決が、逮捕状の適正な執行に顕著な支障が生じることをなんら具体的に認定しないままに、逮捕前に面会させなかった捜査機関の措置を適法としたことは、これら最高裁判例の理に大きく反している。

4　捜査上の必要と面会の制限

（1）刑訴法39条3項の趣旨

　以上のように、弁護人等の申出に応えて逮捕前に面会させることが「捜査機関による適正な捜査権の行使を妨げる」場合には、逮捕前に面会させなくともよいとの前提に立ったとしても、本件控訴審判決は、逮捕状の適正な執行に顕著な支障が生じることをなんら具体的に示していないのであるから、正当な理由なくして、被疑者および弁護人等における面会の利益を制約することを許容したことになる。翻って、「捜査機関による適正な捜査権の行使を妨げる」、具体的には逮捕状の適正な執行に顕著な支障を生じさせるということを理由にして、身体を拘束されることなく、警察署等に任意同行された被疑者と弁護人等との面会を制限することはできるのか。身体を拘束された被疑者と弁護人等との接見交通（刑訴法39条1項）の場合とは異なり、身体を拘束されていない被疑者と弁護人等との面会については、「捜査機関による適正な捜査権の行使を妨げる」ことを理由にして、両者の面会を制限することはできないというべきである。

　身体を拘束されていない被疑者は、上記のように、自己の防御権を実効化するために、弁護人の援助を受ける権利を保障され（刑訴法30条1項、憲法31条）、同権利の本質的な内容をなすものとして、弁護人等と立会人なく自由に面会し、相談し、その助言を受けることなどができる。他方、逮捕・勾

留により身体を拘束された被疑者については、刑訴法39条1項が、弁護人等との接見交通権を明文により保障している。同規定について、最大判平11・3・24は、「身体の拘束を受けている被疑者が弁護人等と相談し、その助言を受けるなど弁護人等から援助を受ける機会を確保する目的」から設けられたものであるとして、憲法34条の保障に「由来」するものであると認め、憲法34条の保障については、同規定の「弁護人に依頼する権利は、身体の拘束を受けている被疑者が、拘束の原因となっている嫌疑を晴らしたり、人身の自由を回復するための手段を講じたりするなど自己の自由と権利を守るため弁護人から援助を受けられるようにすることを目的とするものである。したがって、右規定は、……被疑者に対し、弁護人を選任した上で、弁護人に相談し、その助言を受けるなど弁護人から援助を受ける機会を持つことを実質的に保障している」と判示していた。

　身体を拘束された被疑者・被告人について、接見交通権の保障を明記した刑訴法39条1項がとくに設けられたのはなぜか。身体を拘束され、身体の自由を奪われた被疑者・被告人は、「イン・コミュニカード、すなわち外界との連絡が遮断された状態」に置かれており、この状態は、「日常生活からの遮断となって精神的に不安定な状況をもたらし、他方では、刑事手続上、被疑者・被告人としての防御活動の確保を困難にする」[14]。このことから、憲法34条は、とくに逮捕・勾留された被疑者・被告人に対し、「拘束の原因となっている嫌疑を晴らしたり、人身の自由を回復するための手段を講じたりするなど自己の自由と権利を守るため弁護人から援助を受けられるようにすることを目的」として、弁護人の援助を受ける権利を保障している。被疑者・被告人における弁護人の援助を受ける権利は、たんなる選任の自由を超

---

[14] 三井・註6書155頁。小山・註6書批3頁は、刑訴法39条が身体を拘束された被疑者・被告人について接見交通権を明文で規定していることは、「身柄不拘束の者にこの権利を否定する趣旨とはいえない」とする。被疑者・被告人の「弁護人による援助を受ける権利……の存在を前提にして、身柄拘束中の者がこの権利を事実上制約される可能性の高いことに鑑みて特にこれを明文で保障したからである（弁護人の援助を受ける必要性は、身柄拘束の有無ではなく、被疑者たる地位から生じる）」とする。刑訴法39条3項が身体拘束に由来する明文規定の必要から設けられたものであって、身体を拘束されていない被疑者・被告人についてはとくに明文規定をおく必要がないという点においては、本章の論旨と重なる。

えて、「弁護人を選任した上で、弁護人に相談し、その助言を受けるなど弁護人から援助を受ける機会を持つことを実質的に保障」するものである。「憲法34条の……（このような保障の・引用者）趣旨にのっとり、身体の拘束を受けている被疑者が弁護人等と相談し、その助言を受けるなど弁護人等から援助を受ける機会を確保する目的で設けられた」規定が、刑訴法39条1項である[15]。同規定が、とくに身体を拘束された被疑者・被告人について接見交通権の保障を明記しているのは、身体の拘束という状態におかれていることに起因して、弁護人の援助を受ける権利の保障がいっそう高い重要性を有しており、それゆえ身体の拘束という「外界との連絡が遮断された状態」であって、弁護人の援助を受けることに事実上の制約が生じるおそれのある状態にあるなかでも、弁護人等から援助を受ける機会を確保する必要があることを確認するためなのである。

　また、身体を拘束された被疑者・被告人の接見交通権（刑訴法39条1項）については、身体の拘束に由来する制限を認める規定（同条2項・3項）が必要とされるのに対して、身体を拘束されていない被疑者・被告人と弁護人等との面会については、そのような規定を設ける必要がない。すなわち、身体を拘束され、刑事収容施設に収容されているのではないから、「法令（裁判所の規則を含む。以下同じ。）で、被告人又は被疑者の逃亡、罪証の隠滅又は戒護に支障のある物の授受を防ぐため必要な措置を規定する」（同39条2項）必要はない。加えて、最大判平11・3・24によれば、刑訴法39条3項による接見指定制度は、「刑訴法において身体の拘束を受けている被疑者を取り調べることが認められていること（198条1項）、被疑者の身体の拘束については刑訴法上最大でも23日間（内乱罪等に当たる事件については28日間）という厳格な時間的制約があること（203条から205条まで、208条、208条の2参照）などにかんがみ、被疑者の取調べ等の捜査の必要と接見交通権の行使との調整を図る趣旨で置かれたものである」ところ、被疑者が逮捕・勾留されていないのであれば、ここにいう身体拘束についての「厳格な時間

15　この部分の引用は、最大判平11・3・24。同判決の判示は、問題となった事案に即して、「身体の拘束を受けている被疑者」についてのものである。

的制約」が問題になることはなく、したがって捜査機関としては、被疑者が任意に応じる限り、必要なときに被疑者を取り調べ、その他必要な捜査を行うことが可能である。それゆえ、捜査機関が捜査上の必要を理由にして接見の日時・場所・時間等を指定することができるとする規定をおく必要もないのである。

　身体を拘束されている被疑者・被告人の接見交通権については、身体の拘束に由来する制限が必要とされ、その要件・手続・限界を示した規定が必要になるところ、その場合には、当然、制限の対象となる権利について明記した規定も必要となる。それが刑訴法39条1項なのである。このことを踏まえて、身体を拘束されていない被疑者と弁護人等との面会について、捜査上の必要を理由にして、それを制限することができるかを検討する。

（2）「厳格な時間的制約」の不存在

　本件控訴審判決は、弁護人等からの申出に応えて逮捕前に面会させることが「捜査機関による適正な捜査権の行使を妨げる」場合には、逮捕前の面会を認める必要はないとした。このような場合には、身体を拘束されていない被疑者および弁護人等の面会の利益を制約してもよいと認めたのである。

　ところで、本件控訴審判決にいう「捜査機関による適正な捜査権の行使を妨げる」こととは、上記のように、逮捕状の適正な執行に顕著な支障が生じることを意味しているところ、この顕著な支障が生じることを回避するために、逮捕前に面会させなくともよいとすることは、より一般化していうならば、捜査上の必要がある場合には、被疑者および弁護人等の面会の利益を制約することも許されるとすることを意味する。このことは、最大判平11・3・24が、接見指定の要件として刑訴法39条3項が定める「捜査のため必要があるとき」の意味を、弁護人等の申出に応えて速やかな「接見等を認めると取調べの中断等により捜査に顕著な支障が生ずる場合」をいうと判示したことからも明らかである。本件控訴審判決は、捜査上の必要を理由にして、身体を拘束されていない被疑者と弁護人等との面会を制限することを認めたのである。しかし、捜査上の必要を理由にして、両者の面会を制限することは許されないというべきである。

最大判平11・3・24は、刑訴法39条3項による接見指定制度について、上記のように、「刑訴法において身体の拘束を受けている被疑者を取り調べることが認められていること（198条1項）、被疑者の身体の拘束については刑訴法上最大でも23日間（内乱罪等に当たる事件については28日間）という厳格な時間的制約があること……などにかんがみ、被疑者の取調べ等の捜査の必要と接見交通権の行使との調整を図る趣旨で置かれたものである」としていた。すなわち、「捜査のため必要があるとき」に、接見指定により接見交通権を制約することが許されるのは、被疑者が逮捕・勾留により身体を拘束されており、時間制限が存在することを前提として、そうであるがゆえに「捜査の必要と接見交通権の行使との調整を図る」必要があるからなのである。

　これに対して、身体を拘束されていない被疑者の場合であれば、弁護人等と立会人なく自由に面会する利益が認められる一方、「厳格な時間的制約」は存在しないから、「捜査の必要」と面会の利益の実施との「調整」を図らなければならないとする前提が欠けている。「厳格な時間制限」は、被疑者が逮捕・勾留されているときこそ存在するものであって、捜査機関が逮捕状の執行準備に入っていたとしても、その段階では、時間制限を受けることはない。被疑者が現に逮捕・勾留されているのでない限り、弁護人等の申出に応えて速やかに両者の面会を認めても、身体拘束の時間制限が存在しないのであるから、捜査に顕著な支障が生じることはない。身体を拘束されていない被疑者と弁護人等との面会を、捜査上の必要を理由にして制限することは、制限しなければならない前提を欠くがゆえに、認められることはないというべきである。

（3）制限を認める規定の不存在

　身体を拘束された被疑者と弁護人等との接見交通権（刑訴法39条1項）については、刑訴法39条3項が「捜査のため必要があるとき」における接見指定を定めており、もって接見交通権の制限を認めている。

　他方、身体を拘束されていない被疑者について、刑訴法39条3項に類する規定は存在しない。捜査機関が逮捕状の執行準備に入って以降について、そ

れ以前と異なる扱いを定める規定も存在しない。制限を認める規定が存在しないのであるから、身体を拘束されていない被疑者と弁護人等との面会については、捜査上の必要を理由にして、それを制限することは許されないというべきである。このように理解しなければ、身体を拘束された被疑者の接見交通権について、刑訴法39条3項を設け、「捜査のため(の)必要」による接見の機会の制限を同規定の定める要件・方法・限界において認めるとしたことの意義が失われるからである。捜査上の必要による制限を認める具体的規定が存在しない以上、身体を拘束されていない被疑者と弁護人等との面会について、それを捜査上の必要を理由にして制限することは許されないのであって、このことは、捜査機関が逮捕状の執行準備に入っていたかどうかによって変わることはないのである。

実質的に考えても、身体を拘束されていない被疑者および弁護人等にとって、立会人なく自由な面会の機会を認められることは、上記のように、それぞれ弁護人の援助を受ける権利(刑訴法30条1項、憲法31条)、被疑者の権利に対応する弁護人の弁護権にとって、本質的内容をなすものである。面会の利益は、両者にとって、憲法的重要性を有する重大な利益なのである。そのような面会の利益の制約を、法律の明文規定をもって要件・手続・限界を設定しないままに認めることは、恣意的な、あるいは過剰な制約を許すおそれを招き、この点において、被疑者に対する弁護人の援助を受ける権利、それに対応した弁護人の弁護権の保障の趣旨に反する結果となる。このことは、捜査機関が逮捕状の執行準備に入っていたかどうかによって、変わるものではない。身体を拘束された被疑者の接見交通権を捜査上の必要を理由にして制約することについて、刑訴法が39条3項においてその要件・手続・限界を明記したのは、そうすることによって恣意的な、あるいは過剰な制約を排除するためであった。そうであるならば、同じく身体を拘束されていない被疑者と弁護人等との面会の利益についても、その制約は、要件・手続・限界を明示した法律上の規定によらなければならないというべきである。

(4) 任意処分と強制処分との峻別

刑訴法197条1項但書の定める強制処分法定主義からすれば、任意処分と

強制処分とは截然と区別しなければならない。身体を拘束されることなく、警察署等に任意同行された被疑者が逮捕される前に、弁護人等が被疑者との面会を申し出たにもかかわらず、捜査上の必要を理由として、逮捕前に面会させなくともよいとすることは、任意処分と強制処分との峻別という観点からも、重大な問題をはらんでいる。

　刑訴法198条1項は、「検察官、検察事務官又は司法警察職員は、犯罪の捜査をするについて必要があるときは、被疑者の出頭を求め、これを取り調べることができる。但し、被疑者は、逮捕又は勾留されている場合を除いては、出頭を拒み、又は出頭後、何時でも退去することができる」と定めている。同条但書の反対解釈から、被疑者が逮捕・勾留されている場合には、出頭拒否・退去の自由を認められず、出頭・滞在の義務を負うとするのが確立した捜査実務である。このような捜査実務を前提としても、逮捕・勾留されていない限り、被疑者は、出頭・滞在の義務を負うことはなく、出頭拒否・退去の自由を保障されることになる。逮捕・勾留されていないにもかかわらず、出頭拒否・退去の自由を否定することは、同条但書の規定に明らかに反する。実質的にみると、強制処分たる逮捕・勾留に伴う効果を、逮捕・勾留されていない被疑者についても認めることとなり、任意処分と強制処分との峻別を否定することとなる。

　逮捕・勾留されていない被疑者が出頭拒否・退去の自由を認められるのは、被疑者が捜査機関の取調べを受けているときだけに限らない。取調べを受けていなくとも、被疑者が警察署等に任意同行され、捜査機関の許に所在する場合には、取調べを受けている場合と同じように認められるはずである。出頭を拒否し、退去する自由が認められるのは、取調べを受けているときに限られ、取調べを受けていないときは、出頭拒否・退去の自由を否定されるとすることは、逮捕・勾留されておらず、かつ、取調べを受けていない被疑者から、その身体の自由を強制的に奪うことにほかならない。刑訴法の規定によらずして、強制的な身体拘束を認めることになるのである。

　身体を拘束されていない被疑者が、取調べを受けているかどうかにかかわらず、出頭拒否・退去の自由を認められるのであれば、弁護人等が被疑者との面会を申し出たとき、被疑者が面会を希望する場合には、弁護人等と面会

するために、所在場所から退去し、捜査機関の許を離れることを認められなければならない。

　この点を明確にしたのが、福岡地判平3・12・13である。同判決は、捜査官が被疑者を派出所に任意同行し、取り調べていたときに、被疑者の妻からの依頼により弁護人となろうとする弁護士が警察署に赴き、被疑者との面会を申し出たところ、捜査官は取調べ中であるとして面会させず、また、同弁護士からの面会の申出について被疑者に伝えなかったことから、同弁護士が県に対して国家賠償請求訴訟を提起したという事案について、捜査官の措置を違法とした。

　同判決は、憲法34条および刑訴法30条1項が「被疑者一般に対して、弁護人による実質的な弁護を受ける権利を保障している以上、被疑者と弁護人ないし弁護人となろうとする者（以下「弁護人等」という。）との間の面会・打合せの自由が確保されることがその当然の前提となっており、これは被疑者の権利であるとともに弁護人等の弁護権の重要な内容をなすものというべきである」が、そのことは「被疑者が身柄拘束中であると否とで変わりはない」と判示したうえで、「刑訴法上被疑者の任意の取調がその開始・継続を被疑者の自由な意思に全面的に依存していることに鑑みるならば、面会と取調のいずれを優先させるかも被疑者の意思に委ねられているもの」であるところ、「弁護人等から被疑者との面会の申し出がなされたことは被疑者にとって捜査機関の取調になお継続して応ずるかどうかを決定するにつき重要な事情であるから、すみやかに被疑者に取り次がれなければならない」のであって、「任意取調中の被疑者の弁護人等から面会の申し出を受けた捜査機関は、弁護人等との間で面会についての協議が調えば格別、そうでない場合は取調中であってもこれを中断して、すみやかに右申し出を被疑者に取り次ぎ、その意思を確認しその結果を弁護人に伝えなければならず、被疑者が面会を希望する場合にはさらにその実現のための措置をとらなければならない」とした。

　同判決は、弁護人となろうとする弁護士が、警察署に任意同行され、取調べを受けていた被疑者との面会を申し出た事案についてのものであったが、刑訴法198条1項但書は、上記のように、取調べを受けている被疑者にのみ

適用されるわけではないから、警察署等に任意同行された後、捜査機関の許に所在しつつも、取調べを受けていない被疑者と弁護人等との面会についても、同判決の理は妥当すべきことになる。

　また、被疑者の側からすれば、捜査機関の許にとどまるか、弁護人等と面会するかのいずれを選択するかが被疑者の意思に委ねられていることから、被疑者が面会を希望した場合には、捜査機関は両者を面会させなければならず、もし面会させなければ、いずれを選択するかについての被疑者の権利（刑訴法198条1項但書）が侵害されるということになる。弁護人等が被疑者との面会を申し出たにもかかわらず、捜査機関が被疑者と面会させなければ、その結果として、弁護人としては、被疑者と面会し、相談し、被疑者に助言するなどして、被疑者に対して必要な援助を提供することができないことになるから、同時にまた、被疑者の弁護人の援助を受ける権利（刑訴法30条1項）に対応する弁護人の弁護権も、侵害されるということになる。

　本件一審判決は、「任意取調べについては、その開始及び終了が被疑者の意思に委ねられているので（刑訴法198条1項但書）、任意取調べを受けることを続けるか、これを中断して弁護人等との面会に応じるかについても、専ら被疑者の意思に委ねられている」とした。そのうえで、同判決は、「弁護人等が任意取調べ中の被疑者との面会を申し出た場合、捜査機関は、直ちにその旨を被疑者に伝え、弁護人等との面会を希望するか否かを確認した上、被疑者がその面会を希望したときには、速やかに弁護人等と面会させなければならない義務があり、弁護人等と協議して面会時間の調整が整うなどの特段の事情がない限り、被疑者に弁護人等との面会の意向を確認せずに任意取調べを継続した場合には、被疑者において適時適切な弁護を受けられなくなるおそれが生じ、弁護人等による弁護活動を妨げることになるから、弁護人等の弁護権を侵害するものとして、国賠法上違法と評価される」と判示していた。さらに、同判決は、上記「特段の事情」について、「任意取調べ中の被疑者については、身体の拘束を受けている被疑者……と異なり、捜査上の顕著な支障といった必要性がある場合に面会を制限できる根拠がなく、……取調べを受けることを継続するか否かが被疑者の意思に委ねられていることからすれば、捜査上の支障や必要性のみを理由として一方的に面会を制限す

ることは許されず、捜査上の支障や必要性があることは、前記特段の事情に該当しない」としていた。

　これらの判示を踏まえて、同判決は、「捜査上の必要性を理由として面会を制限することはできないのであって、既に捜査機関側で逮捕状執行に向けた決裁手続に着手した段階にあったとしても、単に捜査機関内部における手続上の必要に過ぎないのであるから」、このことは「特段の事情」にはあたらないとしたうえで、警察官らが本件弁護士が面会を申し出たことを被疑者に告げることなく、被疑者の意思を確認しなかったことを違法と判断していた。

　これに対して、本件控訴審判決は、身体を拘束されることなく、警察署等に任意同行された被疑者が逮捕される前であっても、捜査機関が逮捕状の執行準備に入っている場合には、捜査上の必要を理由にして、捜査機関が逮捕前に被疑者と弁護人等とを面会させなくともよいとした。たとえ逮捕状がすでに発付されており、捜査機関がその執行準備に入っていたとしても、被疑者は未だ逮捕されていないのであるから、刑訴法198条1項但書によって、弁護人等との面会を希望する場合には、面会するために、所在場所から退去し、捜査機関の許を離れる自由を保障されている。それにもかかわらず、捜査機関が逮捕状の執行準備に入っている場合には、逮捕前に面会させなくともよいとすることは、未だ逮捕されていない被疑者から、身体の自由を剥奪するものであって、すでに逮捕された被疑者と等しく取り扱うことにほかならない。逮捕前の面会を認めないことは、逮捕されていない被疑者に対して、所在場所に滞留し、捜査機関の許を離れないことを強制するという点において、出頭・滞在義務を課すことを意味する。このことは、刑訴法198条1項但書に明白に違反しており、逮捕されていない被疑者に対して逮捕・勾留に伴う法的効果を及ぼすという点において、任意処分と強制処分との峻別を否定することとなる[16]。その結果、被疑者と弁護人等との面会の機会を奪い、被疑者の弁護人の援助を受ける権利（刑訴法30条1項、憲法31条）を侵害するとともに、被疑者の権利に対応する弁護人の弁護権をも侵害することになるのである。

(5)「特段の事情」と「社会通念上相当な範囲の措置」

　過去の裁判例は、被疑者が警察署等に任意同行され、捜査機関の取調べを受けているときに、弁護人等が面会を申し出た場合には、捜査機関としては、速やかに弁護人等からの申出について被疑者に伝え、その意思を確認したうえで、被疑者が面会を希望したならば、取調べを打ち切って面会させなければならないとしたうえで、例外的に、「特段の事情」がある場合には、捜査機関が速やかに面会させる義務を免れることを認めていた。

　福岡地判平3・12・13および福岡高判平5・11・16が「特段の事情」として想定したのは、面会を申し出た弁護人と捜査機関との間で面会時間の協議がなされ、その調整が整うことであった。また、東京高判令3・6・16は、選任権者の依頼により弁護人となろうとする者として面会を申し出た弁護士が「弁護人等であることの事実確認のために必要な時間を要する」ことを「特段の事情」として想定していた。

　他方、いくつかの裁判例は、「社会通念上相当と認められる限度を超えて」、弁護人等からの面会の申出について伝達することを遅らせ、または伝達後に被疑者の行動を制約したときに、捜査機関の措置が違法となるとしていた。

　福岡高判平5・11・16が、同判決の事案について「社会通念上相当と認められる限度を超えて」いると認めたのは、捜査官が弁護士等との間で「具体的な面会時間の調整を図るなど、……（弁護人等の・引用者）弁護活動に配慮した対応をせず、取調べ中の捜査官からの連絡を待つようにと一方的に通

16　東京高判平21・7・1判タ1314号302頁、東京高判平22・11・8判タ1374号248頁などは、身体を拘束されていない被疑者を強制採尿令状の執行に至るまで路上または取調室において留め置き、その間に被疑者に対し有形力を行使したという事案について、留置きが任意処分として適法であると判断するにあたり、犯罪の嫌疑の高まりを前提として、捜査機関が令状請求の準備を開始した時点からは「強制手続への移行段階」に入り、被疑者の所在確保の必要性が一段と高まり、それゆえ「純粋な任意捜査の場合に比し、相当程度強くその場に止まるよう被疑者に求めることも許される」としていた。これらの判決は、被疑者の身体の自由を実質的に制約する強制処分には至らない段階において、任意処分たる留置きの適法性を判断したものである。これらの判例を前にしても、逮捕・勾留されていない被疑者が、弁護人等と面会するために所在場所を退去し、捜査機関の許を離れるのを許さないことはできないというべきである。逮捕・勾留されていない被疑者を事実上強制的な身体拘束下に置くこととなり、また、逮捕・勾留されていないにもかかわらず、被疑者に対し出頭・滞在義務を事実上課すこととなって、刑訴法198条1項但書の規定に明らかに反し、逮捕・勾留に伴う法的効果を認めることになるからである。

告する態度に終始した」ため、弁護人等が「その場で直ちに面会できることを期待して」捜査官との交渉にあたっていたからであった。東京地判令2・11・13は、「社会通念上相当と認められる範囲を超えて」いるかどうかを判断するにあたり、「取調べの性格上、特定の事項に係る質疑等のため一定の時間を要し、即時の中断が困難な場合があること等を考慮」するものとしていた。これらの判断からすると、「社会通念上相当と認められる限度」とは、捜査機関が必要に応じて面会を申し出た弁護士が弁護人等であることを確認したうえで、中断可能な最初の機会において取調べを中断した後、弁護人等からの面会の申出について被疑者に伝達し、その意思を確認し、被疑者が求める場合には、被疑者と弁護人等とを面会させるために必要とされる合理的な時間に、捜査機関が弁護士等との間で具体的な面会時間について協議し、その調整を図るために必要とされる合理的な時間を加えた時間的範囲を意味していたといえよう。

　本件一審判決は、上記のように、「捜査上の支障や必要性のみを理由として一方的に面会を制限することは許されず、捜査上の支障や必要性があることは、前記特段の事情に該当しない」と判示したうえで、本件事案について、本件弁護士「との間で面会時間の調整が整うなどの前記特段の事情も存しなかった」とし、また、「捜査上の必要性を理由として面会を制限することはできない」ことからすれば、「既に捜査機関側で逮捕状執行に向けた決裁手続に着手した段階にあったとしても、単に捜査機関内部における手続上の必要に過ぎないのであるから、このことが前記特段の事情に該当しないことは明らか」であるとした。さらに、同判決は、「当時、仮に面会する部屋の確保の観点から、逮捕前の面会を実施するよりも逮捕後即時の接見を認めたほうが、より早期に面会（接見）が実現できるという事情があったとしても、そのことを弁護人等に伝えて、これを選択する機会を与える必要があり、このような機会を与えていない以上、前記特段の事情に該当しない」として、被告側の主張を退けている。

　このように、同判決は、過去の裁判例と同様、速やかに弁護人からの面会の申出について被疑者に伝達し、被疑者の意思を確認し、被疑者が希望するときは、両者を面会させるための措置をとるべき捜査機関の義務を免除する

「特段の事由」とは、弁護人等と捜査機関との間で面会時間について協議がなされ、その調整がなされたことであるとの理解に立って、このような協議・調整がない限り、捜査機関が逮捕状の執行準備に入っていたこと、面会のための部屋を確保できなかったことが「特段の事情」に該当することはないと判断したのである。なお、本件弁護士は当番弁護士であったから、弁護人等であることを確認するための時間は不要であった。

　本件一審の審理において、被告の県側は、捜査官に弁護活動を侵害する意図がなく、面会の申出から実際の接見までの時間が34分であって、弁護活動の制限は大きくないことから、捜査官の措置は「社会通念上相当な範囲の措置」であって、適法であると主張していた。これに対し、同判決は、「面会の時期や要否については、被疑者及び弁護人等の意思が優先されるべきもの」だとしたうえで、本件弁護士と捜査官との間で面会時間に関する協議・調整がなかったことから、捜査官の措置が「社会通念上相当であると評価することもできない」と断じた。その前提には、同判決も、過去の裁判例と同じく、「社会通念上相当な範囲」とは、捜査機関が必要に応じて面会を申し出た弁護士が弁護人等であることを確認したうえで、中断可能な最初の機会において取調べを中断し、被疑者に対して弁護人等からの面会申出について伝達し、被疑者の意思を確認し、被疑者が望む場合には被疑者と弁護人等とを面会させるために必要とされる合理的な時間に、捜査機関が弁護士等との間で具体的な面会時間について協議し、その調整を図るために必要とされる合理的な時間を加えた時間的範囲を意味しているとの理解があったといえよう。

　本件控訴審判決は、身体を拘束されることなく、警察署等に任意同行された被疑者が逮捕される前に、弁護人等が面会を申し出たときでも、捜査機関が逮捕状の執行準備に入っていた場合には、逮捕前に両者を面会さる必要はないとしたため、上記「特段の事情」および「社会通念上相当な範囲の措置」については触れなかった。しかし、本来、捜査機関としては、速やかに弁護人等からの申出について被疑者に伝達し、その意思を確認したうえで、被疑者が希望する場合には、逮捕前に面会させるべきであった。それゆえ、本章は、捜査機関が逮捕前速やかに面会させる義務を負っていること前提と

して、「特段の事情」および「社会通念上相当な範囲の措置」についても検討しておきたい。

　本件事案について問題となった、第1に、捜査機関において逮捕状の執行準備に入っていること、速やかに面会させるための部屋が確保できないことが、捜査機関における上記義務を免除する「特段の事情」にあたるか、第2に、逮捕状の執行を面会に先行させたものの、本件弁護士の面会の申出から30分程度で、本件被疑者と弁護士とを接見させていることが、「社会通念上相当な範囲の措置」といえるか、を検討するにあたって、出発点となるのは、被疑者および弁護人等は立会人なく自由に面会する機会を保障されており、捜査上の必要を理由として、両者の面会を制限することは許されないということである。

　第1の問題についてみると、捜査機関において逮捕状の執行準備に入っていること、速やかに面会させるための部屋が確保できないことをもって、捜査機関における上記義務を免除する「特段の事情」が認められるとするならば、そのことは、捜査機関の側の事情によるまさに捜査上の必要によって、本件被疑者と弁護士との面会を遅延させ、もって両者の面会を制限することにほかならない。本件弁護士が面会を申し出たとき、本件被疑者と弁護士との面会に適した部屋に空きがなく、直ちに面会させることができなかったとしても、警察官らは、速やかに本件弁護士からの面会の申出について被疑者に伝え、その意思を確認すべきであって、被疑者が面会を求めた場合には、逮捕状を執行することなく、面会室が利用可能になるのまでそのまま待機して、面会に適した部屋の利用が可能となり次第、本件被疑者と弁護士とを面会させるべきであった。身体を拘束された被疑者と弁護人等との接見（刑訴法39条1項）の場合と異なり、被疑者は逮捕されていなかったのであるから、厳格な時間制限は存在せず、それゆえ本件被疑者と弁護士との面会に要する時間に加え、利用可能な部屋が確保できるまで待機する時間の分、逮捕状の執行に遅延が生じることになるとしても、そのことをもって、捜査に顕著な支障が生じるわけではないということは、上記のとおりである。

　第2の問題についてみると、本件事案において、その義務を免除する「特段の事情」がなかったにもかかわらず、捜査機関は、逮捕前速やかに面会さ

せるための措置をとることなく、逮捕状の執行準備を続け、被疑者に対して逮捕状を執行し、さらに逮捕後、弁解録取を含む一連の手続をとり終えた後になって、ようやく両者を接見させたのである。本件弁護士が面会を申し出てから約30分後に両者を接見させているとしても、捜査上の必要から、接見の前にこれらの手続をとり、もって逮捕前速やかに面会させなかったのであるから、面会の申出から接見までに要した時間の長短にかかわらず、本件警察官らの措置が「社会通念上相当な範囲の措置」であったとはいえない。

　身体を拘束されていない被疑者と弁護人等との面会について、捜査上の必要から、それを制限することはできないという点を確認したうえで、本件事案について、本件弁護士が面会を申し出たときに逮捕状の執行準備のための署内手続をとっていたこと、速やかに面会させるための部屋が確保できなかったことが、逮捕前速やかに面会させるための措置をとるべき捜査機関の義務を免除する「特段の事情」は該当しないとし、また、逮捕状の執行、弁解録取を含む逮捕後の手続を接見に先行させた捜査機関の措置が、「社会通念上相当な範囲の措置」であることを否定した点において、本件一審判決の判断は正当なものであった。

（6）憲法上の権利の侵害と判例違反

　このように、逮捕・勾留されていない被疑者と弁護人等との面会については、捜査上の必要を理由として、それを制限することは許されない。それにもかかわらず、本件控訴審判決は、捜査機関が逮捕状の執行準備に入っている場合には、逮捕状の適正な執行という捜査上の必要を理由にして、逮捕前に両者を面会させなかった措置を適法とした。

　正当な理由なくして両者を面会させないことは、両者の面会の利益を侵害するにとどまらず、上記のように、被疑者の弁護人の援助を受ける権利（刑訴法30条1項）および弁護人の弁護権を侵害することになる。さらに、身体を拘束されていない被疑者の弁護人の援助を受ける権利、それに対応する弁護人の弁護権が、憲法31条が保障する適正手続の不可欠の要請であることからすれば、本件控訴審判決が適法とした捜査機関の措置は、憲法31条の保障する適正手続をも侵害するものである。

また、捜査上の必要を理由にして被疑者と弁護人等との接見を制限できるのは、被疑者が逮捕・勾留され、厳格な時間制限が存在する場合に限られるというのが、最大判平11・3・24の判示するところである。したがって、捜査上の必要を理由にして、逮捕前に被疑者と弁護人等とを面会させなかった警察官らの措置を適法とした点において、本件控訴審判決は、同大法廷判決の理にも大きく反している。

5　本章の結論

　本章は、本件および本件控訴審判決が提起した理論的課題の検討を通じて、次のような結論に至った。
　第1に、刑訴法30条1項は、身体拘束の有無にかかわらず、被疑者に対して弁護人の援助を受ける権利を保障しており、この権利は、身体を拘束されることなく、警察署等に任意同行された被疑者が弁護人等と立会人なく自由に面会し、相談し、その助言を受けるなどの機会を保障している。他方、被疑者の権利に対応する弁護人の弁護権の内容として、弁護人等も、任意同行された被疑者と立会人なく自由に面会する機会を保障されている。
　両者が立会人なく自由に面会する機会は、被疑者の弁護人の援助を受ける権利、弁護人の弁護権それぞれの本質的な内容をなしている。さらに、被疑者および弁護人のこれらの権利は、刑訴法によりはじめて認められたものではなく、憲法31条の保障する適正手続の不可欠の構成要素である。それゆえ、面会の機会の保障は、両者にとって、憲法的重要性を有する重要な利益である。したがって、被疑者が逮捕される前に、弁護人等が被疑者との面会を申し出たときは、捜査機関としては、速やかに弁護人等からの申出について被疑者に伝え、その意思を確認したうえで、被疑者が面会を希望した場合には、両者を面会させなければならない。逮捕前に面会させるべき捜査機関の義務は、本来、警察署等に任意同行された被疑者が、捜査機関の取調べを受けているかどうかにかかわらず、認められるべきものである。
　第2に、本件控訴審判決は、逮捕状の適正な執行に顕著な支障が生じることをなんら具体的に認定しないままに、捜査機関が逮捕状の執行準備に入っ

ていた場合には、「捜査機関による適正な捜査権の行使を妨げることはできない」という理由から、本件被疑者と弁護士を逮捕前に面会させる必要はないとしたところ、この判断は失当である。

　本件控訴審判決にいう「適正な捜査権の行使を妨げること」とは、本件事案に即していえば、逮捕状の適正な執行が妨げられることを意味しており、その具体的内容は、第1に、逮捕前に面会させることにより、逮捕状の執行着手に遅延が生じること、第2に、被疑者が逃亡する危険が生じることである。

　「適正な捜査権の行使を妨げる」場合には、逮捕前に面会させなくともよいとの前提に立ったとしても、逮捕前の面会を認めないことは、被疑者および弁護人等の面会の利益を制約するものであって、両者の面会の利益が、憲法的意義を有する重要なものである以上、「適正な捜査権の行使を妨げること」は、逮捕状の適正な執行に顕著な支障が生じることを意味すると理解しなければならない。裁判所としては、上記2点について、逮捕状の適正な執行に顕著な支障が生じることを具体的に認定することができたときに限り、逮捕前に面会させない捜査機関の措置を適法と判断しうるのである。

　しかし、本件事案において、逮捕後の場合と異なり、身体拘束の時間制限は存在しないから、逮捕前に面会させることにより逮捕状の執行に遅延が生じたとしても、そのことが直ちに、逮捕状の適正な執行に顕著な支障を生じさせることにはならず、また、捜査機関としては、被疑者の逃亡の危険を回避しつつ、逮捕前に本件弁護士と面会させることも可能であったから、本件控訴審判決は、上記2点について、逮捕状の適正な執行に顕著な支障が生じることをなんら具体的に認定しないままに、逮捕前に面会させなくともよいとしたことになる。同判決は、本件被疑者および弁護士の面会の利益を侵害し、もって被疑者の弁護人の援助を受ける権利（刑訴法30条1項、憲法31条）、被疑者の権利に対応する弁護人の弁護権を侵害するものであった。さらに、同判決は、接見指定により、身体を拘束された被疑者と弁護人等との接見交通権を制約するのは、弁護人等からの申出に応じて接見させると捜査に顕著な支障が生じる場合に限られるとした最大判平11・3・24の理にも大きく反している。

第3に、翻って、身体を拘束されていない被疑者と弁護人等との面会については、「適正な捜査権の行使を妨げること」、すなわち逮捕状の適正な執行に顕著な支障が生じることを回避するという捜査上の必要を理由として、それを制限することはできない。
　身体を拘束された被疑者の接見交通権（刑訴法39条1項）については、刑訴法39条3項が、捜査上の必要から、接見指定によりそれを制限するための要件・方法・限界を定めているのに対して、身体を拘束されていない被疑者と弁護人等との面会については、捜査上の必要から、それを制限することを認める規定は存在しない。明文の規定がないにもかかわらず、捜査上の必要から面会を制限することを認めるならば、そのことは、刑訴法39条1項が身体を拘束された被疑者の接見交通権について要件・方法・限界を示しつつ、捜査上の必要から、接見指定によりその制限を規定したことの意味を失わせることとなる。
　また、身体を拘束されることなく、警察署等に任意同行された被疑者は、現に捜査機関の取調べを受けているかどうかにかかわりなく、所在場所を退去し、捜査機関の許から離れる自由を保障されている（刑訴法198条1項但）。それゆえ、被疑者が弁護人等と面会するために、捜査機関の許を離れようとしたとき、捜査機関が捜査上の必要からそれを許さないことができるとするならば、それは、身体を拘束されていない被疑者に対して、出頭・滞在義務を課すことを意味し、逮捕・勾留に伴う法的効果を及ぼすことになる。このことは、刑訴法198条1項但書の規定に明らかに反しており、任意処分と強制処分との峻別（刑訴法197条1項但書）という観点から許されない。
　本件控訴審判決は、「適正な捜査権の行使を妨げること」を回避するという捜査上の必要を理由にして、逮捕前に、本件被疑者と弁護士とを面会させなかった警察官らの措置を適法とした。両者の面会を制限し、もって被疑者の弁護人の援助を受ける権利（刑訴法30条1項、憲法31条）を侵害し、また、弁護人の弁護権を侵害した警察官らの措置を是認した点において、この判断は失当である。さらに、最大判平11・3・24は、捜査上の必要から、接見指定により被疑者と弁護人等との接見を制限できるのは、被疑者が逮捕・勾留されており、ゆえに厳格な時間制限が存在する場合においてであるとしてい

たところ、被疑者が逮捕されていなかったにもかかわらず、本件控訴審判決は、捜査上の必要を理由にして逮捕前に面会させなかった警察官らの措置を適法とした点において、最高裁判例の理にも大きく反している。

　第4に、身体を拘束されていない被疑者および弁護人等は、立会人のない自由な面会の機会を保障されており、捜査上の必要があることを理由にして、両者の面会の機会を制限することは許されないから、被疑者が逮捕される前に、弁護人等が面会を申し出たときに逮捕状の執行準備が進められていたこと、面会のための部屋が空いていなかったことなど、捜査上の必要があることをもって、逮捕前速やかに面会させるべき捜査機関の義務を例外的に免除する「特段の事情」があるとすることはできない。また、本件事案のように、捜査機関が被疑者と弁護人等とを面会させる前に、逮捕状の執行準備のための署内手続を続け、逮捕状を執行し、さらに逮捕後、弁解録取を含む逮捕後の一連の手続をとった後に、ようやく両者を接見させたというのであれば、捜査機関が捜査上の必要からこのような手続をとり、もって逮捕前に面会させなかったことは、面会の申出から接見までの時間の長短にかかわらず、「社会通念上相当な範囲にある措置」だとはいえない。いずれについても、身体を拘束されていない被疑者と弁護人等との面会について、捜査上の必要から、それを制限することが許されないからである。

　本件控訴審判決は、本件被疑者が逮捕される前に、弁護人となろうとする弁護士が面会を申し出ていたにもかかわらず、逮捕前に両者を面会させなかった警察官らの措置を適法とした。この判断は、被疑者の弁護人の援助を受ける権利について定めた刑訴法30条1項の解釈を誤った、失当なものであって、身体を拘束されることなく、警察署等に任意同行された被疑者の弁護人の援助を受ける権利（刑訴法30条1項、憲法31条）を侵害すると同時に、被疑者の権利に対応する弁護人の弁護権を侵害する警察官らの措置を許容している。本件控訴審判決は、上告審において、破棄を免れない。

【付記1】身体を拘束されていない被疑者について強制採尿令状が発付された後、被疑者が警察車両に捜査官らと同乗して警察署に移動しているとき、弁護人等より携帯電話に着信があったところ、強制採尿令状の発付前から被

疑者に対し任意の尿検査等に応じるよう説得を続けていた捜査官らが、弁護人等からの電話であることを認識しつつ、被疑者に応答しないよう求め、応答させなかったことを違法だとして提起した国家賠償請求訴訟において、2023年10月25日、札幌地裁は、刑訴法30条1項により、身体の拘束を受けていない被疑者は、身体を拘束された被疑者の接見交通権（刑訴法39条1項）に準じて、弁護人等と「接見の利益」を有するとしたうえで、弁護人等は、身体の拘束を受けていない被疑者と常に接見可能な状況にあるとは限らないところ、電話連絡はそのような場合においても「被疑者が弁護人等の援助を受けることを可能にする重要な手段であり」、そもそも捜査機関は、「身体の拘束を受けていない被疑者の電話連絡を制限する権限を有しない」ことからすれば、「被疑者が弁護人等と電話連絡することも、接見の利益と同様に、弁護人依頼権の一内容として、法律上保護される利益である」というべきであり、さらに、電話連絡は、「弁護人等にとってもその十分な活動を保障するために不可欠なものであって、被疑者の弁護人等による弁護権の行使においても重要なものである」から、弁護人等の「固有の利益」でもあると判示した。同判決は、したがって、「捜査機関は、弁護人等から身体の拘束を受けていない被疑者の携帯電話に着信があった場合は、特段の事情のない限り、被疑者がこれに応答し、弁護人等の援助を受けることを妨げてはならない」とし、被疑者に弁護士からの電話に応答しないよう求め、応答させないことによって、両者の電話連絡を制限した捜査官らの措置を違法と判断した（札幌地判令5・10・23 LEX/DB25596456。被告の北海道が控訴）。

　強制採尿令状の執行は「最終的手段」としてなされるべきであるから、請求前から請求、発付を経て、執行に至るまで、被疑者に対し尿の任意提出を求め、被疑者が尿を任意提出する機会を与えるべきであって（最決昭55・10・23刑集34巻5号300頁、葛野尋之「判批」別冊ジュリスト232号『刑事訴訟法判例百選（第10版）』〔2017年〕59頁）、それゆえ同判決の事案において、捜査官らが、強制採尿令状の請求後、被疑者を警察車両に乗車させ、令状が発付されると、被疑者に令状が発付された旨を伝えたうえで、その場で令状の到着を待って病院において強制的に尿を採取するか、それとも警察署において尿の任意提出に応じるかを被疑者に尋ねるなどし、被疑者が「警察署に

行け」などと応答したという過程も、強制採尿令状の執行準備に含まれるということができる。同判決が、捜査機関が強制採尿令状の発付を受け、令状の執行準備に入った後であっても、被疑者が弁護人等と電話連絡をする利益──それは刑訴法30条1項の弁護人の援助を受ける権利から、弁護人等との面会の利益と同様に保障される──を制限することは許されないとした点において、大いに注目される。

　上記札幌地判令5・10・23からも明らかなように、強制採尿令状の請求準備から請求、発付を経て、執行に至るまでの間、任意処分の枠内において、被疑者の所在を確保する必要性が高まるとして、職務質問の現場、任意同行した警察署の取調室など、一定の場所に任意に滞留させるための措置として、令状の請求準備に入る前の段階に比して、より強度の有形力行使などが許されるとする裁判例を前提にしても、令状が発付され、その執行準備が開始された後であっても、また、被疑者が取調べを受けている最中ではなくとも、なお執行前の段階であって、未だ強制処分の段階に至っていないときに、被疑者が弁護人等との面会、電話連絡等を通じて弁護人の援助を受ける権利を制限することは許されないというべきである（本章註16参照）。

　なお、上記札幌地判令5・10・23に対して被告の北海道が控訴したが、札幌高判令6・6・28 LEX/DB25620302は、控訴を棄却した。同判決については、本書第2章参照。

【付記2】東京高判令5・7・27は、最高裁の上告・上告受理申立不受理決定（最決令6・7・16）により確定した。

第2章　任意同行中の被疑者と弁護人等との電話連絡
——被疑者に弁護人等からの電話への不応答を求めた警察官らの措置を違法とした事例（札幌高判令6・6・28 LEX/DB25620302）

1　事実の概要

（1）Aは、令和3年9月17日午後1時20分頃、他人の道交法違反事件の関係者として事情聴取を受けるため、T警察署に出頭した。取調べ終了後、警察官らがAに対し覚醒剤事件について事情聴取を求めたが、Aはこれを拒否して歩き始めた。警察官らはAを追尾し、任意採尿および注射痕の確認を求めた。しかし、Aはこれを拒否して警察署敷地外に出た。警察官らは、強制採尿令状の請求準備を開始する一方、複数でAを追尾し、任意採尿等の説得を続けたが、Aはこれを拒否した。

午後3時28分頃、AはBとは別の弁護士の事務所に架電したものの、弁護士は不在であった。警察官らは、午後3時30分頃、Aに対し強制採尿令状を請求する旨伝えた。しかし、Aは、今は令状がないから応じないなどと述べ、任意採尿を拒否した。午後3時32分頃、Aは弁護士Bの事務所に架電し、約10分13秒間通話し、警察官らへの対応等について相談した。Bは、電話を替わった警察官にAを帰すよう求めたが、同警察官は任意の説得を継続すると応じた。

その後、Aは地下鉄で移動し自宅に戻る、自宅から出てタクシーに乗車するなどした。警察官らは、その間も追尾を続け、Aが自宅内および地下鉄内にいる時間を除いて、任意採尿等の説得を継続したが、Aはこれに応じなかった。警察官らが、午後5時頃、路上で、Aに対し強制採尿令状が間もなく発付されることとともに、捜査車両内で採尿手続の説明をしたい旨を告げ、捜査車両に乗るよう促したところ、Aは警察車両に乗車し、警察

官4名も同乗した。警察官らは、警察車両内で、Aに対し改めて尿提出を求めたが、Aは黙って応じなかった。午後5時8分頃、強制採尿令状が発付され、警察官がAにその旨伝えた。警察官がAに対し病院で強制採尿するか、豊平署において自力で排尿するかを尋ねたところ、Aは警察署に行けなどと答えた。

これらのやりとりの最中である午後5時11分頃、弁護士BからAの携帯電話に着信があった。警察官K・Lが、Aに対し数次にわたり電話に応答しないよう求めた。Aは着信表示を見てBからの着信であることを認識したが、警察官K・Lの求めに従って、電話に応答しなかった。Aに不応答を求めたKは、着信表示を見た別の警察官から知らされ、弁護士からの電話であることを認識していた。

午後6時4分頃、警察車両がT警察署に到着し、午後6時16分頃、強制採尿令状がAに呈示された。その後、Aが自力で排出した尿が、同令状により差し押さえられた。尿から覚醒剤成分が検出されたので、Aは緊急逮捕された。

（2）Aは、覚醒剤自己使用事件により起訴された。札幌地裁は、尿の差押に至るまで経過について、本判決の認定した上記事実とほぼ同じ事実を認定したうえで、「被告人が……弁護士からの電話に応答していれば、……強制採尿への対応等を相談したであろうと考えられ、弁護人依頼権を確保すべき場面であった」とし、「警察官らが、被告人に対し……弁護士からの電話に応答しないように求め、その電話連絡を制限した行為は、任意捜査で許容される範囲を逸脱しており、弁護人依頼権の侵害にも該当する違法なものである」とした。しかし、尿鑑定書等の証拠能力を肯定し、Aの有罪を認めた（札幌地判令4・4・27 LEX/DB25572309）。

被告人の控訴を受けて、札幌高裁は、裁判官の判断を誤らせる危険のある不正確な記載がなされた捜査報告書を疎明資料とした点において、令状請求に違法があると認めたものの、違法の重大性および証拠排除の相当性を否定して、控訴を棄却した（確定）。被告人に不応答を求めた警察官らの措置の適法性については、判断を示さなかった（札幌高判令4・9・1判例集未掲載）。

（3）AおよびBは、任意同行中の被疑者に弁護人等からの電話に応答しないよう求めた警察官らの措置の違法性を主張して、国家賠償請求訴訟を提起した。一審の札幌地裁は、本判決と同じ事実をもとに、警察官らの措置を違法として損害賠償を認めた（札幌地判令5・10・25 LEX/DB25596456）。被告の北海道の控訴を棄却したのが本判決である。本判決は確定した。

2　判決の要旨

（1）刑訴法30条1項の「弁護人依頼権を実質的に保障するためには、身体の拘束の有無を問わず、弁護人等に相談し、その助言を受ける機会が保障されることが不可欠であり、被疑者は、身体の拘束を受けていない段階にあっても、接見交通権に準じて、接見の利益を有する」。そして、「相談や助言の内容は、捜査の進展状況に伴って時々刻々と変化し得るものであり、弁護人等は、身体の拘束を受けていない被疑者と常に接見可能な状況にあるとは限らないこと、電話連絡は、そのような場合においても、被疑者が弁護人等の援助を受けることを可能とする重要な手段であり、そもそも捜査機関は、身体の拘束を受けていない被疑者の電話連絡を制限する権限を有していないことに鑑みれば、被疑者が弁護人等と電話連絡することも、接見の利益と同様に、弁護人依頼権の一内容として、法律上保護される利益である」。また、電話連絡の利益は、「弁護人等にとってもその固有の利益である」。

（2）「したがって、捜査機関は、身体の拘束を受けていない被疑者の携帯電話に弁護人等から着信があり、かつ、弁護人等からの着信であることを認識した場合には、特段の事情のない限り、被疑者がこれに応答し、弁護人等の援助を受けることを妨げてはならないというべきであり、被疑者及び弁護人等の上記利益が十分に確保されるためには、その具体的状況に照らし、被疑者に対して電話に応答しないよう求めることを含め弁護人等への相談を不必要に制約しようとするような言動を控えるべき職務上の注意義務を負」う。

（3）本件において、Bからの電話にAが応答すれば、強制採尿令状への対応などAの被疑事件について相談することは、警察車両に同乗していた警察官らも当然予想しえたものである。しかし、警察車両内でのやりとりの

最中、Bからの着信の際、警察官K・Lが数度にわたりAに不応答を求め、うちKは、遅くとも不応答を求めている途中で弁護士からの着信であることを認識していたにもかかわらず、なお不応答を求め続けた。

（4）警察官Kが弁護士からの着信であると認識して以降については、Aの応答により捜査が妨害される危険性は明らかになかったこと、AがBを弁護人等として強制採尿令状への対応等を相談することが予想されたこと、警察車両に乗車し警察官らに囲まれているAに対して弁護人等への相談に優先して未到着の強制採尿令状関係の説明を継続すべき必要性はなかったこと、他に弁護人等からの電話に応答しないよう求めることが必要不可欠といえるような「特段の事情」もなかったこと、からすれば、KはAに不応答を求めることを自ら控え、Lが求めることも控えさせるべきであった。Kが弁護士からの着信であると認識した以降も、K・LがAに不応答を求め続けたことは、前記職務上の注意義務に反してA・Bの法律上保護される利益を侵害するものとして、国賠法1条1項の適用上違法である。

3　電話連絡の法的利益

(1) 電話連絡による相談・助言

　過去の裁判例[1]は、捜索・差押令状の執行中、捜索場所に居合わせた者が携帯電話を用いて架電しようとしたとき、相手方が弁護人等（弁護人または選任権者の依頼により弁護人となろうとする者）以外の者であって、外部との連絡により捜査妨害が生じる危険がある場合には、捜査機関が電話使用を制限することを適法とする一方、弁護人等との電話連絡は罪証隠滅・捜査妨害にあたることはなく、それを許さないことは正当な権利行使の妨げになるとして、携帯電話の一律の使用禁止を違法としていた（福岡高判平30・7・20高検速報〔平30〕458頁）。また、職務質問の過程で対象者が意思を明示して弁護士に架電しようとしたところ、警察官が有形力をもって架電させなかったことを違法とした例もある（東京地判平21・10・29 LEX/DB25463155）[2]。

---

[1] 川出敏裕「捜査対象者による携帯電話の使用制限」研修865号（2020年）参照。

他方、被疑者と弁護人等との面会について、過去の裁判例は、刑訴法30条1項が身体拘束の有無にかかわらず被疑者・被告人に弁護人に依頼する権利を保障していることから、任意捜査を受けている被疑者は、身体を拘束された被疑者の接見交通権（刑訴39条1項）に準じて、弁護人等と立会人なく面会する権利または利益を有することを認めたうえで、警察署内での取調中などに弁護人等から面会の申出があれば、その旨被疑者に伝達し、被疑者が希望するときは速やかに面会させる措置をとるべきものとしていた（福岡高判平5・11・16判時1480号82頁、東京高判令3・6・16判時2501号104頁など）[3]。

　携帯電話の普及に伴い、近年、職務質問または任意捜査の過程で、現場から、対象者・被疑者が相談・助言、あるいは臨場を求めて、弁護士に架電する例がみられる。本件事案は、警察車両による任意同行中の被疑者に弁護人等からの着信があり、警察官らが被疑者に応答しないよう求めたというものである。

　本判決は、面会の利益に準じて、弁護人依頼権の内容として、被疑者が弁護人等と電話連絡することも、法律上保護される利益であると判示した（要旨（1））。本判決が指摘するように、相談・助言の内容が捜査の進展に伴い時々刻々と変化しうること、任意捜査を受ける被疑者と弁護人等とが常に接見可能な状況にあるわけではないことからすると、「そのような場合においても、被疑者が弁護人等の援助を受けることを可能にする重要な手段」として電話連絡を位置づけ、電話連絡の機会を保障することは、被疑者と弁護人等とが必要なときに、必要な内容の相談・助言の機会をもつことができるという点において、被疑者の弁護人の援助を受ける権利を実質化させるものといえよう。

2　控訴審判決の東京高判平22・6・7 LEX/DB25463155は、警察官が有形力をもって妨害した事実は認められないとした。
3　葛野尋之「逮捕状の執行準備と弁護人の援助を受ける権利」青山法学論集65巻4号（2024年）（本書所収・第1章）参照。

（2）電話連絡の制限

　本判決は、捜査機関が電話連絡の利益を制限することができるのは、「特段の事情」がある場合に限るとし、被疑者に対し「自力排尿の意思確認や手続の説明をしていた最中であった」ことが「特段の事情」にはあたらないとした。本判決が、電話連絡の利益が認められることの根拠として、「そもそも捜査機関は、身体の拘束を受けていない被疑者の電話連絡を制限する権限を有していない」点を指摘していることからしても、「特段の事情」には、捜査上の必要一般が含まれることはないというべきである。刑訴法39条3項が「捜査のため（の）必要」による指定を、時間制限を伴う身体拘束中の被疑者と弁護人等との接見交通についてのみ認めていること、同198条1項但書が逮捕・勾留されていない被疑者の出頭拒否・退去の自由を明定していること、本判決も指摘するように、弁護人等との電話連絡である限り、罪証隠滅・捜査妨害の危険も問題とはならないことからすれば、捜査上の必要を理由にして、電話連絡の機会を奪うことはできないのである。

　ところで、在宅被疑者の取調べにあたり、被疑者に携帯電話を取調室に持ち込ませないという運用が一般化している。この運用は、被疑者と弁護人等とが電話連絡により相談・助言する機会を包括的に奪うものであるから、庁舎管理権の限界を超えており、弁護人の援助を受ける権利の内容としての電話連絡の利益を侵害するといわざるをえない。相手方が弁護人等であることの確認に一定の困難が伴うとしても、取調べは被疑者が弁護人の援助を最も必要とする場面であり、また、捜査上の必要を理由にする制限が許されない以上、そのことをもって、電話連絡の機会の全面的な剥奪を正当化することはできない。捜査機関は取調べにあたり、弁護人等との電話連絡であることを適切な方法により確認したうえで、被疑者が弁護人等と相談・助言の機会をもつことができるよう態勢を整えるべきである。

4　電話連絡の利益の主体

　過去の裁判例において、面会の利益の主体は、刑訴法39条1項の接見交通権の場合に準じて、任意捜査を受ける被疑者と弁護人等とされてきた。本判

決は、電話連絡の利益を面会の利益に準じるものとして承認したことから、電話連絡の利益の主体を、同じく被疑者と弁護人等、すなわち弁護人および選任権者の依頼により弁護人となろうとする者とした。

本件事案において、Bからの着信までに、Aも、他の選任権者も、Bに対して弁護人となることを明確に依頼していたわけではない。それにもかかわらず、本判決がBを弁護人となろうとする者として扱ったのは、Bからの着信の前、Aが被疑者として警察官らに追尾され、任意採尿等を継続的に要求されるという捜査の只中で、自らBに架電して、警察官らへの対応等について相談していたことともに、Bからの着信の際、Aが弁護士からの着信と認識したうえで応答しようとしたことから、AがBに弁護人となることを実質的に依頼していたと評価したがゆえであろう。

任意捜査を受ける被疑者が必要としている相談・助言の機会を確保するためには、被疑者の着信の相手方が弁護士であるならば、広く弁護人となろうとする者として認めるべきである。任意捜査の過程では、被疑者は一般に弁護人の援助を必要としているものの、明確な依頼がなされていない場合も多く、先に被疑者が架電して、相談・助言の機会を作っていることも少ないであろう。それゆえ、被疑者が相談・助言を求めて、自ら弁護士に架電した場合とともに、弁護士からの着信があり、被疑者が弁護士からの着信と認識したうえで応答しようとした場合には、これらをもって、被疑者の依頼があったものとすべきである。後者の場合の扱いは、弁護士会派遣の当番弁護士のように、事前の依頼のない弁護士が受任を意図して接見を申し出た場合において、被疑者が接見を希望するときは、刑訴法39条1項の「弁護人となろうとする者」として扱うという実務に符合する。

5　不応答を求める警察官らの措置

本判決は、電話連絡の利益を確保するために、捜査機関は「弁護人等への相談を不必要に制約しようとするような言動を控えるべき職務上の注意義務」を負うとし（要旨（2））、本件事案の具体的状況は、「弁護人等に相談してその助言を受ける機会が十分尊重されるべき場面」であることから、警

察官らが「電話連絡を殊更に制止したり制限したりする意図」を有していなかったとしても、また、「有形力の行使など電話連絡を強制的に制限するような言動」をとらなかったとしても、弁護士からの着信であることを認識しながらAに不応答を求め続けたこと自体をもって、職務上の注意義務の違反にあたるとした（要旨（4））。このような判断の基礎には、警察官が数次にわたり不応答を求めたときに、警察車両内、警察署の取調室など、警察官の支配的な領域内におかれている被疑者が要求を拒絶して応答することは、実際上きわめて困難であるという認識があったのであろう。

　一審判決は、約2時間にわたる追尾の後、警察車両内で複数の警察官から数次にわたり不応答を求められたこと、Aが警察車両から降りることは事実上困難であったことなどの事情を指摘し、警察官らが不応答を求めたことは、「任意の協力を依頼したものではなく、実質的に……（B）との電話連絡を制限したものと評価せざるをえない」とした。刑事事件の第一審判決も、ほぼ同様の判断を示しており、警察官らが不応答を求めたことが、「被告人に断念させる効果があったことは明らか」だとしていた。いずれも、具体的状況下での心理的効果を評価し、実質的な制限にあたると認めたのである。

　捜査機関が有形力の行使など強制的な制限にわたる言動をとらなかったときに、電話に応答しないよう求めることが、具体的状況下で、被疑者の心理にどのような効果を与えるか、被疑者の不応答が実質的に任意性を欠くかという判断は、捜査機関にとって正確な事前予測が困難なものとならざるをえない。本判決は、「弁護人等への相談を不必要に制約しようとするような言動を控えるべき職務上の注意義務」を設定したうえで、上記の「場面」で、弁護士からの着信だと認識しながら、警察官らが不応答を求めること自体をもって、職務上の注意義務の違反にあたるとした点において、任意捜査の過程で被疑者に弁護人等からの着信があったときに捜査機関がどのように対処すべきかについての行動規準をより明確なものとして提示した。それにより、本判決は、任意捜査を受ける被疑者と弁護人等とが、捜査機関からの不当な制限を受けることなく、電話連絡により相談・助言の機会をもつことを確保しようとした。被疑者の弁護人の援助を受ける権利を実質化するという本判決の基調が具体化している。

第3章　弁解録取と弁護人の援助を受ける権利

1　問題の所在

　捜査機関が被疑者を逮捕した直後に、弁護人または選任権者の依頼により弁護人となろうとする弁護士（以下、「弁護人等」）が被疑者との接見を申し出たとき、捜査機関としては、弁解録取を開始する前に、被疑者と弁護人等とを接見させなければならないか。それとも、弁解録取の終了後、接見させることでよいか[1]。

　被疑者が弁解録取の前に弁護人等と接見し、相談し、その助言の機会を得ることができるか、そうすることによって防御の準備を整えたうえで弁解録取に臨むことができるかという問題は、被疑者に対する弁護人の援助を受ける権利の保障、ひいては被疑者の防御権の保障にとって、重要な意味を有している。現在、被疑者取調べの録音・録画が制度化され、運用上拡大する一方で、被疑者の弁護人選任が拡大するとともに、原則黙秘の弁護方針も拡大をみせるなかで、捜査実務においては、被疑者の初期供述の重要性が強調さ

＊本章は、令和3年（ネ）第5640号・国家賠償請求事件について、被控訴人（一審原告）代理人弁護団を通じて、東京高等裁判所第21民事部いイ係に提出した私の意見書（2022年6月19日）の後半部分に基づくものである。選任権者の依頼により弁護人となろうとする弁護士が警察署に任意同行された被疑者との接見を申し出たとき、捜査官が被疑者に対して弁護人等の接見申出について伝達することなく、被疑者を逮捕し、弁解録取を含む一連の手続を終了した後になって、被疑者と同弁護士とを接見させたという事案について、一審判決のさいたま地判令3・11・12 LEX/DB25591930は、捜査機関が直ちに伝達すべきであって、被疑者が希望する場合には速やかに接見させなければならなかったとして、捜査官の措置を違法としていた。これに対して、一審被告の県が控訴した。なお、控訴審判決の東京高判令5・7・27判例集未掲載について、本書第1章参照。

れ、録音・録画記録媒体の実質証拠としての利用とも関連させて、供述採取の早期化が目指される傾向がみられる[2]。この傾向に伴い、上記問題の重要性はいっそう高まっている。

　本章は、上記問題に理論的検討を加え、①捜査機関が、被疑者を逮捕後、接見指定をしないまま被疑者と弁護人等とを接見させないことは許されない、②弁解録取が被疑者の権利確保のための、被疑者にとって利益な手続である以上、被疑者が接見を求めるとき、捜査機関は被疑者に対して接見の前に弁解録取を強制することはできない、③捜査官の質問とそれに対する応答としての被疑者の供述とから構成されるという共通性に起因して、弁解録取は取調べに転化する可能性をはらみ、しかも転化することを正確に事前予測することはできないから、取調べ前に必要とされるのと同様、弁解録取前に接見の機会が保障される必要がある、④捜査機関に対し留置の必要性を再考させる機会としても、被疑者の供述を採取し、それを証拠化する機会としても、弁解録取は被疑者の防御にとって決定的な局面であるから、被疑者が防御の準備を整えて弁解録取に臨むことができるよう、弁解録取前に弁護人との接見の機会を保障すべきである、という点を明らかにする。弁解録取前の接見の機会を保障することによって、捜査手続の初期段階において、黙秘権を初めとする被疑者の防御権の実効性が深まり、この点において弁護人の効果的な援助を受ける権利の保障は実質化するであろう。

---

[1] 捜査機関が被疑者を逮捕する直前に、弁護人等が任意同行された、あるいは任意取調べを受けている被疑者との接見を申し出た場合において、捜査機関は被疑者と弁護人等とを接見させる前に被疑者を逮捕することが許されるとの前提に立ったときも、この問題は同様に生じる。もっとも、このような場合においては、捜査機関としては、被疑者に対して弁護人等の接見申出について直ちに伝達し、その意思を確認したうえで、被疑者が接見を求めるときは、被疑者と弁護人等とを速やかに接見させるべきである。被疑者は弁護人の援助を受ける権利（刑訴30条）の内容として、弁護人は被疑者の権利に対応する弁護権の内容として、自由な接見の権利を有しているところ、捜査機関が弁護人等の申出について被疑者に伝達し、被疑者が希望する場合には接見させる措置をとらなければ、被疑者・弁護人等が実際に接見する機会を得ることはできず、また、捜査機関はいかなる捜査上の必要からも被疑者と弁護人等との接見の機会を制限することはできないからである。この点については、上記意見書の前半部分に基づく論攷として、葛野尋之「任意同行された被疑者と弁護人等との接見機会の保障」『土井政和先生・福島至先生古稀祝賀論文集』（現代人文社、2022年）参照。

[2] 清野憲一「録音・録画下の供述立証に関する一考察」判例時報2415号（2019年）88頁。

2 最判平12・6・13とさいたま地判平25・10・24

(1) 最判平12・6・13

この問題を検討するにあたり、最判平12・6・13[3]が重要な意義を有している。

同判決の事案においては、被疑者が午後3時30分(以下、すべて同日午後)ころ現行犯逮捕され、4時10分ころ警察署に引致された後、選任権者の依頼により弁護人となろうとする弁護士が、4時35分ころ捜査官に対し被疑者との接見を申し出たところ、捜査官は同弁護士に対して取調べ中なので待ってほしいと繰り返した後、5時45分ころになって、接見日時を翌日午前10時以降に指定すると告げた。

同判決は、最大判平11・3・24[4]が示した接見指定の要件・措置を確認し、「弁護人等の申出に沿った接見等を認めたのでは捜査に顕著な支障が生じるときは、捜査機関は、弁護人等と協議の上、接見指定をすることができるのであるが、その場合でも、その指定は、被疑者が防御の準備をする権利を不当に制限するようなものであってはならないのであって(刑訴法39条3項ただし書)、捜査機関は、弁護人等と協議してできる限り速やかな接見等のための日時等を指定し、被疑者が弁護人等と防御の準備をすることができるような措置を採らなければならないものと解すべきである」としたうえで、「弁護人となろうとする者と被疑者との逮捕直後の初回の接見は、……これを速やかに行うことが被疑者の防御の準備のために特に重要である。したがって、右のような接見の申出を受けた捜査機関としては、前記の接見指定の要件が具備された場合でも、その指定に当たっては、弁護人となろうとする者と協議して、即時又は近接した時点での接見を認めても接見の時間を指定すれば捜査に顕著な支障が生じるのを避けることが可能かどうかを検討し、これが可能なときは、留置施設の管理運営上支障があるなど特段の事情のな

---

[3] 民集54巻5号1635頁。
[4] 民集53巻3号514頁。

い限り、犯罪事実の要旨の告知等被疑者の引致後直ちに行うべきものとされている手続及びそれに引き続く指紋採取、写真撮影等所要の手続を終えた後において、たとい比較的短時間であっても、時間を指定した上で即時又は近接した時点での接見を認めるようにすべきであ」ると判示した。

　同判決は、このような判示を踏まえて、同弁護士が接見を申し出たとき「現に取調べ中か又は間近い時に取調べが確実に予定されていたもの」であって、「自由な接見を認めると、……取調べに影響し、捜査の中断等による支障が顕著な場合に当たる」から、接見指定をしたこと自体は違法ではないものの、同弁護士の接見申出は逮捕直後の初回のものであったから、被疑者が「即時又は近接した時点において短時間でも……（同弁護士・引用者）と接見する必要性が大きかったというべきである」ことを指摘し、具体的事実からすれば、被疑者と同弁護士との「接見を全面的に拒否しなければならないような顕著な捜査上の支障があったとはいえない」とした。かくして、同判決は、同弁護士と「協議する姿勢を示すことなく、午後５時ころ以降も接見指定をしないまま同上告人を待機させた上、午後５時45分ころに至って一方的に接見の日時を翌日に指定したものであり、……右の措置は、……（被疑者が・引用者）防御の準備をする権利を不当に制限したものであって、刑訴法39条３項に違反する」と判断した。

　同判決は、直接的には、「弁護人となろうとする者と被疑者との逮捕直後の初回の接見」についての判断であった。同判決は、そのような接見が「身体を拘束された被疑者にとっては、弁護人の選任を目的とし、かつ、今後捜査機関の取調べを受けるに当たっての助言を得るための最初の機会であって、直ちに弁護人に依頼する権利を与えられなければ抑留又は拘禁されないとする憲法上の保障の出発点を成すものである」として、それゆえ「これを速やかに行うことが被疑者の防御の準備のために特に重要である」とした。このような判示からすれば、逮捕直後に限らず、弁護人となろうとする弁護士との初回の接見であれば、特別な重要性が認められるべきことが指摘されている[5]。また、すでに選任された弁護人との接見であって、弁護人の選任を目的としていないとしても、逮捕後の取調べには受忍義務が伴うとする捜査実務からすると、逮捕直後の接見であれば、少なくとも逮捕後において「今後

捜査機関の取調べを受けるに当たっての助言を得るための最初の機会であって、直ちに弁護人に依頼する権利を与えられなければ抑留又は拘禁されないとする憲法上の保障の出発点を成すものである」から、被疑者の防御の準備のために特別な重要性を有するといえるであろう。「逮捕直後の被疑者の心理的動揺を考えれば、速やかな接見を認めるべき必要は大きい」のである[6]。

本章が検討する問題との関係においては、同判決にいう「犯罪事実の要旨の告知等被疑者の引致後直ちに行うべきものとされている手続及びそれに引き続く指紋採取、写真撮影等所要の手続を終えた後」が、より具体的にどのような手続段階を意味するのか、「引致後直ちに行うべきものとされている手続」が弁解録取をも含むのかが問題となる。同判決は、この点を明示してはいない。

（2）さいたま地判平25・10・24

この問題が直接争点となった事案について判断したのが、さいたま地判平25・10・24[7]、その控訴審判決である東京高判平26・10・24[8]である。

---

[5] 矢尾渉「判批」『最高裁判所判例解説・民事編（平成12年度・下）』（法曹会、2003年）548頁、川出敏裕『判例講座・刑事訴訟法〔捜査・証拠編〕（第2版）』（2021年）265頁。

[6] 後藤昭「判批」『平成12年度重要判例解説』179頁。同判批は、弁護人となろうとする者との接見、あるいは逮捕直後の初回接見でなくとも、長期間接見の機会がなかったとき、長時間の取調べが続いているとき、被疑者の側が積極的に弁護人との相談を求めたときなどについては、被疑者の防御のために特別に重要な接見であることを認めて、接見指定の要件が備わっていた場合でも、最判平12・6・13が判示するように指定措置を限定して、接見を取調べに優先させることができると指摘している。

[7] 公刊物未掲載。

[8] 公刊物未掲載。なお、被疑者が逮捕され、弁解録取を受けた後、①取調べを受けていたとき、②取調べを経て指紋採取・写真撮影の途中であり、それらの終了直後に取調べの再開が予定されていたとき、③取調べを受け供述調書を作成され、その「読み聞かせ」を受けていたとき、弁護人となろうとする弁護士が被疑者との初回の接見を申し出たという各事案について、捜査機関が取調べまたは「読み聞かせ」を中断して、あるいは取調べの再開予定を変更して、被疑者と弁護士とを直ちに接見させなかった措置を適法としたものとして、東京地判令1・7・17 LEX/DB25581344（事案①・②）、岐阜地判令1・7・24 LEX/DB25563962（事案③）がある。弁護人となろうとする弁護士との初回の接見が被疑者の防御にとって特別な重要性を有するにもかかわらず、取調べないし間近な取調べ予定を接見に優先させて、直ちに接見させなかった措置を適法とした判断には疑問があるが、いずれも接見の申し出が弁解録取の後になされた事案についてのものなので、本章の検討対象からは除外した。

一審判決の認定によれば、同判決の事案においては、少年である被疑者が自宅から警察署に任意同行される車中で取調べを受け、上申書を作成するなどしたうえで、午後1時56分（以下、すべて同日午後）に警察署に到着した後、1時58分から休憩を挟んで5時42分まで任意の取調べを受けた。その間、捜査官らは逮捕状の請求準備を進め、5時50分、逮捕状を請求した。選任権者の依頼により弁護人となろうとする弁護士が、8時30分ころ警察署に赴き、被疑者と面談した後、被疑者と同弁護士は警察署を出て9時26分ころ被疑者宅に到着した。その直後、捜査官らが被疑者宅に到着し、被疑者に任意同行を求めたので、同弁護士がこれを拒否する旨告げたところ、午後9時26分、捜査官らはすでに発付されていた令状に基づき被疑者を逮捕し、9時38分、警察署に引致した。同弁護士は、9時38分ころ、弁解録取の開始前に、弁護人となろうとする者として被疑者との接見を求めたものの、捜査官は、弁解録取が終了するまで接見はできず、終了後に接見させる旨告げて、接見させなかった。同弁護士は、弁解録取前の接見を強く求めたが、捜査官は、これに応じることなく、9時39分ころ、被疑事実の要旨・弁護人の援助を受ける権利の告知に続けて弁解録取を開始し、その終了後、被疑者の所持品検査、留置の準備、新規入場手続を経て、10時26分、被疑者と同弁護士とを接見させた。

　同弁護士が接見交通権の侵害を主張して、国家賠償請求訴訟を提起したところ、さいたま地判平25・10・24は、刑訴法203条1項は被疑者逮捕後の手続として、「直ちに犯罪事実の要旨及び弁護人を選任することができる旨を告げた上、弁解の機会を与え……」と規定しているところ、これは「憲法34条の要請を受けて逮捕等の後の手続を定めるとともに、直ちに被疑者に弁解の機会を与えることにより、捜査機関に対し、改めて留置の必要性について検討させることとしたものであり、この趣旨に照らせば、同条項の定める手続については、引致後直ちに行うことが要請されている」のであって、「弁解録取手続は、捜査機関が被疑者を留置する必要性について再検討するために、被疑者の言い分を聞くための手続であり、取調べとは本質的に異なるものであるから」、弁解録取手続の終了後に被疑者と弁護人等とを接見させることが「直ちに被疑者の防御権を実質的に損なうことにはならない」と判示

した。同判決は、最判平12・6・13を参照しつつ、「弁護人等から逮捕直後に即時接見の申し出があった場合であっても、捜査機関としては、弁解録取手続を含む被疑者引致後直ちに行うべきであるとされている手続及びそれに引き続く写真撮影等所要の手続を終了させた段階で接見を認めれば足りるのであり、弁解録取手続に先行して……接見させる義務があると解することはできない」とした[9]。

　また、捜査官が、弁解録取を含む逮捕後の一連の手続をとるという捜査上の必要から、接見指定をしないままに30分以上にわたり接見させなかったことは違法であるとする原告の主張に対して、同判決は、捜査官が弁解録取の前に接見させる義務を有しなかったこと、同弁護士に対し弁解録取終了後の接見を提案していたこと、同弁護士があくまで弁解録取前の接見を求めていたこと、捜査官は逮捕後の一連の手続の終了後速やかに接見させており、接見申出から接見までの時間は48分にとどまっていたこと、同弁護士は逮捕前に被疑者と面談の機会をもっていたことをあげて、捜査官に「接見に日時を具体的に指定すべき義務があったと認めることは困難であ」るとした。

　原告側が控訴したところ、東京高判平26・10・24は、これら一審判決の判断を踏襲して、控訴を棄却した。

3　接見指定をしないままに接見させない措置の違法性

　捜査官が被疑者を逮捕した後、弁解録取を含む逮捕後の一連の手続をとるという捜査上の必要から、接見指定をしないままに弁護人等の接見申出に応じることなく、被疑者と弁護人等とを接見させなかったことを、さいたま地判平25・10・24が適法とした点についいては、最大判平11・3・24および最判平12・6・13の各判示に照らして、重大な疑問がある。

　最大判平11・3・24は、刑訴法39条3項による接見指定制度の合憲性を認めるにあたり、同規定が「被疑者の取調べ等の捜査の必要と接見交通権の行

---

[9]　さいたま地判平25・10・24、東京高判平26・10・24はいずれも、これに続けて、「弁解録取手続の内容が実質的には取調べに該当するような場合」には、被疑者の防御権を実質的に保障するために、弁解録取手続に先立ち接見の機会を与えるべきとしていた。

使との調整を図る趣旨で置かれたもの」であるとの理解に立って、同規定にいう「『捜査のため必要があるとき』とは、……（弁護人等の申出にかかる・引用者）接見等を認めると取調べの中断等により捜査に顕著な支障が生ずる場合に限られ」るとしたうえで、接見指定の「要件が具備され、接見等の日時等の指定をする場合には、捜査機関は、゛弁゛護゛人゛等゛と゛協゛議゛し゛て゛で゛き゛る゛限゛り゛速゛や゛か゛な゛接゛見゛等゛の゛た゛め゛の゛日゛時゛等゛を゛指゛定゛し、被疑者が弁護人等と防御の準備をすることができるような措置を採らなければならない（傍点は引用者）」とした。

　捜査機関としては、接見指定の要件が認められる場合でも、弁護人等と協議して「できる限り速やかな接見等のための日時等を指定」しなければならないのであって、そうであるならば、接見指定の要件が備わっているにもかかわらず、接見指定をしないままに被疑者と弁護人等を接見させないでいることは許されないというべきである。接見指定をしないままに接見させないことを許したのでは、接見指定をする段になって、はじめて弁護人等と協議して、その時点からみて「できる限り速やかな接見等のための日時等を指定」したとしても、弁護人等が接見を申し出たときからみれば、「できる限り速やかな接見等のための日時等を指定」したことにはならないからである。捜査機関が接見指定をしないままに接見させないことは、最大判平11・3・24の上記判示の趣旨に反するのである。

　最判平12・6・13は、被疑者の逮捕直後に弁護人等が接見を申し出たときでも、「接見等を認めると取調べの中断等により捜査に顕著な支障が生ずる場合」には、「捜査のため必要があるとき」（刑訴法39条3項）にあたり、接見指定が可能であるとしたうえで、その場合でもなお、弁護人となろうとする者との逮捕直後の初回接見については、「速やかに行うことが被疑者の防御の準備のために特に重要であ」って、それゆえ「捜査機関としては、前記の接見指定の要件が具備された場合でも、その指定に当たっては」、弁護人となろうとする者と協議したうえで、可能である限りは、「犯罪事実の要旨の告知等被疑者の引致後直ちに行うべきものとされている手続及びそれに引き続く指紋採取、写真撮影等所要の手続を終えた後において、たとい比較的短時間であっても、時間を指定した上で即時又は近接した時点での接見を認

めるようにすべきであ」るとしていた。逮捕直後に弁護人となろうとする者が接見を申し出たときでも、接見指定の上記要件が認められる場合には、捜査機関において接見指定が可能であって、ただし、このような接見が被疑者の防御の準備にとって特別な重要性を有することから、「被疑者が防禦の準備をする権利を不当に制限する」ことのないよう（同項但）、とりうる指定措置を上記のように限定したのである[10]。

　同判決も認めるように、弁護人等が接見を申し出たとき、捜査機関としては、「原則としていつでも接見等の機会を与えなければならない」ところ、捜査機関がこの「原則」を破って、捜査上の必要から、速やかな接見の機会を与えないことが許されるのは、刑訴法39条3項のもとで、指定要件の充足が認められるときに、接見の日時・場所・時間を指定した場合に限られるというべきである。最判平12・6・13はこのことを前提としつつ、被疑者の防御にとって特別重要な接見について、指定要件の充足が認められる場合における指定措置のあり方を示したのである。

　そうであるならば、捜査機関が接見指定をしないままに、捜査上の必要から、被疑者と弁護人等とを接見させないという措置は、接見申出から接見までの時間の長短にかかわらず、弁護人等が接見を申し出たときは「原則」として速やかな接見の機会を与えなければならないという刑訴法39条1項の要請に反し、被疑者の接見交通権を侵害するものであって、被疑者の権利に対応する弁護人等の接見交通権をも侵害する。同時にそれは、接見交通権の行使と捜査上の必要との「合理的な調整」（最大判平11・3・24）が必要なときには、刑訴法39条3項の認める要件・方法・限界において接見指定を行うこととした同規定の存在意義を否定するものにほかならない。

　最判平12・6・13の事案においては、弁護人となろうとする弁護士の接見申出から1時間20分の間、捜査官は接見指定をしないままに被疑者と同弁護士とを接見させず、その後漸く接見指定を行っていたところ、同判決は、捜査官が同弁護士と「協議する姿勢を示すことなく、午後5時ころ以降も接見

---

[10] 矢尾・註5判批547頁も、捜査機関としては、可能である限りは、「逮捕後の所要の手続を終えた後、時間を指定したうえで即時または近接した時点での接見を認めるべきこととなろう」としており、接見指定を行うべきものとしている。

指定をしないまま……（同弁護士・引用者）を待機させた上、午後5時45分ころに至って一方的に接見の日時を翌日に指定したものであり、……右の措置は、上告人市川が防御の準備をする権利を不当に制限したものであって、刑訴法39条3項に違反する」としていた。刑訴法39条3項が「その指定は、被疑者が防禦の準備をする権利を不当に制限するようなものであつてはならない（傍点は引用者）」と規定していることからすると、同判決が直接違法とした措置は捜査官の接見指定であったというべきであろうが、先のような判示からは、接見指定をしないままに接見させない措置についても、それが違法であることを示唆していたといえよう。

　さいたま地判平25・10・24が、接見指定をしないままに、弁解録取を含む逮捕後の一連の手続をとるという捜査上の必要から、被疑者と接見を申し出た弁護士とを接見させなかった捜査官の措置を適法としたことには、重大な疑問が残る[11]。

4　弁解録取の目的と取調べへの転化可能性

（1）弁解録取の目的と被疑者の選択権

　被疑者の逮捕の直後に弁護人等が初回接見を申し出たとき、捜査機関は被疑者を逮捕した後、弁解録取の開始前に被疑者と弁護人等とを接見させなければならないか。それとも、弁解録取の終了後で足りるか。

　最判平12・6・13は、弁護人となろうとする者の初回接見の申し出について、可能である限り、「犯罪事実の要旨の告知等被疑者の引致後直ちに行うべきものとされている手続及びそれに引き続く指紋採取、写真撮影等所要の

---

[11] さいたま地判令3・11・12の事案においては、選任権者の依頼により弁護人となろうとする弁護士が警察署に任意同行された被疑者との接見を申し出ていたとき、捜査官らは、被疑者に対して同弁護士の接見申出について伝達することなく、被疑者を逮捕した後、刑訴法39条3項に基づき接見の日時・場所・時間を指定することのないままに、弁解録取を含む逮捕後の一連の手続をとるために、それらの手続が終了するまで、被疑者と弁護士とを接見させなかった。いまかりに、被疑者と弁護士とを接見させる前に被疑者に対し逮捕状を執行することが許されるとの前提に立ったとしても、捜査官らが接見指定をしないままに、捜査上の必要から速やかな接見の機会を与えなかったことは、被疑者および弁護士の接見交通権を侵害するものであって違法である。

手続を終えた後において、たとい比較的短時間であっても、時間を指定した上で即時又は近接した時点での接見を認めるようにすべきである」と判示していた。さいたま地判平25・10・24は、同判決を参照しつつ、「弁護人等から逮捕直後に即時接見の申し出があった場合であっても、……弁解録取手続に先行して……接見させる義務があると解することはできない」とした。最判平12・6・13にいう「被疑者の引致後直ちに行うべきものとされている手続」には、弁解録取が含まれると理解したのである。このような理解は有力であった[12]。

　さいたま地判平25・10・24が弁解録取の終了後で足りるとしたのは、①弁解録取の目的、②弁解録取と取調べとの相違、についての理解に基づくものであった。①について、同判決は、「直ちに被疑者に弁解の機会を与えることにより、捜査機関に対し、改めて留置の必要性について検討させることとしたものであ」って、それゆえ弁解録取は「引致後直ちに行うことが要請されている」とした。弁解録取は、刑訴法203条1項に掲げられた被疑事実の要旨・弁護人の援助を受ける権利の告知と同様、「逮捕に伴って被疑者の権利確保のために行わなければならない……手続」であるから、引致後直ちに、弁護人等との接見の前に行うべきとするのである[13]。

　弁解録取の目的が留置の必要性を判断する点にあることは、一般に承認されている。身体の拘束に続いて「留置の段階に入る前に、司法警察員に留置の必要性について再考させる機会を与えるため設けられた」というのである[14]。「弁解」には、被疑事実についての弁解のほか、逮捕の必要に関する弁解、逮捕の適法性に関する主張など、被疑者の「言い分」すべてが含まれるとされる[15]。最判昭27・3・27[16]も、弁解録取によって作成される弁解録

---

[12] 矢尾・註5判批548頁は、判文からすると刑訴法203条の掲げる手続を含むものと解され、また、同判決が初回接見は弁護人の選任を目的とし、その後取調べを受けるにあたっての助言を得るための最初の機会である点を重視していることからすると、弁解録取も含まれると解すべきとする。
[13] 大澤裕＝岡慎一「対談・逮捕直後の初回の接見と接見指定」法学教室320号（2007年）134頁〔大澤〕。
[14] 松尾浩也監修『条解・刑事訴訟法（第4版増補版）』（弘文堂、2016年）389頁。
[15] 小野清一郎ほか編『ポケット註釈全書・刑事訴訟法（上）（新版）』（有斐閣、1986年）190頁〔田宮裕〕。
[16] 最判昭27・3・27刑集6巻3号520頁。

取書について、「専ら被疑者を留置する必要があるか否かを調査するためのもの」だとしていた。ここにいう「留置の必要」は、最判平8・3・8[17]によれば、逮捕の理由となる犯罪の嫌疑のほか、逃亡または罪証隠滅の可能性から構成される[18]。

　弁解録取の目的が捜査官に対して留置の必要性を再考させることにあり、弁解録取の結果、留置の必要性が認められないときは、逮捕された被疑者が釈放されることになるという点において、被疑事実の要旨・弁護人の援助を受ける権利の告知と同様、弁解録取は被疑者の権利確保のための手続とされる。弁解録取がこのような目的を有するものであるがゆえに、不必要な留置を回避するという観点から、通常、被疑事実の要旨・弁護人の援助を受ける権利の告知とあわせて、被疑者の引致後直ちに行うべきとされるのである。このような理解は、それ自体として妥当である。

　しかし、弁護人等が接見を申し出ている場合には、接見に先だって、弁解録取を行うべきとすることはできないというべきである。弁解録取は捜査官に対し留置の必要性を再考させることを目的としており、被疑者の権利確保のための手続であって、その意味において被疑者にとって利益な手続である。このように理解することは、刑訴法203条1項が被疑者に「弁解させる」ではなく、被疑者に「弁解の機会を与え」と規定していることとも整合する。弁解録取が被疑者の権利確保のための、被疑者にとって利益な手続であるならば、被疑者が弁護人等との接見を求めた場合には、捜査機関としては、被疑者に対して、弁護人等と接見する前に弁解録取をうけるよう「強制」することはできないというべきである。被疑者が弁解録取ではなく、自己の防御権を実効化するために弁護人の援助を必要とし、そのために弁護人等との接

17　民集50巻3号408号。
18　刑訴法203条1項が「司法警察員は、……留置の必要がないと思料するときは直ちにこれを釈放し、留置の必要があると思料するときは被疑者……を検察官に送致する手続をしなければならない」と定め、同205条1項が「検察官は、……被疑者を受け取つたときは、……留置の必要がないと思料するときは直ちにこれを釈放し、留置の必要があると思料するときは……裁判官に被疑者の勾留を請求しなければならない」としていることからすると、本来、これらの規定にいう「留置の必要」は同じ意味を有しており、それは勾留により被疑者の身体を拘束する必要、すなわち勾留の理由・必要が認められることであると理解すべきであろう（村井敏邦「未決拘禁と収容問題」法律時報60巻3号〔1988年〕38頁）。

見を求めたのであれば、捜査機関としてはそのような被疑者の選択に従い、被疑者と弁護人等とを接見させなければならない。弁解録取が被疑者の権利確保のための、被疑者にとって利益な手続であるとしながら、被疑者が弁護人等と接見することを求めたにもかかわらず、捜査機関が被疑者の意思に反して、被疑者に対して接見の前に弁解録取を受けるよう強制できるとすることは背理である。自己の権利確保のための手続としての弁解録取を先行させるか、それとも弁解録取の開始前に弁護人等と接見し、相談し、その助言を受ける機会を得るかは、被疑者自身の選択によるべきなのである。

(2) 弁解録取の取調べへの転化可能性

上記②について、さいたま地判平25・10・24は、「弁解録取手続は、捜査機関が被疑者を留置する必要性について再検討するために、被疑者の言い分を聞くための手続であり、取調べとは本質的に異なるものであるから」、弁解録取の前に接見させなくとも、「直ちに被疑者の防御権を実質的に損なうことにはならない」としていた。弁解録取と取調べとを截然と区別したのである。

しかし、弁解録取と取調べとの截然たる区別に基づき、弁解録取の終了後に接見させることで足りるとすることには、重大な疑問がある。それは、弁解録取が取調べに転化する可能性をはらんでおり、しかもそのことの正確な事前予測が不可能であるからであり、また、取調べへの転化可能性を考慮に入れないときでも、弁解録取はそれ自体として被疑者の防御にとって決定的な局面であるから、被疑者が防御の準備を整えられるよう、弁解録取の前に弁護人等との接見の機会を与えられるべきだからである。まず、前者について論じる。

弁解録取と取調べとは、たとえ目的・方法において区別が可能だとしても、基本構成における両者の共通性に由来して、弁解録取は取調べに転化する可能性をはらんでいる。

両者が目的・方法において区別が可能であることは、たしかである。弁解録取が、逮捕した被疑者を引致後に捜査官に対し「改めて留置の必要があるかどうかを再検討させる」ための手続であるのに対し、取調べは、被疑者を

対象として、「その供述を得る目的で行われるもの」だとされ、両者は「その本質を異にする」ものだとされる[19]。捜査機関の側においても、「犯罪事実の要旨を告知した後、これに対して弁解することはあるかとのみ発問し、これに対する答えを聞くのは弁解録取である」のに対して、「司法警察員の側でさらに発問して事実関係を問いただし、あるいは答えの内容について反問するのは被疑者取調べということになる」とされる[20]。

　目的・方法における両者の相違にもかかわらず、弁解録取と取調べとは、捜査官が被疑者に発問し、被疑者がそれに応えて供述するという基本構成において共通している。そうであるがゆえに、実際上、上記の目的・方法において弁解録取が開始されたときでも、それが取調べへと転化しうることもまた、広く認められてきた。「弁解を聴く手続が、単に弁解を聴くのにとどまらなくなる場合は少なくない。捜査官が、被疑者の弁解に対応して質問するようになれば、それは単なる弁解を聴く手続ではなく、取調べであるといえよう」とされ[21]、あるいは、「実際の運用では、弁解録取が実質的には取調べになっている場合があるといえます。すなわち、弁解録取で、被疑者が否認ないし黙秘した場合、その場で実質的な取調べが行われることがあり、当初の弁解内容から変更された『供述』が録取されることもある」とされるのである[22]。

　弁解録取書が、取調べにより作成される供述調書と同様、刑訴法322条1項の「被疑者の供述を録取した書面」として、被疑者に有利か不利かを問わず証拠となりうること[23]とあわせて、このような転化可能性を理由として、取調べにあたっての告知を要求する刑訴法198条2項のような規定がなく、

---

[19] 河上和雄ほか編『大コンメンタール・刑事訴訟法（第2版）（4）』（青林書院、22012年）294頁〔河村博〕・295頁〔渡辺咲子〕。
[20] 伊丹俊彦＝合田悦三編集代表『逐条・実務刑事訴訟法』（立花書房、2018年）390頁〔櫻清隆〕。
[21] 河上ほか・註19書295頁〔渡辺〕。
[22] 大澤＝岡・註13対談133頁〔岡〕。本文引用部分に続き、「そうだとすると、『今後捜査機関の取調べを受けるに当たってその助言を受けるための最初の機会』であることから、『速やかに行うことが被疑者の防御の準備のために特に重要』とした本判決（最判平12・6・13・引用者）の見地からは、実質的な取調べになる可能性がある弁解録取より前に接見がなされる必要性があるといえる」とする。
[23] 最判昭27・3・27刑集6巻3号520頁。

また、最判昭27・3・27によって告知が不要とされているにもかかわらず、弁解録取にあたっても「被疑者の供述を得る機会である以上、あらかじめ供述拒否権を告知するのが妥当である」とされ、「実務上は、告知するのが通例である」とされる[24]。弁護人等が被疑者の逮捕直後に接見を申し出たとき、弁解録取終了後に接見させることで足りるとしながらも、「弁解録取の内容が実質的に取調べに当たるようなものであるときは、別論である」とされ[25]、さいたま地判平25・10・24、東京高判平26・3・6がこのことを認める判示をしていたのも、弁解録取が取調べに転化することがあるという認識を前提としているといえよう[26]。

　弁解録取における取調べへの転化可能性は、たんなる偶然によるものではなく、捜査官が被疑者に対して発問し、被疑者がそれに応えて供述するという基本構成における両者の共通性に由来するものである。捜査官の発問と被疑者の供述とによって構成される手続は、流動性がきわめて高い。捜査官も、被疑者も、臨機応変に対応せざるをえないのである。そうであるがゆえに、弁解録取は取調べに転化する可能性をはらんでおり、しかも弁解録取にあたり、取調べに転化するかどうかを事前に正確に予測することはできない。

　弁解録取が、基本構成における両者の共通性に由来して、取調べへの転化可能性をはらんでおり、しかも、取調べに転化することの正確な事前予測が不可能であることからすれば、被疑者の逮捕直後に弁護人等が接見を申し出たときは、捜査機関としては、弁解録取の前に接見させなければならないというべきである。最判平12・6・13によれば、被疑者の防御の準備にとって重要な接見の申し出であれば、たとえ接見指定が可能な場合であっても、取調べに先立ち接見させなければ、接見指定は「被疑者が防禦の準備をする権利を不当に制限するようなもの」（刑訴法39条3項但）となる。被疑者が弁護人等の援助を受けて、防御の準備を整えたうえで取調べに臨むことができるよう、取調べの前に接見の機会を与えるべきとされたのである。弁解録取

---

[24] 河上ほか・註19書295頁〔渡辺〕。
[25] 矢尾・註5判批549頁。
[26] これらの判決は、そのように判示したうえで、これらの判決の事案について、弁解録取は実質的にみて取調べにはなっていなかったと認めた。

における取調べへの転化可能性とそのことの正確な事前予測の不可能性からすれば、同様に、被疑者は弁解録取の開始前に接見の機会を与えられるべきであって、弁解録取の終了後に接見させる接見指定も、「被疑者が防禦の準備をする権利を不当に制限するようなもの」だといえよう。

5　弁解録取と被疑者の防御の準備

(1) 留置の必要性の再考と被疑者の防御の準備

　たとえ弁解録取が取調べに転化する可能性を考慮しないとしても、弁解録取はそれ自体として被疑者の防御にとってきわめて重要な局面であるから、弁護人等が被疑者の逮捕の直後に接見を申し出たときは、捜査機関としては、被疑者が弁護人の援助を受けることによって防御の準備を整えたうえで弁解録取に臨むことができるようにするために、弁解録取に先立ち、被疑者と弁護人等とを接見させなければならない。弁解録取が被疑者の防御にとって重要な局面であることは、①弁解録取における被疑者の弁解が捜査機関における留置の必要性の判断に大きな影響を与えること、②弁解録取が取調べと同様、被疑者の供述を採取し、それを証拠化する手続であること、から導かれる。

　弁解録取が捜査機関に対して留置の必要性を再考させるための手続であるならば、弁解録取において被疑者がどのような弁解をするか、あるいはしないかが、捜査機関における留置の必要性についての判断を大きく左右しうることになる。身体の自由の剥奪に加えて、健康上、経済上、社会生活上、防御の準備上など、身体の拘束に伴う重大な不利益からすれば（裁量保釈に関する刑訴法90条参照）、留置されるかどうかは、被疑者の重要な権利・利益に強くにかかわる問題である。そうであるならば、弁解録取は、被疑者の防御にとってきわめて重要な局面だというべきである。

　被疑者が弁解録取に先立ち、弁護人等と接見する機会を得たならば、弁解録取においてどのように弁解するか、あるいはしないかについて弁護人等と相談し、その助言を受けることができる。防御の準備を整えて、弁解録取に臨むことができるのである。被疑者の弁護人の援助を受ける権利を実質的に

保障し、もって弁解録取における被疑者の防御権を実効化するためには、被疑者が弁護人等との接見を求めたとき、捜査機関としては、弁解録取の前に被疑者と弁護人等とを接見させなければならない。弁解録取の前に被疑者と弁護人等とを接見させることは、刑訴法203条1項が捜査機関に対して留置の必要性を再考させるために「弁解の機会を与え」ると定めた趣旨に適合しこそすれ、矛盾することはない。

　弁解録取が捜査機関に対して留置の必要性を再考させるためのものであるならば、被疑者が防御の準備をしないままに弁解録取に臨むよりも、弁護人等と接見し、相談し、その助言を受けることによって、防御の準備を整えたうえで弁解録取に臨んだ方が、捜査機関における留置の必要性の判断にとって的を射た、信頼できる弁解をすることができるであろうし、判断を誤らせるような弁解を避けることもできよう。弁解録取の目的もより良く達成されうるのである。

（2）供述の採取・証拠化と被疑者の防御の準備

　弁解録取は、被疑者の供述を採取し、それを証拠化する手続であることからも、被疑者の防御にとってきわめて重要な局面だといえる。弁解録取において捜査官の発問に応じてした被疑者の弁解は、その後の捜査方針、起訴・不起訴の決定、さらには公判の帰趨など、刑事手続全体に対して強い影響を与えうる。それは被疑者にとって有利か不利かを問わない。弁解録取における被疑者の弁解が、捜査官において留置の必要性を否定する方向で考慮されることがある一方、弁解録取においてした不用意な供述が、後の手続において、被疑者にとって大きな不利益をもたらすこともありえる。弁解録取が被疑者の防御にとって決定的な局面だとされる所以である[27]。捜査機関の側からすると、「弁解録取手続は、捜査官が最初に取調室で被疑者の話を聴く場面であり、……その後の捜査の方針を決める上でも決定的に重要な場面」だとされるところ[28]、そのことは、弁解録取が被疑者の防御にとってきわめて

27　石田倫識「弁解録取手続と弁護人接見」『大出良知・高田昭正・川崎英明・白取祐司先生古稀祝賀論文集』（現代人文社、2020年）221頁。
28　山田昌弘『録音録画時代の取調べの技術』（東京法令出版、2021年）46頁。

重要な局面であることと表裏の関係にある。

　また、弁解録取において被疑者のした弁解は、被疑者にとって有利か不利かを問わず、弁解録取書に録取されることが通例であり、弁解録取書も、取調べによって作成される供述調書と同様、刑訴法322条１項の「被告人の供述を録取した書面」として証拠とされうる（最判昭27・3・27）。弁解録取は、被疑者の供述を採取し、それを証拠化する手続なのである。この点において、弁解録取は、取調べと同じ機能を有している。2016年改正刑訴法301条の２第４項が、逮捕・勾留されている被疑者を、同規定の定める事件について捜査機関が刑訴法198条１項によって取り調べるときだけでなく、同203条１項・204条１項・205条によって弁解の機会を与える場合にも、これら手続の全過程を録音・録画するよう義務づけたのは、被疑者の供述の採取とその証拠化という点において、弁解録取が取調べと同じ機能を有しているからにほかならない。

　2008年、欧州人権裁判所大法廷は、サルダズ対トルコ判決[29]において、欧州人権条約６条１項の保障する公正な裁判を受ける権利が被疑者に対する黙秘権の保障をも内包していることを前提としつつ、刑事手続において被疑者が「脆弱性」を有すること、とくに捜査機関の取調べにおいて被疑者の黙秘権が危機にさらされていることを指摘し、弁護人の効果的な援助によって被疑者の黙秘権を確保するために、捜査機関の初回取調べに先立ち、被疑者は弁護人と接見し、相談し、その助言を受ける権利を保障されなければならないと判示した。このような弁護人へのアクセスを保障しなければ、被疑者が取調べにあたって必要な防御の準備を行うことは不可能であって、その点において、被疑者の黙秘権と弁護人の援助を受ける権利（同条約６条３項(c)）を侵害し、ひいては公正な裁判を受ける権利を侵害することになるとしたのである。その後、欧州人権裁判所の諸判例[30]は、取調べにあたり被疑

---

[29] Salduz v. Turkey, (2008) 49EHRR421. サルダズ判決について、葛野尋之『未決拘禁法と人権』（現代人文社、2012年）175頁参照。

[30] Mader v. Croatia, no.56185/07, ECtHR Judgment of 21 June 2011; Šebalj v Croatia, no.4429/09, ECtHR Judgment of 28 June 2011; Beuze v. Belgium, [2018] ECHR925. これらの判決について、葛野尋之「被疑者の黙秘権と弁護人の効果的援助を受ける権利」註26書（本書所収・第９章）239頁。

者が「弁護人にアクセスする権利」は、取調べ開始前の接見のみならず、取調べに弁護人の立会を受ける権利をも含むものであることを明らかにした。さらに、欧州人権裁判所の判例を踏まえ、EU指令2013年48号[31]は、初回取調べに先立ち、被疑者に対して、弁護人と接見し、相談し、その助言を受ける権利とともに（3条2項（a）・同3項（a））、取調べに弁護人を立ち会わせ、弁護人の実効的な参加を受ける権利を保障している（3条3項（b））。EU各国は、国内法によって同指令の保障内容を規定している。日本法のように「捜査機関による供述採取を『弁解録取手続』と『被疑者取調べ』に分けたうえで、弁解録取手続は被疑者取調べに当たらないことを理由に、それに先立つ弁護人接見を認めるべき義務はないとする法解釈は、……ヨーロッパ法においては『法の潜脱』に当たるものとして、許されないであろう。……比較法的観点から見たとき、日本法でいう『弁解録取手続』は、……第1回目の被疑者取調べに相当するものといえよう」との指摘[32]は、正鵠を射ている。

　弁解録取が取調べと同様、被疑者の供述を採取し、それを証拠化する手続であることからすれば、弁解録取は被疑者の防御にとって決定的な局面であ

---

[31] DIRECTIVE 2013/48/EU OF THE EUROPEAN PARLIAMENT AND OF THE COUNCIL of 22 October 2013. この翻訳および解説として、久岡康成「EU指令2013年48号における弁護人に対するアクセス権と第三者及び領事との連絡権」香川法学34巻3・4号（2015年）参照。法律扶助に関する2016年EU指令（DIRECTIVE 2016/1919/EU OF THE EUROPEAN PARLIAMENT AND OF THE COUNCIL of 26 October 2016）は、2013年指令による弁護人へのアクセスの保障に実効性をもたせるため、手厚い無料弁護の保障を求めている。すなわち、制裁として自由の剥奪が課される可能性のない場合を除いて、2013年指令により被疑者・被告人が弁護人へのアクセスを保障されるすべての場合を含め、自由を剥奪された者、EU法または国内法により弁護人の援助が保障されている者および捜査機関による同一性確認手続・対質・犯行状況の再現に臨む者などに対して、公費による無料の弁護を保障している（2条）。無料弁護の適用にあたっては、国内法によって資力要件、有益性要件（merit test）のいずれかまたは双方を課すことが許されているが（4条2項）、身体を拘束されている場合には、有益性要件を満たすものとすべきとされている（同条4項）。また、これらの要件を課したとしても、少なくとも捜査機関等の取調べ、あるいは捜査機関による同一性確認手続・対質・犯行状況の再現手続の前には、無料弁護の適用があるかどうか決定されなければならないとされている（同条5項）。2016年指令の翻訳および解説として、久岡康成「法律扶助EU指令と2012年国連総会決議及び法律援助国連原則・指針」香川法学37巻1・2号（2017年）参照。これらEU指令について、葛野・註30論文241頁もあわせて参照。

[32] 石田・註27論文223頁。

る。そうであるならば、被疑者の逮捕の直後に弁護人等が接見を申し出たときは、捜査機関としては、弁解録取の開始前に、被疑者と弁護人等とを接見させなければならないというべきである。弁解録取が被疑者の供述の採取とその証拠化という取調べと共通の機能を有していることからすれば、弁護人等が被疑者の逮捕直後に接見を申し出ているとき、弁解録取の前に被疑者と弁護人等とを接見させなければならないとすることは、「弁護人となろうとする者と被疑者との逮捕直後の初回の接見は、身体を拘束された被疑者にとっては、……今後捜査機関の取調べを受けるに当たっての助言を得るための最初の機会で……あるから、これを速やかに行うことが被疑者の防御の準備のために特に重要である」と判示した最判平12・6・13の趣旨にも適うところであろう。被疑者が供述を採取され、それを証拠化される最初の機会である弁解録取の前に、弁護人と接見し、相談し、その助言を受ける機会を保障してこそ、被疑者は防御の準備を整えることができるからである。

　弁解録取の開始前に接見させなければ、被疑者は弁解録取に臨むにあたり、弁護士等に相談し、その助言を受ける機会を得られないことになる。弁護人等の援助を受けることによって防御の準備を整えたうえで、弁解録取に臨むことができないのである[33]。弁解録取が被疑者の防御にとって決定的に重要な局面である以上、このことは、「被疑者が防禦の準備をする権利を不当に制限する」ことになる。弁護人等の申出に対して速やかに接見させない措置は、上述のように接見指定としてなされなければならないところ、弁解録取の終了後に接見させることは、刑訴法39条3項但書に違反する違法な接見指定なのである。

6　結　論

　本章は、以上の検討を通じて、以下のような結論を導いた。

---

[33] 被疑者が弁護人等との接見を通じて効果的な防御の準備をすることができるためには、本来、イギリス法およびEU法において要求されているように、捜査機関から弁護人等に対して、効果的な防御の準備が可能になる程度にまで、被疑事実および収集証拠についての説明がなされる必要があろう。この点について、葛野・註30論文246・250頁参照。

第1に、被疑者の逮捕の直後に弁護人等が接見を申し出たとき、捜査機関は接見指定をしないままに被疑者と弁護人等を接見させないことは許されない。弁護人等から接見の申出がなされたときは、速やかに接見させることが「原則」であって（刑訴39条1項）、捜査上の必要を理由にして速やかな接見を認めないためには、接見交通権の行使と捜査の必要との「合理的な調整」の手段たる接見指定（同条3項）によらなければならないからである。弁護人等が被疑者の逮捕前に面会を申し出ていたにもかかわらず、捜査機関が両者を面会させることなく被疑者を逮捕した場合も同様である。

　第2に、弁解録取が捜査機関に対して留置の必要性を再考させ、不必要な留置を回避するという目的を有し、この意味において被疑者の権利確保のための、被疑者にとって利益な手続である以上、被疑者が弁護人等からの援助を必要として、弁護人等との接見を求めている場合には、捜査機関としては、弁解録取の開始前に被疑者と弁護人等とを接見させなければならない。弁解録取を被疑者の権利確保のための、被疑者にとって利益な手続としながら、捜査機関が被疑者の意思に反して、被疑者に対して接見の前に弁解録取を受けるよう「強制」できるとすることは背理である。

　第3に、弁解録取と取調べとが目的・方法において区別が可能だとしても、両者は捜査官が被疑者に対して発問し、被疑者がそれに応えて供述するという基本構成において共通していることから、ともに高度の流動性を有しており、それゆえ弁解録取が途中から取調べに転化する可能性があり、しかも転化することを正確に事前予測することはできないのであって、そうである以上、弁護人等が逮捕の直後に接見を申し出たときは、被疑者が防御の準備を整えたうえで取調べに臨むことができるよう取調べ前に接見の機会を与えるべきとされるのと同じ理由から、弁解録取の開始前に被疑者と弁護人等とを接見させなければならない。

　第4に、弁解録取における被疑者の弁解が捜査機関における留置の必要性の判断に大きな影響を与えることともに、弁解録取が取調べと同様、被疑者の供述を採取し、それを証拠化する手続であることから、弁解録取は被疑者の防御にとって決定的な局面というべきであって、そうである以上、弁護人等が接見を申し出ているときは、被疑者は弁解録取の前に弁護人等と接見し、

相談し、その助言を受ける機会を与えられ、防御の準備を整えたうえで弁解録取に臨むことができるよう保障すべきである。

　被疑者は、弁解録取前に弁護人等との接見機会を保障されることによって、防御の準備を整えて、弁解録取に臨むことができる。このことは、身体拘束の初期段階における被疑者の防御権を実効化することにほかならず、そのための弁護人の効果的な援助の保障を実質化することを意味する。

　ところで、身体拘束の初期段階において、被疑者に対し弁護人の効果的な援助を受ける権利をより実質的に保障するためには、逮捕段階における弁護人の実際の選任を拡大する必要がある。そのためには、逮捕直後の当番弁護士との接見機会を確保するとともに、当番弁護士制度と連動させる形で、公的弁護制度を設けなければならない。これは焦眉の課題である[34]。

【付記】さいたま地判令3・11・12は、控訴審判決の東京高判令5・7・27によって破棄された。東京高判令5・7・27は、刑訴法203条1項の規定および最判平12・6・31の判示を引きながら、弁解録取前に被疑者に弁護人等と接見させなかったとしても、国賠法上違法にはならないと判示し、被疑者を逮捕した後、弁解録取の前に接見させなかった警察官らの措置を適法とした。同判決について、本書第1章参照。

---

[34] 葛野尋之「被逮捕者と弁護人の援助を受ける権利」『寺崎嘉博先生古稀祝賀論文集（上）』（成文堂、2021年）（本書所収・第8章）参照。

第4章　保護室収容と弁護人接見

──保護室収容中であることを理由にして勾留中の被告人との弁護人の接見申出を拒否した拘置所職員の措置を違法とした最高裁判決（最判平30・10・25民集72巻5号940頁）

1　事実の概要

（1）本件は、福岡拘置所に被告人として勾留されていた上告人X1およびその弁護人であった上告人X2が、X1が刑事収容施設及び被収容者等の処遇に関する法律（以下「刑事収容施設法」）79条1項2号イに該当するとして保護室に収容中であることを理由として、同拘置所職員がX1とX2との面会を許さなかったことにより、接見交通権を侵害されたなどとして、慰謝料などの支払を求めた国家賠償請求事件である。

（2）原審（福岡高判平29・3・7民集72巻5号940頁）の認定した事実によれば、①X1は、2008年6月、組織的な犯罪の処罰及び犯罪収益の規制等に関する法律違反被告事件で起訴され、福岡拘置所に被告人として勾留された。②X1は、2009年7月23日、同拘置所において、「獄中者に対する暴行を謝罪せよ」などと大声を発し、同拘置所職員から再三にわたり制止を受けたが、これに従わず、同様の発言を繰り返して大声を発し続けたため、刑事収容施設法79条1項2号イに該当するとして保護室に収容された。なお、X1は、同拘置所に勾留されてから上記収容までの間にも、複数回にわたり、他の被収容者とともに「死刑執行に反対するぞ」などと大声でシュプレヒコールを行い、保護室に収容されたことがあった。③X1の弁護人であったX2は、同年7月27日、福岡拘置所を訪れ、X1との面会の申出（以下「本件申出」）をした。X1は、同月23日以降も連日大声を発し、継続して保護室に収容されており、同月27日も、本件申出の前後にわたり、「獄中者に対する暴行を謝罪しろ」などと大声を発していた。同拘置所職員は、X1に対して本件申出

があった事実を告げないまま、X2に対してX1が保護室に収容中であるために面会は認められない旨を告げ、X1とX2との面会を許さなかった。

(3) 原原審 (福岡地判平28・1・15民集72巻5号957頁) は、X2による接見の申出の時点で、X1について保護室収容を継続する必要性・相当性があるとの判断に誤りはないうえに、X1に対してX2との面会を殊更に制限する目的で保護室収容を中止せず、面会を認めなかったなどの特別の事情があるとは認められないから、X2と弁護人であるX1との面会を認めないことは違法ではなく、それゆえ面会の前提としての弁護人の来所をX2に告げなかったとしても違法ではないとした。

X1およびX2の控訴に対して、原審は、「保護室収容が刑事施設の規律及び秩序維持の観点からなされているものである以上、弁護人との接見のために保護室収容を中止するか否か及びその判断をする前提として弁護人が来所した事実を被収容者に告知するか否かは、被収容者の処遇や刑事施設の規律及び秩序維持について専門的かつ技術的な知識と経験を有し、その責任を負う刑事施設職員の合理的な裁量判断に委ねられているというべきであ」るとしたうえで、拘置所職員において裁量の逸脱はなかったとして、両人の控訴を棄却した。

(4) X1およびX2が上告受理申立を行ったところ、最高裁第一小法廷は、上告審として事件を受理し、原判決中X1およびX2の接見交通権の侵害を理由とする損害賠償請求に関する部分を破棄し、判旨 (3) にいう「特段の事情」の有無についてさらに審理を尽くさせるために、上記部分について本件を原審に差し戻した (最判平30・10・25民集72巻5号940頁)。本判決には、池上政幸裁判官の補足意見が付されていたところ、それについては、解説のなかで触れる。

なお、差戻控訴審 (福岡高裁令1・5・1裁判所ウェブサイト) は、X1は、本件申出の前後において、保護室内で大声を発するなどして、福岡拘置所の職員に対する反抗的態度を示していたものの、X1が当時極度の興奮による錯乱状態にあったとは認められず、むしろ意図的に拘置所職員に対する反抗的態度をとっていたものと推認されるとして、「特段の事情」を認めることはできないと判断した。そのうえで、本件申出をX1に告げないまま、X1が

保護室に収容中であることを理由としてX1およびX2の面会を許さなかった同拘置所の職員の措置は、両人の接見交通権を侵害するものとして、国家賠償法1条1項の適用上違法となるとした。確定。

2 判決の要旨

（1）接見交通権（刑訴39条1項）は、「身体の拘束を受けている被告人又は被疑者が弁護人又は弁護人となろうとする者（以下「弁護人等」という。）の援助を受けることができるための刑事手続上最も重要な基本的権利に属するものであるとともに、弁護人等からいえばその固有権の最も重要なものの一つである」。「刑事収容施設法31条も、未決拘禁者の処遇に当たっては、未決の者としての地位を考慮し、その防御権の尊重に特に留意しなければならないものとし、また、刑事収容施設法115条は、刑事施設の長は、未決拘禁者（受刑者又は死刑確定者としての地位を有する者を除く。）に対し、弁護人等を含む他の者から面会の申出があったときは、同条所定の場合を除き、これを許すものとしている。これらに照らすと、刑事施設の長は、未決拘禁者の弁護人等から面会の申出があった場合には、直ちに未決拘禁者にその申出があった事実を告げ、未決拘禁者から面会に応ずる意思が示されれば、弁護人等との面会を許すのが原則となるというべきである」。

（2）「もっとも、刑事施設においては、その施設の目的や性格に照らし、未決拘禁者を含む被収容者の収容を確保し、その処遇のための適切な環境及び安全かつ平穏な共同生活を維持する必要があるため、規律及び秩序が適正に維持されなければならない（刑事収容施設法1条、73条参照）。そして、刑事収容施設法79条1項2号は、被収容者が同号イからハまでのいずれかに該当する場合において、刑事施設の規律及び秩序を維持するため特に必要があるときには、被収容者を保護室に収容することができるものとして」いる。「その一方で、刑事収容施設法は、保護室に収容されている未決拘禁者と弁護人等との面会については特に定めを置いていない。これは、保護室に収容されている未決拘禁者との面会の申出が弁護人等からあったとしても、その許否を判断する時点において未決拘禁者が同条1項2号に該当する場合には、

刑事施設の長が、刑事施設の規律及び秩序を維持するため、面会を許さない措置をとることができることを前提としているものと解される。上記時点において未決拘禁者が同号に該当するか否かは、未決拘禁者に係る具体的な状況を踏まえて判断されるべきものであるが、その判断に当たっては、未決拘禁者が、刑務官の制止に従わず大声又は騒音を発するなど同号に該当するとして保護室に収容されている場合であっても、面会の申出が弁護人等からあった事実を告げられれば、面会するために大声又は騒音を発することをやめるなどして同号に該当しないこととなる可能性もあることが考慮されるべきである」。

（3）「上記（1）及び（2）の刑訴法及び刑事収容施設法の趣旨等に鑑みると、刑事施設の長は、未決拘禁者が刑事収容施設法79条1項2号に該当するとして保護室に収容されている場合において面会の申出が弁護人等からあったときは、未決拘禁者が極度の興奮による錯乱状態にある場合のように、精神的に著しく不安定であることなどにより上記申出があった事実を告げられても依然として同号に該当することとなることが明らかな場合を除き、直ちに未決拘禁者に同事実を告げなければならず、これに対する未決拘禁者の反応等を確認した上で、それでもなお未決拘禁者が同号に該当するか否かを判断し、同号に該当しない場合には、同条4項により直ちに保護室への収容を中止させて刑事収容施設法115条等により未決拘禁者と弁護人等との面会を許さなければならないというべきである。

そうすると、刑事収容施設法79条1項2号に該当するとして保護室に収容されている未決拘禁者との面会の申出が弁護人等からあった場合に、その申出があった事実を未決拘禁者に告げないまま、保護室に収容中であることを理由として面会を許さない刑事施設の長の措置は、未決拘禁者が精神的に著しく不安定であることなどにより同事実を告げられても依然として同号に該当することとなることが明らかであるといえる特段の事情がない限り、未決拘禁者及び弁護人等の接見交通権を侵害するものとして、国家賠償法1条1項の適用上違法となると解するのが相当である」。

（4）これを本件についてみると、「福岡拘置所において刑事収容施設法79条1項2号イに該当するとして保護室に収容されていた被告人である上告人

X1との面会を求める本件申出が、その弁護人である上告人X2からあったのに対し、同拘置所の職員は、本件申出があった事実を上告人X1に告げないまま、保護室に収容中であることを理由として面会を許さなかったものである。上告人X1は、本件申出の前後にわたり保護室において大声を発していたが、当時精神的にどの程度不安定な状態にあったかは明らかではなく、意図的に抗議行動として大声を発していたとみる余地もあるところ、本件申出があった事実を告げられれば、上告人X2と面会するために大声を発するのをやめる可能性があったことを直ちに否定することはできず、……上告人X1の言動に係る事情のみをもって、前記特段の事情があったものということはできない」。

（5）以上から、「原判決中、上告人らの接見交通権の侵害を理由とする損害賠償請求に関する部分は破棄を免れ」ず、「前記特段の事情の有無等について更に審理を尽くさせるため、上記部分につき本件を原審に差し戻すこととする」。

3　本判決の意義

　本判決も上記判旨（1）において確認しているように、弁護人等との接見交通権は、身体を拘束された被疑者・被告人が弁護人等「の援助を受けることができるための刑事手続上最も重要な基本的権利に属するものであ」って、「弁護人等からいえばその固有権の最も重要なものの一つ」である。このことは、最判昭53・7・10民集32巻5号820頁、最大判平11・3・24民集53巻3号514頁など、最高裁の先例によって認められてきたところである。刑事事件の被疑者・被告人たる未決拘禁者が保護室に収容されていることを理由として、このような接見交通権を制約することが許されるのか。この点については、刑訴法にも、刑事収容施設法にも、明文規定がない。

　本判決は、弁護人等が保護室収容中の未決拘禁者との面会を申し出た場合において、未決拘禁者に対してその事実を告げることなく、保護室収容を理由として面会を不許可とした刑事施設長の措置の適法性について、最高裁として初の判断を示したものであり、理論的にも、実務に対する影響の面でも、

重要な意義を有している。本判決については、明文規定のない制限措置の可能性を認めたこと、保護室収容と面会の不許可を直ちに結びつけたことなどの点において、基本的疑問も残るものの、原審および原原審がこのような施設長の措置を適法としていたのに対して、本判決が原審の判断を破棄したことは、最高裁における被疑者・被告人の接見交通権を尊重する姿勢を具現化したものといえよう。

4 接見交通権の保障と刑事施設の規律・秩序の維持

　本判決は、判旨（1）において、刑訴法による接見交通権の保障の重要性を踏まえ、刑事収容施設法115条からすると、「弁護人等から面会の申出があった場合には、直ちに未決拘禁者にその申出があった事実を告げ、未決拘禁者から面会に応ずる意思が示されれば、弁護人等との面会を許す」というのが「原則」であることを確認した。明文規定がないところ、本判決が面会の申出について直ちに告知し面会を許可すべきとする原則を明示したことは有意義である。

　本判決は、このような原則を確認した後、判旨（2）において、未決収容者の保護室収容がこの「原則」にどのような影響を与えるのかについて検討した。本判決によれば、刑事施設の規律・秩序は適正に維持されなければならず、そのための手段として、刑事収容施設法79条1項2号は被収容者が同号「イからハまでのいずれかに該当する場合において、刑事施設の規律及び秩序を維持するため特に必要があるとき」には、被収容者を保護室に収容することを認めている。問題は、保護室収容を理由として未決拘禁者と弁護人等との接見交通権を制約することができるかである。

　これについて、刑事収容施設法は明文規定をおいていない。その理由として本判決があげたのは、弁護人等から面会の申出があったとしても、「その許否を判断する時点において未決拘禁者が同条1項2号に該当する場合には、刑事施設の長が、刑事施設の規律及び秩序を維持するため、面会を許さない措置をとることができることを前提としている」ということである。明文規定がないのは、刑事収容施設法が保護室収容を理由として面会を不許可とし

うるとの前提に立っているからだというのである。

　このような判示は、二つの理解を基礎にしているといえよう。第1に、保護室収容が刑事施設の規律・秩序の維持を目的とするものであることからすると、接見交通権に対して、刑訴法39条2項が定める被疑者・被告人の「逃亡、罪証の隠滅又は戒護に支障のある物の授受を防ぐため必要な措置」[1]を超えて、刑事収容施設法独自の観点から、刑事施設の規律・秩序の維持という目的のために必要な制限措置を課すことができるという理解であり[2]、第2に、接見交通権を制約することを定めた明文規定がなくとも、刑事収容施設法の規定の解釈によって制約することが許されるという理解である。第1の点については、刑事収容施設法117条、118条1項などが、「現に接見交通権について刑訴法上の制限とは異なる施設法の観点からの制約を認めている」ことを理由として、これを支持する見解がある[3]。

　しかし、刑事施設の規律・秩序を維持する目的から、保護室収容と同じく、未決拘禁者の行動を制限する措置である「閉居罰」（刑事収容施設法151条3項4号）について、弁護人等との面会および信書の発受を「停止」することができないと明記されていることからすれば（同法152条1項5・6号）、保護室収容について同様の趣旨を明記した規定がないことは、保護室収容を理由として面会および信書の発受の制限ができないことを前提としていると理解することも可能であろうし、また、刑事収容施設法が規律・秩序の維持を制限措置の目的としていたとしても、接見交通権に対する制限措置を刑訴法39条2項にいう「逃亡、罪証の隠滅又は戒護に支障のある物の授受を防ぐため必要な措置」の限りにおいて認めるという限定解釈を行うことも可能であるから[4]、刑事収容施設法の規定が現に認めていることをもって、第1の点を支持する理由とすることはできないであろう。むしろ、刑訴法39条2項が明示する範囲を超えて、刑事収容施設法が独自に接見交通権に対する制限措

---

[1] 「戒護」とは、「逃亡、自殺、暴行等を防止するための強制的措置をいう」とされている（河上和雄ほか編『注釈・刑事訴訟法（第3版）（第1巻）』（立花書房、2011年）461頁〔植村立郎〕）。
[2] 笹本哲朗「判批」ジュリスト1535号93頁、田中優企「判批」刑事法ジャーナル60号（2019年）156頁。
[3] 笹本・註2評釈93頁。

置を定めることができるとすることは、接見交通権の制約については、同規定が制限措置の目的を明確に示したうえで、「法令」の規定によるべきとしたことを無意味化するものであって、基本的な疑問が残る。この疑問は、「法令」の規定によらない制限措置を認める点において、第2の点にも妥当する[5]。本判決が刑訴法39条2項の定める目的を超えた、しかも「法令」の明文規定によらない制約を認めたことは、接見交通権を「刑事手続上の最も重要な基本的権利」として性格づけた本判決の基本的立場と整合しないといわざるをえない[6]。

5 保護室収容を理由とする接見交通権の制約

　本判決は、保護室収容要件が充足される場合には、施設長が「刑事施設の規律及び秩序を維持するため、面会を許さない措置をとることができる」としたものの、この場合において面会を不許可としうることの実質的理由を示さなかった。この点について、「刑事施設の規律及び秩序を維持するために・特・に必要があることから……特別の構造及び設備を有する保護室に収容するということと面会とは、基本的に相容れないものと考えられ（このことは、被収容者が精神錯乱等により自己の行動をコントロールできない状態にあるようなケースを想起すれば明らかである）（傍点は原文）」るとの理由によるとする説明がなされている[7]。

---

[4] 弁護人が面会中に未決拘禁者たる被告人を写真撮影したことを理由として拘置所職員が面会を終了させたという事件において、東京地判平26・11・7判例時報2258号46頁は、面会の一時停止・終了について定める刑事収容施設法117条・113条1項・同条2項について、「接見交通権等に対する制限を定めたものといえる（刑訴法39条2項）」と認めたうえで、「面会者が弁護人等の場合、規律等侵害行為を理由に面会を一時停止し又は面会を終了させることができるのは、遵守事項に違反する行為等をすることにより、具体的事情の下、未決拘禁者の逃亡のおそれ、罪証隠滅のおそれ、その他の刑事施設の設置目的に反するおそれが生ずる相当の蓋然性があると認められる場合に限られる」と判示し、面会の一時停止・終了ができる場合を限定した。

[5] これらの点について、葛野尋之「接見にさいしての弁護人の写真撮影をめぐる法的問題（2・完）」一橋法学15巻2号（2016年）1027頁、同「弁護人による接見時の情報通信機器の使用をめぐる法的問題」一橋法学17巻3号（2018年）（本書所収・第6章）865頁参照。

[6] 石田倫識「判批」新・判例解説Watch25号（2019年）209頁。

[7] 笹本・註2評釈94頁。

刑事収容施設法の立案担当者による注釈書によれば、保護室収容の要件を定める同法79条1項2号が刑事施設の規律・秩序を維持するために「特に必要があるとき」と規定しているのは、「2号に規定されている大声・騒音を発する場合、他害のおそれがある場合、刑事施設の設備等の損壊・汚損のおそれがある場合については、それが不安定な精神状態に起因するものか否か、するとしてもどの程度の状態によるものかが様々であることから、被収容者の精神状態が著しく不安定であって、手が付けられないような場合に限る趣旨」によるとされている[8]。

　未決拘禁者が「精神錯乱等により自己の行動をコントロールできない状態にある」場合、あるいは「被収容者の精神状態が著しく不安定であって、手が付けられないような場合」であれば、弁護人等と有効なコミュニケーションを行うことが不可能であって、面会自体が両者の接見交通権を具体的に実現する機会としては機能しないから、弁護人等の申出に応えて面会を許可しなくとも、接見交通権を実質的に制約することにはならないといえるかもしれない。ところが、本判決が、未決拘禁者の保護室収容として想定しているのは、そのような場合に限らない。

　本判決は、判旨（3）によれば、未決拘禁者が「極度の興奮による錯乱状態にある場合のように、精神的に著しく不安定である」などの場合であって、弁護人等からの面会の申出の事実を告げる必要がないとされる「特段の事情」が認められるときだけでなく、弁護人等からの面会の申出について告知されても、「面会するために大声又は騒音を発することをやめるなど」しないときにも、保護室収容の要件（刑事収容施設法79条1項2号）が充たされ、保護室収容を継続することが許されるとした。この点について、池上補足意見は、同規定にいう「『特に必要があるとき』とは、被収容者が著しく不安定な精神状態にある場合に限られるものではなく、被収容者が意図的に抗議行動として大声等を発するなどしており、状況に応じてその行動を自制することができる場合であっても、現に同号イからハまでのいずれかに該当し、刑事施設の規律及び秩序を維持するため上記高度の必要性があるときは、保

---

[8] 林真琴＝北村篤＝名取俊也『逐条解説・刑事収容施設法（第3版）』（有斐閣、2017年）361頁。

護室に収容する措置を執ることができる」として、本判決が判示するところを明確にした。

本判決は、未決拘禁者が「面会するために大声又は騒音を発することをやめるなど」したときは、もはや保護室収容の要件が充たされないから、刑事収容施設法79条「4項により直ちに保護室への収容を中止させて……未決拘禁者と弁護人等との面会を許さなければならない」と判示したのに対して、未決拘禁者がこれをやめることがなく、それゆえ保護室収容の措置をとることができるとされたときは、保護室収容を理由として面会を不許可としうるかについては明示しなかった。やめた場合についての判示からすれば、やめない場合には不許可としてよいことを含意していたといえようが、そのような場合における面会の不許可について、未決拘禁者が弁護人等と有効なコミュニケーションを行うことが不可能であるために、接見交通権を実質的に制約しないからだとは説明することはできない。

そのような場合に面会を不許可としうるとすると、結局、「状況に応じてその行動を自制することができる場合であっても」、「被収容者が意図的に抗議行動として大声等を発するなど」している場合には、刑事施設の規律・秩序を維持するために保護室収容の措置をとることができるだけでなく、それに付随する効果として、面会の不許可による接見交通権の制約を甘受すべきとすることになる。それはすなわち、未決拘禁者が規律・秩序を害する行為を自ら止めないことに対して、接見交通権の制約を「一種の制裁（懲罰）として機能させること」を認めるものであって、刑事収容施設法が懲罰としての閉居罰を受けている未決拘禁者について、閉居罰を理由とする接見交通権の制約を許していないこととの整合性を欠くことになる[9]。

接見交通権の制約を未決拘禁者の規律・秩序を害する行為に対する制裁として機能させないためには、保護室収容を理由として面会を不許可としうるのは、未決拘禁者が「精神錯乱等により自己の行動をコントロールできない状態」であって、弁護人等と有効なコミュニケーションをとることが不可能だと認められる場合に限られるというべきであろう。このような場合でない

---

[9] 石田・註5評釈210頁。

限り、たとえ収容要件が充たされていても、保護室収容を中断して、面会を許すべきである。このとき、保護室収容は、面会の不許可とは直ちに結びつかないこととなる。

　ところで、保護室収容を理由とする面会の不許可については、刑事収容施設法が、未決拘禁者と弁護人等が面会中に規律・秩序を害する行為（113条1項1号ロ）をする場合には、面会を一時停止（同条1項）または終了（同条2項）させる措置を認めていることから、未決拘禁者について、「刑事施設の規律及び秩序を維持するため特に必要がある」（79条1項2号）と認められる場合には、弁護人等との面会を認めたとしても、面会開始後早々に一時停止・終了の措置がとられ、保護室収容が継続されることになるから、未決拘禁者が保護室に収容されている場合には、面会それ自体を許可しないことができるとする見解もある[10]。

　しかし、同法117条・113条は、面会を開始した後の規律・秩序を害する行為を理由として、面会に対する制限措置を許しているのであって、そのような行為が予測される場合において、当初より面会させないことを認めてはない。しかも、これらの制限措置は、弁護人等との面会のさいに、未決拘禁者が面会室内で暴れる、設備を損壊するなど、刑事施設の「規律秩序を害する行為がなされることは想定され、そうした行為は制止する必要がある」ことから設けられたものだとされており[11]、そうであるならば、一時停止の措置がとられた場合はもちろん、面会終了の措置がとられた場合でも、規律・秩序を害する行為が制止された後には、面会の再開が予定されているというべきである。これに対して、保護室収容を理由として面会を当初から不許可とする措置は、面会機会を一切認めず、それを継続的に剥奪するものであるから、面会の一時停止・終了に比べて、接見交通権をより大きく制約するものである。そうであるならば、刑事収容施設法117条・113条が面会の一時停止・終了を定めていることをもって、保護施設収容を理由とする面会の不許可を正当化することはできないというべきである。

---

[10] 田中・註2評釈156頁。
[11] 林ほか・注7書599頁。

6　告知・確認の原則的義務

　本判決は、弁護人等から面会の申出があった場合には、直ちに未決拘禁者にその事実を告げたうえで、未決拘禁者がこれに応じる限り面会を許可するのが原則であり（判旨（1））、また、未決拘禁者が保護室に収容されている場合でも、面会の申出について告知されたならば、規律・秩序を害する行為を自ら止めることなどによって、保護室収容の要件に該当しないこととなる可能性があることから（判旨（2））、施設長においては、「特段の事情」がない限り、保護室収容中の未決拘禁者に面会の申出があったことを告知し、それに対する未決拘禁者の反応などを確認したうえで、なお保護室収容の要件が充たされているかを判断する義務があると判示した。告知後に収容要件の充足が認められなければ、保護室収容を直ちに中止して、面会を許可すべきこととなる。

　原審は、告知するかどうかは「刑事施設職員の合理的な裁量判断」に委ねられているとして、告知の義務を認めていなかった。また、施設職員が保護室収容中の未決拘禁者に対して弁護人からの面会の申出について告知しなかったという事案について、東京地判平25・5・27 LEX/DB25512842は、施設職員における「弁護人の来所を伝える義務については、法律上、直接にこれを定める規定はないことにかんがみれば、被収容者に対して弁護人の来所を伝えることが接見交通権の実効性の確保の上で有用であり、かつ、必要性があると認められる場合であって、さらに、刑事施設の規律秩序の維持や管理運営上の支障がない場合には、拘置所職員において、弁護人の来所を伝えることが必要となる」と判示したうえで、「とりわけ、被収容者の精神状態が不安定であるために保護室収容中であるような場合には、来所の事実を伝えることが、被収容者にどのような影響を与えるかは一般に予測することが困難であり、様々な影響・結果が生じ得ると考えられることからすると、弁護人の来所を未決拘禁者に伝えるべきかどうかの判断に当たっては、拘置所職員に一定の裁量が認められるべきもの」であって、「拘置所職員が弁護人の来所を伝えなかったことに関しては、裁量の逸脱濫用があると認められる

場合に限り、国家賠償法上、違法であるとの評価を受けることになる」としていた。

本判決は、「特段の事情」が認められる例外的な場合を除いて、保護室収容中であっても告知・確認の義務があるとした。原審は、面会の申出に関する告知の要否を施設職員の裁量的判断に委ねるべきことの理由として、施設職員が「被収容者の処遇や刑事施設の規律及び秩序維持について専門的かつ技術的な知識と経験を有し、その責任を負」っていることをあげていた。従前、刑事施設における権利制限措置の適法性が争われたさいに、判例・裁判例においては、このような意味での施設長の専門性および経験を理由として、広汎な裁量を許容する傾向がみられた。原審の判断は、そのような傾向に沿うものであった。本判決が、施設職員による裁量的判断によることを否定して、面会の申出に関する告知を原則的義務として認めたのは、接見交通権を「刑事手続上最も重要な基本的権利」として尊重すべきとする本判決の基本的立場の反映であり、また、判決要旨（2）において示したような保護室収容の現状認識を踏まえてのことでもある。「憲法の保障に由来する」（最大判平11・3・24民集53巻3号514頁など）接見交通権の重要性からすれば、保護室収容を理由とする面会の不許可という前提をとるにしても、収容要件の充足は十分慎重に確認されなければならず、また、弁護人等からの面会の申出を告知することが、接見機会を実現するための不可欠の前提となるからである。

7 面会不許可の判断

告知・確認の義務の例外を許す「特段の事情」の有無、さらには「特段の事情」がないとして面会の申出について告知した後の保護室収容要件の充足は、面会の許否に直結する判断であるところ、これら判断の基準および方法が問題となる。

本判決は、「特段の事情」が認められるのは、「未決拘禁者が極度の興奮による錯乱状態にある場合のように、精神的に著しく不安定であることなどにより……（弁護人等からの面会の・引用者）申出があった事実を告げられて

も依然として同号に該当することとなることが明らかな場合」であって、「未決拘禁者が精神的に著しく不安定であることなどにより同事実を告げられても依然として同号に該当することとなることが明らかである」ときだとした。池上裁判官の補足意見は、本判決の判示を敷衍して、「特段の事情」とは「法廷意見が例示する『未決拘禁者が極度の興奮による錯乱状態にある場合』のように、未決拘禁者が、……申出があった事実を告げられても、その告知内容を理解すること又はこれに的確な対応をすることが著しく困難な状況にあるために、……告知をすることが実質的に意味を持たないような場合をいう」とした。このような「特段の事情」がある場合には、未決拘禁者が弁護人等からの面会の申出に関する告知の意味を理解し、それを踏まえて判断し行動することをおよそ期待しえない状態にあるともいえようから、施設長における告知・確認の義務が例外的に免除されるということであろう。このような場合であれば、告知をしなくとも、接見交通権を実質的に制約したことにはならないともいえよう。

　刑事収容施設法73条は、1項において、「刑事施設の規律及び秩序は、適正に維持されなければならない」としたうえで、2項において、「前項の目的を達成するため執る措置は、被収容者の収容を確保し、並びにその処遇のための適切な環境及びその安全かつ平穏な共同生活を維持するため必要な限度を超えてはならない」として、規律・秩序の維持を目的とする措置について比例原則を規定しているところ、本判決のように、保護室収容を理由として面会を不許可としうるとの前提に立つならば、告知後に収容要件の充足を認める判断は、たんに未決拘禁者の保護室収容を継続するというだけでなく、保護室収容を理由として面会を不許可とし、もって接見交通権に対して強度の制限措置を課すことを認める判断にほかならないから、それにともなう不利益は通常の保護室収容の場合に比べて一段と大きいものであって、したがって通常の場合よりもいっそう高度な必要性が認められなければならない。保護室収容の要件たる「刑事施設の規律及び秩序を維持するため特に必要があるとき」（刑事収容施設法79条1項2号）の「必要」が、ひときわ高い程度において要求されるのである。それが比例原則の要請である。そうすると、通常の場合における収容要件が充たされていても、このような一段と高度な

「必要」が認められないときは、施設長は「保護室への収容の必要がなくなった」（同条4項）として、保護室収容を直ちに中止したうえで、面会を許可しなければならない。面会終了後、通常の場合における収容要件がなお充たされている場合には、あらためて保護室収容の措置をとるべきこととなる。

　本判決は、告知の要否を直ちに施設職員の裁量的判断に委ねることなく、告知・確認の原則的義務を認めたものの、「特段の事情」の有無、さらには告知後の保護室収容要件の充足について、施設長の裁量的判断に委ねた。これらは、面会の許否に直結する判断である。告知・確認の原則的義務を認めたことの趣旨からすれば、本来、「特段の事情」による例外を許すことなく、施設長としては未決拘禁者の状況の如何にかかわらず告知する義務を負うものとすべきであった。たとえ裁量的判断を認めるとしても、「特段の事情」があるとして告知を不要とし、あるいは告知後に収容要件が充足されるとして、面会を不許可とすることは、接見交通権の大きな制約であるから、それに見合った十分に厳格な判断がなされなければならない[12]。

　これらの判断の方法について、池上裁判官の補足意見は、施設長は面会の「申出を受けた後、直ちに、室内監視カメラのモニターで未決拘禁者の動静を確認するにとどまらず保護室に赴いてその状況を現認し、……特段の事情がない限り、まずは未決拘禁者に……告知をし、これに対する未決拘禁者の反応等を確認することが求められ、その上で、確認した未決拘禁者に係る具体的な状況を踏まえて、当該時点において未決拘禁者が依然として……（刑事収容施設法79条1項2号・引用者）に該当するか否かを判断し、面会の許否を決する必要がある」とした。施設長としては、「特段の事情」の有無について、室内監視カメラのモニターを通じて未決拘禁者の動静を確認するだけでは足りず、未決拘禁者が収容されている保護室に自ら赴き、その状況を直接観察したうえで、「特段の事情」の有無および収容要件の充足について判断しなければならないとしたのである。

　本判決は、具体的事案について、未決拘禁者たる X1 は面会の「申出の前

---

[12] 金子章「判批」法学教室461号（2019年）161頁は、保護室収容要件の充足が判断されるにあたり、「接見交通権の保障に対する充分な配慮がなされ、弁護人から援助を受ける機会を持つことを保障するという趣旨が実質的に損なわれないよう」にすべきとしている。

後にわたり保護室において大声を発していたが、当時精神的にどの程度不安定な状態にあったかは明らかではなく、意図的に抗議行動として大声を発していたとみる余地もある」ことから、面会の「申出があった事実を告げられれば、……X2（弁護人・引用者）と面会するために大声を発するのをやめる可能性があったことを直ちに否定することはでき」ないとして、「特段の事情」があるとは認めなかった。このような具体的判断をみたとき、本判決も、「特段の事情」の有無について厳格な判断を行っていたといえよう[13]。また、上記東京地判平25・5・27が、告知の要否を施設職員の裁量的判断に委ねたうえで、施設職員が「来所の事実を伝えることが、被収容者にどのような影響を与えるか」を考慮して判断することを認めていたのに対して、本判決は、告知すべき時点での未決拘禁者の状況から「特段の事情」の有無を判断すべきものとしており、未決拘禁者に対する告知の影響を予測し、それを考慮することを許さなかった。予測的判断の不確実さを回避したのであろう。

　施設長は、判断の適切さについて高度な説明責任を負うというべきである。施設長における専門性および経験は、高度の説明責任を基礎づけるというべきであろう。また、厳格な判断を担保するための判断方法が、具体的準則として設定されなければならない。施設長の直接観察を経るべきこと（池上裁判官補足意見）は、最低限の要求だといえよう。さらに、判断の正確性について事後検証が可能となるように、告知前後における保護室内での未決拘禁者の状況について録音・録画記録が作成・保存されなければならない。事後検証の可能性を確保することは、判断の誤りを回避するための保障措置となるであろう。

【付記】私は、本件訴訟において、原告代理人弁護団の依頼により、本件一

---

[13] 田中・註２評釈158頁は、本判決が告知を受けた未決拘禁者の反応等をも考慮すべき要素としていることから、実際のところ、「特段の事情」があるとして「告知『しない』」という判断になることは少ないのではないか」と指摘し、さらに本判決によっても「特段の事情」があるときに告知が禁じられているわけではないことから、「実際の運用上は、弁護人から面会の申出があった場合には、ほぼすべての場合に未決拘禁者に告知することになる」であろうとしている。

審の福岡地裁第6民事部合議A係に対し、2015年2月25日、「保護室収容中の未決拘禁者たる被告人と弁護人との接見の保障に関する意見」と題する意見書を提出していた。同意見書は、主として、被告の国側の主張について批判的検討を加えたものであった。同意見書の骨子は以下のとおりである。

　第1に、弁護人の接見申出がある場合、刑事施設は、原則として、速やかな接見実現のための措置をとる義務を負っている。速やかな接見実現義務は、刑訴法39条1項による接見交通権の保障から論理必然的に導出されるものであり、最高裁および下級審の諸判例によっても認められているところである。同時に、「刑事施設の長は、未決拘禁者……に対し、他の者から面会の申出があったときは、……これを許すものとする。……」と規定する刑事収容施設法115条からも認められるというべきである。刑事施設が速やかに接見実現のための措置をとる義務を免れるのは、弁護人の申出にかかる被告人との接見を不許とする正当な法的権限が認められる場合に限られる。

　第2に、刑訴法39条は、1項において接見交通権を保障したうえで、2項および3項において、その制約の要件・方法・限界を示しているところ、刑事施設の規律・秩序の維持を目的とする保護室収容について規定する刑事収容施設法79条1項2号は、刑訴法39条2項にいう「法令」には当たらない。刑訴法39条2項は、「逃亡、罪証の隠滅又は戒護に支障のある物の授受を防ぐため必要」とされる「法令」による制約を許容するものであって、刑事施設の規律・秩序の維持という刑事収容施設法独自の目的による独自の制約を許していない。この点をおくとしても、刑訴法39条2項の「法令」による制約として、弁護人の接見申出を拒否することによって、接見の機会を継続的に奪うという接見交通権の保障の本質に及ぶような、重大かつ実質的な制約は許されない。

　第3に、刑訴法39条1項が保障する接見交通権について、刑訴法39条2項にいう「法令」によることなく、すなわち同規定から独立した、刑事収容施設法独自の目的による独自の制約は許されない。したがって、刑事施設の規律・秩序の維持という同法独自の目的による保護室収容を規定する同法79条1項2号を根拠として、接見交通権を制約することは認められない。このことが、刑訴法が保障する権利の制約に関する刑訴法と刑事被収容者処遇法の

一元的関係からの帰結であり、また、1項において接見交通権を保障したうえで、2項・3項においてその制約の要件・方法・限界を明示しているという刑訴法39条の規定構造からも導かれるところである。

　第4に、最大判平11・3・24民集53巻3号514頁は、刑訴法39条3項に基づく接見指定の合憲性を認めたが、この判決の趣旨を援用することによって、接見交通権と刑事施設の規律・秩序の維持という刑事収容施設法独自の目的のための必要との「合理的な調整」の結果であるとして、同法独自の目的による独自の制約、ましてや弁護人の接見申出の拒否による接見機会の継続的剥奪という重大かつ実質的な制約を正当化することはできない。同判決は、同条1項の保障する接見交通権の行使と、憲法が予定する国の刑罰権によって基礎づけられた捜査権、より具体的には被疑者取調べなどの権限の発動とのあいだの「合理的な調整」に言及したものにすぎないのであって、また、同判決が合憲性を承認した接見指定は、起訴前における被疑者の身体拘束に時間制限があることを前提として、一つしかない被疑者の身体をめぐる接見交通と取調べなどの捜査とが競合する場合において、接見交通の「日時、場所及び時間を指定すること」（刑訴法39条3項）による「合理的な調整」を行うものにすぎず、しかも、日時・場所・時間の指定については、「被疑者が防御の準備をする権利を不当に制約することはゆるされない」（同規定ただし書）とされている。

　第5に、かりに刑訴法39条1項が保障する接見交通権についても、刑事施設の規律・秩序の維持という刑事収容施設法独自の目的による独自の制約が許されるとの立場をとったとしても、保護室収容を理由として、刑事施設が弁護人の接見申出を拒否し、それによって接見機会を継続的に奪うことは許されない。上記最高裁大法廷判決も認めるように、接見交通権が憲法34条・37条3項による弁護人の援助を受ける権利の保障を実質化するために不可欠な、この意味において憲法に由来する権利であることからすれば、その本質に及ぶような、重大かつ実質的な制約は許されるべきではないからである。刑事収容施設法も、刑事施設の規律・秩序の維持という同法独自の目的により、接見機会を与えないという重大かつ実質的な制約をすべきでないとする立場をとっている。このことは、同法152条1項5号において、閉居罰期間

中に停止される面会から、刑事事件の弁護人との面会が除外されていることによっても示されている。

　第6に、かりに刑事収容施設法独自の目的による独自の制約が許容されるとの前提に立つならば、刑事施設が弁護人の接見申出を拒否し、それによって接見機会を継続的に奪うという重大かつ実質的な制約が許されるためには、きわめて高度の必要性が顕著に認められる特別な場合に限られるというべきである。そのような特別な場合とは、刑事施設の規律・秩序を重大に損なう事態が生じる高度の蓋然性が、具体的事実を根拠として認められる場合だといえよう。

　これらのことからすると、刑事事件の弁護人が、勾留により未決拘禁者として刑事施設に収容されている被告人との接見を申し出た場合には、刑事施設が、未決拘禁者たる被告人を保護室に収容中であることを理由として、弁護人の接見申出を拒否し、それによって接見機会を与えないことは許されない。刑事施設による接見を不許とする措置は、刑訴法39条1項が保障する被告人および弁護人の接見交通権を侵害するものとして、違法である。

第5章　接見交通権と被疑者取調べ
——弁護人の援助による被疑者の黙秘権の確保

1　本章の課題

　刑事事件の被疑者・被告人にとって最も重要な手続的権利は、弁護人の援助を受ける権利である（憲法34条・37条3項）。刑事手続において、被疑者・被告人がたんなる糾問の客体ではなく、手続の当事者として主体性を確保するためには、弁護人の効果的な援助が不可欠である[1]。弁護人の効果的援助のもとで、被疑者・被告人の主体性が確保され、手続の当事者としての地位が実質化したときにこそ、当事者主義の刑事手続は有効に機能する。このときはじめて、当事者主義手続は、真実発見の目的に寄与しうる。このことは、起訴後の公判手続についてだけでなく、その前段階たる捜査手続についても妥当する。

　身体を拘束された被疑者・被告人が弁護人から効果的な援助を具体的に受けようとするとき、最も重要な手段となるのは、弁護人（本章において接見交通権の主体として「弁護人」というときは、選任権者の依頼により弁護人となろうとする者をも含む）との自由なコミュニケーションである。秘密性の保障が、自由なコミュニケーションの不可欠の前提となる。これらを保障したのが、刑訴法39条1項の接見交通権である。この理は、1999年の最高最大法廷判決[2]も認めるところである。

　接見指定（刑訴法39条3項）の適法性をめぐる争いが後景に退いた現在も

---

[1] 田鎖麻衣子「弁護人の効果的な援助を受ける権利」一橋法学37巻3号（2017年）参照。
[2] 最大判平11・3・25民集53巻3号514頁。

なお、接見交通権をめぐっては、さまざまな問題が生じ、激しい対立が生じている[3]。これらの問題に通底するのは、自由な接見交通、そしてその前提となる接見交通の秘密性の保障と、捜査・取調べ権限、あるいは収容施設の管理運営権限とのあいだの厳しい衝突である。そうであるがゆえに、これらの問題は、接見交通権、さらには弁護人の援助を受ける権利の保障の根幹に関わる理論的課題を内包している。弁護人の援助を受ける権利の保障における接見交通権の本質的重要性からすれば、これらの実践的・理論的問題をどのように解決するかが、弁護人の援助を受ける権利の保障がどれほど実質化しているか、ひいては刑事手続における被疑者・被告人の主体性がどれほど具体化しているかを決めることになる。

　以下、本章は、そのような問題意識に立ちつつ、接見交通権の保障のあり方が、とりわけ捜査機関の被疑者取調べ権限との関係において規定されてきたこと、さらに取調べにおいて被疑者の黙秘権を確保するために、弁護人の援助が重要な役割を担うべきことに着目して、第1に、現行刑訴法制定時、接見交通権が被疑者・被告人の弁護人の援助を受ける権利の保障において本質的重要性を有するものであり、被疑者取調べとの関係においては、接見交通権が被疑者の黙秘権を確保する機能を担うべきことを期待されていたことを確認する。第2に、そのような期待にもかかわらず、現行法の運用をみたとき、捜査機関の接見指定を通じて、接見交通権の行使と捜査・取調べ権限の発動とが現実的に拮抗する場面においては、接見交通権が捜査・取調べ権限に対して劣位におかれてきたことを示す。第3に、欧州人権条約に関する人権裁判所の判例、欧州連合の動向、イギリス法の状況などを参照しながら、被疑者の黙秘権の確保というその本来的機能を十全に発揮するために、接見

---

[3] 近年、接見交通権をめぐり、さまざまな形で問題が顕在化していることの背景には、情報通信機器の発達・普及、情報通信技術の進歩などとともに、被疑者弁護の量的拡大と質的活性化があるといえよう。この点について、葛野尋之『刑事司法改革と刑事弁護』（現代人文社、2016年）329頁参照。2016年、被疑者国選弁護制度の対象事件79,369に対し、国選弁護人の選任数は65,789であり、選任率は82.9％であった。選任数は勾留状発付数の64.5％に相当する（『法テラス白書・平成28年度版』による）。同年、当番弁護士受付件数は51,370、受任件数は25,382、刑事被疑者弁護援助件数は12,455であった（『弁護士白書・2017年度版』による）。刑事弁護の活性化について、大出良知「刑事弁護の質的向上の到達点と課題」『美奈川成章先生・上田國廣先生古稀祝賀記念論文集』（現代人文社、2016年）参照。

交通権は、捜査・取調べの必要を理由にして制限されてはならず、被疑者が弁護人と接見する機会が、取調べに先立ち保障されなければならないこと、さらに被疑者が取調べに弁護人を立ち会わせ、取調中にその援助を受ける権利（以下、「弁護人立会権」という）が保障される必要があることを明らかにする。

2　接見交通権の生成・発展と被疑者の黙秘権

(1) 治罪法から旧刑訴法

　接見交通権の生成と発展は、弁護人の援助を受ける権利の保障の拡充とともにあった[4]。

　1808年の治罪法は、公判段階の被告人について、はじめて刑事弁護を制度化した。同法140条は、「代言人」についても、親族などと同様、「密室監禁」の場合を除き、官吏の立会のもとでの接見が認められたに過ぎず、また、書類の授受については、予審判事の検閲がなされ、差押も認められていた。

　1890年の旧旧刑訴法は、公判段階の被告人弁護の制度を継承した。同法85条は、「弁護士」の接見交通について、治罪法と同旨規定した。ただし、予審判事に加え、検事による書類の検閲・差押も認められた。密室監禁制度は廃止されたものの、その後の法改正により、予審判事は、勾留中の被告人の居室を別にしたうえで、接見および書類・物件の授受を禁止し、その書類・物件を差し押さえることができるとされた。

　1922年の旧刑訴法は、被告人が、公判段階のみならず予審段階を含め、起訴後いつでも弁護人を選任できることとした（39条1項）。同法45条は、公判段階において、勾留された被告人と弁護人との接見・信書発受を禁止することができない旨定めた。また、予審段階の被告人は、逃亡・罪証隠滅のおそれを理由とする接見禁止処分がなされない限り、弁護人と接見することを認められた（111条・112条。弁護人以外の者との接見と同じ扱いであった）。もっとも、公判段階においても、接見は官吏の立会を付され、信書は検閲さ

---

[4] 三井誠「接見交通問題の展開（1）」法律時報54巻3号（1982年）8頁による。

れた（監獄法46条・50条、同規則127条1項）。

このように、被告人の弁護人との接見交通権は、弁護人の援助を受ける権利の保障の拡充にともない、漸次、発展を遂げてきたが、なお限られたものでしかなかった。

（2）現行刑訴法

接見交通権の保障が飛躍的発展を遂げたのは、日本国憲法の制定（1946年）と現行刑訴法への全面改正（1948年）によってである[5]。

憲法は、34条において、抑留・拘禁された者は弁護人の援助を受ける権利を保障される旨定め、37条1項において、刑事被告人についての弁護人の援助を受ける権利、さらには国選弁護人の選任の保障について規定した。憲法34条にいう抑留・拘禁は、刑訴法における逮捕・勾留を意味するものと理解された。憲法の保障を受けて、刑訴法30条は、「被告人又は被疑者は、何時でも弁護人を選任することができる」と規定し、捜査段階も含め、起訴の前後を通じて、被疑者・被告人の弁護人の援助を受ける権利を保障した。起訴後の被告人については、国選弁護人の選任についても規定した（同法36条・37条）。

日本国憲法制定後、憲法を実施するための必要最小限度の大綱を定めたものとして、応急措置法が制定された（1947年）。同法は、身体を拘束された被疑者についても弁護人の援助を受ける権利を認めたが、被疑者の接見交通に関する明文規定を有していなかった。司法省による立法趣旨の説明によれば、逮捕留置中の被疑者は、捜査官の許可がなければ弁護人との接見を認められず、勾留中の被疑者は、弁護人との接見交通権を保障されたものの、裁判官は接見禁止処分を付すことができるとされた。ただし、逮捕留置中または接見禁止処分が付されている場合でも、弁護人選任のために必要な接見・書類授受は常に認められるとされた。運用も、施行当初は、この規定のとおり旧法をわずかに前進させたものにとどまったが、半年余り経つと、被疑者

---

[5] 三井・注4論文9頁、三井誠「接見交通権の成立過程」『平野龍一先生古稀祝賀論文集（下）』（有斐閣、1991年）参照。

と弁護人との接見には立会人をおかず、また、接見禁止処分も付さないという運用がとられるようになり、接見交通の自由が広く認められるようになった。

1948年、現行刑訴法が制定された。制定過程において、弁護士会は、捜査段階での被疑者の接見交通権の明文化を主張したのに対して、検察庁は、弁護人の権限拡大に消極的な姿勢をとり、捜査段階での接見交通を認めるとしても、捜査官の許可を要するとすべきなどと主張した。自由な接見交通は、捜査・取調べの重大な妨げになると考えたのである。

日本政府と連合軍総司令部との折衝の結果、現行刑訴法39条1項において、身体を拘束された被疑者・被告人の権利として、接見交通権が規定されるに至った。接見の秘密性も保障された。ただし、同条2項において、法令により、被疑者・被告人の「逃亡、罪証の隠滅又は戒護に支障のある物の授受を防ぐため必要な措置」をとることができると定められ、さらに同条3項においては、捜査機関は、「被疑者が防禦の準備をする権利を不当に制限」することがない限りにおいて、「捜査のため必要があるときは、公訴の提起前に限り」、被疑者と弁護人との接見交通について、「日時、場所及び時間を指定することができる」ものと定められた。被疑者と弁護人とのあいだの自由な接見交通を保障する一方で、それが捜査・取調べの重大な妨げになるとする消極的意見を反映する形で、接見指定制度が設けられたのである。

（3）接見交通権と被疑者の黙秘権

日本国憲法は、弁護人の援助を受ける権利と並んで、自己負罪拒否特権を規定し（38条1項）、それを受けて、刑訴法は、被疑者・被告人の包括的な黙秘権を保障した（189条2項・291条2項・311条1項）。

注目すべきは、現行刑訴法における接見交通権の保障が、黙秘権と強く結びつけられていたことである[6]。第2回国会における刑訴法全面改正案に関する検務長官の提案説明によれば、「弁護人の被疑者又は被告人との交通権」について、「被疑者又は被告人が供述を拒む権利があり、又は終始沈黙

---

6 三井・注5論文264頁。

する権利があることを考えると、被疑者又は被告人と弁護人との接見に官憲が立ち会い、その内容を聴取することは建前として許されないところであるので、身体の拘束を受けている被疑者又は被告人は、何人の立会もなく弁護人又は弁護人となろうとする者と接見し防御の準備をすることができるものとし、又書類若しくは物の授受をすることができるものとした」とされている[7]。また、現行法立案の直接の関与者らによれば、「かく強力な交通権を保障したのは、新法の人権尊重のあらわれであって、被告人又は被疑者とその弁護人とは、いやしくも正当な利益を擁護するためには、一体不可分の緊密生を保持すべきであると共に、新法は被告人又は被疑者に終始沈黙する権利又は供述を拒む権利を認めている（311, 198）ことに照応し、その接見に官憲が立ち会い、会談の内容を聴取するようなことは建前として許されないところといわねばならないであろう。これらの制度は、密接な関連をもつものである」とされている[8]。接見交通権と被疑者・被告人の黙秘権との密接な結びつきが指摘されていたのである。

　問題は、接見交通権が、どのような意味において、被疑者の黙秘権と結びつけられていたのかである。三井誠は、「立法関係者は接見交通権の問題を、……憲法38条1項の黙秘権との関連でも捉えていた。それはことに『立会人なき』接見、すなわち秘密交通権という面においてである」と指摘する。すなわち、三井誠は、憲法38条は被疑者に包括的黙秘権を認めた趣旨であるとの理解を示したうえで、「これを接見交通に当てはめれば、被疑者と弁護人との接見に『官憲』が立ち会ってその会話内容を聴取することは供述の自由を侵害するものとして許されないことになる」とするのである[9]。たしかに、弁護人との接見という、被疑者にとって自己の防御のための十分な援助を受けるべく、弁護人とのあいだで会話による意思疎通・情報交換を行わざるをえないような場面において、立会人としての「官憲」が両者の会話を聴取したとすれば、被疑者は立会人の面前で供述することを余儀なくされるに等しい。被疑者は沈黙の自由を奪われた状態におかれるといってよい。この点に

---

[7] 法務庁検務局総務課編『改正刑事訴訟法提案理由書』（有隣出版、1948年）17頁。
[8] 野木新一＝宮下明義＝横井大三『新刑事訴訟法概説（追補版）』（立花書房、1949年）40頁。
[9] 三井・注5論文271頁。

おいて、被疑者に対し包括的黙秘権を保障したことの帰結として、接見の秘密性の保障が要請されることになろう。

しかし、接見交通権と被疑者の黙秘権との結びつきは、これにとどまるものではなかろう。被疑者の黙秘権が最も危険にさらされるのは、捜査機関の取調べの場面である。両者のあいだには、弁護人との自由な接見交通を保障することによって、捜査機関の取調べの場面において被疑者の黙秘権を確保するという、より積極的な関係性があったというべきである。

検務長官の上記提案説明によれば、「被疑者の取調」について、捜査機関が被疑者を取り調べる場合、「検察官等は取調べに対し、あらかじめ、供述を拒むことができる旨を告げなければならないものとした。これは従来稍もすれば行われがちであった自白の追及を防止し、憲法第38条第1項の趣旨に従い、被疑者の人権を保障するため、とくに規定を設けたものである」とされている[10]。このように、憲法38条1項、さらに刑訴法189条2項が保障する被疑者の黙秘権は、捜査機関の取調べにおける被疑者に対する自白強要の防止にこそ主眼があったとされ、このことは広く承認されていた。また、上記のように、現行法の制定過程においては、自由な接見交通が捜査・取調べの重大な妨げになるとして、それを制限すべきとする意見も有力であった。接見指定制度は、そのような意見を反映して設けられた[11]。ここにおいて、接見交通権と被疑者からの供述獲得との有意な関連性が、たしかに認識されていた。

これらのことからすれば、接見交通権は、「立会人」のない接見の保障という点において黙秘権との関連性を有するにとどまらず、黙秘権の主眼たる捜査機関の取調べにおける被疑者の供述の自由の確保とも結びつけられていたというべきであろう。自由な接見交通の保障は、被疑者の黙秘権が最も危険にさらされる捜査機関の取調べの場面において、被疑者の黙秘権の侵害を許さず、それを確保するために機能することを期待されていたのである。三井誠は、国会の法案審議過程において、ある議員による「被疑者取調べにお

---

10 法務庁検務局総務課編・注7書35頁。
11 三井・注4論文10頁。

ける弁護人立会権」の新設提案をめぐり、政府委員が「今の日本に段階におきましては、そこまでさせることは、捜査の敏活に差し支えると考えまして、この案ではそこまでは至っていない」と答弁したことを指摘し、「立会権に準ずるような位置づけを接見交通権に与えていたと読みとることさえできる」としている[12]。まさしく、弁護人立会権に準じる形で、接見交通権が被疑者の黙秘権の確保のために機能することが期待され、両者はそのような関係において結びつけられていたというべきなのである。

3 捜査・取調べ権限による接見交通権の制限

（1）接見交通権に対する捜査・取調べ権限の優越

　接見交通権は、捜査機関の取調べにおいて被疑者の黙秘権を確保するために機能することを期待されていた。しかし、現実には、捜査機関の接見指定を通じて、接見交通権は捜査・取調べ権限に対して劣位におかれ、その機能を十全に果たすことができなかった[13]。

　現行法の施行間もなく、捜査機関からは、すでに自白していた被疑者が接見後に否認し、供述を変更し、あるいは黙秘に転じることについて、捜査・取調べに支障が生じていると指摘され、そのための対応策として、接見前の取調べ完了、弁護人の同意を得たうえでの捜査官の立会などとともに、接見指定の活用が提起されていた。他方、弁護人の側からは、捜査機関による接見交通の過剰な制限が指摘された。

　接見指定制度の運用においては、現行法施行当初より、一般的指定方式がとられた。同制度は、その後、法務大臣訓令「事件事務規程」（当初1954年施行、改めて1963年施行）により、実務上の制度として確立した。一般的指定方式とは、検察官が接見指定の必要を認めた事件については、被疑者および収容施設の長に対して、接見指定の一般的な意思を表示したうえで（一般

---

12 三井・注5論文281頁。
13 三井誠「接見交通問題の展開（2）・（5）」法律時報54巻5号（1982年）・55巻3号（1983年）による。一般的指定方式の形成過程、運用、それに対する批判などについて、若松芳也『接見交通の研究』（日本評論社、1987年）7頁参照。

的指定)、弁護人から接見要求があったときに、弁護人と協議のうえで具体的な日時・場所・時間を指定し、その内容を記載した「指定書」を発する(具体的指定)というものである。具体的指定書が発せられない限り接見が許されないこととされたのである。

　捜査機関の接見指定において、その要件たる「捜査のため（の）必要」については、広く、捜査全般の必要がある場合をいうものとされた。すなわち、弁護人との接見を認めると、共犯者との通謀などによる罪証隠滅の可能性が生じること、被疑者の取調べないし供述採取が困難になり、あるいは被疑者が自白を覆す可能性があることなど、弁護人との接見交通により事後の捜査・取調べに広く支障が生じる場合をいうとされたのである。このような理解に立って、捜査機関は、広範囲にわたり接見指定の権限を発動した。さらに、具体的指定にあたっても、勾留期間10日中に2回程度（勾留延長がなされればさらに1回）、接見要求から相当な時間を経過した後に、短時間（10～20分）の指定をするという運用が広がった。接見指定制度の運用において、接見交通権は、捜査機関の捜査・取調べ権限に対して圧倒的な劣位におかれていたのである。

　このような運用に対し、弁護人の側からは、一般的指定方式は、原則（1項）と例外（3項）とを逆転させるものにほかならず、接見指定の要件の解釈が広汎に過ぎ、また、被疑者と弁護人の接見機会が不当に制限されているとの強い批判がなされた。

　1960年代半ば頃からは、弁護人が準抗告（刑訴430条）によって接見指定の適法性を争う例も広がっていった。従前の裁判例は、一般的指定はたんなる事務連絡に過ぎないとして、その処分性を否定したうえで、具体的指定について、接見機会の過剰な制限になるものを違法とするという傾向にあった[14]。しかし、この時期からは、一般的指定の処分性を否定する裁判例が存続する一方で、一般的指定書の発付が実質的に接見交通を禁止・制限する効

---

[14] 後に、最判平3・5・31総務月報38巻2号298頁は、「本件の一般的指定の適否に関して、原審が捜査機関の内部的な事務連絡文書であると解して、それ自体は弁護人である上告人又は被疑者に対し何ら法的な効力を与えるものでなく、違法ではないとした判断は、正当として是認することができる」とした。

果を発生させることを理由にして、その処分性を肯定したうえで、それを違法とする裁判例も現れた。

その後、一般的指定を違法とする裁判例が広がっていった。また、接見指定の適法性を争う国家賠償請訴訟の提起も続いた。1982年からは、弁護人の要望があるときは、検察官が具体的指定書をファクシミリで送信する運用も始まった。1988年、法務大臣訓令「事件事務規程」は改訂され、一般的指定方式が廃止され、新たに、収容施設長宛に接見交通の指定をすることがある旨記載された通知書が用いられることとなった。同年より開始された法務省と日弁連の協議会を経て、通知事件は刑訴法81条による接見禁止が付された事件の20％程度にとどまることとなり、具体的指定においても、接見機会の制限が従前に比べて顕著に緩和された[15]。接見交通権が捜査・取調べ権限との均衡を回復する方向へと実務が動いたのである。

（2）判例法理の限界

接見指定の要件たる「捜査のため（の）必要」（刑訴39条3項）については、長く、罪証隠滅、取調べ・供述獲得の困難などを含む捜査全般の必要を意味するとの理解が実務を支配していた。また、具体的な指定措置も、接見機会を大きく制限する、しかも弁護人との十分な協議もなく、一方的になされることが多かった。しかし、最判昭53・7・10に始まる一連の最高裁判例[16]は、このような実務を大きく変革した。

指定要件・指定措置に関する一連の最高裁判例を総括する形で、最大判平11・3・24は、接見指定制度が「接見交通権の行使と捜査権の行使との間に合理的な調整を図ら」るためのものとして、弁護人の援助を受ける権利の保障に関する憲法34条に違反しないとしたうえで、刑訴法39条3項にいう「『捜査のため必要があるとき』とは、……（弁護人から申出のあった）接見等を

---

15 三井誠「接見交通権問題の現状と今後」法律時報65巻3号（1993年）16頁。
16 最判昭53・7・10民集32巻5号820頁、最判平3・5・10民集45巻5号919頁など。これらは、日弁連が接見指定に対する国家賠償請求訴訟の提起に組織的に取り組んだことの成果である。この経緯について、赤松範夫「接見交通権確立実行委員会と接見国賠訴訟の切り拓いた地平」季刊刑事弁護57号（2011年）参照。

認めると取調べの中断等により捜査に顕著な支障が生ずる場合に限られ、右要件が具備され、接見等の日時等の指定をする場合には、捜査機関は、弁護人等と協議してできる限り速やかな接見等のための日時等を指定し、被疑者が弁護人等と防御の準備をすることができるような措置を採らなければならないものと解すべきである。そして、弁護人等から接見等の申出を受けた時に、捜査機関が現に被疑者を取調べ中である場合や実況見分、検証等に立ち会わせている場合、また、間近い時に右取調べ等をする確実な予定があって、弁護人等の申出に沿った接見等を認めたのでは、右取調べ等が予定どおり開始できなくなるおそれがある場合などは、原則として右にいう取調べの中断等により捜査に顕著な支障が生ずる場合に当たると解すべきである」と判示した。かつて捜査機関が依拠していた捜査全般の広汎な必要をもって指定要件とする見解を否定して、接見指定制度を、被疑者の身体拘束に時間制限があることを前提として、接見交通権の行使と捜査・取調べ権限の発動とが、ひとつしかない被疑者の身体利用をめぐって競合する場合における時間的・場所的調整の手段として性格づけたのである。これは、刑訴法39条1項についての立法者意思にも沿うものであった[17]。

たしかに、大法廷判決は、接見指定の要件たる「捜査のため（の）必要があるとき」を、捜査全般の広汎な必要がある場合をいうとする従前の実務が依拠してきた理解に比べ、大きく限定して解釈した。接見交通権が捜査・取調べ権限に対して圧倒的な劣位におかれてきた従前の運用を否定したといってよい。しかし、接見交通権が、捜査・取調べ権限との均衡を完全に回復したというわけではない。すなわち、大法廷判決は、捜査機関が被疑者を取調べ中であるときに弁護人が接見要求をした場合など、接見交通権の行使と捜査・取調べ権限の発動とが現実的に拮抗する場面では、「原則として……取調べの中断等により捜査に顕著な支障が生ずる場合に当たる」として、接見指定を認めている。大法廷判決は「原則として」という限定を付しているものの、それ以降、捜査機関が現に被疑者を取調べ中である場合などについて、「捜査に顕著な支障が生ずる」ことを否定した最高裁判例はない[18]。結局、

---

17 三井・注5論文282頁。

大法廷判決において、接見交通権の行使と捜査・取調べ権限の発動とが現実に拮抗する場面においては、なお前者は後者に対して劣位におかれているのである。

後藤昭は、これら両者について「実際に調整が必要な場面で、原則として捜査の利益が優越することを意味する」ものであって、大法廷判決が自ら提示した「接見自由の原則と矛盾している」と指摘する。そして、大法廷判決のいう「合理的な調整」が、捜査・取調べ権限を接見交通権に対して優位におくものだとすれば、捜査の中断による顕著な支障が認められる場合とはなにかを明確にしようとしたとき、「接見によって被疑者の供述が得られなくなるおそれがあるとき」などという基準にならざるをえず、したがって「取調べ目的の接見指定を認めることは、接見指定を供述獲得の手段とすること」を意味するとする。被疑者の供述を得るために必要であれば、捜査中断による顕著な支障があるとして、接見指定が可能だということになるが、「不本意な供述をしてしまう事態を弁護人の助言によって避けることは、弁護人依頼権の重要な内容である。もし自白させるために接見指定権が使えるのであれば、接見指定権は弁護人依頼権や黙秘権を実質的に制限する効果をもつことになる」とするのである[19]。

後藤昭が指摘することからすれば、最高裁判例の法理のもとでもなお、接

---

18 最判平12・6・23民集54巻5号1635頁は、逮捕後警察署への引致から約25分後になされた選任権者の依頼により弁護人となろうとする者の初回の接見要求を拒否し、接見日時を17時間以上後の翌朝10時以降と指定した捜査官の措置を違法としたが、この判決も、接見要求のときに現に取調べ中であり、また、確実で間近な取調べ予定もあったことから、接見を認めると「捜査中断による支障が顕著な場合に当たる」と認めている。

19 後藤昭「接見指定権の原理的問題」『福井厚先生古稀祝賀論文集』(法律文化社、2013年) 144頁。石田倫識「接見交通権と被疑者取調べ」季刊刑事弁護85号 (2016年) 115頁も参照。平川宗信＝後藤昭編著『刑事法演習 (第2版)』(有斐閣、2008年) 108頁〔川出敏裕〕は、「取調べが接見指定の根拠となり、そう解しても憲法34条には違反しないとする判例の見解は、暗黙のうちに、取調べによる自白の獲得が、接見交通権、ひいては弁護人の援助を受ける権利に優先することを前提としているというほかはないであろう」と指摘したうえで、このような判例の見解を前提とするならば、弁護人の初回接見の要求について、防御上の必要性が認められる場合でも、現に被疑者を取調中であって、接見をさせずにそのまま取調べを続ければ、黙秘している被疑者から自白が得られそうだというときには、「捜査の必要性が非常に高い」として、接見指定をなしうることを示唆している。

見交通権は、捜査機関の取調べという場面において被疑者の黙秘権を確保するための機能を十全に果たしてはいないということになる。むしろ、接見交通権の行使が捜査・取調べ権限の発動と現実的に拮抗する場面においては、接見交通権は、捜査・取調べ権限に対して劣位におかれている。かくして、被疑者の黙秘権の確保という接見交通権に期待されていた機能は、限定されることになるのである。

現在、接見指定の実務においては、2008年の最高検察庁および警察庁の各依命通達[20]のもと、弁護人の接見申出があった時点で「現に取調べ中でない場合には、直ちに接見……の機会を与えるよう配慮」すべきとされ、「現に取調べの場合であっても、できる限り早期に接見の機会を与えるようにし、遅くとも、直近の食事又は休憩の際に接見の機会を与えるよう配慮」すべきこととされている。捜査機関が現に被疑者を取調べ中であって、接見指定を行う場合でも、具体的な指定措置における接見機会の制限をより小さくする方向が目指されている。このようななかで、接見指定をめぐる弁護人と捜査機関との衝突は顕著に減少したという。しかし、捜査機関が現に被疑者を取調べ中であるときに、接見指定が可能とされることには変わりがない。取調べ中に被疑者が弁護人との接見を求めた場合でも、取調べが中断されることはなく、続行される。接見交通権の行使が捜査・取調べ権限の発動と現実的に拮抗する場面においては、接見交通権が捜査・取調べ権限に対して劣位におかれている限り、被疑者の黙秘権の確保という機能は、やはり限定されたものとならざるをえないのである。

4　接見交通権と被疑者の黙秘権の確保

(1) 欧州人権裁判所の判例

欧州人権条約に関する人権裁判所の判例は、身体拘束下において捜査機関

---

20 「取調べの適正を確保するための逮捕・勾留中の被疑者と弁護人等との間の接見に対する一層の配慮について（依命通達）」（最高検企第206号、平成20年5月1日）、「取調べの適正を確保するための逮捕・勾留中の被疑者と弁護人等との間の接見に対する一層の配慮について（依命通達）」（警察庁丙刑企発第18号、平成20年5月8日）。

の取調べを受ける被疑者に対して弁護人の援助を保障することにより、その黙秘権を確保するという方向へと発展を遂げた。

　2008年のサルダズ判決[21]は、欧州人権条約6条1項の公正な裁判を受ける権利の保障のもと、逮捕後、弁護人へのアクセスを制限したまま、刑事告発を受けた者（以下、被告発者〔the accused〕）を取り調べること、あるいはそれによって採取した自白を有罪証拠とすることは、弁護人の援助を受ける権利（同条3項（c））とともに、黙秘権（同条1項）の侵害にあたるとした。同判決は、逮捕後取調べを受けた被疑者が、弁護人へのアクセスを拒否されたまま取調べを受け自白したという事案について、このような被疑者に対する弁護人の主要な任務がその黙秘権の確保にこそあると認めたうえで、公正な裁判を受ける権利を実効的に保障するためには、「弁護人へのアクセスは、具体的事情からみて、その権利を制約すべきやむにやまれぬ理由が立証された場合を除き、原則として警察による最初の被疑者取調べの時点から保障されなければならない。さらに、やむにやまれぬ理由により、弁護士へのアクセスの制限が例外的に正当化される場合でも、その制限は、人権条約6条により保障される被疑者の権利を不当に害してはならない。取調べが弁護人へのアクセスなくして行われ、それによって採取された自己負罪供述が有罪認定に用いられるときは、防御の権利は、原則として回復不可能なまでに害されることになる」と判示し、本件において、「警察による身体拘束中に弁護人へのアクセスが認められなかったことは、申立人の防御権を回復不可能なまでに害することになる」として、人権条約6条1項・3項（c）の違反があるとした。

　このように、サルダズ判決は、弁護人へのアクセスを制限しつつ取調べがなされた場合、その結果採取された自白は、個別具体的事情のいかんによら

21　Salduz v Turkey, (2008) 49 EHRR 421. なお、欧州人権裁判所は、法執行機関・司法機関から正式に被疑事実が告知されたとき、被疑者が逮捕されたとき、警察により正式告発がなされたときなどには、人権条約上の「被告発者」の地位が認められるべきとしている (D. J. Harris et al., Law of the European Convention on Human Rights 208-210 [2009])。サルダズ判決およびその後の欧州人権裁判所の概要、影響、意義などについて、葛野尋之『未決拘禁法と人権』（現代人文社、2013年）173頁・187頁、北村泰三「警察取調べをめぐる弁護人立会権をめぐる人権条約の解釈・適用問題」法学新報120巻9＝10号（2014年）参照。

ず、直ちに排除されるべきとする予防的ルールを、あらゆる制度的制限も排除されるという絶対的要求に近い意味において原則化した。翌2009年、ダヤナン対トルコ事件の人権裁判所判決[22]は、たとえ申立人が取調べにおいて黙秘していたとしても、身体を拘束された被疑者が取調べに先立ち弁護人にアクセスする権利を制限することは、それ自体直ちに人権条約6条1項・3項(c)に違反するとの判断を示し、予防的ルールをいっそう明確化した。

　これらの判決にいう弁護人へのアクセスとは、身体を拘束された被疑者が弁護人に連絡し、相談し、助言の機会を得ることを意味する。被疑者が要求したときには、このような意味における弁護人の援助の機会が、取調べに先立ち被疑者に対して与えられなければならず、それなくして取調べがなされた場合には、直ちに欧州人権条約の保障する弁護人の援助を受ける権利（6条3項(c)）とともに、黙秘権（6条1項）の侵害があったと認められるのである。ここにおいて、弁護人の援助は、被疑者の黙秘権を確保するために、捜査・取調べ権限に対して優越するものとして保障されている。このようなサルダズ判決は、ヨーロッパ全域において、同判決の要請を充足するための法の変化を現実に生み出したとされている[23]。

　ところで、サルダズ判決が取調べ中の弁護人立会権の保障をも含意しているのかをめぐっては、意見が対立した[24]。これを肯定する見解もあった。しかし、取調べに先立ち弁護人と接見する機会が保障されることを判示したにとどまるとの理解も有力であった[25]。

　そのようななか、パノビッツ、ビシャリニコフ両判決は、弁護人立会権について、人権裁判所がその立場を明らかにしたものとして受け止められた。もっとも、これらはともに、サルダズ判決と同じく、取調べに先立つ弁護人

---

[22] Dayanan v Turkey, application no. 7377/03, ECtHR Judgment of 13 October 2009.
[23] Jackson, Response to Salduz: Procedual Tradition, Change and the Need for Effective Defense, 79 Modern Law Review 987, 987-988 (2016). ジョン・ジャクソンによれば、サルダズ判決後、欧州諸国は取調べ前および取調べ中の弁護人へのアクセスを保障し、それを黙秘権と強く結びつけたものの、弁護人に捜査・取調べの過程においてどのように積極的役割を担わせるかという点においては、大きな違いを見せているという。
[24] Beijer, False Confession during Police Interrogations and Measures to Prevent Them, (2010) 18 European Journal of Crime, Criminal Law and Criminal Justice 311, 312-314.
[25] オランダ最高裁の2009年判決も、このような立場をとった（HR 30 June 2009, LJN: BH 3079）。

の選任が許されず、そのいかなる援助も欠けるなかで取調べが行われたという事案に関するものであり、弁護人立会の要求が拒否された事案についてのものではない。また、中心的争点は、弁護人の援助がないまま行われた取調べへの被疑者の応答をもって、有効な権利放棄が認められるのかということであった。これら両判決が、取調べ中の弁護人立会権の保障について、肯定、否定、いずれかの判断を明示したわけではない。

　しかし、パノビッツ判決が、「申立人の᠂取᠂調᠂べ᠂中᠂に弁護人の援助が欠けていたことは、やむにやまれぬ、しかしなお手続全体の公正さを損なうことのないような理由がない限り、その防御権を侵害することになる[26]」とし、ビシャリニコフ判決も、権利放棄の有効性を検討するなかで、「被告発者が、᠂取᠂調᠂べ᠂中᠂に弁護人の援助を受ける権利を実際に行使しようとした場合には、その者が自己の権利を教示されたにもかかわらず、その後の警察主導の取調べに応答したことを示すだけでは、その権利の有効な放棄を立証したことにはならない[27]」と述べたことから（傍点はいずれも引用者）、サルダズ判決が弁護人立会権を保障していたことを前提にして、これら両判決はそれに依拠したのだとの理解が広がった[28]。実際、サルダズ判決自体、申立人の取調べについて、それが弁護人の立会を欠くなかで行われたものであることを明示しており[29]、また、二人の裁判官の同調を得て示されたザグレベルスキー裁判官の補足意見は、全員一致の大法廷判決が、少なくとも「裁判所により証拠として取り調べられる正式の記録が作成される᠂取᠂調᠂べ᠂中᠂の」、または

---

[26] Panovits v Cyprus, application no. 4268/04, ECtHR Judgment of 11 December 2008, para 67.

[27] Pishchalnikov v Russia, application no. 7025/04, ECtHR Judgment of 24 September 2008, para 79.

[28] Beijer, False Confession during Police Interrogations and Measures to Prevent Them, (2010) 18 European Journal of Crime, Criminal Law and Criminal Justice 311, 336; Hodgson, The French Prosecutor in Question, 67 Washington and Lee University Law Review 1361, 1398-1400 (2010). 北村・注21論文187頁も、サルダズ判決は弁護人にアクセスする権利が取調中の弁護人立会権をも包含するものと考えていたとする。たしかに、一般的にはそのようにいえるであろうものの、判例の射程という観点からしたとき、弁護人立会権の保障が同判決の判示事項であるとするのは難しいであろう。なお、欧州人権裁判所のその後の判例によれば、弁護人にアクセスする権利として、取調べ前の接見機会の保障のみならず、取調べ中の立会を受ける権利が保障されていることについて、本書第9章参照。

[29] Salduz v Turkey, (2008) 49 EHRR 421, para 14.

「・取・調・べ・中および取調べ開始時点から」の弁護人の援助を保障することを含意していたと指摘している（傍点はいずれも引用者）[30]。

たしかに、判決の射程を厳密に考えるならば、いずれの判決も被疑者による取調べ中の弁護人立会いの要求が拒絶されたという事案についてのものではないから、これらの判決が取調べ中の弁護人立会権を保障したと断言することは難しいかもしれない。しかし、人権裁判所の判例が弁護人立会権を否定していると理解すべきでもない。実際、2009年に公表された調査研究[31]によれば、欧州人権条約締約国とは一致しないが、EU加盟国27か国中、未回答のマルタを除く26か国のうち22か国において、警察取調べに先立つ弁護人との接見の機会が保障され、同じく22か国において、警察取調べ中の弁護人立会権が認められていた。判断対象とした事案が取調べ前の弁護人の選任自体を許さなかったものであったことから、欧州人権裁判所の判例は、アクセス拒否の点において人権条約違反との判断を示したのであって、取調べ中の弁護人立会権までは必要ないとしたわけではないのである。むしろ、パノビッツ、ビシャリニコフ両判決が用いた表現からしても、また、サルダズ判決を始めとする欧州人権裁判所の判例が、弁護人の援助による黙秘権の確保を本旨としていたことからも、弁護人立会権を保障することは、人権裁判所の判例の趣旨に沿っているということができよう。

（2）弁護人にアクセスする権利に関するEU指令

EUにおいても、2009年の「刑事手続における被疑者・被告人の手続的権利の強化のためのロードマップ」に関するEU理事会決議[32]に基づき、2013年10月22日、欧州議会およびEU理事会において採択された「EU指令2013年48号」[33]が、刑事手続における弁護人へのアクセスについて規定している。指令3条は、構成国に対して、1項において、被疑者・被告人が現実的かつ

---

[30] Salduz v Turkey, (2008) 49 EHRR 421, concurring opinion of Judge Zagrebelsky, joined by Judges Casadeval and Türmen.

[31] Taru Spronken et al., EU Procedual Rights in Criminal Proceedings 36-37, 44-45 (2009), http://arno.unimaas.nl/show.cgi?fid=16315.

[32] RESOLUTION OF THE COUNCIL of 30 November 2009 on a Roadmap for strengthening procedural rights of suspected or accused persons in criminal proceedings (2009/C 295/01).

効果的に防御権を行使することができるような時期と方法により弁護人にアクセスする権利を確保するよう求め、2項において、被疑者・被告人は、①捜査機関または司法機関の取調べを受ける前、②同一性確認手続、対質または犯罪場面の再現による捜査機関の捜査ないし証拠収集活動が開始される時点、③自由の剥奪後不当な遅滞のない時点、④召喚状が発せられているときは裁判所出頭前、のうち最も早い時期より、不当な遅滞なく弁護人にアクセスする権利を保障されるべきものとしている。さらに、3項において、弁護人にアクセスする権利は、①捜査機関または司法機関による取調べ前も含め、弁護人と秘密裏に接見し、コミュニケーションを行う権利、②取調べへの弁護人の立会および効果的参加を受ける権利、③同一性確認手続（identity parade）、対質および犯罪場面の再現への弁護人の立会を受ける権利、を含むものとしている。指令3条3項にいう効果的参加について、その手続は国内法の規定に従うものとされながらも、その国内法は、立会・参加を受ける被疑者の権利の実効的行使とその本旨を損なわないようなものでなければならないとされ、また、取調べに立ち会った弁護人は、質問をし、説明を求め、意見を陳述することができるものとされている（前文25）。指令5条は、弁護人にアクセスする権利の行使としてなされる被疑者・被告人と弁護人とのコミュニケーションの秘密性を尊重すべきことを要求し、そのようなコミュニケーションは、接見、信書発受および電話による会話に加え、国内法により許される他のコミュニケーション手段を含むとしている。

　弁護人にアクセスする権利と捜査機関の取調べ権限との関係について、2013年EU指令3条2項は、被疑者に対し、身体拘束のいかんにかかわらず、捜査機関の取調べに先立ち弁護人と秘密裏に相談する権利を保障しているものと理解されている[34]。弁護人にアクセスする権利は、捜査機関の取調べ権限に対して優位におかれているのである。弁護人にアクセスする権利に関す

---

[33] DIRECTIVE 2013/48/EU OF THE EUROPEAN PARLIAMENT AND OF THE COUNCIL of 22 October 2013. この翻訳および解説として、久岡康成「EU指令2013年48号における弁護人に対するアクセス権と第三者及び領事との連絡権」香川法学34巻3・4号（2015年）参照。

[34] Cape and Hodgson, The Right to Access to a Lawyer at Police Stations, 5 New Journal of European Criminal Law 450, 467（2014）.

る同指令の規定は、サルダズ判決、ダナヤン判決など一連の欧州人権裁判所判決の要請を踏まえたものであり（前文6）[35]、また、EU構成国はすべて欧州人権条約の締約国であって、欧州人権裁判所サルダズ判決の要請は、すべてのEU構成国に遵守が義務づけられることからすれば、同指令においても、取調べの必要を理由として弁護人へのアクセスの要求を拒否・延期することは許されていないというべきだからである。

　ところで、2013年EU指令は、同指令が要請する弁護人へのアクセス権の保障からの一時的離脱（temporary derogation）を認めている。すなわち、例外的状況下において、公判前段階に限って、指令3条5項は、被疑者・被告人の地理的遠隔性から、自由剥奪の後に不当な遅滞なく弁護人にアクセスする権利を確保することが困難である場合について、同条6項は、人の生命・自由・身体に対する重大な侵害を回避するために緊急の必要がある場合および刑事手続に対する実質的な危険を防止するために捜査機関の即時の行動が緊急に必要とされる場合について、一時的離脱を認めているのである。同条5項による一時的離脱の場合には、その間、捜査機関による被疑者の取調べおよび証拠収集活動は停止されなければならない（前文30）。同条6項による場合には、一時的離脱は、事案の個別具体的状況に照らして正当化される範囲内に限られ、さらに、この場合には捜査機関の取調べが認められているものの、それは、被疑者・被告人が黙秘権を告知され、その権利を行使可能であり、また、実施される取調べが黙秘権を含む防御権を侵害しないときに限ってのことである。しかも、この場合の取調べは、人の生命・自由・身体に対する重大な危険を回避するために、または刑事手続に対する実質的な危険を防止するために必要不可欠な情報の獲得を唯一の目的とし、かつその範囲内のものに限られる（前文31・32）。このように、一時的離脱によって、弁護人へのアクセスを停止した状態での取調べが許される可能性があるが、それは限定された例外的な場合と範囲においてでしかない。広く一般的

---

[35] Hodgson, EU Criminal Justice: The Challenge of Due Process within a Framework of Mutual Recognition, 37 North Carolina Journal of International Law and Commercial Regulation 307, 307（2011-12）; Pia Janning, The EU Directive on the Right of Access to a Lawyer; A Guide for Practitioners, Irish Council for Civil Liberties 10（2015）.

144

状況下において、被疑者・被告人の弁護人にアクセスする権利が、捜査機関の捜査・取調べ権限に対して劣位におかれているわけではない。

(3) イギリス法の概要

　捜査機関の取調べを受ける被疑者の黙秘権を確保するために、捜査・取調べ権限に対して優越する形で弁護人へのアクセスないし弁護人の援助を保障した実例として、イギリス（イングランド・ウェールズ）法をあげることができる[36]。

　イギリス法の基本枠組みを定めているのは、1984年警察刑事証拠法である。

　イギリスにおいても、かつて弁護人の援助を受ける権利は、告発を受け、裁判所の司法手続に付された被告人に対してのみ保障されていた。歴史的にみれば、警察は被疑者を逮捕し、留置する権限を与えられていたものの、その目的は証拠の収集・確保のための捜査ではなく、たんに被逮捕者を裁判所に引致することとされていたから、捜査手続において弁護人の援助を受ける権利を保障する必要はないとされたのである。しかし、20世紀に入り、警察による犯罪捜査の権限が拡大し、ついに1984年には、警察の捜査権限について詳細な規定を有する警察刑事証拠法が制定された。虚偽自白とそれに基づく誤判の原因に関する徹底した調査研究を踏まえて、同法は、警察による身体拘束中の被疑者の取調べを捜査手段として積極的に承認する一方で、虚偽自白を防止し、被疑者の黙秘権を始めとする手続的権利を確保するために、厳格な捜査と留置業務の分離、取調べの録音の義務化、取調べ時間・方法の規制など、手厚い手続保障を用意した。そのなかで最も重要なものが、弁護人にアクセスする権利の保障であった[37]。

　警察刑事証拠法のもと、逮捕され、警察署その他の場所に留置された者は、要求するときはいつでも、弁護人と秘密裏に相談する権利を認められている

---

[36] 葛野尋之『刑事拘禁と刑事手続』（現代人文社、2007年）87頁、同・注3書297頁参照。また、石田・注19論文116頁参照。

[37] 捜査弁護および公判弁護の現況に関する記述は、Anthony Hooper and David Ormerod (eds.), Blackstone's Criminal Practice 1209-1212, 1334-1336 (2013); Cape, England and Wales, in Ed Cape et al., Effective Criminal Defence in Europe122-129 (2000) による。

(58条1項)。判例上、正式に警察留置が決定される前でも、さらには正式の逮捕前であっても、被疑者が行動の自由を重大に制約されているという意味において拘束状態におかれていれば、この権利は保障される。また、同法運用規程により、逮捕されることなく警察の取調べを受ける被疑者（任意出頭者）も、同様に、法的助言を受ける権利を保障される（運用規程C・指針1A）。

　被疑者が逮捕後警察署に引致されたとき、または任意に警察署に出頭した初回には（運用規程C・3.1・6.1）、無料の法的助言を受ける権利を告知されなければならない。この告知は、取調べを開始または再開する直前（同11.2）、留置審査または留置期間の延長決定の前（同15.4）、告発がなされたとき（同16.4）などにもなされる。告知は、捜査官ではなく、留置管理官によって行われる。法的助言を受ける権利について告知されたさい、被疑者が弁護人との相談を要求しなかった場合には、留置管理官は、電話により相談することもできる旨告知し、電話相談をするかどうか尋ねなければならない。それでもなお被疑者が要求しなかったときは、留置管理官は、被疑者に理由を尋ね、被疑者の回答を記録しなければならない。被疑者が弁護人との相談を望まないことが明白に確認されたときに、留置管理官は理由を尋ねるのをやめることができる（同6.5）。被疑者に相談をしないよう説得するためのいかなる試みをすることも許されない（同6.4）。

　被疑者が弁護人との相談を要求した場合には、弁護人へのアクセスの遅延が例外的に許容されている場合を除いて、実際上可能な限り速やかに相談の機会を与えなければならない（警察刑事証拠法58条4項）。実際にアクセスが延期されることは稀である。被疑者の相談要求があったときは、列挙された特別事由がある場合を除いて、被疑者が弁護人と相談するまで、取調べをしてはならず、または取調べを中止しなければならない（同運用規程C・6.6）。この特別事由は、裁判所により非常に厳格に解釈されている。被疑者と弁護人との相談については、秘密性が保障されなければならず、それは電話相談の場合も同様である（同・指針6）。同法58条1項が、被疑者は要求により「いつでも」弁護人と秘密の相談をすることができると規定していることから、被疑者は、取調べに弁護人を立ち会わせ、取調中もその援助を受

けることができると理解されている。

　弁護人の基本的役割について、同法運用規程Cの付属解説によれば、「警察署における弁護士の唯一の役割は、自己の依頼者の法的権利を擁護し、増進することである。そのために弁護士は、ときには、依頼者が訴追側立証を強化するような証拠の提供をしなくなるであろう効果をともなう助言をする必要もある。弁護士は、質問の意味を明確化するために介入し、自己の依頼者にとって不適切な内容の質問もしくは質問方法に異議を申し立て、個別の質問に応答しないよう自己の依頼者に助言し、または必要と認めるときは、自己の依頼者に対してさらに法的助言を提供することができる」とされている（6D）。実務上、弁護人が被疑者の要求に応えて警察署に到着したときは、まず留置記録を閲覧し、留置管理官および捜査官から被疑者、被疑事実、すでに収集されている証拠などについて説明を受けたうえで、被疑者と接見し、被疑者による説明の聴取、被疑者の法的立場および黙秘の法的効果の説明、取調べ官のどのような質問に答えるかどうか、どのように答えるかの助言などを行い、さらに取調べに立ち会い、取調中の援助を行うことが一般化している[38]。同法運用規程C11.1Aによれば、被疑者および弁護人は、取調べに先立ち、捜査妨害にならない範囲において、「防御権を効果的に行使することを可能にするために」、被疑事実の内容および被疑者が嫌疑を受けることになった理由を理解するために十分な情報を開示されなければならないとされている。また、同規程C6.9は、「弁護士が立ち会った取調べの場から離れるよう要求されるのは、その行為により、取調官が被疑者に対して適切な質問を行うことが不可能になる場合に限られる」としており、その付属解説によれば、同規定が「が適用されるのは、立会弁護士の働きかけまたは行為により、被疑者に対して適切な質問を実施し、またはその対応を記録することが不可能になり、または不合理に妨げられる場合に限られる。容認されない行為の例としては、被疑者に代わり質問に応答すること、被疑者が引用するために書面の応答を提示することなどがある」とされている。このように、取調べ前の接見および取調中の立会・援助において、弁護人は、被疑者の黙

---

[38] Ed Cape, Defending Suspects at Police Stations（7th ed., 2017）123-228, 278-307.

秘権その他防御権を確保するために、積極的役割を果たすべきことが求められている。

被疑者が弁護人との相談を要求した場合でも、被疑者が釈放される、考えを変える、弁護人の到着が遅れるなどの理由から、実際に相談の機会をもたずに終わることも稀ではない。逮捕された被疑者のうち相談要求をした割合、実際に相談した割合は、それぞれ、1988年に25％、19％、1991年に32％、25％、1995会計年度に40％、34％、2007年に60％、40％と報告されている。いずれについても、増加が顕著である。

警察の態度としては、警察刑事証拠法の禁止規定にもかかわらず、実際には、警察がインフォーマルな「策略」をさまざまに用いて、被疑者に相談要求を思いとどまらせようとすることが指摘されている。弁護人の側についてみると、法的助言の利用し易さを高めるために、当番弁護士制度が設けられているが、相談要求から実際の接見までに遅れが生じることも少なくない。また、被疑者は弁護人と電話により相談することができ、相談要求を受けた弁護人から警察署にいる被疑者に電話することもできる。電話相談については、即時の相談が可能となることから、直接の接見の遅れがもたらす問題をカバーしうるとされている。もっとも、電話相談だけでは、法的助言の質の面で問題が残るので、電話相談を接見に代替させるのではなく、あくまでも接見までの応急的措置として電話相談を活用すべきとの意見が有力である。

弁護人ではない有資格者が、弁護人の代行者として、その監督のもとで、被疑者と接見し法的助言を提供することが認められている。代行者の法的助言については、1980年代から90年代前半にかけて、その質に深刻な問題があることが指摘された。そのため、質の確保を目的として、1995年、法律扶助の適用を受ける場合には、代行者について特別な資格認定が必要だとされた。現在、有資格の代行者による法的助言については、確実で迅速な相談機会の提供という点において有益である反面、とくに警察官出身の有資格者の場合などに、質の面ではなお問題があるとも指摘されている[39]。

このように、イギリス法においては、限られた例外的な場合を除いて、被疑者が弁護人にアクセスし、その援助を受ける権利が、捜査・取調べ権限に対して優越するものとして保障されている。被疑者が弁護人へのアクセスを

要求した場合、警察は、取調べを理由にしてそれを拒否ないし延期することはできない。取調べ前であれば、接見が終了するまで取調べを開始することはできず、取調べ中であれば、取調べを打ち切って、弁護人と接見し相談する機会を与えなければならない。さらに、弁護人に「いつでも」アクセスする権利は、取調中に弁護人の立会を受ける権利をも包含している。

5 終 章——黙秘権確保のための取調べに先立つ接見の保障

以上論じてきたように、現行刑訴法制定過程において、同法39条1項による接見交通権は、身体を拘束されて捜査機関の取調べを受ける被疑者の黙秘権（憲法38条1項、刑訴198条2項）を確保するという機能を期待されていた。しかし、接見交通権は、その運用において長きにわたり、捜査機関の接見指定を通じて、捜査・取調べ権限に対して圧倒的な劣位におかれてきた。罪証隠滅の防止および供述獲得の困難化の排除を含む捜査全般の必要があるときに、「捜査のため（の）必要」（刑訴39条3項）があるとして接見指定の要件が認められ、そのうえでなされる具体的指定も、接見機会を大きく制限するものであった。

その後、一連の最高裁判決を通じて、従前に比べ、接見指定の要件は限定的に解釈され、指定措置による接見機会の制限も緩和された。しかし、最高裁判例においても、被疑者が取調べを受けている最中に接見要求がなされたときなど、接見交通権の行使と捜査・取調べ権限の発動とのあいだに現実的な拮抗が生じる場面においては、捜査中断による顕著な支障が生じるとして、接見指定が認められている。この点において、接見交通権は、捜査・取調べ権限に対してなお劣位におかれている。

本来期待されていた黙秘権確保の機能を十全に果たすことができるように

---

39 Andrew Sanders et al., Criminal Justice 235-245 (2010). 当番弁護士制度、法律扶助制度を含め、現在の実務とその問題点について、日本弁護士連合会『可視化への道、可視化からの道（イギリス取調べの可視化事情視察報告書）』（2011年）および同『第12回国選弁護シンポジウム基調報告書』（2012年）147～176頁は、ソリシタ協会（The Law Society）、刑事弁護に精通した独立開業弁護人、研究者などを含む関係者へのインタビューをもとに鮮やかに描写している。後者の調査には、私も参加した。

するためには、接見交通権は、どのように保障されるべきか。欧州人権裁判所の判例および弁護人にアクセスする権利に関するEU指令の展開、さらにはイギリス法の例からするならば、接見交通権が、捜査・取調べ権限に対して劣位におかれてはならない。両者が現実的に拮抗する場面において、捜査・取調べ権限に対して優位におかれることによってこそ、接見交通権は、被疑者の黙秘権の確保という機能を十全に発揮することができるというべきである。

　接見交通権は、より具体的には、どのように保障されるべきか。ジョン・ジャクソンが説くように、被疑者の黙秘権は、被疑者の供述の強要を排除し、その供述の自由を保護するという機能（保護的機能）だけでなく、防御権的側面を有しており、この防御権的機能からは、被疑者が取調べの場面において効果的防御をなしうるように、いつ、なにを、どのように供述するか、それともしないかを自由に決定できなければならない。そして、保護的機能とともに、防御権的機能をも有する被疑者の黙秘権を確保するためには、これら両側面に対応した弁護人の援助が保障される必要がある。黙秘権の防御権的側面からすれば、弁護人は、取調べにおける被疑者の対応のいかんがその後の手続の進み方に大きな影響を与えうることから、手続全体にわたる防御の観点から、被疑者がいつ、なにを、どのように供述するか、それともしないかを判断するにあたり効果的な援助を提供することになる。このような弁護人の援助として、被疑者は、第1に、取調べに先立ち、弁護人と接見し、十分に相談する機会を与えられなければならず、取調中に接見を要求した場合には、取調べを中断して接見機会を与えられる必要がある。第2に、取調中にも、弁護人から必要な援助を受けることができるように、取調べへの弁護人立会権を保障されるべきことになる。取調中の弁護人の立会・援助は、とくに黙秘権の防御権的機能を確保するための手続保障として、事前の接見、取調べの録音・録画などの他の手段によっては代替されえないものであり、このとき、弁護人は、より積極的な参加的役割を果たすことを期待される[40]。現行刑訴法の制定過程において、被疑者の黙秘権を確保するために、接見交

40　葛野・注21書193頁。

通権が取調べ中の弁護人立会権に代替する手段となりうると考えられたとされるが、黙秘権の防御権的機能からすれば、そのような代替手段とはなりえないというべきである。

現在、日本においても、被疑者弁護が拡大し活性化するなかで、被疑者の黙秘権との関係において弁護人の役割を問題にする被疑者弁護の実践論がみられる。そこにおいては、被疑者がいつ、なにを、どのように供述するか、それともしないか（黙秘するか）についての判断が、その後の起訴・不起訴決定や公判手続をも見通した被疑者の防御にとって重要であることが認識され、そのような被疑者の判断について、弁護人がどのような役割を果たすべきかが問われている。

黙秘権が防御権的機能を有することからすれば、このような形で被疑者の黙秘権の確保における弁護人の役割を考えることは、正当な問題設定だといえよう[41]。このとき、弁護人がその役割を果たすためには、どのような手段が必要とされるかが、引き続き問われることになる。たしかに、「被疑者取調べ適正化のための監督に関する規則」（平成20年国家公安委員会規則第4号）の策定、取調べの録音・録画の顕著な広がりなど、取調べ環境の変化のなかで、従前に比べ、弁護人がより積極的役割を果たしうるようになっている。しかし、弁護人がこの役割をより十全に果たすことができるようにするためには、取調べに先立つ接見機会の保障が必要とされよう。とりわけ、近時、捜査機関が逮捕直後の弁護人が接見する前の取調べと供述採取を積極化し、また、取調べの録音・録画記録の実質証拠請求も広がりをみせるなかで[42]、被疑者が取調べを受ける前に、どのように取調べに臨むかについて弁

---

41 坂根真也「取調べにどう対処するか」後藤昭＝高野隆＝岡慎一『実務体系・現代の刑事弁護（2）——刑事弁護の現代的課題』（第一法規、2013年）、後藤貞人「黙秘権行使の戦略」季刊刑事弁護79号（2014年）、秋田真志＝森直也「可視化時代の捜査弁護実践」季刊刑事弁護82号（2015年）、岡慎一＝神山啓史『刑事弁護の基礎知識』（有斐閣、2015年）44頁、小坂井久「可視化時代の刑事弁護」佐藤博史編『刑事司法を考える（2）——捜査と弁護』（岩波書店、2017年）、鈴木一郎＝森直也「取調べ可視化法制時代の弁護活動」浦功編著『新時代の刑事弁護』（成文堂、2017年）171頁など。

42 「取調べの録音・録画を行った場合の供述証拠による立証の在り方について（依命通達）」（最高検判第22号、平成27年2月12日）。なお、東京高判平28・8・10判タ1429号132頁は、否認事件における録音・録画媒体の実質証拠としての利用に対し厳格な姿勢を示した。

護人と相談し、その助言を得ることの重要性はいっそう高まっているといえよう。さらに、弁護人が、被疑者の黙秘権の確保におけるその役割をさらに積極的に果たすためには、被疑者の取調べに立ち会い、取調中に被疑者に対して援助を提供できるようにすることが必要とされる。弁護人立会権の保障である。このとき、被疑者は、保護的機能のみならず、防御権的機能をも有する黙秘権を、弁護人の援助によって確保しうるのである[43]。

　被疑者の黙秘権を確保するための弁護人の援助として、取調べに先立つ接見を保障すべきとしたとき、現実的課題として現れるのは、逮捕直後からの弁護人の選任をどのように可能とするかである。そのためには、公的選任を保障するための制度として、逮捕段階の被疑者国選弁護制度、逮捕直後の無料接見・援助のための当番弁護士制度、被疑者の選任した弁護人に対する法律扶助など、逮捕段階、あるいは被疑者が逮捕前に任意取調べを受ける段階からの公的弁護の保障を構築する必要がある[44]。

---

[43] この点は、取調べに立ち会った弁護人が、取調中、被疑者に対してどのような援助をすることができるか、取調べにどの程度介入することを認められるかという問題に繋がる。この点については、葛野・注21書200頁参照。この問題を、被疑者の黙秘権確保における弁護人の役割論として論じるものとして、Jackson, supra note 23, at 1005; Jackson, Cultural Barriers on the Road to Providing Suspect with Access to a Lawyer, in Renaud Colson and Stewart, EU Criminal Justice and the Challenges of Diversity 192（2016）参照。他に、Cape and Hodgson, supra note 34, at 467; Leverick, The Right to Legal Assistance during Detention, 15 Edinburgh Kaw Review 352, 361（2011）参照。弁護士によるものとして、小坂井久『取調べ可視化論の展開』（現代人文社、2013年）18頁、秋田真志「弁護人立会権の実践と展望」佐藤・注41書など参照。

44 この点について、葛野・注21書209頁。法律扶助に関する2016年 EU 指令（DIRECTIVE (EU) 2016/1919 OF THE EUROPEAN PARLIAMENT AND OF THE COUNCIL of 26 October 2016）は、弁護人にアクセスする権利に関する2013年 EU 指令と連動する形で、2013年指令により被疑者・被告人が弁護人へのアクセスを保障されるすべての場合を含め、自由を剥奪された者、EU 法または国内法により弁護人の援助が保障されている者および捜査機関による同一性確認手続・対質・犯行状況の再現に臨む者などに対して、公費による無料の弁護を保障している（2条）。また、2012年に国連総会において決議された「刑事司法制度における法律扶助へのアクセスに関する国連原則・指針」（United Nations Principles and Guidelines on Access to Legal Aid in Criminal Justice Systems ［A/RES/67/187］）は、被拘禁者、被逮捕者または死刑・自由刑相当犯罪について嫌疑を受けもしくは告発された者に対して、刑事司法過程のすべての段階において法律扶助を受ける権利を保障するとしている（原則 3・段落20）。これらの翻訳および解説として、久岡康成「法律扶助 EU 指令と2012年国連総会決議及び法律援助国連原則・指針」香川法学37巻 1・2 号（2017年）参照。イギリスは、最も先進的な法律扶助制度を有するとされてきたが、刑事事件の被疑者に対しては、当番弁護士制度と連携させつつ、被疑者が逮捕されまたは警察署などに拘束された場合のみならず、逮捕されていない被疑者が取調べを受ける場合にも、資力審査を受けることなく、無料の弁護人の援助を保障している。これについて、選任手続、弁護士側の対応態勢などを含め、葛野・注 3 書297頁参照。

第6章　弁護人による接見時の情報通信機器の使用をめぐる法的問題

1　問題の所在と本章の骨子

(1) 問題の所在

　千葉地裁に係属中の平成28年（ワ）第1029号国家賠償請求事件（以下、遠藤事件）は、未決拘禁者として刑事収容施設（刑事施設および留置施設）に収容されている被疑者・被告人と弁護人（本章においては、引用部分を除き、刑訴法39条1項にいう「弁護人を選任することができる者の依頼により弁護人となろうとする者」を含む）との接見のあり方、すなわち両者のあいだの接見交通権の保障のあり方をめぐって、重要な法的問題を提起している。

　具体的事実については、原告、被告のあいだで争いがあるが、次の事実は、両当事者とも認めている。すなわち、覚せい剤取締法違反事件および関税法違反事件により逮捕・勾留後、起訴され、千葉刑務所に勾留されていた被告人に国選弁護人が接見したさい、スマートフォンを操作していたところ、刑務所職員が面会室内に立ち入り、スマートフォンの使用を制止し、さらに接見を一時停止する措置をとった。

　国選弁護人であった原告の主張によれば、同人は、被告人が香港において滞在していたホテルに置いていた被告人のリュックサックに、被告人以外の第三者が被告人の知らぬ間に覚せい剤を隠匿した可能性について検討するために、どちらのホテルに滞在していたのかを被告人に確認すべく、被告人の

＊本章は、遠藤事件の原告代理人弁護士の依頼に応じて作成し、千葉地方裁判所民事第1部合議B係に提出した私の2017年2月7日付意見書をベースにしている。

記憶を喚起しようと、スマートフォンの地図アプリケーションを用いて、画面上にホテル付近の地図を映し出し、これを被告人に対して閲覧させるなどしていたという。当初は紙にプリントアウトした地図を使用したものの、この地図は日本語および英語による表記のものであり、被告人には理解が難しいうえに、縮尺も小さく、ホテル最寄り駅周辺の建物や道路を細かく把握することが困難であったため、スマートフォンの地図アプリケーションを使用し、被告人の提供する情報に応じて、地図を東西南北に動かし、縮尺も適宜変えながら、被告人が滞在したホテルの所在を確認しようとしたという。

　このような原告の主張する事実を前提としたとき、遠藤事件をめぐっては、刑事施設長が、弁護人が刑事収容施設に収容された未決拘禁者である被疑者・被告人と接見するさいに、スマートフォンなどの情報通信機器を面会室内に持ち込み、それを使用することを禁止することが許されるか、施設職員は、この禁止措置に違反したことを理由として、現に接見中の面会室に立ち入り、弁護人による情報通信機器の使用を制止することが許されるか、また、情報通信機器の使用を繰り返す可能性があることを理由として、接見を一時停止することが許されるのかが問題となる。

　これらの問題に対してどのような回答を与えるかは、身体を拘束された被疑者・被告人と弁護人との接見のあり方、換言すれば両者のあいだの接見交通権の保障のあり方を、大きく左右することになる。接見交通権は、1999年3月24日の最高裁大法廷判決[1]がいうように、憲法34条・37条3項によって保障される弁護人の援助を受ける権利の保障を実質化するために不可欠な、その意味において憲法の保障に由来する権利である。それゆえ、接見にさいして弁護人が面会室に情報通信機器を持ち込み、それを使用することができるかどうかは、接見交通権の保障のあり方を通じて、ひいては被疑者・被告人の弁護人の援助を受ける権利の保障のあり方をも規定することになる。とくに、遠藤事件において国選弁護人であった原告が主張するように、情報通信機器の使用が、被疑者・被告人に対する助言・相談の提供を直接補助する手段であって、防御手段・弁護手段としての接見の実効性を高めるためのも

---

[1] 最大判1999（平11）・3・24民集53巻3号514頁。

のであった場合には、情報通信機器の持込み・使用を禁止し、その禁止措置に違反したことを理由として接見を制限することは、接見の実効性を少なからず低減させることとなり、被疑者・被告人の弁護人の援助を受ける権利を実質的に制約することになろう。

　本章は、このような問題意識に立って、遠藤事件の提起した先の問題に対し回答を与えるために、第1に、接見にさいしての弁護人による情報通信機器の使用にどのような類型があり、遠藤事件における弁護人の使用がどの類型に当たるかを確認したうえで、第2に、検討対象を遠藤事件における使用に限定して、弁護人による情報通信機器の使用が刑訴法39条1項にいう「接見」に該当し、同規定の保障の範囲内にあるか、第3に、「接見」に当たるとした場合、情報通信機器の持込み・使用の禁止は正当化できるのか、第4に、かりに「接見」に含まれないとしても、刑事施設長が、接見にさいしての弁護人による情報通信機器の持込み・使用を禁止し、また、刑事施設職員が、その禁止措置に違反したことを理由として、接見を制限することは許されるのか、について論じる。

　その後、第5に、刑訴法および刑事収容施設及び被収容者等の処遇に関する法律（以下、刑事収容施設法）のもとで、遠藤事件におけるような情報通信機器の使用が、防御手段・弁護手段としての接見の実効性を高めるものとして許容され、かつ、それとは異なる類型の使用が許容されない可能性があるのであれば、弁護人による面会室への情報通信機器の持込みを認めても、許容されない使用を確実に回避することができるかについて検討する。このような検討の構成をとるのは、弁護人による情報通信機器の使用にはいくつかの類型があり、許容される使用だけでなく、許容されない使用がありうることから、遠藤事件の具体的事案に即して問題を検討するためには、まずは検討対象を、遠藤事件におけるような情報通信機器の使用に限定することが有用であり、また、遠藤事件における使用とは異なる類型の使用が許容されない場合があっても、弁護人が許容されないような使用を的確に判別し、そのような使用を確実に回避できるのであれば、許容されない使用がなされる可能性があることを理由として、面会室への情報通信機器の持込みを全面禁止する必要はなく、そうすべきでもないからである。

(2) 本章の骨子

本章は、このような検討を通じて、以下のような結論を導く。

第1に、接見にさいして弁護人が情報通信機器を使用する場合、それには、弁護人が、被疑者・被告人に対して助言・相談を提供するために必要・有用な法令、判例、訴訟記録、地図その他の情報を検索し、取得する場合であって、弁護人が取得した視覚的情報を、情報通信機器の画面上に映し出し、それを被疑者・被告人に提示し、閲覧させる場合をも含み、接見における助言・相談に付随して、それを直接補助するために使用する類型（第1類型）のほかに、弁護人が緊急の必要から接見時に準抗告申立書などを作成し、面会室内から所属する法律事務所にパソコンの電子メールを用いて送信し、それを裁判所に提出するよう事務職員に指示をするなど、弁護人自身が、実効的な弁護を提供するために使用するという類型（第2類型）、弁護人がカメラを用いて未決拘禁者の容ぼう・姿態を撮影し、その画像をそのまま情報通信機器を用いて外部の第三者に対して送信する場合、あるいは逆に、外部の第三者の容ぼう・姿態を内容とする視覚的情報を取得し、画面上にそれを映し出し、そのまま未決拘禁者に提示し、閲覧させる場合をも含め、弁護人等自身が情報通信機器を使用するのではなく、被疑者・被告人が弁護人の情報通信機器を用いて、外部の第三者と直接通話・通信し、そのような通話・通信を弁護人が補助するという使用の類型（第3類型）、弁護人が写真撮影・ビデオ録画の機能を活用して、被疑者・被告人の容ぼう、受傷状況など、接見にさいして取得した視覚的情報を記録するために情報通信機器を使用する場合（第4類型）がある。遠藤事件における情報通信機器の使用は、このうち第1類型に当たる。

第2に、遠藤事件の事案に即していうならば、弁護人が接見にさいして、情報通信機器を用いて、実効的な助言・相談を提供するために必要・有用な視覚的情報を取得したうえで、それを画面上に映し出し、被疑者・被告人に提示し、閲覧させることは、防御手段・弁護手段としての接見の実効性を高めるための情報通信機器の使用であり、被疑者・被告人に対する助言・相談の提供を直接補助し、それと密接不可分なものであって、面会室におけるコミュニケーションとして一体のものである。それゆえ、情報通信機器の使用

自体、刑訴法39条1項にいう「接見」に該当する。

　第3に、弁護人による情報通信機器の使用が「接見」に当たるとするとき、刑事収容施設法のなかには、それを制限するための刑訴法39条2項にいう「法令」の規定は存在しない。かりに、同規定にいう「法令」によらずとも制限が可能だとの前提に立ったとしても、情報通信機器の使用を禁止することは、弁護人が被疑者・被告人に対する助言・相談の提供を直接補助し、防御手段・弁護手段としての接見の実効性を高める重要な手段を奪うことになるから、接見交通権の本質にわたる制限となって、許されないというべきである。

　第4に、かりに、弁護人による情報通信機器の使用が「接見」に含まれないとの前提に立ったとしても、刑事施設長が国有財産法5条に基づく庁舎管理権を根拠にして、面会室への情報通信機器の持込みを禁止したうえで、刑事施設職員が、その禁止措置に違反する弁護人の行為をもって、「刑事施設の規律及び秩序を害する行為」（刑事収容施設法117条・113条1項ロ）に当たるとして、弁護人の使用行為を制止し、または弁護人の面会を一時停止・終了させることは許されないというべきである。その理由は3点ある。

　まず、刑事収容施設法117条・113条に基づく弁護人の行為の制止および面会の一時停止・終了は、刑訴法39条1項にいう「接見」の制限をもたらすものであるから、刑訴法39条の規定構造からすれば、同条1項の「接見」の制限は、本来、同条2項にいう「法令」の規定によって、同規定に明示された「被告人又は被疑者の逃亡、罪証の隠滅又は戒護に支障のある物の授受を防ぐ」という目的のためにのみ、許されると理解すべきである。そうであるならば、刑事収容施設法において、刑事施設における規律・秩序の維持という同法独自の目的のために、面会にさいしての弁護人の規律・秩序違反行為を制止し、面会を一時停止・終了させることによって、刑訴法39条1項の保障する接見交通権を制約することはできないといわなければならない。

　次に、かりに、刑訴法39条2項にいう「法令」による「必要な措置」とは別に、刑事収容施設法117条・113条に基づき、面会にさいしての規律・秩序違反行為を制止し、または面会を一時停止・終了させることができ、もって接見交通権を制約することが可能であるとの前提に立ったとしても、刑事収

容施設法118条が、刑事施設長による弁護人の面会態様の制限を面会の場所に関する制限に限定していることの趣旨からすれば、刑事施設長は国有財産法5条に基づく庁舎管理権によって、面会にさいしての弁護人による情報通信機器の使用を禁止することはできないというべきである。情報通信機器の使用禁止は、それ自体、面会態様の制限に当たるからである。

　最後に、同じ前提に立ったとしても、弁護人が高度な専門的能力を有し、厳格な職業倫理に拘束されることからすれば、接見にさいして弁護人が情報通信機器を使用することによって、刑事施設において逃亡・罪証隠滅の現実的危険が生じ、あるいは刑事施設における適切な処遇環境および安全・平穏な共同生活の維持が現実的に損なわれることはないというべきである。それゆえ、弁護人による情報通信機器の使用がただ刑事施設長による禁止措置に違反したことをもって、「刑事施設の規律及び秩序を害する行為」に当たるとし、接見交通権の制約の理由とすることは許されない。

　第5に、情報通信機器の上記各使用類型についてみると、刑訴法および刑事収容施設法のもとで、第3類型については、原則として使用が許されず、また、第4類型については、弁護人による写真撮影を理由とする接見制限の適法性が争われた下級審判例の判断を前提とする限り、使用が許容されないとされる場合もありえよう。とはいえ、弁護人が高度の専門的能力を有し、厳格な職業倫理に拘束されていることからすれば、弁護人は許容されない情報通信機器の使用を的確に判別し、それに基づき、そのような使用を確実に回避することができるというべきである。それゆえ、刑訴法39条1項にいう「接見」として、または正当な弁護権の行使として、刑訴法および刑事収容施設法のもとで制限することのできない情報通信機器の使用がある以上、許容されない使用がなされる可能性があるというだけの理由から、弁護人による情報通信機器の持込み・使用を全面禁止することは許されないというべきである。

2 情報通信機器の使用類型とその持込み・使用の制限

(1) 接見交通権の憲法的重要性と情報通信機器の使用

　刑訴法に基づき逮捕・勾留され、刑事収容施設に収容された未決拘禁者は、刑訴法39条1項により、「弁護人又は弁護人を選任することができる者の依頼により弁護人となろうとする者」と「立会人なくして接見し、又は書類若しくは物の授受をする」権利を保障されている。この権利は、憲法の保障する弁護人の援助を受ける権利によって基礎づけられている。すなわち、1999年の最高裁大法廷判決が、憲法34条の弁護人の援助を受ける権利は「身体の拘束を受けている被疑者が、拘束の原因となっている嫌疑を晴らしたり、人身の自由を回復するための手段を講じたりするなど自己の自由と権利を守るため弁護人から援助を受けられるようにすることを目的とするものであ」り、「被疑者に対し、弁護人を選任した上で、弁護人に相談し、その助言を受けるなど弁護人から援助を受ける機会を持つことを実質的に保障している」と認めたように、憲法37条3項の保障する弁護人の援助を受ける権利も含め、憲法の弁護人の援助を受ける権利は弁護人の実質的援助をないし効果的な弁護を受ける権利である。被疑者・被告人が身体を拘束されている場合、このような弁護人の援助を受ける権利を実質化するため、換言すれば、身体拘束による弁護人の援助を受ける権利の実質的制約を排除するためには、弁護人との自由なコミュニケーションが保障されなければならない。さらに、自由なコミュニケーションを確保するためには、その秘密性の保障が不可欠である。それがなければ、いわゆる萎縮的効果が生じ、コミュニケーションが不可避的に抑制されるからである。このような目的から設けられたのが、刑訴法39条1項である。

　刑事弁護を担う弁護士の数的増加とともに、被疑者国選弁護制度の適用対象が拡大されるにともない、刑事弁護の量的拡大が顕著である。それと同時に、裁判員制度の創設、公判前整理手続と段階的証拠開示制度の導入、捜査機関による被疑者取調べの録音・録画の拡大など、法制度と実務の大規模な変化によって、刑事手続はその複雑性を増しており、それにともない、捜査、

公判準備、公判を通じて、刑事弁護はいっそう高度な専門性を必要とするものになっている。また、裁判員制度の導入を契機とする当事者主義手続の実質化という傾向のなかで、弁護人にはより積極的・効果的な活動が求められている。

刑事弁護の量的拡大と質的活性化にともない、身体を拘束された被疑者・被告人にとって弁護人の効果的な援助を受けるための最重要手段である接見にさいして、弁護人が最も効果的な弁護手段を追求しようとすることは当然のことである。弁護士基本規程46条は、「刑事弁護の心構え」として、「弁護士は、被疑者及び被告人の防御権が保障されていることにかんがみ、その権利及び利益を擁護するため、最善の弁護活動に努める」と規定しているが、このような刑事弁護の基本姿勢が、接見交通の局面において具体化するのである。情報通信技術が目覚ましく進歩し、関連機器が発達・普及するなかで、接見にさいして弁護人が情報通信機器を使用する例が現れるようになったのは、このような文脈においてのことである[2]。

（2）情報通信機器使用の諸類型

接見にさいしての弁護人による情報通信機器の使用については、次のような類型があるといえよう。

第1に、弁護人が、被疑者・被告人に対して助言・相談を提供するために必要・有用な法令、判例、訴訟記録、地図その他の情報を検索し、取得する場合であって、助言・相談に付随して、それを直接補助するために使用する類型である。弁護人が取得した視覚的情報を、情報通信機器の画面上に映し出し、それを面会室の遮蔽板越しに被疑者・被告人に提示し、閲覧させる場合も含まれる。遠藤事件における情報通信機器の使用は、これに当たる。

第2に、弁護人自身が、実効的な弁護を提供するために使用するという類型である。弁護人が緊急の必要から接見時に準抗告申立書などを作成し、面会室内から所属する法律事務所にパソコンの電子メールを用いて送信し、それを裁判所に提出するよう事務職員に指示をする、接見時に被疑者・被告人

---

[2] 葛野尋之『刑事司法改革と刑事弁護』（現代人文社、2016年）329頁以下参照。

から緊急を要する第三者への伝言を依頼されたので、弁護人がそれを聴取したうえで、面会室内から第三者に対して情報通信機器を用いて伝言内容を伝達することなどが想定されている[3]。

第3の類型は、弁護人等自身が情報通信機器を使用するのではなく、被疑者・被告人が弁護人の情報通信機器を使用して、外部の第三者と直接通話・通信し、そのような通話・通信を弁護人が補助するというものである。弁護人がカメラを用いて未決拘禁者の容ぼう・姿態を撮影し、その画像をそのまま情報通信機器を用いて外部の第三者に対して送信する場合、あるいは逆に、外部の第三者の容ぼう・姿態を内容とする視覚的情報を取得し、画面上にそれを映し出し、そのまま未決拘禁者に提示し、閲覧させる場合も、この使用類型に含まれる。これらの通信に音声情報が含まれている場合もあろう。

これらの使用類型に加えてさらに、情報通信機器をその本来の機能たる情報通信のために用いる場合ではないが、パソコン、スマートフォン、タブレットなど現代の情報通信機器は、すべてといってよいほど、写真撮影およびビデオ録画の機能を有していることから、弁護人が情報通信機器のそれらの機能を活用して、被疑者・被告人の容ぼう、受傷状況など、接見にさいして取得した視覚的情報を記録することがある。実際、このような写真撮影を理由として、刑事施設職員が弁護人の撮影行為を阻止し、接見を一時停止・終了させたことの適法性が争われた国家賠償請求訴訟がある。このような使用類型を、第4類型とする。

---

[3] このような場合、逮捕・勾留に関する刑訴法の規定、さらには未決拘禁者の取扱いについて定める刑事収容施設法の規定の趣旨からすれば、弁護人自身、拘禁目的を阻害する危険を生じさせる行為に関与しないよう要求されているといえるから、弁護人が、伝言中に逃亡、罪証隠滅など拘禁目的を阻害する危険を含む情報が含まれることを認識したにもかかわらず、第三者に対して危険情報を伝達することは、違法・不正な行為の助長・利用、偽証、虚偽陳述のそそのかしを禁止する弁護士職務基本規程14条・75条に違反することとなり、たとえ被疑者・被告人がそのように要求したとしても、誠実義務の限界を超えている。弁護人が未決拘禁者から受け取った信書を第三者に交付する場合、弁護人が録音・撮影・録画した接見状況の記録を第三者に交付する場合も、同様である。そのような場合でなければ、弁護人が未決拘禁者たる被疑者・被告人の伝言を第三者に伝え、または録音・撮影・録画した接見状況の記録を第三者に交付することは、弁護人の職業倫理上の問題をなんら生じさせないというべきである。この点について、葛野・註2書217頁以下参照。

本章は、上述のとおり、遠藤事件における情報通信機器の使用に検討対象を限定して、先に示した諸点を論じていくことにする。そのうえで、第2ないし第4類型の使用について、刑訴法および刑事収容施設法のもとで許容されるかどうかを確認し、許容されない場合があるのであれば、弁護人がそのような使用を的確に判別し、確実に回避することができるかどうかを検討する。

（3）情報通信機器の持込み・使用の制限

　実務においては、現在、弁護人が情報通信機器を面会室内に持込み、接見にさいして使用することは、使用類型のいかんを問わず、全面禁止されている。

　「被収容者の外部交通に関する訓令の運用について（依命通達）」（平成19・5・30矯成3350矯正局長依命通達）は、7（2）において、「未決拘禁者との面会を申し出る弁護人等に対しては、次の事項を周知すること」として、「カメラ、ビデオカメラ、携帯電話を使用しないこと」（ウ）をあげており、7（3）において、これらの「事項の告知は、面会人待合室に掲示する方法等によること」としている。法務省矯正局関係者の説明によれば、現在使用を認めていない情報通信機器の使用を実際に制限することができなければ、「未決勾留の目的を阻害する行為や、刑事施設の規律及び秩序を害する行為を防止することができない」ことから、刑事施設長は、「庁舎管理権に基づき、使用を認めていない電子機器の面会室への持込みや使用を禁止している」とされる[4]。面会室への情報通信機器の持込みを禁止する場合でも、「弁護人接見そのものを禁じるものではな」く、「飽くまで使用禁止の実質を担保するために持込み自体を禁止」しているとされる。もっとも、弁護人が面会室への機器の持込みを主張し、それを譲らない場合において、刑事施設側が面会室への立ち入り自体を拒んだ例がある。

　刑事施設長は、情報通信機器の持込み・使用を全面禁止したうえで、接見にさいして弁護人が情報通信機器を使用していることが判明した場合には、

---

[4] 松田治「接見時の機器等の持込みの運用」刑事法ジャーナル46号（2015年）52頁。

「面会を一時停止し、電子機器の使用中止とローッカー等への保管を求めることになる」とされる。このときも、「飽くまで弁護人等から使用を続ける意思が示された場合には、やむを得ず面会終了の措置に至るケースもある」という[5]。

　未決拘禁者と弁護人との面会の一時停止・終了について、刑事収容施設及び被収容者等の処遇に関する法律（以下、刑事収容施設法）117条は、同法113条を準用しつつ、1項において、刑事施設職員は、未決拘禁者または弁護人が「刑事施設の規律及び秩序を害する行為」をするときは、「その行為若しくは発言を制止し、又はその面会を一時停止させることができる。この場合においては、面会の一時停止のため」、未決拘禁者または弁護人に対し「面会の場所からの退出を命じ、その他必要な措置を執ることができる」と定めており、2項において、「刑事施設の長は、前項の規定により面会が一時停止された場合において、面会を継続させることが相当でないと認めるときは、その面会を終わらせることができる」と定めているところ、情報通信機器の使用を理由とする接見の制限措置は、これらの規定に基づくものとされている。弁護人の接見の一時停止・終了の運用について、上記依命通達4（3）は、「未決拘禁者と弁護人等との面会の一時停止については、未決拘禁者が面会室内で大声を出し続けて他の面会室で実施されている面会に支障を生じさせたり、器物を損壊するような行為に及んだ場合や、弁護人等が自己の携帯電話を使用して未決拘禁者と外部の者との間で通話させるような行為に及んだ場合などが想定されるが、その権限はあくまでも刑事施設の規律及び秩序を維持するために必要な限度で行使されなければならないこと」としている。このように、刑事施設長は、国有財産法5条の庁舎管理権に基づき、情報通信機器の持込み・使用を禁止したうえで、この禁止措置に違反する弁護人の行為を「刑事施設の規律及び秩序を害する行為」（刑事収容施設法117・113条）だとして、使用行為を制止し、また、接見を一時停止・終了させているというのである。

　実務においては、面会の一時停止・終了に関する刑事収容施設法の規定を

5　松田・註4論文52〜53頁。

運用する前提として、施設職員が、未決拘禁者たる被疑者・被告人と弁護人との接見中に、面会室のドアに付けられた小窓越しに、面会室内の様子を視覚的に探知する措置をとっているが、同法のなかに、このことを明記した規定は存在しない。上記依命通達4（3）は、視覚的探知の措置について、「秘密交通権の重要性にも十分配慮する必要があり、殊更に面会の状況を監視しようとしたりすることは適切ではなく、謙抑的な運用に努めるべきであること」としている。同法制定時には、国会審議において、同法117条・113条に基づいて接見状況の視覚的監視が予定されているわけではないことが確認されており、衆参両院において、「未決拘禁者と弁護人の面会については、面会の状況を監視すること等によりかりそめにも秘密交通権の侵害となることがないよう留意する」との附帯決議が付された。

3　情報通信機器の使用と「接見」

(1) 面会室におけるコミュニケーションとしての「接見」

　弁護人が、遠藤事件においてのように、情報通信機器を用いて、被疑者・被告人に対して実効的な助言・相談を提供するために必要・有用な視覚的情報を取得したうえで、それを情報通信機器の画面上に映し出し、被疑者・被告人に提示し、閲覧させることは（本章3・4においては、とくに断りのない限り、弁護人による情報通信機器の使用とは、このような使用を意味するものとする）、刑訴法39条1項にいう「接見」に当たるのか。

　弁護人によるこのような情報通信機器の使用が「接見」に当たり、同規定による接見交通権の保障の範囲に含まれるとするならば、以下に論じるように、刑訴法39条2項にいう「法令」による被疑者・被告人の「逃亡、罪証の隠滅又は戒護に支障のある物の授受を防ぐため必要な措置」として、「接見」たる情報通信機器の使用を禁止することは許されないというべきである。弁護人による情報通信機器の使用が「接見」に当たり、それを禁止する刑事施設長の措置が接見交通権を侵害するということとなれば、当然、弁護人が禁止措置に違反して情報通信機器を使用したとしても、その行為が「刑事施設の規律及び秩序を害する行為」（刑事収容施設法117・113条）に当たると

して、施設職員が、情報通信機器の使用を制止し、接見を一時停止することも許されないことになる。このように、遠藤事件が提起した問題に対する回答を提示するうえで、接見にさいしての弁護人による情報通信機器の使用が「接見」に当たるかどうかが、先決問題となるのである。

以下論じるように、弁護人による情報通信機器の使用は、それ自体、「接見」に当たるというべきである。

刑訴法39条1項にいう「接見」とは、身体を拘束された被疑者・被告人と弁護人とのあいだのコミュニケーションをいうのであって、すべてのコミュニケーションから「書類若しくは物の授受」を除いたもの、すなわち面会室においてなされる両者間のコミュニケーションをいうとすべきである。弁護人が、接見にさいして情報通信機器を用いて、被疑者・被告人に対して助言・相談を提供するうえで必要・有用な視覚的情報を取得し、その視覚的情報を画面上に映し出し、それを被疑者・被告人に提示し、閲覧させる場合、弁護人によるこのような情報通信機器の使用が、被疑者・被告人に対する助言・相談の提供に付随して、それを直接補助するものとして行われ、それと一体化しているということができる。助言・相談の提供と情報通信機器の使用とは、面会室においてなされる被疑者・被告人と弁護人とのあいだのコミュニケーションを一体的に構成しているのである。この点において、情報通信機器の使用は、弁護人が持参した判例集を検索して取得した視覚的情報を、あるいは持参した訴訟資料を被疑者・被告人に提示して、閲覧させることと変わりがない。それゆえ、弁護人による先のような情報通信機器の使用は、それ自体、面会室においてなされる被疑者・被告人と弁護人とのあいだのコミュニケーションとしての「接見」を構成していると理解すべきである。

(2)「口頭での打合せに付随する証拠書類等の提示」としての「接見」

刑訴法39条1項の保障する「接見」の意味に関連して、従前より、弁護人が面会室に訴訟資料を持ち込み、接見にさいしてそれを被疑者・被告人に提示し、閲覧させることは、とくに制限されることなく認められてきた。旧監獄法下において、1991年3月29日の東京地裁判決[6]は、「接見における文書の携行の自由は、右自由を制限しないならば勾留目的が阻害され、あるいは監

獄内の規律及び秩序の維持上放置することのできない程度の障害が生ずる相当の蓋然性があると認められる場合に限り、必要かつ合理的な範囲内で制限し得る」と判示したうえで、出版目的とともに訴訟資料としての目的を有する文書の携行を不許可とした処分は、未決拘禁者である被告人の刑事手続上の防御権を侵害し、違法であるとしたが、接見にさいして訴訟資料たる文書の提示が、それ自体、刑訴法39条1項にいう「接見」に当たるかどうかについては判断しなかった。

　後藤事件においては、接見にさいして弁護人がビデオ再生機器を使用し、ビデオテープを再生することの適法性が争われた。刑事事件の控訴審弁護人が、第一審において証拠採用されたビデオテープを再生しながら被告人と打合せを行うべく、ビデオテープ再生装置を持参のうえ、大阪拘置所において接見を申し出たところ、大阪拘置所が、「保安上の観点」から問題があるとの理由から、拘置所側による再生のうえでの内容検査を経ていないビデオテープを再生しながら接見することを拒否したことに対して、国家賠償請求訴訟を提起したという事案について、控訴審の大阪高裁[7]は、第一審・大阪地裁の判決[8]を敷衍して、「身体の拘束を受けている被告人等が弁護人から援助を受ける機会を実質的に確保するためには、被告事件等について、弁護人が被告人等から聴取した言い分に従って弁護方針を立てることが必要であり、その前提として、弁護人が、捜査機関の収集した証拠や弁護人の独自に収集した証拠についての説明を被告人等から受け、被告人等とともにその内容を充分に検討しなければならない。図面、写真及び証拠物等について、かかる説明ないし検討を行うためには、少なくともこれらを被告人等に見せることが必要不可欠であるが、口頭での打合せだけでは伝達できる情報の量及び質が限定されることを勘案すれば、文書についても、その形状、筆跡等を問題とする場合のみならず、その意味内容を問題とする場合であっても、これを被告人等に見せてその言い分を聴取することが有効適切であることはいうまでもな」く、このように「被告人等と弁護人とが直接面会して被告事件等に

---

[6] 東京地判1991（平3）・3・29判時1399号98頁。
[7] 大阪高判2005（平17）・1・25訟月52巻10号3069頁。
[8] 大阪地判2004（平16）・3・9判時1858号79頁。

関する口頭での打合せを行うことと証拠書類等を見せるなど口頭での打合せに付随する行為とは、実際の接見の場面でも密接不可分であるし、被告人の防御権行使の点、弁護人の弁護権の行使の点から規範的に見ても密接不可分のものとすべきである以上、刑訴法39条1項の『接見』とは、口頭での打合せに限られるものではなく、口頭での打合せに付随する証拠書類等の提示をも含む打合せと解すべきである」と判示した。そのうえで、「収容施設の側が、口頭での打合せに付随して提示などする証拠書類等を一般的に検査し、その内容を覚知」するような「広範な検査を許容すれば、収容施設等が被告人等と弁護人との打合せの内容を推知することとなり、被告人等と弁護人とのコミュニケーションに萎縮的効果を及ぼしかねず、刑訴法39条1項の趣旨を没却し、ひいては（弁護人の援助についての・引用者注）憲法の保障を損なうものであ」るとした。

　刑訴法39条1項による保障される「接見」とは、「被告人等と弁護人とのコミュニケーション」であって、口頭での打合せに限らず、「口頭での打合せに付随する証拠書類等の提示をも含む打合せ」を意味するとの判示は、被疑者・被告人と弁護人とのあいだの最も重要な防御手段・弁護手段としての接見の実際およびその意義・機能を正しく捉えたものといえよう。

　控訴人である国は、後藤事件の控訴審において、「〔1〕『接見』とは面会であり、面談であって、特定の被収容者と外部の特定の者との間の面談（口頭）による意思の伝達を意味する。その内容には書類等の提示行為が当然に含まれるものではないし、接見とその際に事実上付随してされる証拠書類等の提示行為とを区別することは可能であり、実際上も容易である。〔2〕書類等の提示行為は、被告人等にその内容を了知せしめようとするものであるから、『書類等の授受』と目的を同じくするとともに、その効果においても『書類等の授受』と同様であると考えるのが合理的である、などと主張し、刑訴法39条1項の『接見』には、口頭での打合せに付随する証拠書類等の提示をも含む打合せと解すべきであるとした原判決の判断を非難」していた。

　控訴審判決は、このような国の主張を正面から否定した。すなわち、「憲法34条前段以下の関係規定の趣旨、目的等から考えれば、上記のような法規範ないし法解釈（上記判旨参照・引用者注）がいわば論理的に導き出される

のであって、控訴人が〔1〕でいうような『行為』の性質や概念上の区別等とか、〔2〕でいうような事情はこれを動かすには足りない（特に〔2〕のように、行為の一面である『その内容を了知せしめようとするもの』のみを取り上げて行為の異同を論ずると、書類等の提示行為と書類等の授受は同様の行為になることは否定できない。しかし、それのみならず、口頭による面談も、書類等の授受と同様の行為とならざるを得なくなる。このように控訴人の上記主張は、物事の一面を見たり、核心を逸したものであって採用できないのである。）」と断じたのである[9]。

　刑訴法39条1項にいう「接見」が、後藤事件の控訴審判決がいうように、「口頭での打合せに付随する証拠書類等の提示をも含む打合せ」を意味するのであれば、接見にさいして弁護人が情報通信機器を使用し、助言・相談を行ううえで必要・有用な視覚的情報を取得し、その視覚的情報を画面上に映し出し、被疑者・被告人にそれを提示し、閲覧させることも、「証拠書類」の提示と同様、「接見」に含まれ、同規定による保障を受けることとなろう。このような理解こそが、接見の実際、そして防御手段・弁護手段としての重要性という観点からする接見の意義・機能に即応したものである。

　ところで、接見にさいしての弁護人の写真撮影を理由とする接見制限の適法性が争われた国家賠償訴訟において、下級審判例は、刑訴法39条1項にいう「接見」とは、身体を拘束された被疑者・被告人と弁護人とのあいだの面談を通じての意思疎通に限定して捉えている。たとえば、竹内事件における

---

[9] 竹内事件の控訴審判決（東京高判2015〔平27〕・7・9判時2280号16頁）も、「『接見』と『書類若しくは物の授受』が区別されていること」を、「接見」が意思疎通に限定されるべきことの理由としてあげているが、説得的とはいえない。両者は、被疑者・被告人と弁護人とのあいだのコミュニケーションである点において共通する。両者の本質的相違は、「接見」が面会室内での同時的コミュニケーションであるのに対し、「書類若しくは物の授受」が意思ないし情報の化体した書類・物の授受、すなわち意思・情報を記録した媒体の占有の移転をともなうコミュニケーションである点にあるというべきである。このような区別こそ、「書類若しくは物の授受」という規定の文言に適した理解だといえよう。このようにして両者を区別したとき、接見にさいしての弁護人による情報通信機器の使用は、それにより取得した視覚的情報を画面上に映し出し、被疑者・被告人に提示し閲覧させることも含め、取得した情報を記録した媒体の占有の移転をともなわないから、「書類若しくは物の授受」に含まれることはない。刑訴法39条1項における「接見」と「書類若しくは物の授受」との区別は、弁護人による写真撮影を「接見」に含めることの妨げにはならないのである。

控訴審・東京高裁は、「『接見』とは、被告人が弁護人等と面会して、相談し、その助言を受けるなどの会話による面接を通じて意思の疎通を図り、援助を受けることをいうものであって、被告人が弁護人等により写真撮影やビデオ撮影されたり、弁護人が面会時の様子や結果を音声や画像等に記録化することは本来的には含まれない」と判示している。下級審判例は、このように、「接見」を口頭の面談による意思疎通として捉えたうえで、写真撮影がそれにあたらないとしているのである。

「接見」とは、本来、身体を拘束された被疑者・被告人と弁護人とが接見室において行うコミュニケーションを指し[10]、口頭の面談による意思疎通に限定されないことは、上述のとおりであるが[11]、たとえ「接見」の中核概念が、口頭の面談による意思疎通であったとしても、後藤事件の一審判決および控訴審判決がいうように、防御手段・弁護手段としての口頭の面談による

---

10 『広辞苑（第6版）』（岩波書店、2008年）によれば、「コミュニケーション」とは「社会生活を営む人間の間に行われる知覚・感情・思考の伝達。言語・文字その他視覚・聴覚に訴える各種のものを媒介とする」とされている。刑訴法39条1項にいう「接見」とは、「書類若しくは物の授受」を除いたコミュニケーションをいうと理解すべきであり、このようなコミュニケーションの定義からしても、「接見」を「意思疎通」に限定することはできないというべきである。富永事件の控訴審判決（福岡高判2011〔平23〕・7・1判時2127号9頁）は、「捜査権の行使と秘密交通権の保障とを調整するに際しては、秘密交通権の保障を最大限尊重すべきであり、被疑者等と弁護人等との自由な意思疎通ないし情報伝達に萎縮的効果を及ぼすことのないよう留意することが肝要であ」るとも述べており、「接見」の内実としての「意思疎通ないし情報伝達」を、竹内事件の控訴審判決などが指摘する「意思疎通」に比べ、より広く被疑者・被告人と弁護人とのあいだのコミュニケーションの過程として捉えているようである。また、後藤事件の上記控訴審判決は、「刑訴法39条1項が被拘禁者が弁護人と立会人なくして接見することができるとしているのは、弁護人から有効かつ適切な援助を受ける機会を持つためには、被拘禁者とその弁護人との間において、相互に十分な意思の疎通と情報提供や法的助言等が何らの干渉なくされることが必要不可欠であり、特に、その意思の伝達や情報提供のやりとりの内容が捜査機関、訴追機関、更には収容施設側に知られないことが重要であるので、この点を明文で規定したものと考えられる」としており、「接見」を「意思の疎通」を含むとしつつも、それに限定することなく、「意思の伝達や情報提供のやりとり」として定義している。これらの下級審判例からしても、少なくとも、「接見」が当然に「意思疎通」に限られるわけではないというべきである。

11 弁護人が被疑者・被告人の容ぼう、受傷状況など接見状況を写真撮影することは、接見にさいして取得した視覚的情報を記録する行為であって、本来、刑訴法39条1項にいう「接見」に当たるというべきである。このことを含め、弁護人による写真撮影を理由とする接見制限の適法性については、葛野・註2書342頁以下、同「接見にさいしての弁護人の写真撮影をめぐる法的問題（1）・（2完）」一橋法学15巻2号・同巻3号（2016年）参照。

意思疎通の実効性を高めるために、それに付随して、それと密接不可分の行為として行われる「証拠書類等の提示」は、刑訴法39条1項にいう「接見」に含まれ、同規定の保障の範囲内にあるというべきである。実際、田邊事件の一審判決は、「接見交通権は、被疑者等が弁護人等と相談し、その助言を受けるなど弁護人等から援助を受ける機会を確保するという弁護人等と被疑者等との意思疎通を確保するために認められたものである」と判示したうえで、「刑事施設内の面会室において証拠を保全する目的で写真撮影を行うことは、弁護人等と被疑者等との間で行われる意思疎通には当たらず、また、これを補助するものとみることもできないから、接見交通権の保障の範囲に含まれると解することはできない」としているが、この判示からは、「弁護人等と被疑者等との間で行われる意思疎通」を「補助するもの」であれば、「接見」に当たることが示唆されている。そうであるならば、接見にさいしての弁護人による情報通信機器の使用は、口頭の面談による意思疎通を「補助」し、あるいはそれに付随する密接不可分なものとして、それ自体、刑訴法39条1項にいう「接見」に含まれるというべきであろう。

（3）情報通信機器の使用を制限する「法令」の不存在

　接見にさいしての弁護人による情報通信機器の使用が、刑訴法39条1項にいう「接見」に含まれ、同規定による接見交通権の保障の範囲内にあるのであれば、それを制限する「法令」（同条2項）は存在しないから、その制限は許されないというべきである。

　刑訴法39条は、1項において接見交通権を保障したうえで、2項において、「前項の接見又は授受については、法令（裁判所の規則を含む。以下同じ。）で、被告人又は被疑者の逃亡、罪証の隠滅又は戒護に支障のある物の授受を防ぐため必要な措置を規定することができる」と定めている。なお、ここにいう「戒護」とは、「逃亡、自殺、暴行等を防止するための強制的措置をいう」とされている[12]。このような刑訴法39条の規定構造からすると、同条1

12　河上和雄ほか編『注釈・刑事訴訟法（第3版）（第1巻）』（立花書房、2011年）461頁〔植村立郎〕。

項の接見交通に対する制限は、同条3項による接見指定の場合を除いては、同条2項にいう「法令」の規定に基づいてのみ許されるというべきである。そのように理解しなければ、同規定が接見交通権の制約は「法令」によるべきものと明記したことの意味が失われるからである[13]。

　刑事収容施設法118条1項ないし4項は、未決拘禁者と弁護人との面会に関する制限を定めている。同規定があげているのは、日・時間帯（1項）、相手方の人数（2項）、これらの制限に適合しない面会申出の原則許可（3項）、面会場所（4項）である。刑事収容施設法のなかには、ほかにも、弁護人による情報通信機器の使用制限を根拠づける規定はない。したがって、「接見」としての弁護人による情報通信機器の使用を制限するための「法令」（刑訴法39条2項）の規定は、存在しないといわなければならない。

（4）接見交通権の本質に及ぶ制限の排除

　遡って考えるならば、接見にさいしての弁護人による情報通信機器の使用が「接見」に含まれるとするとき、たとえ「法令」によっても、それを禁止することはできないというべきである。

　かねてより、刑訴法39条2項の「法令によっても、被疑者、被告人の本質的な権利を制限することはできない」ことが指摘されてきた。同「規定が、前項の接見について、法令により必要な措置を規定することができるとする関係から、逃亡等を防ぐためには、弁護人の接見に立会いも可能であるかのように文理上解釈可能であるが、弁護人と被疑者等の秘密交通権の重要性から考えて、立会人をおくことは許されない」というのである[14]。このことは、刑訴法39条1項の保障する接見交通権が、憲法34条・37条3項による弁護人の援助を受ける権利に由来する、憲法的重要性を有する権利であることから導かれるといえよう。刑訴法39条2項にいう「必要な措置」には固有の限界

---

[13] 刑訴法39条2項が掲げる目的のうち、たしかに文理上、逃亡と罪証隠滅は「接見」と「授受」の両方にかかり、戒護に支障のある物は「授受」についてだけかかっている（河上和雄ほか編『大コンメンタール・刑事訴訟法（第3版）（第1巻）』（青林書院、2013年）447頁〔河上＝河村〕）。しかし、接見にさいしての戒護に支障のある物の授受を防ぐための措置が、面会室において遮蔽板を設置するなど、間接的ではあるにせよ、接見の態様を制限することもあるといえよう。

があり、接見交通権の「本質」に及ぶような、重大で実質的な制限は許されないというべきなのである[15]。たとえば、いかに「法令」によろうとも、逃亡および罪証隠滅を防ぐとの目的から、接見にさいして被疑者・被告人と弁護人とのあいだでなされたコミュニケーションの内容を探知する措置は、秘密性の保障が接見交通権の「本質」をなすことからすれば、許されないというべきであり、同条1項にいう「立会人なくして」は、このことを含意して

---

[14] 河上・註13書447頁〔河上和雄＝河村博〕。これに対して、たとえば福岡高裁2011（平23）7・1判例時報2127号9頁は、刑訴法39条1項による秘密交通権が憲法34条の保障に由来するものであることを認めながら、「他方で、憲法が刑罰権の発動ないし刑罰権発動のための捜査権の行使が国家の権能であることを当然の前提としていることに照らし、被疑者等と弁護人等との接見交通権は、刑罰権ないし捜査権に絶対的に優先するような性質のものではない」としたうえで、捜査・取調べ権限の適正な行使が「秘密交通権の保障と抵触することは、事実としては承認せざるを得ないところである」とし、「被疑者等が有効かつ適切な弁護人等の援助を受ける機会を確保するという刑訴法39条1項の趣旨を損なうことにならない限りにおいて、捜査機関が被疑者等から接見内容に係る供述を聴取したことが、直ちに国賠法上違法となると断ずることは相当でない」としているように、接見の秘密性の保障が問題とされた下級審判例においては、これまで、捜査・取調べ権限の行使と接見の秘密性の保障とのあいだの「調整」の余地を認める立場がとられてきた。しかし、接見における秘密性の保障は、接見交通権の「本質」をなすものであるから、秘密性を奪うような措置は、接見交通権の本質に及ぶ、重大で実質的な制限だといわざるをえない。したがって、いかに捜査・取調べの必要性があろうとも、それをもって秘密性の保障を相対化することはできないというべきである。この点について、葛野・註2書186頁以下参照。あるいは、先の福岡高裁判決も、秘密交通権の相対化については、「刑訴法39条1項の趣旨を損なうことにならない限りにおいて」という条件を付しているところ、接見の秘密性を奪う措置は、被疑者・被告人と弁護人とのコミュニケーションに萎縮的効果をもたらし、必然的に「刑訴法39条1項の趣旨を損なうことにな」るから、許される余地はないということもできよう。この点については、徳永光「秘密交通権をめぐる議論状況」川崎英明＝白取祐司編著『刑事訴訟法理論の探求』（日本評論社、2015年）84頁参照。なお、先のような「調整」論は、接見指定を「接見交通権の行使と捜査権の行使との間に合理的な調整を図」るための制度として性格づけた最大判1999（平11）・3・24民集53巻3号516頁の判示を参照しているが、この大法廷判決の判示は、あくまでも刑訴法39条3項による接見指定の合憲性を判断するにあたり示されたものであって、ここにいう「合理的な調整」とは、被疑者の身体拘束に時間制限があることを前提として、接見交通権の行使と捜査・取調べ権限の発動とのあいだで一つしかない被疑者の身体の利用が競合した場合において、接見の日時・場所・時間の指定によって、合理的な時間的・場所的調整を図ることを意味しているものと理解すべきである。

[15] 刑訴法39条3項は、捜査機関による接見指定について、「日時、場所及び時間」の指定に限定したうえで、さらに但書において、「その指定は、被疑者が防禦の準備をする権利を不当に制限するようなものであつてはならない」と定めており、接見指定による接見交通権の制限に限界を設けている。これと同様に、同条2項にいう「必要な措置」についても、その制限は無限定ではなく、接見交通権の「本質」に及ぶような、重大で実質的な制限は許されないというべきである。

いると理解すべきである。

　情報通信機器の使用の制限はどうか。たしかに、情報通信機器の使用制限によって、接見の機会が奪われるわけではない[16]。しかし、情報通信機器の使用制限は、それ自体、重大で実質的な制限だというべきである。弁護人が接見にさいして、情報通信機器を用いて、実効的な助言・相談を提供するために必要・有用な視覚的情報を取得したうえで、それを画面上に映し出し、被疑者・被告人に提示し、閲覧させる場合、このような情報通信機器の使用は、被疑者・被告人に対する助言・相談の提供に付随して、それを直接補助するための行為であって、このような情報通信機器の使用が制限されるならば、弁護人が提供する助言・相談の「質」が低下し、接見の防御手段・弁護手段としての実効性が実質的に損なわれることになろう。この点からすれば、接見交通権の「本質」に及ぶような、重大で実質的な制限であり、したがって、いかに「法令」によろうとも、それは許されないというべきである。

　ところで、いまかりに、刑訴法39条1項にいう「接見」に対しても、同条2項にいう「法令」によることなく、刑事収容施設法独自の目的による制限が可能であるとの前提に立ったとしても、「接見」としての弁護人による情報通信機器の使用を制限することは許されないというべきである。本章4（3）以下において論じるように、弁護人が接見にさいして情報通信機器を使用したとしても、それにより、刑事施設における規律・秩序を阻害する現実的な危険は生じえないからである。

16　この点については、接見にさいしての弁護人による写真撮影の制限の場合と同じである。弁護人による写真撮影を理由とした接見の制限の適法性が争われた田邊事件において、一審・福岡地裁小倉支部は、「接見交通権の保障により確保されるべき、身体の拘束を受けている被疑者等が弁護人等と相談し、その助言を受けるなど弁護人等から援助を受ける機会自体が制限されるものということはできない」と指摘し、このことをもって、施設職員が規律・秩序侵害行為の「制止」措置として（刑事収容施設法117条・113条1項）、弁護人による写真撮影を阻止したことが、「接見交通権に対する不当な制約に当たるものでない」とする根拠とした。しかし、情報通信機器の使用制限の場合と同様、写真撮影の制限は、それ自体、重大で実質的な制限だというべきである。弁護人が接見にさいして取得した視覚的情報を記録する手段として、写真撮影は、機械的記録としての性格を有しており、他の手段に比べ、正確性において優れている。それゆえ、写真撮影を禁止することは、弁護人から、接見にさいして取得した視覚的情報の最も効果的な記録手段を奪うことにほかならず、この点において、接見交通権の「本質」に及ぶような、重大で実質的な制限であって、いかに「法令」によろうとも許されないというべきである。

4 庁舎管理権、規律・秩序侵害行為と接見交通権

（1）刑訴法39条2項と刑事収容施設法117条・113条

　いまかりに、接見にさいしての弁護人による情報通信機器の使用が刑訴法39条1項にいう「接見」に当たらないとの前提に立ったとしても、接見時の情報通信機器の使用を制止することによって接見を中断させ、あるいはそれを理由として接見を一時停止または終了させることは、接見交通権の制約にほかならず、以下論じるように、このような情報通信機器の使用を理由とする接見交通権の制約も許されないというべきである。

　刑事収容施設法117条・113条は、面会にさいしての弁護人の行為の「制止」および面会の「一時停止」を認めるものであって、接見交通権の制約を許す規定にほかならない。この点について、田邊事件の一審判決は、これらの制止または一時停止の「措置は現に行われている面会をいったん中断させるのと同じ状態に置く効果を伴う場合もあり、又は一時的に面会をできない状態に置く効果を伴うものであり、少なくともその意味において接見交通権に対する制約となり得るもの」だと述べている。本章1（3）において示した法務省矯正局関係者の説明にあるように、弁護人による面会室への情報通信機器の持込みの禁止は、国有財産法5条による刑事施設長の庁舎管理権に基づくものとされており、弁護人が接見にさいして情報通信機器を使用した場合における施設職員による使用の制止措置、さらには情報通信機器の使用を理由とする接見の一時停止・中止の措置は、刑事施設被収容者処遇法117条・113条によるものとされている。弁護人による情報通信機器の使用は、「刑事施設の規律及び秩序を害する行為」（同法117条1項）に該当するとするのである。このような理解は、接見にさいしての弁護人による写真撮影の制限を適法とした下級審判例もとるところであった[17]。

　しかし、刑事収容施設法117条・113条に基づく制限を許容する見解（以下、制限許容論）については、いくつかの重大な疑問がある。これらの規定の法意を誤って理解しているからである。

　制限許容論の前提には、憲法による弁護人の援助を受ける権利の保障の趣

旨が実質的に損なわれない限りにおいて、接見交通権の行使に対する刑事施設の規律・秩序の維持という刑事収容施設法独自の目的による調整の規定を法律に設けることが否定されることはなく、刑事施設被収容者処遇法117条・113条1項は、刑事事件の被疑者・被告人たる未決拘禁者と弁護人との面会について、「刑事施設の規律及び秩序を害する行為」（同法113条1項ロ）がなされる場合において、刑事施設の規律・秩序の維持という目的のために、これを制止し、または面会を一時停止することができる旨定めているものであって、先の意味における「調整」の規定に当たるとする理解があるといえよう[18]。

しかし、刑訴法39条2項と刑事収容施設法の規定との本来の関係からすれば、刑事収容施設法117条・113条についてこのように理解することには、重大な疑問がある[19]。

竹内事件の控訴審判決は、弁護人による写真撮影を理由として施設職員が接見を一時停止・終了させた措置を適法と判断するにあたり、刑事収容施設法の117条・113条が「未決拘禁者の逃亡のおそれ、罪証隠滅のおそれ、その他の刑事施設の設置目的に反するおそれといった要件を規定することなく、

---

[17] 田邊事件の一審判決は、小倉拘置支所長がその庁舎管理権に基づいて、面会室への通信・撮影機器の持込みを禁止していることについて、「小倉拘置支所が多数の未決拘禁者を収容する施設であることからすれば、当該禁止措置は、未決勾留の目的である逃亡又は罪証隠滅の防止並びに刑事施設の適正な規律及び秩序の維持をもその目的としているものと解されるところ、当該禁止措置は現状において上記の目的を達するために必要かつ合理的な措置であると認められる」としたうえで、註18において参照した判示にあるように、面会室への弁護人の携帯電話の持込みおよびそれを用いた撮影行為は、「小倉拘置支所長の前記禁止措置に反するものであるから、刑事施設の職員においてはこれを行わないように求める制止の措置を執る必要があり、また、……面会室における写真撮影が接見交通権の保障の範囲に含まれないと解されることからすれば、上記制止の措置による原告の接見交通権に対する制約の程度としては面会が原告による上記制止の措置への対応の限度において一時的に中断するというものにとどまるものというべきである」とし、施設職員による制止措置については、弁護人の接見交通権を不当に制約するものとまでいうことはできないとした。また、竹内事件の控訴審判決も、刑事施設長が国有財産法5条に基づく庁舎管理権により、面会室内での写真撮影などを禁止することができるとしたうえで、刑事収容施設法117条・113条に基づき、「拘置所職員が刑事施設の規律及び秩序を害する行為」を理由として、被告人と弁護人との接見を終了させた措置は、接見交通権ないし弁護活動の不当な侵害には当たらないと判断していた。このような理解には重大な疑問がある。この点については、葛野・註2書348頁以下、同「接見にさいしての弁護人の写真撮影をめぐる法的問題（2完）」一橋法学1025頁以下参照。

規律等侵害行為があれば、その行為の制止、面会の一時停止、面会の終了の措置を執ることができる旨規定している」ことは、「規律等侵害行為が認め

18　田邊事件の一審判決は、刑訴法39条 3 項による接見指定が憲法34条に違反しないとした1999年 3 月24日最高裁大法廷判決などを参照しつつ、接見交通権と憲法の保障する弁護人の援助を受ける権利との関係を確認したうえで、「憲法は、刑罰権の発動ないし刑罰権発動のための捜査権の行使が国家の権能であることを当然の前提とするものであり、このような刑罰権の発動ないし捜査権の行使のために必要なものとして、刑訴法の規定に基づき、逃亡又は罪証隠滅の防止を目的として、被疑者等の居住を刑事施設内に限定する未決勾留という制度を認めるものであるから、弁護人等と被疑者等との接見交通権が憲法の保障に由来するからといって、これが刑罰権ないし捜査権に絶対的に優先するような性質のものということはできない。また、刑事施設は、多数の被拘禁者を外部から隔離して収容する施設であって、同施設内でこれらの者を集団として管理するに当たっては、内部における規律及び秩序を維持し、その正常な状態を保持する必要があるが、憲法は、このような刑事施設の規律及び秩序を維持する必要があることを否定するものではないから、憲法34条は、被疑者等に対して弁護人等から援助を受ける機会を持つことを保障するという趣旨が実質的に損なわれない限りにおいて、法律に接見交通権の行使と刑罰権の発動ないし捜査権の行使との間を調整する規定や刑事施設の規律及び秩序の維持を目的とする調整の規定を設けることを否定するものではない」としている。そのうえで、刑事収容施設法117条・113条は、このような意味における「調整の規定」だとしたのである。たしかに、最高最大法廷判決は、「憲法は、刑罰権の発動ないし刑罰権発動のための捜査権の行使が国家の権能であることを当然の前提とするものであるから、被疑者と弁護人等との接見交通権が憲法の保障に由来するからといって、これが刑罰権ないし捜査権に絶対的に優先するような性質のものということはできない。そして、捜査権を行使するためには、身体を拘束して被疑者を取り調べる必要が生ずることもあるが、憲法はこのような取調べを否定するものではないから、接見交通権の行使と捜査権の行使との間に合理的な調整を図らなければならない。憲法34条は、身体の拘束を受けている被疑者に対して弁護人から援助を受ける機会を持つことを保障するという趣旨が実質的に損なわれない限りにおいて、法律に右の調整の規定を設けることを否定するものではない」と判示しており、「接見交通権の行使と捜査権の行使との間」の「合理的な調整」を認めていた。また、竹内事件の一審判決も、最高裁大法廷判決を参照しつつ、「憲法は、……法律に……調整規定を設けることを否定するものではない」と述べており、刑事収容施設法117条・113条がこのような「調整規定」であることを示唆していた。しかし、註（14）において述べたように、最高裁大法廷判決は、あくまでも刑訴法39条 3 項による接見指定の合憲性を判断したものであって、ここにいう「合理的な調整」も、被疑者の身体拘束に時間制限があることを前提として、接見交通権の行使と捜査・取調べ権限の発動とのあいだで一つしかない被疑者の身体の利用が競合していることを前提として、接見交通の「日時、場所及び時間」の調整を許したものでしかない。最高裁大法廷判決の趣旨が、接見交通権と刑事施設における規律・秩序の維持などの対抗利益とのあいだの「合理的調整」を一般に認めるというものであって、さらにこの「合理的な調整」として、接見の中断・一時停止・終了、接見内容の探知など「日時、場所及び時間」の調整を超える「調整」を許す趣旨であると理解することはできない。本文において述べたように、刑訴法39条 1 項の保障する接見交通権の「内在的制約」は、同条 2 項および 3 項の規定のなかに具体化されており、それに尽きているというべきである。

られる場合には、刑事施設の規律秩序を維持するための措置を執る必要があるため、規律等侵害行為の他には、上記のような逃亡のおそれ等の要件を要求しないとしたことに基づくもの」だとした。控訴審判決とは対照的に、同事件の一審判決は、刑事収容施設法のこれらの規定が刑訴法39条1項の保障する接見交通権を制約するものであるとの理解を前提として、規律・秩序侵害行為を理由として面会を一時停止・終了させることができるのは、「遵守事項に違反する行為等をすることにより、具体的事情の下、未決拘禁者の逃亡のおそれ、罪証隠滅のおそれ、その他の刑事施設の設置目的に反するおそれが生ずる相当の蓋然性があると認められる場合に限られる」とした。このような判示は、刑訴法39条2項と刑事収容施設法の規定との関係を正しく捉えたものだということができる。

刑訴法39条は、1項において接見交通権を保障したうえで、2項において、「前項の接見又は授受については、法令（裁判所の規則を含む。以下同じ。）で、被告人又は被疑者の逃亡、罪証の隠滅又は戒護に支障のある物の授受を防ぐため必要な措置を規定することができる」と定めている。このような刑訴法39条の規定構造からすると、同条1項の接見交通に対する制限は、同条2項にいう「法令」の規定に基づいてのみ許されるだけでなく、そのような「法令」の規定に基づく制限は、「被告人又は被疑者の逃亡、罪証の隠滅又は戒護に支障のある物の授受を防ぐ」という目的のために必要な範囲においてのみ認められるというべきである。そのように理解しなければ、すなわち同条2項にいう「法令」によることなく接見交通に対する制限が可能であって、同規定が示しているもの以外の目的による制限が許されるとするならば、同規定が接見交通権の制約については、制限の目的を限定して明示したうえで、

19　川出敏裕「身柄拘束制度の在り方」ジュリスト1370号（2009年）108頁は、刑訴法39条1項の接見交通に対しても、収容施設の規律・秩序の維持という刑事収容施設法独自の目的により制限を加えることが可能であり、同法117条は、そのような趣旨から設けられた規定であるとする。林真琴＝北村篤＝名取俊也『逐条解説・刑事収容施設法（改正版）』（有斐閣、2013年）598頁は、刑事収容施設法117条は「『刑事施設の規律及び秩序を害する行為』がなされるときは、本条に基づく一時停止および終了の措置を執ることができるものとされている」とし、これらの措置は「刑訴法39条2項が法令で規定することができるとしている措置ではない」としているが、この見解は、同規定にいう「法令」によるのとは別に、刑事収容施設法においてその独自の目的から、独自の制限を設けることができるとの立場を前提としている。

「法令」によるべきとしたことの意味が失われるからである[20]。

　たしかに、刑事施設における適正な規律・秩序の維持は、それ自体、憲法の予定する刑罰権の適正な実現にとって必要かつ重要なことであろう。このことから、刑訴法39条1項の保障する接見であっても、これら刑事収容施設法独自の目的を達成するために必要な制限であれば、合理的な範囲において、あるいは必要最小限度において、接見交通権の「内在的制約」として許容されるべきとする見解もあるかもしれない。しかし、刑訴法39条の規定構造からすれば、同条1項の保障する接見交通権の「内在的制約」は、同条2項および3項の規定のなかに具体化されており、それに尽きているというべきである。同条2項・3項の定める制限を超えて、さらに「内在的制約」としての制限が認められるとすることは、これらの規定が制限の目的、要件、方法、さらには限界を明示しつつ、接見交通権に対する制限を定めたことが無意味になるからである。

　このような理解は、刑訴法が保障する権利の制約について、刑訴法と刑事収容施設法との関係を一元的関係にあるものとして理解することからの帰結でもある[21]。逮捕・勾留という未決拘禁は、もともと刑訴法によって、その訴訟目的を実現するために認められている。その未決拘禁を実際に執行するために、執行に関する具体的な内容を定めているのが、刑事収容施設法である。そうであれば、未決拘禁の目的を定めている訴訟法によって、手段たる刑事収容施設法の内容も規制されるというべきである[22]。したがって、刑訴法が逮捕・勾留された被疑者・被告人、すなわち刑事収容施設法における未決拘禁者の権利を積極的に明文で規定している場合には、刑事収容施設法において、刑訴法の許容する範囲を超えて、そのような権利を制約するような

---

[20] 刑訴法39条2項が掲げる目的のうち、たしかに文理上、逃亡と罪証隠滅は「接見」と「授受」の両方にかかり、戒護に支障のある物は「授受」についてだけかかっている（河上・註13書447頁〔河上＝河村〕）。しかし、接見にさいしての戒護に支障のある物の授受を防ぐための措置が、面会室において遮蔽板を設置するなど、間接的ではあるにせよ、接見の態様を制限することもあるといえよう。
[21] 後藤昭『捜査法の論理』（岩波書店、2001年）109頁以下、緑大輔「弁護人等との外部交通と施設担当者の義務」福井厚編『未決拘禁改革の課題と展望』（日本評論社、2009年）186～193頁。
[22] 後藤・註21書115頁。

規定を設けることはできない。もしそのような規定を認めるとするならば、刑訴法による権利の保障に矛盾する結果となるからである。身体を拘束された被疑者・被告人に対して刑訴法39条が保障する弁護人との接見交通権は、このような刑訴法と刑事収容施設法の一元的関係を示す典型例なのである[23]。

（2）刑事収容施設法117条・113条1項の解釈

　刑事収容施設法117条は、同法113条を準用しつつ、身体を拘束された被疑者・被告人たる未決拘禁者と弁護人との面会にさいしての弁護人の規律・秩序違反行為の制止および面会の一時停止・終了を定めている規定であるから、刑訴法39条1項により保障される接見を制限するものにほかならない。刑訴法39条の規定構造からみて、同条1項の接見に対する制限が、同条2項にいう「法令」によってのみ許されると理解すべき以上、刑事収容施設法117条もまた、刑訴法39条2項にいう「法令」の規定の一つとされるべきことになる[24]。そうであるならば、刑事収容施設法117条に基づく接見の制限は、刑訴法39条2項の規定するところにより、「被告人又は被疑者の逃亡、罪証の隠滅又は戒護に支障のある物の授受を防ぐため必要な措置」に限定されなければならない。

　したがって、第1に、制限の目的は、「被告人又は被疑者の逃亡、罪証の隠滅又は戒護に支障のある物の授受」の防止に限られなければならない。刑事収容施設法117条は、同法113条1項ロを準用しつつ、「刑事施設の規律及び秩序を害する行為」を理由とする規律・秩序違反行為の制止および接見の

---

[23] 後藤・註21書118頁。
[24] 河上ほか・註13書446頁〔河上＝河村〕は、刑訴法39条2項の「法令」として、「刑訴規則30条のほか、刑事収容施設及び被収容者等の処遇に関する法律44条、46条、50条、117条ないし119条、123条、135条、136条、138条、142条、145条（以上、刑事施設）、191条、193条、197条、219条、220条、222条、224条（以上、留置施設）、246条、252条、267条、268条、270条、271条（以上、海上保安施設）、同規則70条等がある」としている。また、松尾浩也監修『条解・刑事訴訟法（第4版）』（弘文堂、2009年）82頁は、同じく刑訴法39条2項の「法令」として、刑訴規則30条、刑事収容施設法44条・46条・50条・117条ないし119条・123条・135条・136条138条・142条・145条・191条・193条・197条・219条・220条・222条・224条・246条・248条・252条・267条・268条・279条・271条・同規則70条などをあげている。いずれも、刑事収容施設法117条をあげている。

一時停止・終了を規定しているところ、刑訴法39条2項の明示する制限の目的からすれば、刑事収容施設法117条・113条に基づき規律・秩序違反行為の制止および面会の一時停止・終了が許されるのは、たんなる「刑事施設の規律及び秩序を害する行為」がなされただけではなく、「被告人又は被疑者の逃亡、罪証の隠滅又は戒護に支障のある物の授受」の危険性が認められる場合に限られると理解しなければならない。刑訴法39条1項の保障する接見交通権が、憲法34条・37条1項による被疑者・被告人の弁護人の援助を受ける権利に由来する、この意味において憲法的重要性を有する権利であることからすれば、ここにいう危険性は、具体的事実によって基礎づけられた現実的危険性として認められなければならない。竹内事件の一審判決は、「面会者が弁護人等の場合、規律等侵害行為を理由に面会を一時停止し又は面会を終了させることができるのは、遵守事項に違反する行為等をすることにより、具体的事情の下、未決拘禁者の逃亡のおそれ、罪証隠滅のおそれ、その他の刑事施設の設置目的に反するおそれが生ずる相当の蓋然性があると認められる場合に限られる」と判示していた。「刑事施設の設置目的」という概念には曖昧さも残るが、これを逃亡および罪証隠滅を防止しながら未決拘禁者の身体の拘束を確保することとして理解するのであれば、同判決は、刑事収容施設法113条1項ロにいう「刑事施設の規律及び秩序を害する行為」を刑訴法39条2項の掲げる目的の枠内において捉えていることとなり、その点において正当であるといえよう。

　第2に、このような接見交通権の憲法的重要性からすれば、上述のように、刑訴法39条2項にいう「必要な措置」としては、接見交通権の本質を損なうような重大で実質的な制限は許されないというべきである。

　これらからすれば、刑訴法39条2項にいう「法令」による、「被告人又は被疑者の逃亡、罪証の隠滅又は戒護に支障のある物の授受」の防止のために「必要な措置」とは別に、刑事収容施設法117条・113条1項に基づき、刑事施設における規律・秩序の維持という同法独自の目的のために、面会にさいしての弁護人の規律・秩序違反行為を制止し、面会を一時停止することができ、もって刑訴法39条1項の保障する接見交通権を制約しうるとすることは、刑訴法39条の規定構造、そして同条2項と刑事施設被収容者処遇法117条・

113条との関係についての正しい理解に立つものとはいえない。

（3）刑事収容施設法118条の趣旨と弁護人による情報通信機器の使用禁止

いまかりに、刑訴法39条2項にいう「法令」による「必要な措置」とは別に、刑事収容施設法117条・113条に基づき、面会にさいしての規律・秩序違反行為を制止し、または面会を一時停止・終了させることができ、もって接見交通権を制約することが可能であるとの前提に立ったとしても、刑事施設長が、国有財産法5条の庁舎管理権に基づき、弁護人による情報通信機器の持込み・使用を禁止したうえで、施設職員が、その禁止措置に違反したことを理由として、「刑事施設の規律及び秩序を害する行為」があると認め、使用行為を制止し、さらには接見を一時停止することによって、接見交通権を制約することができるとすることには、重大な疑問がある[25]。

第1に、弁護人の面会態様の制限に関する刑事収容施設法118条の趣旨からすれば、刑事施設長は、未決拘禁者と弁護人との面会について、弁護人に

---

[25] 岩本浩史「面会室内での弁護人の撮影行為を理由に面会を終了した措置が違法でないとされた事例（東京高判2015〔平27〕・7・9）」新・判例解説Watch 18号（2016年）47頁は、庁舎管理権に基づき刑事施設長が弁護人による写真撮影を禁止することができるかについて、行政法学的観点から検討し、第1に、権利義務の変動は、その根拠として、法規範または合意を必要とするところ「庁舎管理権それ自体は法規範でも合意でもないから、形式的根拠になりえ」ず、庁舎管理権を含む公物管理権の根拠が所有権にあるとしても、「所有権それ自体は法規範でないため、……所有者に『撮影行為禁止権』を与える法規範が、別途存在しなければならないこと、第2に、国有財産法5条・9条1項は「国が行政財産についての管理権を持つことを前提に、管理権限を特定の行政機関に配分する組織規範である」から、これらの規定から、庁舎管理権を媒介として、「撮影行為禁止権」を導くことはできないこと、第3に、接見にさいしての弁護人の写真撮影が、刑訴法39条1項にいう「接見」に当たる場合は当然、かりに「接見」に当たらないとしても、「弁護活動の一環として行われているのであり、『一般的自由としての撮影行為の自由』よりは保障の必要性が高いこと」から、「それを制限するには議会による明示的な承認が必要」なこと、第4に、それゆえ、「庁舎管理権による利用者の自由の規制を条理によって根拠づける」ことはできないこと、第5に、「庁舎管理権は、庁舎の本来の目的を達成するために行使されなければならないところ」、「確かに、秩序維持も安全の確保も庁舎の本来の目的に含まれる」にせよ、「弁護人による撮影行為が一般的自由以上の保障を擁するとすれば」、「抽象的なおそれ」では足りず」、「より具体的なおそれが求められ」るべきであること、を指摘して、刑事施設長の庁舎管理権を根拠にして接見にさいしての弁護人による写真撮影を禁止することはできないとしている。この理は、弁護人による情報通信機器の持込み・使用を庁舎管理権に基づき禁止することについても、同じく妥当するといえよう。

よる情報通信機器の使用を禁止することはできず、したがってその持込みを禁止することもできないというべきである。

　弁護人の面会について、刑事収容施設法118条は、1項において、「未決拘禁者の弁護人等との面会の日及び時間帯は、日曜日その他政令で定める日以外の日の刑事施設の執務時間内とする」とし、2項において、「前項の面会の相手方の人数は、3人以内とする」、3項において、「刑事施設の長は、弁護人等から前2項の定めによらない面会の申出がある場合においても、刑事施設の管理運営上支障があるときを除き、これを許すものとする」、4項において、「刑事施設の長は、第1項の面会に関し、法務省令で定めるところにより、面会の場所について、刑事施設の規律及び秩序の維持その他管理運営上必要な制限をすることができる」と定めている。他方、弁護人以外の者との面会については、5項において、「第114条の規定は、未決拘禁者と弁護人等以外の者との面会について準用する。この場合において、同条第2項中『1月につき2回』とあるのは、『1日につき1回』と読み替えるものとする」と定めており、刑事収容施設法118条5項が準用している同法114条は、1項において、「刑事施設の長は、受刑者の面会に関し、法務省令で定めるところにより、面会の相手方の人数、面会の場所、日及び時間帯、面会の時間及び回数その他面会の態様について、刑事施設の規律及び秩序の維持その他管理運営上必要な制限をすることができる」とし、2項において、「前項の規定により面会の回数について制限をするときは、その回数は、1月につき2回を下回ってはならない」と規定している。

　このように、刑事収容施設法は、未決拘禁者と弁護人以外の者との面会については、受刑者の面会に関する規定（114条）を準用しつつ、刑事施設長に対し、「面会の態様」に関して、「刑事施設の規律及び秩序の維持その他管理運営上必要な制限」を行う包括的権限を授与している。これとは対照的に、弁護人との面会については、面会の日・時間帯（1項）および相手方の人数（2項）に関して法定したうえで、刑事施設長に対しては、4項において、面会の場所に関してのみ、「刑事施設の規律及び秩序の維持その他管理運営上必要な制限」を行う権限を授与しているにすぎない。弁護人以外の者との面会の場合と異なり、面会態様を制限する包括的権限を与えていないのであ

る。このことは、刑訴法39条1項によって接見の自由と秘密性が保障されていることの反映だといえよう。このような刑事施設被収容者処遇法118条4項と同条5項との対比から明らかなように、同法は、弁護人の面会について、刑事施設長が情報通信機器の使用を禁止することを想定していないというべきである。情報通信機器の使用禁止は、それ自体、面会態様の制限にほかならないからである。

　また、刑事収容施設法による制限とは別に、刑事施設長が、国有財産法5条に基づく庁舎管理権を根拠にしつつ、弁護人による情報通信機器の使用を禁止することもできないというべきである。上記法務省矯正局関係者の説明によれば、面会室への情報通信機器の持込み・使用を禁止する刑事施設長の措置の目的は、刑事施設の規律・秩序の維持にあるとされている。このような情報通信機器の持込み・使用の禁止措置の目的は、刑事収容施設法118条4項にいう「刑事施設の規律及び秩序の維持」と重なり合う。それゆえ、もしかりに、刑事施設長が国有財産法5条に基づく庁舎管理権によって、逃亡・罪証隠滅の防止および刑事施設における規律・秩序の維持という目的のために、弁護人による情報通信機器の持込み・使用を禁止することが許されるのだとするならば、そのような禁止措置も弁護人との面会「態様」の制限にほかならないから、刑事収容施設法118条4項のなかに、刑事施設長に対し、「刑事施設の規律及び秩序の維持」のために情報通信機器の持込み・使用を禁止する権限を授与することが明記されていたはずである。しかし、そのような規定はない。このことは、同規定の趣旨として、刑事施設長が国有財産法5条に基づく庁舎管理権を根拠にして、弁護人による情報通信機器の持込み・使用を禁止することによって面会態様を制限することを許していないということを意味している。

（4）弁護人による情報通信機器の使用と逃亡・罪証隠滅の危険

　第2に、接見にさいして弁護人が面会室に情報通信機器を持ち込み、それを用いて、被疑者・被告人に対して助言・相談を提供するために必要・有用な視覚的情報を取得したうえで、それを画面上に映し出し、被疑者・被告人に提示し、閲覧させたとしても、そのような弁護人の行為によって、逃亡・

罪証隠滅の危険が生じ、また、刑事施設における適正な規律・秩序が害されることはないというべきである。

まず、弁護人によるこのような情報通信機器の使用によって、接見交通権の制約を根拠づけるような逃亡・罪証隠滅の危険が生じることはないというべきである。弁護人による情報通信機器の使用が刑訴法39条1項の「接見」には含まれないとの前提に立ったとしても、それが刑事収容施設法117条が準用する同法113条1項ロの「刑事施設の規律及び秩序を害する行為」に当たることを媒介として、接見交通権の制約につながる規律・秩序侵害行為の制止および面会の一時停止・終了を導くものであるから、ここにいう逃亡・罪証隠滅の危険は、具体的事実に基づく現実的危険として認められなければならない。弁護人が高度の専門的能力を有し、厳格な職業倫理によって拘束されていることからすれば、接見にさいして弁護人が情報通信機器を使用することから直接、未決拘禁者の逃亡を招くような、刑事施設の安全を確保するうえでの現実的な支障が生じることは想定できない。弁護人が情報通信機器を通じて、被疑者・被告人に対して逃亡・罪証隠滅の危険を生じさせるような情報をそのように認識しつつ伝達ないし提示することは、違法・不正な行為を助長・利用し、偽証・虚偽陳述をそそのかしてはならないとする弁護士倫理（弁護士職務基本規程14条・75条）に違反するものであって、「非行」として懲戒の対象となりえる（弁護士法56条1項）。すなわち、弁護人は、逃亡、罪証隠滅という未決拘禁の目的を阻害する危険性をはらむ情報を被疑者・被告人に対して伝達してはならないという職業倫理上の厳格な規制に服しているのである。弁護人の高度な専門的能力をあわせ考えるならば、このような危険情報が被疑者・被告人に伝達され、それによって逃亡・罪証隠滅の結果が生じる実的危険性は、かりに皆無とはいえなくとも、きわめて僅少である[26]。このような僅少な危険性を根拠にして、憲法的重要性を有する接見交通権を制約することは正当化されえない。それゆえ、刑事施設長は、逃亡・罪証隠滅の危険が生じることを理由として、弁護人による情報通信機器の持込み・使用を禁止することはできないというべきである。

---

26 葛野・註2書217頁以下参照。

（5）刑事施設長の禁止措置違反と刑事施設における規律・秩序

　いまかりに、弁護人による情報通信機器の持込み・使用を禁止する刑事施設長の措置が認められるとの前提に立ったとしても、禁止措置に違反する弁護人の行為を規律・秩序侵害行為に直結させて、それを理由として接見にさいしての弁護人の使用行為を制止し、または接見を一時停止・終了させることはできないというべきである。

　ここにおいて問題となるのは、刑事収容施設法117条・113条が弁護人の面会の制限理由としてあげている「刑事施設の規律及び秩序を害する行為」の内実である。同法73条は、1項において、「刑事施設の規律及び秩序は、適正に維持されなければならない」としたうえで、2項において、「前項の目的を達成するため執る措置は、被収容者の収容を確保し、並びにその処遇のための適切な環境及びその安全かつ平穏な共同生活を維持するため必要な限度を超えてはならない」と定めている。同条2項からすれば、刑事施設の規律・秩序とは、「被収容者の収容を確保し、並びにその処遇のための適切な環境及びその安全かつ平穏な共同生活を維持する」ことを意味しており、さらに、このような意味における規律・秩序を「適正に維持」（同条1項）するために執る措置は、そのために「必要な限度を超えてはならない」とされているのである。

　このことからすれば、弁護人が接見室内に情報通信機器を持ち込み、接見にさいしてそれを使用し、もって禁止措置に違反したからといって、それが直ちに「刑事施設の規律及び秩序を害する行為」に該当するわけではなく、弁護人による情報通信機器の持込み・使用が、「被収容者の収容を確保し、並びにその処遇のための適切な環境及びその安全かつ平穏な共同生活を維持する」こと、このような意味における規律・秩序を侵害するものかどうかが厳密に検討されなければならない。

　刑事収容施設法73条2項にいう「被収容者の収容」の「確保」は、未決拘禁者の逃亡の防止と同義であって、弁護人による情報通信機器の持込み・使用が逃亡の危険を生じさせるものでないことは、先に述べたとおりである。問題は、弁護人による情報通信機器の持込み・使用が、刑事施設における適切な処遇環境および安全・平穏な共同生活の維持を害するかどうかである。

このことが肯定されなければ、弁護人による情報通信機器の持込み・使用について、それがたとえ刑事施設長の禁止措置に違反するものであったとしても、同法113条1項ロにいう「刑事施設の規律及び秩序を害する行為」に当たるとすることはできないのである。

しかし、弁護人による情報通信機器の持込み・使用を理由として接見交通権を制約しうるとする見解は、弁護人による持込み・使用が、刑事施設における適切な処遇環境および安全・平穏な共同生活の維持を害するかどうか、具体的事実を根拠にしてそのような侵害の現実的危険があるといえるかを検討することなく、たんに刑事施設長の禁止措置に違反する行為であるというだけで、それが「刑事施設の規律及び秩序を害する行為」に当たると認めているようである。この点において、重大な問題をはらんでいる。実質的にみたときも、弁護人が高度の専門的能力を有し、厳格な職業倫理に拘束されることからすれば、弁護人による情報通信機器の持込み・使用によって、刑事施設における適切な処遇環境および安全・平穏な共同生活の維持に対する現実的危険が生じるとはいえないはずである。

5　情報通信機器の許容されない使用の回避可能性

(1) 情報通信機器の他の使用類型の適法性

以上のように、遠藤事件における情報通信機器の使用（本章2（2）の第1類型に該当する）について検討したところ、弁護人が接見にさいして、情報通信機器を用いて、実効的な助言・相談を提供するために必要・有用な視覚的情報を取得したうえで、それを画面上に映し出し、被疑者・被告人に提示し、閲覧させることは、それ自体として、刑訴法39条1項にいう「接見」に当たり、刑事収容施設法のなかには、それを制限するための刑訴法39条2項にいう「法令」の規定は存在せず、また、かりに同規定にいう「法令」によらずとも制限が可能だとの前提に立ったとしても、情報通信機器の使用禁止は、防御手段・弁護手段としての接見の実効性を実質的に低減させることとなり、接見交通権の本質にわたる制限となって、許されないというべきである。かりに、弁護人による写真撮影それ自体が「接見」に含まれないとし

ても、刑事施設長が国有財産法5条に基づく庁舎管理権を根拠にして、接見にさいしての情報通信機器の持込み・使用を禁止したうえで、その禁止措置に違反する弁護人の行為が「刑事施設の規律及び秩序を害する行為」（刑事収容施設法117条・113条1項ロ）に当たるとして、弁護人の使用行為を制止し、または接見を一時停止・終了させることは許されないというべきである。

次の問題は、本章1（1）において示したように、遠藤事件における情報通信機器の使用とは異なる類型の使用が、刑訴法および刑事施設被収容者処遇法のもとで許容されない場合があるとすれば、弁護人による面会室への情報通信機器の持込みを認めても、許容されない使用を確実に回避することができるかである。まず、許容性の検討から始める。

本章2（2）において示した第2類型、すなわち弁護人が緊急の必要から接見時に準抗告申立書などを作成し、面会室内から所属する法律事務所にパソコンの電子メールを用いて送信し、それを裁判所に提出するよう事務職員に指示する、接見時に被疑者・被告人から緊急を要する第三者への伝言を依頼されたので、弁護人がそれを聴取したうえで、面会室内から第三者に携帯電話を用いて伝言内容を伝達するなど、弁護人自身が、効果的な弁護を提供するために使用するという類型についてはどうか。

この類型の使用は、接見にさいして行われているものの、被疑者・被告人と弁護人とのあいだの意思疎通ないし情報の発信・取得に付随して、それらと一体化して行われているとはいえないであろう。コミュニケーションとしての一体性を有しないのである。そうである以上、それ自体として、刑訴法39条1項にいう「接見」に当たるとはいえない。しかし、接見にさいして、被疑者・被告人が弁護人の効果的な援助を受けるために、弁護人からすれば効果的な弁護を提供するために必要なものとしてなされるものであって、弁護人の厳格な職業倫理と高度な専門性を考えたときに、このような情報通信機器の使用によって、被疑者・被告人の逃亡・罪証隠滅の危険が生じ、拘禁目的が阻害されることはないというべきであるから、正当な弁護手段だということができる。この類型の情報通信機器の使用は、接見にさいして、それと密接に関連する弁護手段であるから、刑訴法39条1項の「接見」に準じて、自由と秘密性を保障されるべきであろう[27]。

第3類型、すなわち弁護人がカメラを用いて未決拘禁者の容ぼう・姿態を撮影し、その画像をそのまま情報通信機器を用いて外部の第三者に対して送信する場合、あるいは逆に、外部の第三者の容ぼう・姿態を内容とする通信情報を取得し、画面上にそれを映し出し、そのまま未決拘禁者に閲覧させる場合も含め、弁護人等自身が情報通信機器を使用するのではなく、被疑者・被告人が弁護人の携帯電話などを使用して、外部の第三者と直接通話し、そのような通話を弁護人が補助するという類型の使用についてはどうか。

　弁護人がこのようにして情報通信機器を使用した場合、実質的にみて、未決拘禁者たる被疑者・被告人と外部の第三者とのあいだでコミュニケーションが行われることになり、被疑者・被告人と弁護人とのあいだのコミュニケーションとしての実質が認められない。現在、刑事収容施設法においては、未決拘禁の目的の確保という観点から、被疑者・被告人と弁護人以外の者とのあいだの面会および信書発受については、種々の制限を設ける規定が存在している。未決拘禁者たる被疑者・被告人が、弁護人の情報通信機器を用いて、実質的にみて外部の第三者とのあいだでコミュニケーションを行うことは、このような法的制限を潜脱する行為に当たり、許されないというべきである。被疑者・被告人に対して刑訴法81条の接見禁止が付されている場合には、接見禁止の潜脱ともなる。それゆえ、弁護人が自己の情報通信機器を使用することにより、そのような被疑者・被告人のコミュニケーションを補助することは、違法・不正な行為の助長・利用を禁止する弁護士職務基本規程14条に違反することとなり、懲戒対象たる「非行」（弁護士法56条1項）ともなりえよう。これが原則である[28]。

　さらに、第4類型の使用が問題となる。パソコン、スマートフォン、タブレットなど現代の情報通信機器は、すべてといってよいほど、写真撮影およびビデオ録画の機能を有しているため、接見にさいして弁護人が、情報通信機器をその本来の機能たる情報の発信・取得のためにではなく、写真撮影またはビデオ録画のために用いることが可能である。弁護人による写真撮影を理由とする接見制限の適法性が争われた事件も存在している。

27　葛野・註2書242頁。

本来、弁護人が、被疑者・被告人の容ぼう、受傷状況など、接見にさいして取得した視覚的情報を写真撮影・ビデオ録画によって記録することは、それ自体、刑訴法39条1項にいう「接見」に当たるというべきである。刑事収容施設法のなかには、それを制限するための刑訴法39条2項にいう「法令」の規定は存在しない。かりに、同規定にいう「法令」によらずとも制限が可能だとの前提に立ったとしても、写真撮影の禁止は、接見にさいして弁護人が取得した視覚的情報の最も効果的な記録手段を奪うことになるから、接見交通権の本質にわたる制限となって、許されないというべきである。かりに、弁護人による写真撮影それ自体が「接見」に含まれないとしても、施設長が国有財産法5条に基づく庁舎管理権を根拠にして、面会室への通信・撮影機器の持込みを禁止したうえで、その禁止措置に違反する弁護人の行為をもって、「刑事施設の規律及び秩序を害する行為」（刑事収容施設法117条・113条1項ロ）に当たるとして、弁護人の行為を制止し、または弁護人の面会を一時停止・終了させることは許されないというべきである[29]。

　しかし、刑事施設職員が、弁護人による写真撮影を理由として撮影を制止し、接見を一時停止・終了させた措置の適法性が争われた国家賠償訴訟において、いくつかの下級審判例が、撮影機器の持込み・使用を禁止する刑事施

---

[28] 葛野・註2書241頁以下参照。他方、弁護人が関与する形で、被疑者・被告人が情報通信機器を通じて第三者とコミュニケーションを行うとき、そのコミュニケーションは防御権行使の手段ともなりうるものであるから、個別具体的状況のいかんによっては、コミュニケーションの禁止が防御権の過剰な制約とならないよう、例外的に許容される余地があるとしなければならない。すなわち、コミュニケーションが防御手段であること、また、一般人との面会および信書発受に関する法的制限の実質的根拠が、逃亡、罪証隠滅など未決拘禁の目的を阻害する行為の防止にあることからすれば、防御上の必要性があり、かつ、コミュニケーション状況の具体的設定、モニタリングなどにおいて、コミュニケーションに対して弁護人の実質的コントロールが及んでおり、その選別・遮断機能が働くことによって、被疑者・被告人と第三者とのあいだで未決拘禁の目的を阻害するような危険情報が交換される可能性が、たとえ皆無でなくとも、僅かにすぎない場合であれば、弁護人の情報通信機器を用いたコミュニケーションも許容されるというべきである。このような場合、コミュニケーションを補助する弁護人の行為は、職業倫理に違反しないばかりか、第2類型における情報通信機器の使用の場合と同様、接見時の、接見と密接に関連した正当な弁護活動として、刑訴法39条1項の「接見」に準じ、秘密交通権の保障のもとにおかれるべきである。

[29] 接見にさいしての弁護人による写真撮影・ビデオ録画の適法性について、葛野・註2書342頁以下、註11「接見にさいしての弁護人の写真撮影をめぐる法的問題（1）・（2完）」参照。

設長の措置を適法としたうえで、刑事施設職員のこれらの措置を適法と判断している。これらの下級審判決の判断を前提にするのであれば、接見にさいしての弁護人の写真撮影は、刑事収容施設法のもとで、少なくとも許されない場合があるということになろう。

以上のように、刑訴法および刑事収容施設法のもとで、遠藤事件におけるような第1類型の使用については、適法とされるものの、第3類型の使用、すなわち弁護人等自身が情報通信機器を使用するのではなく、被疑者・被告人が弁護人の携帯電話などを使用して、外部の第三者と直接通話し、そのような通話を弁護人が補助するという類型の使用については、原則として許されない。また、接見にさいしての弁護人の写真撮影・ビデオ録画についても、これまでの下級審判例の判断を前提とする限り、少なくとも許されない場合がありえよう。

（2）許容されない使用の的確な選別と確実な回避

次の問題は、接見にさいしての弁護人による使用であっても、情報通信機器の法的に許容されない使用がありえるときに、そのことを理由として、刑事施設長は弁護人が面会室に情報通信機器を持ち込み、接見にさいして使用することを全面禁止し、そのうえで弁護人がその禁止措置に違反したときに、刑事施設職員は弁護人の使用を制止し、接見を一時停止・中断するなど、接見を制限することが許されるかである。このとき、刑訴法39条1項にいう「接見」として、あるいは「接見」に準じて保護されるべき情報通信機器の使用がある以上、弁護人が許容されない使用に及ぶことを確実に回避することができるのであれば、情報通信機器の全面的な持込み・使用の禁止を正当化することはできず、したがってその禁止措置に違反したことを理由として、接見を制限する措置をとることもできないというべきである。

以下のように、弁護人の厳格な職業倫理と高度な専門的能力を考えるならば、許容されない使用を確実に回避することは可能である。

第3類型の使用については、上述のように、実質的にみるならば、未決拘禁者たる被疑者・被告人と外部の第三者とのあいだでコミュニケーションが行われることになり、刑訴法および刑事収容施設法のもとで、法的制限を潜

脱する違法な行為とされる限り、弁護人が自己の情報通信機器を用いてそのようなコミュニケーションを補助することは、違法・不正な行為の助長・利用を禁止する弁護士職務基本規程14条に違反し、懲戒対象たる「非行」（弁護士法56条1項）ともなりえよう。

接見にさいしての写真撮影・ビデオ録画についても、これまでの下級審判例の判断を前提とする限り、少なくとも許されない場合があり、弁護人が自ら情報通信機器を用いて、許容されない写真撮影・ビデオ録画をあえて行うことは、職業倫理上、原則として回避すべきことともなろう。

弁護人の高度な専門的能力からすれば、接見にさいしての情報通信機器の使用について、職業倫理上回避すべき場合であるかどうかを的確に判別することは可能であろう。また、弁護人が、職業倫理上回避すべき場合であることを判別したならば、厳格な職業倫理に拘束されていることからすれば、そのような情報通信機器の使用を確実に回避することになろう。弁護人が職業倫理に反する行為にあえて及ぶとは想定できないのである。そうである以上、弁護人が許容されない使用に及ぶ可能性があることを理由として、刑事施設長が情報通信機器の持込み・使用を全面禁止することは許されず、刑事施設職員がその禁止措置に違反したことにより接見を制限することもできないというべきである。

かりに、弁護人による選別と回避措置がうまく機能せず、職業倫理上回避すべきような情報通信機器の使用がなされる可能性が存在するとしても、弁護人における専門的能力の高さと職業倫理の厳格さからすれば、そのような可能性はきわめて小さいといわなければならない。すなわち、刑事施設における規律・秩序を阻害する危険は、きわめて小さいのである。そうであるならば、このような僅少な危険性を根拠にして、あらゆる情報通信機器の使用を包括的に禁止することは、防御権・弁護権の行使にとって必要かつ重要な情報通信機器の使用があることからすれば、被疑者・被告人の防御権、弁護人の弁護権に対する過剰な制限となり、許されないというべきである。

6　結　論

　本章の結論は、1（2）において示したとおりであるが、再度、重要な点に限って確認するならば、以下のようになる。

　第1に、遠藤事件における情報通信機器の使用は、防御手段・弁護手段としての接見の実効性を高めるための情報通信機器の使用であり、被疑者・被告人に対する助言・相談の提供を直接補助し、それと密接不可分なものであって、面会室におけるコミュニケーションとして一体のものである。それゆえ、情報通信機器の使用自体、刑訴法39条1項にいう「接見」に該当する。

　第2に、弁護人による情報通信機器の使用が「接見」に当たるとするとき、刑事収容施設法のなかには、それを制限するための刑訴法39条2項にいう「法令」の規定は存在しない。かりに、同規定にいう「法令」によらずとも制限が可能だとの前提に立ったとしても、情報通信機器の使用を禁止することは、弁護人が被疑者・被告人に対する助言・相談の提供を直接補助し、防御手段・弁護手段としての接見の実効性を高める重要な手段を奪うことになるから、接見交通権の本質にわたる制限となって、許されないというべきである。

　第3に、かりに、弁護人による情報通信機器の使用が「接見」に含まれないとの前提に立ったとしても、刑事施設長が国有財産法5条に基づく庁舎管理権を根拠にして、面会室への情報通信機器の持込みを禁止したうえで、刑事施設職員が、その禁止措置に違反する弁護人の行為をもって、「刑事施設の規律及び秩序を害する行為」（刑事収容施設法117条・113条1項ロ）に当たるとして、弁護人の使用行為を制止し、または弁護人の面会を一時停止・終了させることは許されないというべきである。

　第4に、弁護人が高度の専門的能力を有し、厳格な職業倫理に拘束されていることからすれば、弁護人は許容されない情報通信機器の使用を的確に判別し、それに基づき、そのような使用を確実に回避することができるというべきである。それゆえ、刑訴法39条1項にいう「接見」として、または正当な弁護権の行使として、刑訴法および刑事収容施設法のもとで制限すること

のできない情報通信機器の使用がある以上、許容されない使用がなされる可能性があるというだけの理由から、弁護人による情報通信機器の持込み・使用を全面禁止することは許されないというべきである。

　本章の冒頭において指摘したように、遠藤事件が提起している法的問題に対してどのような回答を与えるかが、身体を拘束された被疑者・被告人と弁護人との接見交通権の保障のあり方を左右し、さらにはそれを通じて、憲法34条・37条1項が保障する被疑者・被告人の弁護人の援助を受ける権利の保障のあり方を決することになる。当事者主義構造をとる刑事手続は、当事者間の実質的対等ないし武器平等が確保されてこそ、はじめて有効に機能し、真実発見にも寄与しうる。当事者間の実質的対等を確保するうえで最も重要なものは、弁護人の効果的な援助の保障である。そして、身体を拘束された被疑者・被告人が弁護人の効果的な援助を受けるためには、接見交通権を十全に保障することこそが最も重要である。弁護人が接見にさいして情報通信機器を用いて、被疑者・被告人に対して助言・相談を提供するために必要・有用な視覚的情報を取得したうえで、それを情報通信機器の画面上に映し出し、それを被疑者・被告人に提示し、閲覧させることは、防御手段・弁護手段としての接見の実効性を高めるための方策である。このような情報通信機器の使用の制限を許さないことは、接見交通権の保障を強化し、弁護人の援助を受ける権利の保障をいっそう実質化することになる。弁護人の援助を受ける権利の保障の実質化をもって、当事者間の実質的対等を図らなければならない。刑事手続が進むべきは、そのような方向である。

【付記】千葉地判令2・2・12は、勾留された被告人と弁護人との接見を制限した施設職員の措置を適法として、原告の請求を棄却した。東京高判令3・3・2は、原告の控訴を棄却し、最決令3・9・16は、原告の上告・上告受理申立を棄却した。これらの判決について、本書第7章参照。

第 7 章　弁護人接見と電子機器の使用
　　　　── 裁判例の到達点と限界

1　本章の課題と検討の視角

　身体を拘束された被疑者・被告人が効果的な防御を準備するためには、弁護人の援助を受ける権利が実質的に保障されなければならない。憲法34条はこれを保障する。弁護人の援助の機会を確保するために不可欠なのが、接見交通権（刑訴39条1項）であり、その内容をなす秘密交通権である。接見交通権が憲法34条の保障に「由来する」権利とされる所以である[1]。
　接見交通権については、捜査機関による接見指定（刑訴39条3項）の適法性をめぐる争いが後景に退き、接見内容の秘密性の保障、接見に際しての写真撮影、電子機器の使用など、どのような内容のものとして接見が保障されるべきかという問題に焦点が移行したといわれて久しい。捜査機関ないし収容施設による「接見交通の内容への干渉」[2]の可否・限界が問われるのである。情報通信技術の進歩にともなう電子機器の発達・普及とともに、被疑者国選弁護制度の拡充、捜査・公判を通じての刑事弁護の活性化などを背景として、近年もなお、接見内容への干渉の適法性を争う国家賠償請求訴訟が提起されている[3]。
　国家賠償請求訴訟の争点は多岐にわたり、いずれも接見交通権、ひいては弁護人の援助を受ける権利の保障に関して重要な問題を提起している。そのなかで、本章が焦点を合わせるのは、接見に際しての電子機器の持込み・使

---
[1] 最大判平11・3・24民集53巻3号514頁。
[2] 金岡繁裕「接見妨害国賠を実践する」葛野尋之＝石田倫識編著『接見交通権の理論と実務』（現代人文社、2018年）154頁。

用をめぐる問題である[4]。現在の矯正実務においては、接見内容の記録および電子データ化した証拠書類、証拠物などの提示のためには、一定の条件のもとで電子機器の持込み・使用が認められる一方、携帯電話、スマートフォン、タブレットなど、通信機能を備えた電子機器の持込み・使用は全面的に禁止されている[5]。これらについて、近年、裁判例の展開が目覚ましい[6]。

その傾向を概観するならば、弁護人が面会室内にビデテープ再生装置内蔵テレビ、パソコンなどの電子機器を持ち込み、それを使用して証拠書類、証拠物などを被告人に提示した、あるいは提示しようとしたという事案(以下、「資料提示事案」)については、複数の裁判例が、電子機器の持込みと資料の提示を制限したことを違法だと判断している。他方、弁護人が面会室内にスマートフォンを持ち込み、地図アプリケーション画像を被告人に提示したという事案(以下、「スマートフォン事案」)については、面会室内へのスマートフォンの持込みを禁止し、地図アプリケーションの使用を理由にして接見を停止したことを適法とした裁判例がある。

両事案のあいだには、たしかに、使用する電子機器が電話機能、メール送受信機能などの通信機能を有しているかいないかという違いがある。スマートフォン事案の裁判例は、弁護人が通信機能を有するスマートフォンを持ち込み、使用することによって、逃亡・罪証隠滅および施設内の規律・秩序の阻害の具体的な危険が生じるとしていた。しかし、いずれの事案においても、弁護人が接見に際して被告人に提示した、または提示しようとしたのは、被告人が防御の準備を効果的に行うために、あるいは自らが被告人に対して効

---

[3] 赤松範夫「接見妨害を争う国賠訴訟の到達点」葛野＝石田編著・註2書および同書所収の各国賠訴訟の報告を参照。田淵浩二「接見時における電子機器の使用と弁護活動の自由」同書所収は、接見交通権ないし秘密交通権の制約ではなく、接見に際しての弁護活動の手段たる電子機器の使用を制限することが憲法34条による弁護人の援助を受ける権利の保障の趣旨と整合するかという観点から、この問題を検討している。

[4] 弁護人の写真撮影に対する制限の適法性が争われた事案(以下、「写真撮影事案」)は除外する。これについては、葛野尋之「接見にさいしての弁護人の写真撮影をめぐる法的問題(1)・(2完)」一橋法学15巻2号・同3号(2016年)参照。

[5] 松田浩「接見時の機器等の持込みの運用」刑事法ジャーナル46号(2015年)。

[6] 写真撮影事案の裁判例を含めて、川出敏裕『刑事手続法の論点』(立花書房、2019年)123頁以下参照。

果的な援助を提供するために必要だと判断した資料ないし地図アプリケーション画像であった。資料ないし画像の提示は、効果的な防御・援助のためになされたのである。

　接見交通権の本質的意義は、身体を拘束された被疑者・被告人が効果的な防御の準備にとって必要な弁護人の援助を獲得するために、また、弁護人が被疑者・被告人に対して効果的な援助を提供するために、両者間の自由なコミュニケーションを保障することにある。そうであるならば、効果的な防御・援助のための必要性にもかかわらず、弁護人が面会室内にスマートフォンを持ち込むことを禁止し、地図アプリケーション画像の提示を理由にして接見を制限することに合理性はあるのであろうか。資料提示事案の裁判例がとった判断構造に倣いつつ、弁護人がスマートフォンの地図アプリケーション画像を提示したことは効果的な防御・援助にとって「必要不可欠」であるから、画像提示をともなう打合せには接見交通権ないし秘密交通権の保障が及ぶとしたうえで、スマートフォンの持込み・画像提示による具体的な危険の有無・程度について厳格な判断を行うことによって、持込み・画像提示に対する制限を、接見交通権を過度に制約するものとして違法とすべきではなかったのか。

2　資料提示事案の裁判例

（1）大阪高判平17・1・25[7]

　弁護人が拘置所職員に対して刑事事件の証拠物として採用されているビデオテープを再生しながら勾留中の被告人と接見することを申し入れたところ、同職員がビデオテープの内容の検査を求め、弁護人がこれを拒否したため、同職員が接見を許さなかったという事案について、同判決は、一審判決である大阪地判平16・3・9[8]の判断の多くを踏襲しつつ、同職員の措置を違法と

---

[7] 訟月52巻10号3069頁。最決平19・4・13は国の上告を棄却し、上告受理申立の不受理を決定した。後藤国賠訴訟弁護団編『ビデオ再生と秘密交通権——後藤国賠訴訟の記録』（現代人文社、2004年）、同『ビデオ再生と秘密交通権（控訴審編）』（現代人文社、2005年）、『ビデオ再生と秘密交通権（上告審編）』（現代人文社、2008年）参照。

した。

　同判決は、「身体の拘束を受けている被告人等が弁護人から援助を受ける機会を実質的に確保するためには、被告事件等について、弁護人が被告人等から聴取した言い分に従って弁護方針を立てることが必要であり、その前提として、弁護人が、捜査機関の収集した証拠や弁護人の独自に収集した証拠についての説明を被告人等から受け、被告人等とともにその内容を充分に検討しなければなら」ず、「図面、写真及び証拠物等について、かかる説明ないし検討を行うためには、少なくともこれらを被告人等に見せることが必要不可欠であ」って、「被告人等と弁護人とが直接面会して被告事件等に関する口頭での打合せを行うことと証拠書類等を見せるなど口頭での打合せに付随する行為とは、実際の接見の場面でも密接不可分であるし、被告人の防御権の行使の点、弁護人の弁護権の行使の点から規範的にみても密接不可分のものとすべきである以上、刑訴法39条1項の『接見』とは、口頭での打合せに限られるものではなく、口頭での打合せに付随する証拠書類等の提示をも含む打合せと解すべきである」と判示した。

　そのうえで、同判決は、秘密交通権も、未決拘禁の目的たる逃亡・罪証隠滅の防止および刑事施設内の規律・秩序に対する障害発生の防止のために一定の制約に服することになるとしながらも、秘密交通権を制約する制限の必要性・合理性の検討においては、「秘密接見交通権を可及的に保障する方向性が要請され、秘密接見交通権が保障された趣旨を没却するような制約を加えることは、刑訴法上のみならず憲法上も許されない」とした。

　続けて、同判決は、「高度の倫理性を備えるべき弁護人が、被告人等と直接接見する際に罪証隠滅ないし逃亡援助に供する書類等を故意に持ち込む可能性は、皆無であるとはいえないものの、極めて例外的な事態というべきであるし、また、弁護人が必ずしも収容施設内の事情に通じているわけではないとしても、その具備すべき高度の倫理性及び専門性をもって、持ち込もうとする書類等の内容について十分な検討が行われる限り、弁護人が過失によって結果的に罪証隠滅ないし逃亡援助に供する書類等を持ち込む可能性も非

8　訟月52巻10号3098号。

常に低い」とする一方、「書類等の事前検査としては、……罪証隠滅ないし逃走の用に直接供される物品ないし収容施設内の規律ないし秩序を著しく乱す物品の持込みの有無について、外形を視認することによって確認したり、書面又は口頭で質問する程度の検査を実施することは格別……持ち込まれる書類等の内容にまで及ぶ検査については、秘密接見交通権が保障された趣旨を没却する不合理な制限として許されない」とした。内容に及ぶ検査は、「被告人等と弁護人とのコミュニケーションに対して……萎縮的効果を及ぼす」としたのである。

かくして、同判決は、「弁護人が、捜査機関が捜査過程で獲得したビデオテープや弁護人が独自に収集した証拠であるビデオテープ等を、未決勾留中の被告人等に見せて、打合せを行うことの必要性は高く、その他の書類等の証拠方法を見せて打合せを行う場合とまったく径庭はない」ことを確認したうえで、ビデオテープの内容の検査を求め、これを拒否した弁護人の接見を許さなかった拘置所職員の措置を違法とした。

（２）大阪高判平29・12・1[9]

再審請求弁護人が死刑確定者と再審請求に関する打ち合わせのための面会に際して、パソコン画面に文字等として表示した証拠を閲覧し、メモを取るためにパソコンの使用の許可を求めたところ、拘置所長がパソコンの使用を一切認めないという措置をとったという事案について、同判決は、拘置所長の措置を違法とした。

同判決は、最判平25・12・10[10]に依拠しつつ、「死刑確定者及び再審請求弁護人が、秘密面会時に刑訴法39条１項により弁護人等と未決拘禁者との秘密交通権として保障される行為……をする利益についても、死刑確定者及び再審請求弁護人にとって重要な利益であり、秘密面会をする利益の一部として十分に尊重され保護されるべき」ことを確認したうえで、「秘密交通権として保障される行為」には、「弁護人が十分な弁護活動を行うために必要不

---

[9] 判時2370号36頁。
[10] 民集67巻9号1761号。葛野尋之『刑事司法改革と刑事弁護』（現代人文社、2016年）261頁以下参照。

可欠なこと」として、弁護人が証拠書類などを閲覧しながら打ち合わせをし、メモをとることも含まれるとした。

　続けて、同判決は、「当該刑事事件に関する証拠資料等の情報がパソコンに電子データとして保存されている場合、弁護人が十分な弁護活動を行うためには、弁護人が……接見時にパソコンに保存された電子データを文字等としてパソコン画面に表示しこれを閲覧しながら打合せ……をすることが必要不可欠であるから、この打合せを上記の書類等を閲覧しながらの打合せと区別すべき理由はなく、上記のパソコン画面を閲覧しながらの打合せは、秘密交通権として保障される行為に含まれる」とした。

　このような判示を踏まえ、同判決は、弁護人の「申出に係るパソコン使用を許すことにより大阪拘置所の規律及び秩序を害する結果を生ずる具体的なおそれがあったことを認めるに足りる証拠はない」として、拘置所長の措置を違法とした。

（3）広島高判平31・3・28[11]

　弁護人が、パソコンの使用について事前に申告することなく、面会室内に持参したノートパソコンを持ち込み、これを用いて、検察官が証拠調べを請求したDVDの複製DVDの音声を再生しながら、被告人との接見を行って

---

[11] LEX/DB25562529。石田倫識「判批」『令和元年度重要判例解説』（2020年）参照。また、名古屋地判28・2・16 LEX/DB25542429は、拘置所において弁護士が面会室内に持ち込むパソコン・電磁的記録媒体について再生機器の有無・機能、記録媒体が弁護事件の証拠物などであるか否かなどを申告させる措置がとられていたところ、被告人と面会していた弁護人がパソコンにより再生した映像を被告人に視聴させていたため、拘置所職員が面会室の扉をノックしたうえで同室内に入室し、弁護人に対し「何をお見せですか。前もって手続が必要です」と申し向けたという事案について、「刑事施設職員に対し、弁護人が被告人等と接見するに当たって持ち込もうとする書類等の内容についてまで覚知することを許せば、刑事施設が、当該書類等の内容から弁護人と被告人等との接見の内容を推知することが可能となり、秘密交通権の趣旨が実質的に損なわれるというほかない。そうすると、弁護人が被告人等と接見するに当たって持ち込もうとする書類等については、罪証隠滅又は逃走の用に直接供される物品や、収容施設内の規律又は秩序を害する物品の持込みの有無について、外形を視認することによって確認したり、書面又は口頭で質問する程度の検査を実施することは可能であるが、持ち込まれる書類等の内容を覚知するために直接検査したり質問したりすることは、秘密交通権を侵害するものとして許されない」と判示したうえで、「記録媒体の内容申告は、弁護人が接見の際に持ち込もうとする電磁的記録の有無等にとどまらず、その内容をも覚知しようとするものであるから、秘密交通権を侵害する」とした。

いたところ、これに気づいた拘置所職員が、「接見時に再生するビデオテープ等の内容に関する申告書」の記載・提出を求めたが、弁護人がこれを拒否したため、別の職員が音声の再生を中断するよう求めたという事案について、同判決は、これら職員の措置を違法とした。

　同判決は、刑訴法39条1項にいう「立会人なくして」とは、「接見内容についての秘密」を保障するものであり、「被告人等が弁護人等から有効かつ適切な援助を受けるためには、弁護事件に関する証拠資料等の情報が記載された書類等を閲覧しながら打合せをすることが必要不可欠であるから、接見交通権には、口頭での打合せだけでなく、弁護人等が、上記の書類等を閲覧しながら被告人等と打合せをすることも含まれる」としたうえで、「その打合わせにおいて萎縮することなく自由な意思疎通をし、弁護人等から有効かつ適切な援助を受けるためには、上記の書類等の内容が秘密の対象として保護される必要がある上、事案によっては、証拠資料を提示しながら打ち合わせを行うこと自体を秘密にする必要がある場合も考えられるから、証拠資料を提示しながら打合わせをしたこと自体も、秘密の対象として保護される必要がある」とした。

　続けて、同判決は、「弁護事件に関する証拠資料等の情報が電磁的記録として保存されている場合、被告人等が弁護人等から有効かつ適切な援助を受けるためには、弁護人等が、上記電磁的記録を、被告人等との接見時にこれを再生するパソコン等の電子機器とともに持ち込み、これを再生しながら打ち合わせることが必要不可欠であるから、この打合せを上記の書類等を閲覧しながらの打合せと区別すべき理由はなく、上記電磁的記録を上記電子機器により再生しながらの打合せは、秘密交通権として保障される行為に含まれる」とした。

　「ビデオテープ等に記録されている情報の内容」について、「弁護事件の証拠物又は証拠として提出を検討しているもの」か「その他」のものかを弁護人に選択させ、「その他」ものである場合には「内容を簡単に記載」するよう求める申告項目について、同判決は、「意図的に未決勾留の目的や刑事収容施設内の規律維持を妨げるような電磁的記録を持ち込もうとする弁護人等に対しては実効性に乏しく……、弁護人等が意図しないまま未決勾留の目

的や刑事収容施設内の規律秩序維持を妨げるような電磁的記録を持ち込むことを防止するための方策としては、更に実効性に乏しいもの」である一方、「弁護人等が弁護事件の証拠物又は証拠物として提出を検討しているものをビデオテープ等に記録されている情報として持ち込もうとする場合には、当該接見において、弁護人等が被告人等に上記情報を伝達することが、刑事収容施設である拘置所に対し明らかにされる結果とな」り、「再生しようとするビデオテープ等に記録されている情報の内容が弁護事件の証拠物又は証拠物として提出を検討しているものでない……場合には、弁護人等においてその内容を簡単に記載しなければならないのであるから、秘密交通権が侵害される程度はより一層明らかである」として、「実効性とこれによって損なわれる利益とが、著しく不合理な程度に均衡を欠くもの」であるから、「秘密交通権が保障された趣旨を没却するような不合理な制約として許されず、憲法34条前段、刑訴法39条1項に違反する」とした。

また、拘置所職員が音声の再生の中断を求めた行為について、同判決は、弁護人が職員に申し出ることなくパソコンを使用したことは、「拘置所の定めた遵守事項に違反する行為」ではあるものの、「パソコンにより本件被告事件において証拠調べの請求がされたDVDの複製である本件DVDの音声を再生する行為であり、しかも、パソコンによって接見の場を録音するなどの行為に及ぼうとしていた様子もなかったのであるから」、弁護人の「行為が刑事施設内の規律及び秩序の維持上放置することのできない程度の障害が生ずる相当の蓋然性があるものとは認められない」から、弁護人の行為は「刑事施設の規律及び秩序を害する行為」（刑事収容施設法117条・113条1項1号ロ）には該当しないとした。

3　スマートフォン事案の裁判例——東京高判令3・3・2

勾留中の被告人の刑事事件においては、被告人が来日前、香港のホテルに滞在中、外出時に、第三者が被告人のリックサックに覚醒剤を隠匿した可能性が問題となっていた。弁護人が、被告人が宿泊したとする香港のホテルを特定するために、接見に際してA3サイズの香港の地図を見せて確認しよう

としたもののできなかったので、面会室内に持ち込んだスマートフォンを用いて地図アプリケーション画像を被告人に提示し、ホテル付近の駅のどの出口から出て、どの方向に進んだかを確認したところ、刑務所職員がスマートフォンの使用を制止し、面会を停止したという事案について、同判決は、職員の措置を適法だとした。元弁護人の原告が上告・上告受理申立を行い、現在、上告審に係属中である。

　同判決は、刑訴法39条１項にいう「接見」は「被告人等が自己の防御活動に必要な助言を弁護人等から受けるために被告人等と弁護人等とが面会する行為を指す」ところ、「被告人等の防御活動を十分に保障するためには、面会する行為それ自体を保障するだけでは足りず、面会を補助する行為についてもこれを保障する必要がある」とした。そのうえで、面会を補助する行為については、様々な態様のものが想定され、その態様によっては、逃亡・罪証隠滅を防止し、刑事施設内の規律・秩序を維持するという目的を達成することができなくなるおそれもあるから、「面会を補助する行為については、当該行為の必要性の有無及び程度や面会行為との関連性、それによって生じる弊害等諸般の事情を考慮した上で、刑訴法39条１項の保障が及ぶか否かを判断するのが相当である」とした。

　このような判示を踏まえ、同判決は、弁護人がスマートフォンの地図アプリケーション画像を提示する行為は、それ自体として「弁護人の意思を伝えるものではないから、意思疎通そのものには当たらず、面会には当たら」ず、面会を補助する行為というべきところ、「地図アプリケーションを使用しなくとも、紙の地図や地図アプリケーションの画像を印刷したものを使用することで、場所を特定することは可能というべきであり、弁護人の接見において、スマートフォンの地図アプリケーションを用いることが必要不可欠であり他に適当な代替手段も存在しないということはできない」から、「本件接見においても、スマートフォンの地図アプリケーションを使用する必要性が高いということはできない」とした。

　他方、同判決は、「弁護人が接見の際に携帯電話の通話機能やメール送受信機能、カメラ機能等を使用し、被告人等と外部の第三者との意思疎通が無制限に行われると、逃亡及び罪証の隠滅並びに自殺、自傷、他害等が発生す

る危険が高い。また、弁護人が面会室内において携帯電話のカメラ機能を用いて被告人等や面会室内の写真や動画を撮影し、それらが弁護人等の故意又は過失の有無にかかわらず流出した場合には、被告人等のプライバシーが侵害されたり、刑事施設の保安警備上重大な支障をもたらしたりする危険性も高い」のであり、実際にそのような事例が複数存在することに加えて、弁護人の誤操作の可能性も否定できないから、「弁護士倫理のみによってこれらの行為を実質的に防止することは期待できない」として、必要性とこのような危険とを比較衡量した結果、「弁護人が地図アプリケーションを使用する行為には、接見交通権の保障が及ばない」とした。

そのうえで、同判決は、弁護人が使用したスマートフォンには「電話機能、メール送受信機能、インターネット機能、カメラ機能がある」から、弁護人が面会室内でスマートフォンを使用することにより、上記のような危険が生じるおそれがあり、これに加えて、刑務所職員は、制止・停止行為をとるに際して弁護人に対してスマートフォンを使用することができない旨複数回説明したが、弁護人は「スマートフォンを使用しないと約束しなかったことからすれば」、弁護人が「地図アプリケーションを使用していたにすぎないという点を考慮しても」、弁護人がスマートフォンを使用する行為は、「逃亡及び罪証の隠滅並びに刑事施設の適正な規律及び秩序の維持に支障を及ぼす具体的なおそれのある規律等侵害行為に当たる」から、刑務所職員が弁護人によるスマートフォンの使用を制止し、面会を停止した措置は違法ではないとした。

4 裁判例の判断構造

(1) 資料提示事案の裁判例

資料提示事案の裁判例は、いくらかの差異を含みながらも、以下のような判断構造を有していた。

第1に、接見における口頭の打合せと資料提示との密接不可分性、それに基づく資料提示の必要不可欠性の承認である。これらの裁判例は、弁護人が電子機器を持ち込み、それを用いた資料提示をしながら打合せを行うことが、

両者の密接不可分性のゆえに、「弁護人が十分な弁護活動を行うためには」、あるいは「被告人等が弁護人等から有効かつ適切な援助を受けるためには」、「必要不可欠」であると認めていた。

　第2に、秘密交通権の保障である。これらの判決は、上記密接不可分性および必要不可欠性の承認に基づき、資料提示をともなう打合せに秘密交通権の保障が及ぶことを認めていた。大阪地判平16・3・9は、刑訴法39条1項の「接見」を「口頭での打合せに付随する証拠書類等の提示をも含む打合せ」であるとし、資料提示をともなう打合せ自体が接見に含まれるとしていた。他方、大阪高判平29・12・1および広島高判平31・3・28はそのことを明示しなかったが、資料提示をともなう打合せに秘密交通権の保障が及ぶことを認めていた[12]。

　第3に、秘密交通権の制約という問題設定とそれによる制限の限定である。秘密交通権の保障が及ぶことを承認したうえで、これらの裁判例は、逃亡・罪証隠滅の防止または施設内の規律・秩序の維持という目的から秘密交通権も一定の制約を受けることを認めながらも、電子機器の持込み・資料提示の制限を秘密交通権の制約の問題として設定し、それゆえ、自由なコミュニケーションに対する萎縮的効果を排除するという観点から、制限を厳格に限定するという姿勢をとっていた。

　第4に、逃亡・罪証隠滅または施設内の規律・秩序の阻害の危険について、その有無・程度の厳格な認定である。これらの裁判例は、実際に提示された資料の内容に着目しつつ、また、弁護人の専門性と職業倫理への信頼に立って、弁護人が面会室内に電子機器を持込み、資料を提示したことにより具体的な危険が生じたことを否定していた。

---

[12] これら二判決が資料提示をともなう打合せ自体が接見に含まれるとしなかったのは、写真撮影事案において、東京高判平27・7・9判時2280号16頁など、接見を「意思疎通」として狭く理解する裁判例が続いていたためであろう。もっとも、これら二判決も、資料提示をともなう打合せに秘密交通権が及ぶとする結論を、必要性と弊害との比較衡量から導いているのではない（三上莉奈『接見の際の電子機器の使用』〔2020年度一橋大学卒業論文〕14頁の指摘による）。

(2) スマートフォン事案の裁判例

他方、東京高判令3・3・2は、以下のような判断の構造を有していた。

第1に、接見の概念の限定である。同判決は、刑訴法39条1項にいう「接見」を「文言上、人が面会することを意味するに止まり、……被告人等が自己の防御活動に必要な助言を弁護人等から受けるために被告人等と弁護人等とが面会する行為を指す」として、その概念を狭く理解した。これによって、スマートフォンの地図アプリケーション画像の提示をともなう打合せを、接見から除外した。

第2に、面会補助行為という概念の設定である。同判決は、「被告人等の防御活動を十分に保障するためには、……面会を補助する行為についてもこれを保障する必要がある」とした。弁護人がスマートフォンの地図アプリケーション画像を提示する行為が、面会補助行為として、接見交通権の保障が及ぶかどうかという問題を設定したのである[13]。

第3に、逃亡・罪証隠滅の防止および施設内の規律・秩序の維持という目的からの、接見交通権の保障が及ぶ面会補助行為の限定である。同判決は、これらの目的が阻害されないように、「当該行為の必要性の有無及び程度や面会行為との関連性、それによって生じる弊害等諸般の事情を考慮した上で、刑訴法39条1項の保障が及ぶか否かを判断するのが相当である」とした。スマートフォンの地図アプリケーション画像の提示に対する制限をめぐり、接見交通権の制約として許容されるかではなく、そもそも接見交通権の保障が及ぶかという判断のなかで、必要性と弊害との比較衡量を行うことによって、画像の提示に対する制限を接見交通権の制約について求められる特別な限定から解放した。

第4に、接見交通権の保障が及ぶ面会補助行為に当たるかどうかの具体的判断における必要性についての厳格な判断である。この具体的判断においては、弁護人がスマートフォンの地図アプリケーション画像を提示することの

---

13 「接見」を面会に限定したうえで、接見に際しての弁護人の行為が、接見交通権の保障が及ぶ面会補助行為に当たるかどうかを検討するという問題の設定は、福岡高判平29・7・20訴月64巻7号1041頁およびその一審判決である佐賀地判平28・5・13訴月64巻7号1054頁が、写真撮影の制限を適法とするにあたり行ったものと同じである。

必要性の有無・程度を評価することになるところ、同判決は、被告人が宿泊したとする香港のホテルの特定は「紙の地図や地図アプリケーションの画像を印刷したもの」によっても可能であって、スマートフォンの地図アプリケーションの使用が「必要不可欠であり他に適当な代替手段も存在しないということはできない」として、その「必要性が高いということはできない」としたのである。

　第5に、同じく具体的判断における危険の有無・程度についての緩やかな判断である。同判決は、スマートフォンの通話機能、カメラ機能などを使用して、「被告人等と外部の第三者との意思疎通が無制限に行われる」場合、あるいは「被告人等や面会室内の写真や動画を撮影し、それらが弁護人等の故意又は過失の有無にかかわらず流出した場合」を想定し、それらの場合には、逃亡・罪証隠滅および施設内の規律・秩序の阻害の大きな危険が発生することを指摘した。ここにおいて、複数の実例の存在のみならず、弁護人の誤操作の可能性までをもあげて、弁護士倫理による危険の防止を「期待できない」とした。他方、弁護人が接見に際して電話機能、カメラ機能などを実際に使用していたわけではなく、また、「〔被告人に〕スマートフォンで地図を見せていただけである」と施設職員に説明したにもかかわらず、地図アプリケーション画像の提示という実際の行為にともなう危険の有無・程度を明示することはなかった。

　このような判断構造を辿って、同判決は、弁護人が接見に際してスマートフォンの地図アプリケーションを使用したことは「逃亡及び罪証の隠滅並びに刑事施設の適正な規律及び秩序の維持に支障を及ぼす具体的なおそれのある規律等侵害行為に当たる」としたのである。

5　理論的検討

(1) 地図アプリケーション画像の提示と接見交通権の保障

　東京高判令3・3・2の判断の出発点になっているのは、接見を面会に限定したことである。このことは、接見を面会による「意思疎通」とする見解に重なるものといえよう。このような見解が、写真撮影事案の裁判例におい

て、重ねて表明されてきた[14]。同判決は、接見を面会に限定すべき理由として、文理および書類・物の授受との区別をあげているが、その説得力は疑わしい[15]。ともあれ、東京高判令3・3・2は、接見を面会に狭く限定することによって、弁護人がスマートフォンの地図アプリケーション画像を提示したことを面会補助行為として位置づけた。そのうえで、必要性と弊害の比較衡量を行い、その結果、地図アプリケーション画像の提示をともなう打合せを接見交通権の保障の埒外においたのである。

資料提示事案の裁判例において、大阪高判平17・1・25は、接見とは「口頭での打合せに付随する証拠書類等の提示をも含む打合せ」を意味するとした。このような接見概念からすると、防御上重要な場所を特定するために、弁護人が接見に際してスマートフォンの地図アプリケーション画像を被告人に提示しつつ打合せを行うことは、紙の地図の提示をともなう打合せと同様、刑訴法39条1項にいう「接見」に含まれることになろう[16]。

他方、大阪高判平29・12・1および広島高判平31・3・28は、接見の定義

---

[14] 川出・註6書141頁以下参照。

[15] 接見交通権は、最大判平11・3・24がいうように、身体を拘束された被疑者・被告人が防御の準備を効果的に行うことができるよう弁護人から実質的な援助を受ける機会を確保するためものであるから、両者間の自由なコミュニケーションを保障しているというべきである。人間相互のコミュニケーションは、「意思疎通」の枠に収まらないものを含んでおり、また、コミュニケーションは口頭によるほか、さまざまな手段・方法によってなされうるものであって、それを手段・方法の面から限定することはできないから、刑訴法39条1項にいう「接見」とは、被疑者・被告人と弁護人とのコミュニケーションであって、「書類若しくは物の授受」を除いたもの、すなわち両者間の意思疎通および情報の発信・取得をいうとすべきである（葛野・註4論文〔1〕589頁以下）。接見の意味をこのように理解するならば、弁護人が接見に際して通信機器を用いて、被疑者・被告人に対して助言・相談を提供するうえで必要・有用な視覚的情報を取得し、その情報を映し出した画像を被疑者・被告人に提示した場合、画像の提示をともなう助言・相談は接見に該当するというべきである。助言・相談と通信機器を用いた画像の提示とは、面会室における被疑者・被告人と弁護人とのコミュニケーションを一体的に構成しているからである（葛野尋之「弁護人による接見時の情報通信機器の使用をめぐる法的問題」一橋法学17巻3号（2018年）（本書所収・第6章）291頁）。スマートフォン事案はこのような場合にあたる。「意思疎通」のみならず「情報伝達」も含むことを判示ないし示唆した裁判例として、鹿児島地判平20・3・24判時2008号3頁、東京地判平22・1・27判タ1358号101頁、福岡高判平23・7・1判時2127号9頁、大阪高判平24・10・12 LEX/DB25483106、千葉地判平27・9・9裁判所ウェブサイト、宮崎地判平29・1・20 LEX/DB25545304、名古屋地判令2・9・29裁判所ウェブサイトなど。

[16] 葛野・註15論文294頁。

を明確に示すことはなく、それゆえ資料提示をともなう打合せ自体が接見に含まれるとはしなかった。しかし、これらの判決は、弁護人がパソコンを用いて電子データ化した資料を提示しながら打合せを行うことが、「弁護人が十分な弁護活動を行うためには」、あるいは「被告人等が弁護人等から有効かつ適切な援助を受けるためには」、「必要不可欠」なものであるとし、それゆえ資料提示をともなう打合せにも秘密交通権の保障が及ぶとしていた。

　これらの判決の判断に倣うならば、接見とは面会であるの理解に立った場合でも、弁護人が接見に際してスマートフォンの地図アプリケーション画像を提示したことが、被告人が防御の準備にあたり弁護人の効果的な援助を得るために、あるいは弁護人が被告人に対して効果的な援助を提供するために「必要不可欠」なものであると認めるとすれば、そのことによって、画像提示をともなう打合せに秘密交通権の保障が及ぶとすることができたはずである。

　資料提示事案の上記二つの判決が、効果的な防御・援助にとってパソコンを使用した資料提示が「必要不可欠」だと判断したのは、従前より広く認められてきた紙の資料の提示が「必要不可欠」であることを確認したうえで、パソコンを用いた電子データ化した資料の提示は、接見を効果的な防御・援助のための機会とするための手段という点において、紙の資料の提示と同質のものであって、効果的な防御・援助の機会を確保するという接見交通権の目的からして、両者を区別すべきではないと考えたからであった。

　東京高判令3・3・2も、このような判断の道筋を辿って、スマートフォンの地図アプリケーション画像の提示をともなう打合せに秘密交通権の保障を及ぼすことも可能であったはずである。同判決も、弁護人が紙の地図または地図アプリケーションの画像を印刷したものを提示しながら打合せを行うことについては、接見交通権ないし秘密交通権の保障が及ぶことを前提にしていた。防御上重要な場所を特定するための手段として、紙の地図などの提示とスマートフォンの地図アプリケーション画像の提示とのあいだに、質的な差異はないというべきである。そうであるならば、接見を効果的な防御・援助のための機会とするための手段という点において、両者を区別すべきではないとして、地図アプリケーション画像の提示をともなう打合せに秘密交

通権の保障を及ぼすことができたはずなのである。

　ところが、同判決は、場所の特定のために紙の地図などを提示することが可能であったことを理由にして、スマートフォンの地図アプリケーション画像を提示することの必要性は低いとした。両者の同質性を理由にして、両者の区別を否定するのではなく、地図アプリケーション画像の提示について高度の必要性を否定したのである。

　同判決は、弁護人が地図アプリケーション画像を提示した接見の次の機会の接見に際して、地図アプリケーションの「関連しそうな画像」を印刷したものを持ち込み、それを提示することにより、ホテルの場所を特定することができたことを指摘し、そのことを一つの根拠として、地図アプリケーション画像の提示の必要性は低いとした。しかし、同判決の認定した事実によれば、被告人が宿泊したとする香港のホテルを特定するために弁護人がスマートフォンの地図アプリケーション画像を提示したのは、前回の接見において別の弁護人が「A3サイズの香港の地図を本件被告人に見せて確認しようとしても、本件ホテルを特定することができ」ず、さらに、地図アプリケーション画像を提示した接見の機会において、弁護人が「被告人に対し、A3サイズの香港の地図を見せたが、本件ホテルを特定することができなかった」からである。また、次の機会の接見に際して地図アプリケーションの画像を印刷したものを提示することによってホテルを特定することができたのも、その前回の接見に際して地図アプリケーション画像を提示することによって、被告人がホテル付近の「駅のどの出口から出てどの方向に進んだのかなどの情報を得ることができた」からなのである。このような事実の経過からすれば、弁護人が地図アプリケーション画像を提示したからこそ、被告人が宿泊したとする香港のホテルを特定することができたのであって、それがなければ特定できないままに終わった可能性が高いというべきであろう。かりに特定できたとしても、より長時間を要したことに疑いはない。被告人が香港のホテルに滞在中、外出時に、第三者が被告人のリュックサックに覚醒剤を隠匿した可能性が問題となる刑事事件において、ホテルの特定は、防御上きわめて重要な問題である。そうであるならば、ホテルの特定のために弁護人がスマートフォンの地図アプリケーション画像を提示することは、効果的な防

御・援助にとって「必要不可欠」であったというべきなのである。かりに紙の地図などによってでも特定ができたであろうがゆえに「必要不可欠」とまではいえないとの立場をとったとしても、それでもなお、きわめて高度の必要性があったことを否定することはできまい。

　同判決が指摘するように、弁護人がスマートフォンの通信機能、カメラ機能などを使用することによって、逃亡・罪証隠滅または施設内の規律・秩序の阻害の危険を生じさせる可能性があるから、地図アプリケーション画像を提示することが許容されるかどうかを判断するにあたっては、必要性と危険との比較衡量が必要であるとの意見があろう。しかし、地図アプリケーション画像の提示が必要不可欠であるとして、画像提示をともなう打合せに秘密交通権の保障が及ぶとしても、資料提示事案の裁判例の判断構造に倣うならば、秘密交通権を制約する制限が許されるかどうかの判断において、危険の有無・程度を考慮することはできるのである。面会補助行為として接見交通権の保障が及ぶかどうかという問題を設定しなければ、危険の有無・程度を考慮できないというわけではない[17]。

（2）地図アプリケーション画像の提示にともなう危険の有無・程度

　スマートフォン事案の東京高判令3・3・2は、弁護人が面会室内にスマートフォンを持ち込み、地図アプリケーション画像を提示することによって生じる逃亡・罪証隠滅および施設内の規律・秩序の阻害の危険の有無・程度をどのように判断するかという点においても、資料提示事案の裁判例とは異なるものであった。

　第1に、判断の枠組みの違いがある。

　資料提示事案の裁判例は、電子機器を用いた資料提示をともなう打合せに秘密交通権の保障が及ぶとしたうえで、電子機器の持込み・資料提示に対する制限について、それを秘密交通権の制約という問題として設定し、萎縮的効果の排除という観点から制限の可否・限界を判断した。このとき、持込

---

[17] 本来、逃亡・罪証隠滅の防止または施設内の規律・秩序の維持という目的から、接見の秘密性の保障を制約しうると理解すべきではない（葛野・註11書196頁）。

み・資料提示にともなう危険は、制限の必要性を基礎づける事情として位置づけられた。

これに対して、東京高判令3・3・2は、弁護人がスマートフォンの地図アプリケーション画像を提示することは面会補助行為だとしたうえで、弁護人のこの行為に接見交通権の保障が及ぶかどうかという判断において、必要性と危険とを比較衡量した。この判断は、接見交通権ないし秘密交通権の制約を直接問題にするものではないから、これらの権利を制約する制限について求められるような特別な限定が付されるわけではない。

第2に、判断の厳格さの違いである。これには、弁護人の専門性と職業倫理への信頼における差異が関連している。

資料提示事案の裁判例は、弁護人による電子機器の持込み・使用を許すことによって、意図的にまたは意図することなく、逃亡・罪証隠滅または施設内の規律・秩序の阻害の危険を生じさせるような電磁的記録を含む書類などが持ち込まれ、そのような危険をともなう情報伝達がなされる可能性があることを指摘しながらも、弁護人が高度な専門性と職業倫理を有していることを踏まえて、弁護人が書類などの内容を十分に検討するならば、その可能性は非常に低い、あるいはそのような具体的な危険が生じる可能性は認められないとしていた。

他方、東京高判令3・3・2は、スマートフォンに電話機能、インターネット機能、カメラ機能などがあることから、弁護人が面会室内でスマートフォンを使用することを許したならば、地図アプリケーション以外のこれらの機能によって、逃亡・罪証隠滅または施設内の規律・秩序を阻害する危険が生じる可能性があるとした。弁護人が意図的にこれらの機能を用いた複数の実例が存在すること、さらには誤操作の可能性をもあげて、「弁護士倫理のみによってこれらの行為を実質的に防止することは期待できない」とした。また、秘密交通権が保障されているために、施設職員が「弁護人が面会室においてスマートフォンのどの機能を使用しているのかを把握することは著しく困難であるから」、地図アプリケーションの使用を許すと、弁護人が「地図アプリケーション以外のスマートフォンの機能を使用していた場合に」、施設職員がそれを把握することができず、その結果、危険が発生するとした。

そのうえで、弁護人が電話機能、カメラ機能などを実際に使用していたわけではなく、また、施設職員に対して弁護人は「〔被告人に〕スマートフォンで地図を見せていただけであると説明した」にもかかわらず、施設職員の説明に対してスマートフォンを使用しないと約束しなかったことをもって、スマートフォンを使用する行為は「逃亡及び罪証の隠滅並びに刑事施設の適正な規律及び秩序の維持に支障を及ぼす具体的なおそれのある規律等侵害行為に当たる」としたのである。

理論的可能性の問題としては、弁護人が電子機器を用いて、意図的にまたは意図することなく、逃亡・罪証隠滅または施設内の規律・秩序の阻害の危険を生じさせるような行為に及ぶ可能性は、資料提示のためにパソコンを面会室内に持ち込み使用した場合と、スマートフォンを持ち込み使用した場合とのあいだで、実質的な差異はないというべきであろう。両者のあいだで、電子機器を持ち込み使用する弁護人が、専門性および職業倫理において異なるわけではなく、また、施設職員において危険を生じさせる行為を把握することの困難性も変わらないからである。

たしかに、スマートフォンは、資料提示事案の裁判例が持込み・使用を認めたパソコンなどの電子機器にはない機能をも有している。とくに電話機能を通じて、身体を拘束された被疑者・被告人と外部の第三者とが直接通話することも可能となる。しかし、多くのパソコンもカメラ機能を有しており、録音・録画により音声・動画を記録することもできる。また、音声・動画の電子データを含む、大量の電子データを保存することも可能である。もし弁護人が意図的に行為に及ぶのであれば、スマートフォンの電話機能を用いた第三者との直接通話によって生じる危険と、外部の第三者に対する被疑者・被告人のメッセージを録音・録画して、その電子データをパソコン内に保存し、それを第三者に提供する、あるいは第三者のメッセージを事前に録音・録画して、その電子データをパソコンに保存し、接見に際してそれを再生して、被疑者・被告人に視聴させることによって生じる危険とのあいだに、実質的な差異があるとはいえないであろう。

資料提示事案の大阪高判平29・12・1および広島高判平31・3・28は、弁護人が面会室内にパソコンを持ち込み、保存された証拠書類・証拠物に関す

る電子データを再生した画像を提示することについて、具体的な危険が発生するとは認めていなかった。そうすると、もし東京高判令3・3・2が、資料提示事案のこれらの判決と同程度に、弁護人の専門性と職業倫理に信頼をおき、また、具体的な危険の有無・程度について厳格な判断をしていたならば、弁護人がスマートフォンの地図アプリケーション画像を提示したことについて、逃亡・罪証隠滅および施設内の規律・秩序の阻害の具体的な危険が生じると認めることはなかったであろう。逆にいうならば、同判決は、資料提示事案の上記判決とは異なり、弁護人の専門性と職業倫理に十分な信頼をおくことなく、また、具体的な危険の有無・程度の判断において厳格さを欠いていたがゆえに、具体的な危険が生じるとの判断へと至ったのである。

6　終　章──情報通信技術の発達と刑事弁護

　以上検討したように、スマートフォン事案についても、資料提示事案の裁判例と同じ判断の構造をとったうえで、スマートフォンの地図アプリケーション画像の提示の必要性とそれにともなう危険の有無・程度を同じように評価していたならば、弁護人による地図アプリケーション画像の提示を制限することは、接見交通権ないし秘密交通権の過度な制約であって許されないという結論に至っていたというべきである。
　東京高判令3・3・2の判断がそうしなかった理由はなにか。様々な理由があろうが、第1に、スマートフォンの多機能性によってもたらされた過剰な不安があろう。たしかに、スマートフォンについては、様々な機能を使い分けることができる。それゆえ、スマートフォンであれば、その使用方法によっては、逃亡・罪証隠滅および施設内の規律・秩序の阻害の重大な危険が容易に生じうるとの不安があったのではないか。しかし、先に検討したように、資料提示事案において生じうる危険と実質的な差異はないというべきである。
　第2に、情報通信技術の目覚ましい進歩を基礎として、効果的な防御・援助にとって通信機能を有する電子機器の使用が必要であることに対する無理解があろう。東京高判令3・3・2の具体的事案において明らかなように、

弁護人がスマートフォンの地図アプリケーション画像を提示しなければ、被告人が宿泊したとする香港のホテルを特定することはできなかったであろうし、できていたとしても、特定までにより長い時間を要したであろう。これは、効果的な防御・援助にとって大きな損失となる。同判決も、「紙の地図ではなくスマートフォンの地図アプリケーションを使用する方が容易に場所を特定することができることは否定できない」と認めている。地図アプリケーションの使用が、効果的な防御・援助を促進したのである。現在、スマートフォン、タブレット端末、パソコンなどの地図アプリケーションは高度に発達し、広く使用されている。それは、道路、建物などの実映像の表示が可能であること（ストリート・ビュー機能）も与って、紙の地図によるよりも、場所の検索が容易であり、短時間のうちに場所を特定することができるからである。確実に記憶していない場所を特定するためには、とりわけ有用である。このことを踏まえて、弁護人が接見に際して防御上とくに重要な場所を特定する必要が生じた場合において、しかも紙の地図による特定ができなかったときに、地図アプリケーションを使用することは、効果的な防御・援助のためには「必要不可欠」であるというべきであろう。同判決は、このことを正しく理解すべきであった。

　第3に、弁護人の専門性と職業倫理に対する信頼の欠如があろう。もともと、刑訴法39条1項が「立会人なくして」の接見を保障しているのは、弁護人の専門性と職業倫理に対する信頼を前提としていたはずである[18]。この信頼を否定することは、秘密交通権の存立基盤を切り崩すことになりかねない。

　現在、矯正実務においては、大阪高判平17・1・25の確定を受けて発せられ、後の改訂を経て、広島高判平31・3・28を受けて再度改訂された「弁護

---

18 田宮裕『捜査の構造』（有斐閣、1971年）404頁は、「本質的なことは、弁護人の接見交通について罪証隠滅を考えることは、司法制度そのものの基盤をゆるがすもので、訴訟理論としてありうべからざることだというべきであろう。たしかに罪証隠滅行為を疑われるような弁護人がいないとはかぎらない。しかし、それはいても千人のうち1人か2人にすぎないのであって、その1人か2人のために、弁護人すべての防御活動を制限するのは、角を矯めて牛を殺すのたぐいで愚かなことである。むしろ、全体として防御の実があがって、被疑者の権利が保障されるのなら、恥なき悪徳の士が日蔭で栄えても、その方が取るに足りないことではないだろうか」と論じている。接見指定を念頭においての論述であるが、接見に際しての弁護人による電子機器の持込み・使用の問題にも妥当しよう。

人が未決拘禁者との面会時に電磁的記録媒体の再生を求めた際の対応について」（平成31年４月18日付け法務省矯正第999号法務省矯正局成人矯正課長通知）によれば、弁護人が接見に際して電子データの再生を希望する場合には、「弁護事件の打合せに必要なもの」かどうか、持ち込もうとする電子機器に「録画機能が付いている」かどうか、「接見内容の録画をする」かどうかを問うたうえで、電子機器の持込みとそれを用いた電子データの再生を認めるという運用がとられているようである。広島高判平31・３・28からみて、電子データの再生を確認すること自体が許されないのでないかという疑問が残るものの[19]、このような矯正実務を前提にするのであれば、弁護人がスマートフォンの持込みとそれに表示した画像を被疑者・被告人に提示することを希望する場合には、「弁護事件の打合せに必要なもの」かどうか、スマートフォンの電話機能、メール送受信機能などを使用するかどうかを確認したうえでそれを認めるという運用がとられてもよいであろう。

---

19 石田・註11評釈173頁。

第8章　被逮捕者と弁護人の援助を受ける権利
──公的弁護制度と確実な援助要求のための手続保障

1　序──逮捕段階における弁護人の援助を受ける権利

　憲法34条は、「何人も、理由を直ちに告げられ、且つ、直ちに弁護人に依頼する権利を与へられなければ、抑留又は拘禁されない。……」と定めている。ここにいう抑留、拘禁は、それぞれ刑訴法による逮捕、勾留を意味していると理解されているから、同規定は、逮捕と勾留とを区別することなく、身体を拘束された被疑者・被告人に弁護人の援助を受ける権利を保障していることになる。憲法34条からみれば、被疑者国選弁護制度は、たとえそれ自体が憲法的要請だといえないとしても、弁護人の援助を受ける権利の憲法的保障の趣旨を具体化するものとして、憲法的重要性を有するものだといえよう。

　しかし、刑訴法による公的弁護制度という点において、被逮捕者と被勾留者とのあいだには大きな差異がある。被疑者に対する国選弁護制度は、「被疑者が弁護人の援助を受ける権利を実効的に担保するとともに、捜査段階から国選弁護人が選任されることとすることにより、弁護人による早期の争点把握を可能にして、刑事裁判の充実・迅速化を図る[1]」との趣旨により、2004年刑訴法改正により導入された。その後、2009年改正法による選任対象事件の拡大を経て、2016年改正法により、被疑者が勾留された全事件が選任対象とされた（37条の2第1項）。勾留段階については、選任対象事件の拡

---

[1] 保坂和人＝吉田雅之「刑事訴訟法等の一部を改正する法律（平成28年法律第54号）について（4）」法曹時報70巻2号（2018年）37頁、吉田雅之『一問一答・平成29年刑事訴訟法等改正』（商事法務、2018年）261頁。

大を通じて、被疑者に対する弁護人の援助を受ける権利の保障が強化されてきた。これに対して、逮捕段階については、いまなお公的弁護制度が用意されていない。

一般に、捜査段階において、弁護人は、①被疑者取調べの適正さの確保、②取調べへの対応に関する助言、③身体拘束からの早期解放、④不起訴処分を得るための、または公判のための防御活動、⑤被疑者と家族・社会との繋がりの維持、などの点において積極的活動を期待されている[2]。このような弁護人の活動を通じて、被疑者が効果的な援助を受けるためには、逮捕段階、それもその初期から、弁護人の援助を受けられることを確保する必要がある。

捜査機関は、本来、逮捕した被疑者について「留置の必要」（刑訴法203条1項・204条1項・205条1項）があると認める場合には、「速やか」に、検察官送致を経て勾留請求をしなければならないというべきであるが（市民的及び政治的権利に関する国際規約9条3項）、逮捕から勾留請求までの制限時間である72時間を、いわば「手持ち時間」として、捜査・取調べのために活用するという捜査実務が定着している。近時、被疑者の弁護人選任が拡大するにともない、弁解録取手続も含めて、捜査機関による「取調べ」の開始が実質的に早期化し、また、検察官は取調べの録音・録画記録媒体を実質証拠として請求することを積極化している。このなかで、逮捕段階の初期から被疑者に対する弁護人の援助を受ける権利の保障を実質化することが、いっそう強く求められている。

現在、逮捕段階については、公的弁護制度の「空白」を埋めるために、弁護士会のボランティアによる当番弁護制度が運用されている。被疑者に対する弁護人の援助を受ける権利の保障を実質化するために、当番弁護士制度は大きな役割を果たしてきた。被疑者国選弁護制度の創設と拡充も、これに基盤をおくものである[3]。しかし、当番弁護士制度の存在にもかかわらず、現在、逮捕段階において、弁護人の援助を必要とする被疑者が、弁護人の援助

---

[2] 前田裕司「捜査段階における弁護活動——弁護の立場から」三井誠ほか編『刑事手続の新展開（上）』（成文堂、2017年）407頁。
[3] 被疑者弁護の各時代における課題とその展開過程について、包括的に、大出良知『刑事弁護の展開と刑事訴訟』（現代人文社、2019年）第一部参照。

を受ける機会を実際に得ているのかは疑問である。後述するように、推計によれば、2019年、逮捕された被疑者のうち当番弁護士との接見を要求した者は、勾留質問当日に要求した者も含めて35.5％であった。逮捕段階において、当番弁護士を弁護人として選任した被疑者は5.2％にすぎない。

　逮捕段階の初期から、被疑者に対する弁護人の援助を受ける権利の保障を実質化するためには、逮捕段階における公的弁護制度を整備する必要があり、それとともに、弁護人の援助を必要とする被疑者が、当番弁護士との接見を含む弁護人の援助を確実に要求しうるための手続保障を用意しなければならない。このような手続保障としては、捜査から独立した立場にある担当官による権利告知、「権利告知書」の交付をともなう理解しやすい丁寧な権利告知、被疑者の意思を確認する入念な手続、権利告知および意思確認手続の録音・録画が含まれる。また、逮捕後、被疑者が弁護人の援助を要求したときは、取調べに先立ち、弁護人と接見し、相談し、その助言を受ける機会を与えられなければならない。

　本章は、イギリス（イングランド・ウェールズ）法における被疑者に対する弁護人の援助を要求する権利の保障の展開、とくに確実な援助要求を担保するための手続保障の構築、さらにはEU法における弁護人の援助を受ける権利の保障の強化を概観したうえで、逮捕段階における弁護人の援助を受ける権利の保障に関する日本法の現状を明らかにし、イギリス法およびEU法の展開を踏まえて、上記のような日本法改革の進むべき方向を示す。

2　イギリス法における弁護人の援助を要求する権利

（1）弁護人の援助を要求する権利

　イギリス法は、1984年警察刑事証拠法によって、逮捕した被疑者の取調べを捜査手段として積極的に位置づける一方、取調べの適正さを確保して、黙秘権を始めとする被疑者の手続的権利を保障するとともに、虚偽自白を防止するために、重層的な手続保障を用意した。その中心に位置づけられたのが、被疑者に対する弁護人の援助を要求する権利（right to legal advice）の保障である[4]。

警察刑事証拠法の制定前、裁判官準則前文は、捜査段階において何人もいつでも弁護人と秘密のコミュニケーションを行い相談することができるという原則を記していたものの、実際には、弁護人の援助を要求する権利について理解しており、弁護人の援助を要求する被疑者は少数にすぎなかった。被疑者が援助を要求しても、多くの場合、捜査機関は、被疑者が弁護人と実際に接見し、相談し、その助言を受けるための措置をとることをしなかった[5]。同法制定を導いた王立委員会報告書は、このような状況を厳しく批判し、被疑者はいつでも弁護人の援助を要求し、秘密の相談をする権利を有し、その権利について告知を受けなければならないとした。警察刑事証拠法およびその運用規程は、幾度かの改正を経て、おおむね以下のように、被疑者が弁護人の援助を要求する権利について定めている。なお、法律扶助協会の資格認定制度のもとで、ソリシタ資格を有しない者も、ソリシタの個別的な指示・監督のもとで、警察署において被疑者と接見し、相談し、被疑者に助言を提供することを認められている[6]。

　逮捕され、警察署その他の場所において留置された被疑者は、弁護人の援助を要求するときはいつでも、弁護人と秘密の相談をする権利を保障されている（警察刑事証拠法58条１項）。判例上、正式に警察留置が決定される前でも、さらには正式の逮捕前であっても、被疑者が行動の自由を重大に制約されているという意味において拘束状態におかれていれば、弁護人の援助を要求する権利は保障される。また、同法の運用規程によれば、逮捕されることなく警察の取調べを受ける被疑者（任意出頭者）も、弁護人の援助を要求する権利を含め、逮捕され取調べを受ける被疑者と同じ権利を保障される（運用規程C3.21A）。

　被疑者が弁護人の援助を要求した場合には、弁護人の援助を受ける機会の遅延が例外的に許容されている場合を除いて、実際上可能な限り速やかに接

---

[4] イギリスにおける弁護人の援助を要求する権利の保障、刑事法律扶助および弁護人の役割について、葛野尋之『刑事司法改革と刑事弁護』（現代人文社、2016年）297頁参照。

[5] Michael Zander, The Police and Criminal Evidence Act 1984, 280（8th ed., 2018）.

[6] Ed Cape, Defending Suspects at Police Stations 17-18（7th ed., 2017）. 特別な資格認定を求められるのは、ソリシタ資格のない者の活動について法律扶助による支払がなされる場合であるが、被疑者弁護は、ほぼ全件、法律扶助の適用を受けている。

見し、相談し、その助言を受ける機会を与えられなければならない（警察刑事証拠法58条4項）。援助を受ける機会が実際に延期されることは稀である。被疑者は弁護人から電話により助言を受けることができ、援助要求を受けた弁護人から警察署にいる被疑者に電話をかけることもできる。法律扶助に関する委託契約の要求水準によれば、被疑者の援助要求から45分以内に、弁護人は被疑者に電話をかけなければならないとされている。

　被疑者が援助を要求したときは、列挙された特別事由がある場合を除いて、被疑者が弁護人と接見して相談し、助言を受ける機会を得るまで、取調べを行ってはならず、または取調べを中止しなければならない（運用規程C・6.6）。この特別事由は、裁判所により非常に厳格に解釈されている。被疑者と弁護人との相談については、秘密性が保障されなければならず、それは電話による助言を受ける場合にも同様である（同・指針6）。さらに、同法58条1項が、被疑者は要求したときは「いつでも」弁護人と秘密の相談をすることができると規定していることから、被疑者は、取調べに弁護人を立ち会わせ、取調べ中にもその援助を受けることができるとされており、このことは運用規程に明記されている（運用規程C・6.8）。

　弁護人の費用を自ら支払う能力を有し、既知の弁護人がいる被疑者は少ない。それゆえ、もし被疑者が自ら費用を負担しなければならず、既知の弁護人に対して自ら援助を要求しなければならないとすれば、弁護人の援助を受ける権利は、実際上の意味をほとんど失ってしまうであろう[7]。また、被疑者は要求から短時間のうちに、弁護人の援助を受ける機会を得られなければならない。これらのことから、資力要件を設けることなく、すべての被疑者に対して無料弁護を保障する法律扶助が適用されており、また、当番弁護士制度のもとで、自ら指名することのできる弁護人がいなくとも、被疑者は弁護人の援助を要求し、その援助を受けることができる。

　2008年以降、弁護人の援助を求める被疑者は、まず、私選弁護人の援助を要求するか、刑事弁護ソリシタ・コール・センター（以下、コール・センタ

---

[7] Liz Campbell, Andrew Ashworth and Mike Redmayne, The Criminal Process129 (5th ed., 2019).

ー）に連絡するかを選択することとなった。被疑者がコール・センターへの連絡を選択した場合には、センターは、被疑者の援助要求を刑事弁護直通電話サービス（Criminal Defence Service Direct; CDS Direct）につなぐか、それとも被疑者の指名するソリシタ（以下、ソリシタ事務所を指名する場合も含む）がいればそのソリシタに、いなければ当番弁護士につなぐかを判断することになった。被疑者の指名ソリシタに2時間以内に電話連絡がつかないときは、当番弁護士につなぐこととなる。

　2008年、コール・センターとともに、刑事弁護直通電話サービスが導入され、主として有罪認定後に拘禁処分の可能性がない軽微な犯罪により逮捕され、警察署において留置された被疑者に対して、直通電話を通じて無料の助言が提供されるようになった。直通電話サービスの対象となる被疑者が自己の指名したソリシタと直接接見することを希望する場合には、その費用を自己負担しなければならないものとされた。被疑者の援助要求が刑事弁護直通電話サービスにつながれなかった場合には、被疑者の指名するソリシタまたは当番弁護士に援助要求が伝達され、指名されたソリシタまたは当番弁護士が被疑者のいる警察署に連絡を入れたうえで、警察署に赴き、直接接見することとなった。この場合、被疑者の資力を問うことなく、法律扶助が適用される。

　どの程度の割合の被疑者が弁護人の援助を要求し、その援助を受ける機会を実際に得ているかに関する全国統計は存在しない。警察刑事証拠法が施行された1985年以降、いくつかの調査研究が発表されている[8]。被疑者の援助要求においても、実際に援助を受ける機会においても、警察刑事証拠法施行後は、施行前に比べ、顕著な増加がみられる。施行後も漸次、確実な増加傾

8　1978年調査は、Paul Softley, Police Interrogation: An Observational Study in Four Police Stations（1980）、1987年調査は、Keith Bottomley et al., The Impact of PACE: Policy in a Northern Force（1991）; 1988年調査は、Andrew Sanders et al., Advice and Assistance at Police Stations（1989）; 1993-4年調査は、Coretta Phillips and David Brown, Entry into the criminal justice system（1998）; 1995-96年調査は、Tom Bucke and David Brown, In Police Custody（1997）; 1999-2000年調査は、Tim Newburn and Stephanie Hayman, Policing and Surveillance and Social Control（2012）; 2007年調査は、Layla Skinns, Police Custody: Governance, Legitimacy and Reform in the Criminal Justice Process（2011）; 2009年調査は、Pleasance, Kemp and Balmer, The Justice Lottery?, ［2011］Criminal Law Review 3.

向がみられるが、地域による差異が大きく、同じ地域内でも警察署により差異がある。

	全被疑者のうち法的援助を要求した者の割合（％）	全被疑者のうち実際に相談した被疑者の割合（％）	法的援助を要求した被疑者のうち実際に相談をしなかった者の割合（％）
1978年調査（施行前）	11	7	36
1987年調査	26	22	15
1988年調査	25	19	24
1993-4年調査	39	33	13
1995-6年調査	40	34	15
1999-2000年調査	45	調査せず	調査せず
2007年調査	60	48	20
2009年調査	46	35	22

　弁護人の援助を要求した後、弁護人が警察署に到着する前に釈放される、援助を要求した後に被疑者が要求を撤回する、被疑者が要求したにもかかわらず、担当の警察官が弁護人に連絡するのを失念するなどの理由から、弁護人の援助を要求したものの実際に弁護人と相談し、助言を受ける機会を得なかった被疑者が相当数存在する。被疑者が要求から短時間のうちに弁護人と接見し、相談し、その助言を受ける機会を得ることができるかどうかが、援助を要求した被疑者がその要求を撤回することなく、実際に弁護人の援助を受ける機会を得るかどうかに強い影響を与える。2008年にコール・センターが設置される前は、被疑者が弁護人の援助を要求した場合には、警察官は被疑者の指名したソリシタまたは当番弁護士に直接連絡をとることとされており、連絡を受けた被疑者指名のソリシタは、被疑者の援助要求に応えて被疑者の弁護人となることを応諾したうえで、警察署への来訪時間について調整し、実際に警察署に来訪しなければならなかった。コール・センター設置後も、弁護人による受任の応諾および来訪時間の調整については同様である。この一連の過程のなかで、なんらかの問題が生じたときは、被疑者が弁護人と接見し、相談する機会を得るまでに、長時間を要することとなる。また、当番弁護士の数が相対的に少ないことも、接見の機会の遅れの一因となっている。援助を要求した被疑者が接見の機会を得るまでに長時間待たなければならないこととなると、留置時間が長期化することとなって、被疑者は留置

施設のなかで弁護人を待ち続けるべきか、それとも援助要求を撤回すべきかを迷うことになりがちである[9]。

（2）権利告知および意思確認の手続

　過去の調査研究によれば、捜査機関は被疑者に対して弁護人の援助を要求する権利について告知するにあたり、策略を用いて、被疑者が援助要求を思いとどまるように仕向けることがあると指摘されていた[10]。このような問題に対して、被疑者による確実な援助要求を担保するための手続保障として、警察刑事証拠法運用規程Cの2012年改正は、被疑者への権利告知および被疑者の意思確認の手続を整備した。このことが、援助要求の増加に寄与しているとみられている。

　被疑者は、逮捕後警察署に引致されたとき、または任意の出頭後警察署において逮捕されたときは、弁護人と秘密の相談をする権利を有し、また、無料の独立した弁護人の援助を受けることができ、その権利を身体拘束中いつでも行使することができることを告知されなければならない。弁護人の援助を要求する権利その他の権利の告知は、捜査官によってではなく、捜査から独立して職務を遂行する留置管理官（custody officer）の責任において行われる（運用規程C3.1）。任意出頭した者も、被疑者として被疑事件について

---

[9] これらの調査研究をレビューし、被疑者の援助要求に影響を与える要因を分析したものとして、Skinns, supra note 8, at111-120. 以下のような指摘がなされている。被疑者が過去に弁護人の援助を受けた経験を有しながらも、弁護人を十分に信頼していない場合には、援助を要求しない傾向がある。このことからすると、被疑者が自ら指名するソリシタの援助を確実に得られるようにすることが、援助要求の増加につながることになろう。また、直接接見することなく、電話による助言を受けるだけで終わったならば、あるいは弁護士事務所がソリシタ資格を有しない代理者をソリシタに代えて被疑者との相談に派遣したときに、その代理者の能力が高くなければ、その後逮捕されたときに援助を要求する可能性が低下することになろう。被疑者が直接接見し、相談する機会を得たとしても、弁護人から「真実を話せ」などと効果的でない助言を受けるだけに終わり、あるいは弁護人が取調べに立ち会っても、適宜の必要な介入をすることがなく、より一般化していえば、捜査機関に対抗して被疑者の権利・利益を擁護する姿勢を明確に示すことがなかったならば、同じく、その後逮捕されたときに援助を要求する可能性は低下するであろう。電話による助言のみで終わった場合には、秘密保護の不十分さとその信頼性の低さが、必然的に相談の不十分さを招き、同様の影響を与えることになる。

[10] Campbell, Ashworth and Redmayne, supra note 7, at 130.

取調べを受ける場合には、同様の告知を受ける（同3.21）。被疑者は、諸権利を含む情報について書面による告知をも受ける（同3.2）。この書面は、「権利告知書（Notice of Rights and Entitlements）」と呼ばれ、英語版、英語平易版のほか、52カ国語版が用意されている[11]。弁護人の援助を要求する権利に関する告知は、取調べの開始または再開前（同11.2）、警察留置の継続の審査時（同15.4）、告発後に他者の供述について説明を求めるとき（同16.4（b））、告発後に取調べを行う例外的な場合（16.5（b））、同一性確認手続の実施前（運用規程D3.17）、身体サンプルの提出を求めるとき（同6.3）には、再度行われる。また、警察署においては、弁護人の援助を要求する権利について、更衣室内に人目につくような掲示物を掲げて、周知に努めなければならない（運用規程C6.3）。

　被疑者に援助要求を思いとどまるように仕向ける捜査官の策略が指摘されていたところ、運用規程は、いかなる警察官も、いかなる場合にも、被留置者に弁護人の援助を要求することを思いとどまるように仕向ける意図をもって、いかなる言動もとってはならないと明記している（C6.4）。また、少なからぬ被疑者が留置時間の長期化を懸念して援助を要求しないことが指摘されていたところ、運用規程Cの2012年改正にともない、同解説のなかに、被疑者からの直接の質問に対して応答する場合を除いて、警察官は被疑者に対して、弁護人の援助を要求したならば、それによって留置時間または取調べに要する時間が長期化するであろうと告げてはならないことが明記された。

　さらに、被疑者が援助を要求しなかった場合には、被疑者の意思を確認するための慎重な手続が用意されている。確実な援助要求を担保するためである。被疑者が、刑事弁護直通電話サービスを通じて電話による助言を受ける

---

[11] 2019年8月20日最終改訂 https://www.gov.uk/guidance/notice-of-rights-and-entitlements-a-persons-rights-in-police-detention 参照。日本弁護士連合会『第13回国選弁護シンポジウム基調報告書（第2分冊）』（2014年）85頁に日本語訳が掲載されている。通常版の「権利告知書」が長大で複雑なものとなったことから、被疑者の理解を促進するために「平易版」が作成された。もっとも、多くの被疑者が「権利告知書」を留置管理官から受け取ったときに、その面前でそれを読むことができ、その内容を理解することができるか、また、読んで理解することに積極的かどうかは疑わしいという（Cape, Transporting the EU Directive on the Right to Information, [2015] Criminal Law Review 48, 51）。

のではなく、弁護人と直接接見して相談し、その助言を受ける権利を有する場合において、援助を要求したかったときは、留置管理官は、被疑者に対して弁護人の援助を受ける権利は弁護人から電話による助言を受ける権利をも含んでいることを教示したうえで、電話による助言を要求するかどうかを確認しなければならない（運用規程C6.5）。それでもなお被疑者が援助を要求しない場合には、留置管理官は、その理由を問い、被疑者の応答を留置記録に記載しなければならない（同）[12]。

　弁護人が被疑者と接見するために警察署に到着した場合には、被疑者はその旨知らされたうえで、被疑者がすでに援助を要求しない旨意思表示をしていた場合でも、弁護人と接見し、相談することを希望するかどうかをあらためて確認しなければならない（運用規程C6.15）。この手続は、被疑者の意向を確認することなく、被疑者の家族または友人が弁護人を依頼した場合にはとくに有用である[13]。

　被疑者は、弁護人の援助を要求した場合、取調べを受けるに先立ち、弁護人と接見して相談し、その助言を受ける権利を有しているところ、さまざまな調査研究によれば、いったん援助を要求した場合でも、少なからぬ被疑者がその後要求を撤回して、実際に弁護人と接見し、相談する機会を得ることなく終わることが指摘されている。この問題に対処するために、2012年、運用規程Cの関連規定が改正された（C6.6）。それによれば、被疑者がいったん援助を要求した後に要求を撤回した場合には、取調べ開始前に、警部補以上の階級の警察官が、被疑者に対して要求を撤回した理由を質問し、そのうえで被疑者の応答を踏まえて取調べの開始を承認したときに限り、取調べを開始することができることとされた。被疑者に質問に応答する義務はない（解説6K）。警部以上の階級の警察官が、到着した弁護人に対して、援助を要求した被疑者が要求を撤回したいと考えている旨およびその理由を告げなければならない。被疑者が要求を撤回した理由および弁護人に連絡するため

---

[12] もっとも、高等法院女王座部の2014年判決は、被疑者が当番弁護士制度について具体的に告知されなかったとしても、無料弁護を受けることができるとの告知を受けなかったことにはならないとした（Beeres v CPS West Midlands, [2014] EWHC 283 [Admin]）。
[13] Zander, supra note 5, at 288.

にとった措置を、留置記録に留めなければならない。被疑者は、被疑者の要求撤回について弁護人に連絡するためにとった措置の結果を通知されなければならない。被疑者が弁護人の立会を受けることなく取調べを受けることについて書面により同意し、かつ警部以上の階級の警察官が、書面によりそのことを承認した場合に限り、取調べを開始することができる。取調べが開始されると、取調官は被疑者に対して、弁護人の援助を要求する権利について再度告知をしなければならない。取調べが開始された場合には、取調官は、被疑者が援助要求を撤回したことおよび取調べについて警部以上の階級の警察官の承認が得られたことを取調べ記録に残さなければならない。取調べ中に弁護人が警察署に到着したのであれば、被疑者にその旨を告げ、被疑者が希望する場合には取調べを中断したうえで弁護人と接見し相談することができると教示しなければならない。また、被疑者は取調べ中いつでも再度考えを変えて、弁護人の援助を要求することができ、被疑者が援助を要求した場合には必ず、取調べを中断しなければならない（運用規程C6.6（d））。

　以上のように、警察刑事証拠法は、弁護人の援助を必要とする被疑者が確実に弁護人の援助を要求しうるように、被疑者に対する権利告知および被疑者の意思確認について、手厚い手続保障を用意している。その具体的内容は、過去の調査研究から得られた所見を踏まえたものである。

（3）BLASTプロジェクト

　逮捕段階の初期における被疑者の援助要求に関する興味深い調査研究として、弁護活動調査研究センターのヴィッキー・ケンプが企画・運営したブライドウェル弁護活動研究（BLAST; Bridewell Legal Services Study）がある。BLASTは、2011年2月14日から3月間実施された第一段階（BLAST Ⅰ）と2012年7月から3月間実施された第二段階（BLAST Ⅱ）によって構成されていた。以下、BLASTプロジェクトの報告書に基づき、その概要を紹介する[14]。

　過去の調査研究によれば、逮捕後、警察署において留置された被疑者が弁護人の援助を要求しなかった場合に比べ、援助を要求した場合には、留置時間が約2時間半長くなっていた[15]。また、被疑者の援助要求において、警察

署ごとに大きな差異がみられた。BLAST は、これら先行研究の所見を踏まえて、被疑者の援助要求から短時間のうちに、弁護人が被疑者と接見し、相談し、被疑者に助言を提供しうるような態勢を作ることによって、被疑者が弁護人の援助を受ける機会を得るまでの時間を短縮し、もって被疑者による援助要求を増加させるような手続を模索するという目的を有していた。

BLAST Iの実施にあたり、調査対象地域の警察本部と弁護士会とが協定を結び、法律扶助協会、検察庁などの協力を得て、事件数の多い都市中心部の警察署において警察署常駐型当番弁護士制度（one-site duty solicitor scheme）を試験的に実施した。同制度のもと、被疑者が弁護人の援助を要求した後、コール・センターを通じて当番弁護士の援助が要請された場合には、常駐当番弁護士が被疑者と接見し、相談し、被疑者に助言を提供することとされた。被疑者が援助を受ける機会を援助要求から短時間のうちに得ることができるようにするためである。また、被疑者が援助を要求しなかった場合には、留置管理官が、被疑者に対して当番弁護士が警察署に常駐していることを教示することとされた。これは、援助を要求すると手続の進行が遅延し、釈放が遅れるという一部の被疑者の懸念に対処するためであった。教示を受けた後、被疑者が考えを変えて援助を要求した場合には、常駐当番弁護士が被疑者と接見し、相談することとされた。同制度は、2011年2月14日から5月13日のあいだ、午前9時から午後6時まで運用された。

弁護士の援助を要求する被疑者は、2010年に39.3％であったものが、プロジェクト期間を通じて増加し、2011年には43.0％になった。しかし、援助要求の増加は、警察署常駐型当番弁護士制度に起因するものとはいえない。むしろ、BLAST の開始により、弁護人の援助を受けることに対する関心が一般に高まったことによるものであった。このような分析所見が示されたのは、警察署常駐型当番弁護士という新たな制度が効果的に機能することに対する

---

14 Vicky Kemp, Bridewell Legal Advice Study—BLAST: An Innovation in Police Station Legal Advice, Legal Services Research Centre (2012); Vicky Kemp, BLAST II Final Report: Adopting a 'Whole-Systems' Approach to Police Station Legal Advice, Legal Services Research Centre (2013).

15 Kemp, Balmer and Pleasence, Whose Time Is It Anyway?: Factors Associated with Detention in Police Custody, [2012] Criminal Law Review 736, 751.

阻害要因が存在したからである。

　第1に、警察署常駐型当番弁護士制度によって、たしかに被疑者は弁護人の援助を受ける機会を援助要求から短時間のうちに得ることができるようになったものの、警察が被疑者を逮捕した後、取調べを開始するまでには、同制度の導入前と同程度の時間を要していた。それゆえ、同制度によって、逮捕後の手続の進行が全体として迅速化したわけではない。第2に、常駐当番弁護士も、警察官による手続進行の遅さに対して争う姿勢をとらず、警察の手続進行に歩調を合わせた行動をとった。実際、被疑者が弁護人の援助を受ける機会を実際に得た事件においては、得なかった事件に比べ、留置時間が平均5時間以上長期化していた。このことからすると、弁護人が被疑者の留置時間を短縮するよう、迅速に行動することかが求められる。第3に、2010年まで、犯罪捜査の強化に向けた全国的取組みが実施されていた。このような取組みのなかで、逮捕数が増加し、比較的軽微な事件についても被疑者が逮捕され留置されることとなった。

　BLASTにおける警察署常駐型当番弁護士制度は、被疑者による援助要求を増加させ、手続進行を迅速化させる潜在的な力を有していたことはたしかであった。しかし、上記の阻害要因のために、それらは実現しなかった。常駐当番弁護士が被疑者の援助要求後迅速に援助を提供することによって、被疑者に対して弁護人の援助を要求するよう推奨しながらも、その一方で、逮捕から留置という捜査手続の進行は、なおも迅速さを欠いていたのである。

　BLAST Ⅱにおいては、BLAST Ⅰにおいて認められた主要な阻害要因に対処するため、①コール・センターを通じて当番弁護士の援助が要請されたときに、留置管理官が常駐当番弁護士ではなく、外部の当番弁護士に連絡をとってしまうという実施上の混乱があったことから、被疑者が当番弁護士の援助を要求した場合には、留置管理官が常駐当番弁護士に直接連絡をとることとした。②弁護人の援助が迅速に提供されるようになる一方、警察の逮捕から留置、取調べまでの捜査手続の進行が迅速化しなかったことから、逮捕前の証拠収集を強化するなどして、警察が手続進行の迅速化に努めることとした。③常駐当番弁護士が留置区画のなかに入っていることについて快く思わなかった留置担当官がおり、当番弁護士の側も留置担当官との摩擦を回避

することを望んだため、プロジェクト開始から時間が経過するにつれて、当番弁護士が留置区画のなかに入らなくなってしまったことから、留置担当官または捜査官が常駐当番弁護士を留置区画に招き入れることとした。BLAST Ⅱは、これらの変更を施しながら、それ以外の点についてはBLAST Ⅰと同様の方法により警察署常駐型当番弁護士制度を運用した。

　BLAST Ⅱの実施期間において、被疑者による援助要求は、2011年の40.5％から2012年の42.3％へとわずかに増加した。BLAST Ⅰにおける要求率が43.0％であったから、BLAST ⅠとBLAST Ⅱとのあいだで、要求率の変化はほとんどなかったことになる。他の条件を統制したうえで、BLAST ⅠとBLAST Ⅱとのあいだで被疑者の留置時間を比較すると、後者において9分の時間短縮が認められた。しかし、BLAST Ⅱの実施期間において、2011年の留置時間と2012年の留置時間とを比較すると、後者において平均2時間30分の長期化が認められた。しかしながら、被疑者が弁護人の援助を要求したかどうかによる留置時間の差異は小さくなった。すなわち、援助を要求した被疑者は、要求しなかった被疑者に比べ、BLAST Ⅰの実施期間において平均5時間長く留置されていたのに対して、BLAST Ⅱの実施期間においては、留置時間の長期化は平均4時間となった。

　もっとも、全体としてみると、事件処理の迅速化とそれによる被疑者の留置時間の短縮において、BLAST ⅡがBLAST Ⅰよりも効果的であったとはいえない。その理由としてあげられるのは、BLAST ⅠおよびBLAST Ⅱの両実施期間を通じて、警察は十分な証拠がないにもかかわらず被疑者の留置を決定する傾向が強いこと、実施期間中に被疑者が逃走する事故が発生し、留置区画における保安措置が厳格化されたため、常駐当番弁護士が留置区画の1階区域に入ることを禁じられ、2階区域に滞在しなければならなくなったことから、留置担当官と当番弁護士とのあいだの円滑な連携が妨げられたことである。これらの点からすると、BLAST Ⅱの効果が限定的であったのも驚くべきことではない。

　また、取調べ開始前に、警察側が弁護人に対して事件および証拠に関する情報を開示する実務が定着しているものの[16]、開示が限定的なものでしかない場合が多く、その結果、弁護人の援助の効果も限定されざるをえなかった。

以上のような調査報告から明らかなように、2期にわたるBLASTにおいては、警察署常駐型当番弁護士という挑戦的な試みにもかかわらず、留置区画における留置担当官と当番弁護士との連携上の困難を主因として、弁護人の援助の要求にともなう留置時間の長期化が効果的に解消されることはなかった。被疑者の援助要求を抑制する重要な要因は存続したのである。

3　手続初期における弁護人の援助を要求する権利に関するEU法

(1) 弁護人の援助を要求する権利

　欧州人権裁判所は、2008年のサルダズ判決[17]において、欧州人権条約6条1項による公正な裁判を受ける権利の保障のもと、逮捕後、弁護人の援助を受ける機会を制限したまま、刑事告発を受けた者（the accused）を取り調べること、あるいはそれによって採取した自白を有罪証拠とすることは、弁護人の援助を要求する権利（同条3項(c)）とともに、黙秘権（同条1項）の侵害にあたるとした。被疑者は、捜査機関の取調べを受ける前に、弁護人と接見し、相談し、その助言を受ける権利を保障されたのである。

　EU法においても、2009年の「刑事手続における被疑者・被告人の手続的権利の強化のためのロードマップ」に関するEU理事会決議[18]に基づき、

16　その後、警察刑事証拠法運用規程C11.1Aは、被疑者および弁護人は、取調べに先立ち、捜査妨害にならない範囲において、「防御権を効果的に行使することを可能にするために」、被疑事件の内容および被疑者が嫌疑を受けることになった理由を理解するのに「十分な情報」を開示されなければならないと規定した。同規定は、国内法を刑事手続における情報に対する権利についてのEU指令2012年13号に適合させるために挿入されたものである。同規定にいう「十分な情報」は、具体的には事件ごとに異なるが、最低限、日時、場所を含め、嫌疑の対象となっている犯罪事実の内容が開示されなければならず（運用規程C解説11ZA）、これに加えて、被疑者がその犯罪事実について嫌疑を受けることになった根拠が開示されるべきとされている（Zander, supra note 5, at 400）。

17　Salduz v Turkey, (2008) 49 EHRR 421. なお、欧州人権裁判所は、法執行機関・司法機関から正式に被疑事実が告知されたとき、被疑者が逮捕されたとき、警察により正式告発がなされたときなどには、人権条約上の「被告発者」の地位が認められるべきとしている（D. J. Harris et al., Law of the European Convention on Human Rights 208-210 [2009]）。本章においては、日本法との比較に配慮して、逮捕後に取調べを受ける者を「被疑者」とした。サルダズ判決およびその後の欧州人権裁判所の概要、影響、意義などについて、葛野尋之『未決拘禁法と人権』（現代人文社、2013年）173頁・187頁参照。

2013年10月22日、欧州議会およびEU理事会において採択された2013年EU指令[19]が、刑事手続における弁護人の援助を要求する権利について規定している。同指令3条は、構成国に対して、1項において、被疑者・被告人が現実的かつ効果的に防御権を行使することができるような時期と方法により、弁護人の援助を要求する権利を確保するよう求め、2項において、被疑者・被告人は、①捜査機関または司法機関の取調べを受ける前、②同一性確認手続、対質または犯罪場面の再現による捜査機関の捜査ないし証拠収集活動が開始される時点、③自由の剥奪後不当な遅滞のない時点、④召喚状が発せられているときは裁判所出頭前、のうち最も早い時期より、不当な遅滞なく、弁護人の援助を要求する権利を保障されるべきものとしている[20]。このように、手続初期の段階における弁護人の援助を要求する権利を保障しているのである。

法律扶助に関する2016年EU指令[21]は、弁護人の援助を要求する権利に関

---

[18] RESOLUTION OF THE COUNCIL of 30 November 2009 on a Roadmap for strengthening procedural rights of suspected or accused persons in criminal proceedings（2009/C 295/01）.

[19] DIRECTIVE 2013/48/EU OF THE EUROPEAN PARLIAMENT AND OF THE COUNCIL of 22 October 2013. この翻訳および解説として、久岡康成「EU指令2013年48号における弁護人に対するアクセス権と第三者及び領事との連絡権」香川法学34巻3・4号（2015年）参照。同指令3条5・6項は「一時的離脱（temporary derogation）」について定めているが、これについては、葛野尋之「被疑者取り調べと接見交通権」葛野尋之＝石田倫識編『接見交通権の理論と実務』（現代人文社、2017年）（本書所収・第5章）30頁参照。

[20] 指令3条3項は、弁護人の援助を要求する権利は、①捜査機関または司法機関による取調べ前も含め、弁護人と秘密に接見し、コミュニケーションを行う権利、②取調べへの弁護人の立会および効果的参加を受ける権利、③同一性確認手続、対質および犯罪場面の再現への弁護人の立会を受ける権利、を含むものとしている。指令3条3項にいう効果的参加について、その手続は国内法の規定に従うものとされながらも、その国内法は、立会・参加を受ける被疑者の権利の実効的行使とその本旨を損なわないようなものでなければならないとされ、また、取調べに立ち会った弁護人は、質問をし、説明を求め、意見を陳述することができるものとされている（前文25）。指令5条は、弁護人の援助を要求する権利の行使としてなされる被疑者・被告人と弁護人とのコミュニケーションの秘密性を尊重すべきことを要求し、そのようなコミュニケーションは、接見、信書および電話による会話に加え、国内法により許される他のコミュニケーション手段を含むとしている。

[21] DIRECTIVE 2016/1919/EU OF THE EUROPEAN PARLIAMENT AND OF THE COUNCIL of 26 October 2016. この翻訳および解説として、久岡康成「法律扶助EU指令と2012年国連総会決議及び法律援助国連原則・指針」香川法学37巻1・2号（2017年）参照。

する2013年EU指令と連動する形で、制裁として自由の剥奪が課される可能性のない場合を除いて、2013年指令により被疑者・被告人が弁護人の援助を要求する権利を保障されるすべての場合を含め、自由を剥奪された者、EU法または国内法により弁護人の援助を要求する権利が保障されている者および捜査機関による同一性確認手続・対質・犯行状況の再現に臨む者などに対して、公費による無料弁護を保障している（2条）。無料弁護の適用にあたっては、国内法によって資力要件、有益性要件（merit test）のいずれかまたは双方を課すことが認められているが（4条2項）[22]、身体を拘束されている場合には、有益性要件が自動的に満たされるものとされている（同条4項）。また、これらの要件を課したとしても、少なくとも捜査機関等の取調べ、あるいは捜査機関による同一性確認手続・対質・犯行状況の再現手続の開始までに、無料弁護の適用があるかどうかが決定されなければならないとされている（同条5項）。このように、2016年指令は、手続初期からの無料弁護を手厚く保障している。同指令のもとでは、先の二要件のうち、とくに資力要件を課したうえで、その充足を厳密に審査することは、実際には困難になるであろう。手厚い無料弁護の保障は、2013年EU指令による弁護人の援助を要求する権利の保障に実効性をもたせるためのものである[23]。

（2）権利告知の手続

被疑者に対する弁護人の援助を要求する権利の告知については、刑事手続における情報への権利に関する2012年EU指令[24]のなかに規定がおかれている。同指令3条1項は、被疑者・被告人に対して、弁護人の援助を要求する権利を含む手続的諸権利に関する情報が、それらの権利が実効的に行使されうるように、迅速に提供されるよう確保することを加盟国に求めている。告知時期について具体的規定はないが、権利の実効的な行使を可能にするという目的からすれば、弁護人の援助を要求する権利については、取調べ開始前、

---

[22] 欧州人権条約6条3項（c）は、被告発者が弁護人を選任する十分な資力を有せず、「司法の利益」が要求する場合には、無料弁護を受ける権利を有すると定めている。

[23] Balsamo, The Content of Fundamental Rights, in Roberto E. Kostoris (ed), Handbook of European Criminal Procedure 128 (2018).

捜査ないし証拠収集活動の開始時点など、同権利の保障の開始時点では告知がなされなければならないことになる。同条2項は、諸権利の告知が、口頭または書面により、理解しやすい簡明な言葉を用いて行われるべきことを求めている。

　同条第3項は、逮捕または拘禁された被疑者・被告人が、弁護人の援助を要求する権利その他の権利について記載された「権利告知書（letters of rights）」を速やかに交付され、逮捕・拘禁の期間を通じて、それを保持し、読む機会を与えられるべきことを要求している。「権利告知書」は、理解しやすい簡明な言葉によって記載されなければならない（同条4項）。同指令は、付属文書として、「権利告知書」のモデルを示している。そこにおいて、「弁護人の援助を要求する権利と無料弁護を受ける権利」については、「あなたには弁護人と秘密を守られて相談する権利があります。弁護人は警察から独立した立場にあります。あなたが弁護人に連絡をとるためになにか手助けが必要ならば、警察官に頼むと手助けしてもらえます。一定の場合には、弁護人の援助を無料で受けることもできます。詳しいことは警察官に聞いて下さい」と記されている。口頭での告知、「権利告知書」のいずれについても、被疑者・被告人が理解可能な言語によりなされなければならない（同条5項）。逮捕・拘禁された被疑者・被告人に対して、口頭での告知だけでなく、「権利告知書」を交付したうえでの告知が要求されているのは、身体を拘束された状態にある被疑者・被告人にとって、自己の権利についての十分な理解と確実な行使可能性を確保することが、とりわけ必要かつ重要であるとの認識に基づくものである[25]。

24　DIRECTIVE 2012/13/EU OF THE EUROPEAN PARLIAMENT AND OF THE COUNCIL of 22 May 2012. これについては、久岡康成「手続的権利強化の2009年ロードマップとEU指令2012年13号・権利告知書」香川法学33巻3＝4号（2014年）参照。もっとも、EU構成国の実務においては、捜査機関は被疑者・被告人に対して権利を告知しているものの、その実際のあり方は大きく異なっており、難解にすぎて理解できないような小冊子の交付によるものも含まれていることから、構成国は、被疑者・被告人が自己の権利について十分に理解しうるよう確保しなければならず、そのために、被疑者が嫌疑をかけられたときには速やかに、口頭および書面により権利に関する情報が提供されるべきであり、言語的理解力に劣る人々にも十分な配慮が必要だとされている（Rights in Practice: Access to a Lawyer and Procedural Rights in Criminal and European Arrest Warrant Proceedings, EU Agency for Fundamental Rights［2018］）。

4 日本法改革の課題と方向

(1) 日本法の現状と課題

　国選弁護制度は、現在、被疑者が勾留された事件のみを対象としている。逮捕段階については、当番弁護士制度が運用されている。

　司法警察員または検察官が弁護人選任に関する告知をするにあたっては、「弁護士、弁護士法人又は弁護士会を指定して弁護人の選任を申し出ることができる旨及びその申出先を教示しなければならない」(刑訴法203条3項・同法204条2項)。この規定は、「身体を拘束された被疑者・被告人の弁護人選任権に関する手続保障をより十分なものにする」という観点から、2016年の刑訴法改正によって設けられた[26]。逮捕・勾留された被疑者は、「弁護士、弁護士法人又は弁護士会を指定して弁護人の選任を申し出ることができる」(同法207条1項・209条・211条・216条・78条1項)。当番弁護士との接見要求は、「弁護士会を指定」した選任の申出として扱われる。

　弁護実務においては、被疑者などが当番弁護士との接見を要求したとき、連絡を受けた弁護士会は当番弁護士の派遣を調整し、弁護士会の派遣要請を受けた当番弁護士が、原則24時間以内に被疑者と無料の接見をすることとされている。初回接見は無料である。当番弁護士制度は、弁護士会のボランティアによるものであり、運営に必要な費用も、弁護士会が支出している。また、被疑者が弁護人を選任する場合において十分な資力を有しないときは、日本司法支援センター(法テラス)が日弁連の委託事業として運営している刑事被疑者弁護援助を通じて、費用が賄われる。

　グラフは、1994年から2019年までの当番弁護士受付件数、受任率、逮捕中の連絡の割合の推移を示したものである[27]。被疑者などの接見要求に応えた受付件数は、2009年に被疑者国選弁護制度の選任対象事件が拡張されたこと

---

[25] Quattrocolo, The Right to Information in EU Legislation, in Stefano Ruggeri, Human Rights in European Criminal Law 86 (2015).
[26] 保坂和人=吉田雅之「刑事訴訟法等の一部を改正する法律(平成28年法律第54号)について(1)」法曹時報69巻2号(2017年)78頁。

当番弁護士受付件数・受任率・逮捕中の連絡の割合

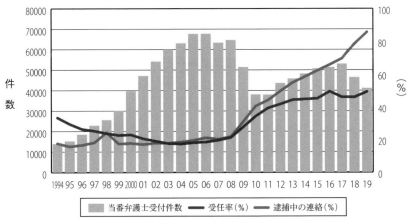

註27にあげた季刊刑事弁護各号の「当番弁護士制度運用状況集計表」をもとに作成

にともない、いったん減少したものの、その後また増加に転じた後、2018年6月1日より、選任対象が全勾留事件に再度拡張されたことにともない減少した。2009年頃から受任率が顕著な上昇をみせ、近年は40％台後半から50％近くとなっている。また、同じ頃から、勾留決定日前の警察署からの連絡が増加している。これら両者が共に増加していることからすると、国選弁護制度の適用対象外である逮捕段階において、より多くの被疑者が当番弁護士との接見を要求する傾向が強まっており、また、「被疑者弁護の空白を作らないために」、当番弁護士がより積極的に受任する傾向があるものといえよう[28]。

国選弁護人の選任対象が全勾留事件とされた後の2019年の運用状況をみる

---

[27] 季刊刑事弁護2号・6号・11号・15号・18号・22号・26号・30号・35号・39号・43号・47号・51号・55号・60号・64号・68号・75号・76号・83号・84号・89号・92号・96号・100号・105号（1995〜2021年）に掲載された「当番弁護士制度運用状況集計表」による。2017年までの運用状況の分析として、編集委員会「データから見た当番弁護士制度の意義及び影響等」福岡県弁護士会編『当番弁護士は刑事司法を変えた』（現代人文社、2019年）参照。

[28] 水谷規男「当番弁護士制度・被疑者国選弁護人制度導入と刑事弁護の課題」季刊刑事弁護100号（2019年）67頁。

と、合計41,160件の受付があり、受任は20,240件であった（受任率49.2％）。初回接見の当番弁護士が事件を受任した場合（成人事件、少年事件を合わせた判明分17,116件）について、その内訳をみると、被疑者国選弁護人としての受任が63.8％、私選受任のうち刑事被疑者援助の適用事件が16.4％、私選受任のうち同援助の適用外の事件が17.4％、少年付添人援助の適用事件が0.1％であった。私選受任の合計から逮捕段階における受任を推計するならば、33.8％となる（ただし私選受任のなかには勾留後の受任も一定数含まれるであろう）。被疑者国選弁護人としての受任の割合が多いことからすると、逮捕段階において当番弁護士との接見を要求した被疑者であっても、その多くは、逮捕段階の初期に接見の機会を得ているわけではないものと推測される。

被疑者本人による連絡は92.1％であった。連絡時期についてみると、「逮捕中」が34,130件（85.7％）であり、「勾留決定当日以降」が5,350件（13.4％）であった。ここにいう「勾留決定当日以降」は、集計上、勾留決定の前後を問わず、決定のあった日を基準としている。そうすると、全勾留事件が国選弁護人の選任対象となっているから、「勾留決定当日以降」とされる連絡も、ほぼ全件、決定前の逮捕段階でなされたものだといえよう。「逮捕中」の連絡と「勾留決定当日以降」の連絡とを合わせると、39,480件（99.1％）であった。

『犯罪白書・令和2年版』によれば、2019年、検察庁に送致された被疑者のなかで警察において逮捕された者は、111,197人であった。これをもとに計算すると、逮捕された被疑者のうち、「逮捕中」または勾留決定当日に当番弁護士との接見を要求した者の割合は35.5％であり、「逮捕中」に、すなわち勾留決定前日までに要求した被疑者の割合は30.7％であった。当番弁護士との初回接見に続き、逮捕段階において弁護人を選任した被疑者を推計すると、被逮捕者全体の5.2％となる。

弁護士会による当番弁護士制度の貴重な取組みにもかかわらず、また、当番弁護士との接見を経由しない私選弁護人の選任も一定数あるにせよ、現在もなお、逮捕段階、とくにその初期における弁護人の援助を受ける権利の保障は、現実問題として十分実質化しているとはいえない。とくに、当番弁護

士との初回接見に続いて、当番弁護士を弁護人として選任して、その援助を受けた被疑者の割合はかなり低い。2019年、勾留状発付が90,359人、国選弁護人の選任が78,301人であり、選任率は86.7％であった。これと比較したとき、逮捕段階での不十分さは際立つ。

　逮捕段階、とくにその初期から、弁護人の援助を受ける権利の保障を強化するためにはなにが必要か。もちろん、公的弁護制度が用意されなければならない。しかし、被疑者の要求により無料の初回接見の機会を得ることができる当番弁護士制度が存在しているにもかかわらず、上記のように、逮捕された被疑者のうち当番弁護士との接見を要求した者は、勾留決定当日を含めても35.5％にとどまり、勾留決定前日までの要求は30.7％にすぎない。被勾留者に対する国選弁護人の選任率の高さからすると、潜在的には、逮捕段階において、より多くの被疑者が弁護人の援助を必要としているものといえよう。そうであるならば、逮捕段階、とくにその初期において、弁護人の援助を必要としている被疑者が、当番弁護士との接見を含め、弁護人の援助を確実に要求しうるための手続保障が必要とされる。確実な援助要求のための手続保障を欠くならば、たとえ公的弁護制度が用意されたとしても、逮捕段階、とくにその初期における弁護人の援助を受ける権利の保障は、なお不十分なものにとどまることとなろう。

（２）被逮捕者のための公的弁護制度

　被疑者に対する公的弁護制度としては、現在、全勾留事件を選任対象とする国選弁護制度が存在する。国選弁護制度が採用されたのは、公判段階の国選弁護制度との一貫性があり、手続的にも簡便だとされたためであり、また、被疑者が勾留された事件が選任対象とされたのは、逮捕段階において全国一律に確実な選任手続をとることが時間的制約からは不可能だとされたからである。とくに、裁判官が選任命令を発するにあたり、貧困その他選任要件に関する事実の取調べのために被疑者を裁判官の面前に押送する必要があるとされた場合には、逮捕段階においてこのような手続をとることは不可能だとされた[29]。

　しかし、選任要件の審査のために被疑者を裁判官の面前に押送し、裁判官

が被疑者に直接質問するという確認手続が真に必要なのかは疑問である。その必要性はたとえ皆無でないとしても、僅少であって、逮捕段階を国選弁護人制度の適用対象外とすることを正当化するほどのものではない。裁判官の選任による国選制度という枠組みのなかでも、被逮捕者の事件を選任対象とすることは可能である。

　このことを踏まえて、私は先に、被逮捕者のための公的弁護制度として、①書面請求による選任を認めることによって、国選弁護人の選任対象を被逮捕者の事件にまで拡大すべきこと、②被逮捕者のための国選弁護制度は、迅速な選任を確保するために、私選前置主義をとるべきではなく、また、本来は資力要件を課すべきではないが、資力要件を残したとしても、虚偽の資力申告を防ぐためには事前・事後の担保措置によって効果的な対処が可能であり、また、対処すべきであること（刑訴法38条の4・181条2項・同4項）、③弁護人の援助を必要とする被疑者が確実に選任を請求することができるように、国選弁護制度は当番弁護士制度と連動すべきであり、当番弁護士が、被疑者の接見要求に応えて逮捕後迅速に被疑者と接見できるような態勢を整えること、④このとき、当番弁護士制度は、国選弁護制度の有効な機能を支えるものとして、国選弁護制度との一体性を有するものであるから、国費をもって運営されるべきこと、⑤国選弁護制度と並行して、被疑者が自ら選任した弁護人（被疑者と接見した当番弁護士も私選弁護人としての選任の対象となる）に対して法律扶助が認められるべきこと、を提案した[30]。被疑者が逮捕後できるだけ早期に当番弁護士と接見し、相談し、その助言を受ける機会を得ることを起点として、裁判官により国選弁護人の選任を受け、または弁護人を自ら選任することへとつなげていき、これらの費用を国費をもって賄うことによって、逮捕段階における被疑者に対する弁護人の援助を受ける権利の保障を実質化しようとしたのである。選任手続の迅速性を確保し、逮捕段階の初期から被疑者が弁護人の援助を受けることができるようにするためには、当番弁護士との初回接見に限らず、国選弁護人の選任および私選弁

29　落合義和＝辻裕教『刑事訴訟法等の一部を改正する法律及び刑事訴訟規則等の一部を改正する規則の解説（新法解説叢書21）』（法曹会、2010年）251頁。
30　葛野尋之『未決拘禁法と人権』（現代人文社、2012年）212頁。

護人に対する法律扶助の適用についても、本来、資力要件を設けるべきではなかろう。

　日弁連内部においては、国選弁護本部事務局試案（2013年9月18日）が発表されている。その概要は、「①身体拘束を受けた被疑者は、直ちに『当番弁護士』と接見し、その助言を受ける権利が保障されており、捜査機関に対し、被疑者にそのような権利があることの告知義務を課すこと。②被疑者に対する『当番弁護士』の助言について、その費用が国費によって賄われること。③『当番弁護士』に助言を求めることができる対象を、弁護人が選任されておらず、令状によって身体拘束を受けている（現行犯逮捕を含む。）すべての被疑者とし、助言を求めるために資力要件が問われないものとすること。④『当番弁護士』は、被疑者による接見要請を受けて、原則として24時間以内に接見して助言を行うこと。24時間以内の接見が不可能な場合には、電話による外部交通を補助手段として用いること」というものである[31]。同試案は、当番弁護士制度の費用を国費によって賄うとしたうえで、接見要求から24時間以内の接見を原則としつつ、初回接見をした当番弁護士が「その後の継続的弁護活動に結びつける役割」を担うべきものであり、「当番弁護士が間断なく弁護人に選任されるのが望まし」いとするものである。

　当番弁護士との初回接見を起点として設定したとき、弁護人の援助を必要とする被疑者ができるだけ早期に弁護人の援助を受ける機会を得ることができるためには、被疑者の接見要求に応えて、要求から短時間のうちに、当番弁護士が被疑者と接見することができる態勢を構築する必要がある。日弁連・国選弁護本部事務局試案においては、当番弁護士は24時間以内の接見義務を負うものとされ、電話による相談が補助手段として位置づけられていた。

---

[31] 日本弁護士連合会『第13回国選弁護シンポジウム基調報告書（第1分冊）』（2014年）5頁。日弁連内部では、その後も議論が継続され、いくつか新たな提案もなされているようである。これについては、日本弁護士連合会『第62回人権擁護大会シンポジウム・第1分科会基調報告書』（2019年）26頁参照。同報告書については、https://www.nichibenren.or.jp/document/symposium/jinken_taikai.html。逮捕された被疑者が当番弁護士との初回接見に続いて、同弁護士を私選弁護人として選任した場合において国費による法律扶助の適用を認めるという構想について、前田・註2論文500頁、毛利晴光「被疑者弁護の充実の流れ」日本大学法科大学院法務研究16号（2019年）29頁参照。

2019年の運用状況をみると、被疑者の接見要求から24時間以内の接見が94.0％であった。

　当番弁護士の接見までの時間をさらに短縮するためには、イギリスにおいて以前から提案されており[32]、BLASTプロジェクトにおいて試行された警察署常駐型当番弁護士制度の具体化も検討されるべきであろう。ロンドン警視庁管内においては、2016年、逮捕された被疑者が弁護人の援助を要求した場合、平均すると3時間程度で、弁護人と接見し、相談し、その助言を受ける機会を得ているようである[33]。BLASTにおいては、留置区画における留置担当官と常駐当番弁護士との連携上の困難を主因として、警察署常駐型当番弁護士制度が、援助要求から接見までの時間の短縮とそれを通じての援助要求の増加に効果的に寄与することはなかったとされたが、日本の現状からすると、警察署常駐型当番弁護士制度は、接見要求から初回接見までの時間を相当に短縮することとなろう。また、イギリスのように、被疑者は、当番弁護士との接見を含む弁護人の援助を要求した後、弁護人と実際に接見する機会を得るまでのあいだ、電話により相談する機会を認められるべきであろう。とはいえ、電話による相談は、被疑者が援助要求後直ちに弁護人と相談する機会を得るための応急措置であって、直接の接見のうえでの相談に代替するものではない。

---

32 アンドリュー・サンダースは、警察の権限濫用を抑制するための強固な外部的統制という観点から、被疑者が弁護人の援助を受けるためには自ら援助を要求しなければならないことに疑問を提示し、「強制」的に被疑者を身体拘束状態においている以上、「必要」的弁護を保障すべき、すなわち被疑者が要求をせずとも弁護人の援助を受ける機会を得るようにすべきだとする。弁護人の援助を不要だとする被疑者の判断は、被疑者として強制的に身体を拘束されているという文脈においてなされたものでしかなく、それゆえ絶対的なものではないというのである。さらに、被疑者の要求を援助を受ける条件となおしつづける場合には、援助を受ける機会の遅れを解消するために、当番弁護士が警察署に常駐する制度を提案している。サンダースは、多大なコストを要することから、警察署常駐型制度は実現困難だといわれるかもしれないが、捜査・訴追の側に立つ法律家、すなわち検察庁（CPS）所属の法律家に膨大な国費を支出しているのであるから、被疑者の弁護人ために国費をさらに支出することも可能であろうし、そうすべきであるとする (Sanders, The Case for Anchored Pluralism, in Ed Cape and Richard Young [eds.], Regulating Policing 71 [2008])。

33 逮捕後の平均留置時間が、弁護人の援助を要求しなかった場合には約13時間、要求した場合には約16時間であった（Campbell, Ashworth and Redmayne, supra note 7, at 126による）。この時間の差から、援助要求から接見までの所要時間を推測した。

（3）確実な援助要求のための手続保障

　弁護人の援助を必要としている被疑者が、確実に当番弁護士との接見を要求し、当番弁護士との初回接見を起点として私選弁護人を選任し、あるいは国選弁護人の選任を請求しうるようにするためには、どのような手続保障が必要か。

　このとき、前提とすべきことは、捜査実務において、被疑者が当番弁護士との接見を含む弁護人の援助を要求することに対しては、それを抑制しようとする圧力が作用しうることである。被疑者が弁護人の援助を受けることは、捜査機関が望むような形での捜査・取調べの遂行を困難化する可能性があるからである。逮捕された被疑者による当番弁護士との接見要求が、勾留された被疑者による国選弁護人の選任請求に比べ顕著に少ないことは、このような抑制的圧力の作用を示唆している。被疑者が弁護人の援助を要求することは、捜査機関にとって、対抗的姿勢を示したものとして受け止められるかもしれない。被疑者の援助要求に対する抑制的圧力は、被疑者の取調べが開始された後、取調べの場面においては、いっそう高まることになろうし、警察施設において身体が拘束されているという状況によって、増強されることになろう。弁護人の援助を必要とする被疑者が確実に援助要求をなしうるようにするためには、抑制的圧力に対抗しうるだけの手厚い手続保障が必要とされる。イギリス法およびEU法の展開を参照すべきであろう。

　手続保障としては、とくに次のような点が重要である。第1に、イギリス法の留置管理官制度に倣い、捜査から独立した立場にある担当官が、被疑者の権利・福祉に責任を負う立場に就くべきであり、そのような担当官が、逮捕後、被疑者に対して弁護人選任に関する告知を行い、当番弁護士との接見を含む弁護人の援助に関する被疑者の意思を確認するようにすべきである。イギリスの留置管理官は、捜査からの独立性を与えられ、被疑者の権利と福祉を擁護するという目的により、取調べ打切りの要求を含む、捜査に対して介入する権限を与えられている。日本においても、捜査から独立した立場にある担当官が、権利告知を行い、被疑者の意思を確認することによって、援助要求に対する抑制的圧力の作用が緩和されることとなろう。

　第2に、被疑者に対して、「権利告知書」を交付したうえで、理解しやす

い言葉による丁寧な権利告知を行うことを規則化すべきである。イギリス法においては、被疑者の確実な援助要求を担保するための手続保障として、警察刑事証拠法運用規程Cの2012年改正が、被疑者への権利告知および被疑者の意思確認の手続を整備し、このことが、援助要求の増加につながったとされる。また、刑事手続における情報への権利に関する2012年EU指令も、簡明で理解しやすい言葉によって記載された「権利告知書」の交付を要求している。日本の刑訴法は、逮捕された被疑者に対して、「弁護士、弁護士法人又は弁護士会を指定して弁護人の選任を申し出ることができる旨及びその申出先を教示しなければならない」（203条3項・204条2項）と規定するにとどまり、具体的な告知の文言、方法などは規則化されていない。弁護士会、捜査機関、裁判所など関係機関が協議し、被疑者にとって理解しやすい簡明な言葉を用いた「権利告知書」を、平易版および外国語版を含めて用意し、それを被疑者に交付したうえで、丁寧な権利告知を行うことを規則化すべきである。

　弁護人の援助を受ける権利に関する告知においては、逮捕段階における公的弁護制度の整備後であれば、当番弁護士との初回接見および国選弁護人・私選弁護人の援助がすべて国費によって賄われることも告知されなければならない。整備前であっても、当番弁護士との初回接見は無料であること、私選弁護人について刑事被疑者弁護援助の適用可能性があることについて、告知がなされるべきである。また、捜査機関は、被疑者に対して、弁護人の援助を要求すると釈放が遅くなる、取調べが厳しくなる、不利益な処分が予想されると示唆するなど、援助要求を思いとどまるように仕向ける意図をもって、いかなる言動をとることをも明確に禁止すべきである（イギリス警察刑事証拠法・運用規程C6.4参照）。

　告知の時期について、刑訴法は、司法警察員または検察官が自ら被疑者を逮捕したとき、または逮捕した被疑者を受け取ったときは、直ちに行うものと規定するのみであるが、身体を拘束された被疑者にとって、とりわけ取調べにどのように対応するかを決定するにあたり、弁護人の援助を受けることが必要かつ重要であることからすれば、取調べの度毎にも、告知がなされるべきである。

第3に、確実な援助要求を担保するために、被疑者が当番弁護士との接見を含む弁護人の援助を要求しなかった場合には、権利告知の担当官は、被疑者にその理由を問い、それに対する被疑者の応答を公式記録に記載するようにすべきである（イギリス警察刑事証拠法・運用規程C6.5参照）。

　第4に、被疑者に対する権利告知および被疑者の意思確認の手続が確実に履践されるようにするために、これらの手続の履践状況について録音・録画し、事後検証が可能な形で記録することを義務づけるべきである。

　以上のような手続保障が求められよう。

5　結　語

　弁護士会の献身的努力による当番弁護士制度は、これまで大きな成果を収めてきた。しかし、現在、逮捕された被疑者のうち、当番弁護士との初回接見を含め、弁護人の援助を受ける機会を実際に得ている者はなお少ない。被疑者が弁護人の真に効果的な援助を受けるためには、逮捕段階の初期から、弁護人の援助を必要とする被疑者が、起点となるべき当番弁護士との初回接見を含め、弁護人の援助を確実に要求することができるようにしなければならない。勾留段階を含めた被疑者弁護が拡大し活性化するにともない、弁解録取手続を含めた被疑者「取調べ」の開始が実質的に早期化する傾向をみせ、また、検察官が取調べを録音・録画した記録媒体を実質証拠として請求することが積極化するなかで、逮捕段階の初期から、被疑者に対する弁護人の援助を受ける権利の保障を実質化することが、ますます強く求められている。

　被疑者による確実な援助要求を担保するために、逮捕段階における公的弁護制度を整備し、被疑者が費用を負担することなく弁護人の援助を受けることができるようにすべきである。迅速な選任手続を確保するために、本来、資力要件は設けるべきではない。公的弁護制度としては、警察署常駐型当番弁護士制度が構想されてよい。2012年EU指令が示唆するように、本来、逮捕・勾留されていない在宅の被疑者が取調べを受けるときも、取調べ前に、弁護人を選任し、その援助を受ける権利について告知することを制度化すべきであるところ、警察署常駐型制度が設けられたならば、当番弁護士は取調

べを受ける在宅の被疑者に対しても、広く援助を提供することが可能となろう。また、確実な援助要求を担保するための手続保障として、①捜査から独立した立場にある担当官による権利告知および被疑者の意思確認、②「権利告知書」の交付と理解しやすい丁寧な権利告知、③被疑者が援助要求をしなかった場合の理由の確認、④権利告知および被疑者の意思確認についての録音・録画、がなされなければならない。

　逮捕された被疑者にとって、防御をめぐる最も重要な課題は、身体拘束からの早期解放と並んで、取調べにどのように対応するかである。被疑者が取調べを受けるにあたり弁護人の効果的な援助を受け、取調べの場面においてその黙秘権を確保するためには、被疑者が弁護人の援助を要求した場合、弁護人は、接見に先立ち捜査機関から事件および証拠に関する情報の提供を受け、そのうえで被疑者と接見して防御方針について相談し、必要な助言を提供しつつ、防御方針を決定した後に、被疑者の取調べに立ち会い、取調中にも被疑者に対して必要な援助を提供することができなければならない。取調べにおいて、被疑者が供述の強要から保護されるためだけでなく、手続全体にわたる防御の観点から、いつ、どのような事項について、どのように供述するか、あるいはしないかを決定しうるようにするためには、このような弁護人の援助が必要とされる。このような弁護人の援助によってこそ、供述強要からの保護的機能とともに、より積極的な防御権的機能をも有する被疑者の黙秘権が確保されるのである。たとえ逮捕・勾留された被疑者は取調べ受忍義務を負うとする前提に立ったとしても、被疑者は取調べに先立ち、弁護人と接見し、相談し、その助言を受ける機会を与えられなければならない[34]。接見前に弁解録取手続をとることも許されないというべきである[35]。

　被疑者が、逮捕段階の初期から、弁護人の真に効果的な援助を受けることを確保するためには、逮捕段階における公的弁護制度、確実な援助要求のための手続保障とともに、取調べとの関係においては、このような内容の弁護

---

[34] 葛野尋之「被疑者の黙秘権と弁護人の効果的な援助を受ける権利」『大出＝高田＝川﨑＝白取先生古稀祝賀論文集』（現代人文社、2020年）（本書所収・第9章）248頁。このような手続保障について、渕野貴生「供述の自由保障としての黙秘権と立会権」法律時報92巻11号（2020年）、石田倫識「弁護人立会権の理論的根拠に関する一考察」同所収参照。

人の援助が保障されなければならない。

---

35 捜査実務において、弁解録取手続が被疑者の供述の採取という取調べと同様の機能を果たしていることは否定できず（弁解録取書は、供述調書と同様、刑訴法322条1項にいう「被告人の供述を録取した書面」として扱われている。弁解録取手続と取調べとを区別することなく、録音・録画の義務化対象としている刑訴法301条の2は、このことを前提としているといえよう。また、弁解録取にあたり黙秘権を告知する実務も、同様であろう）、弁解録取手続が身体拘束からの早期解放など被疑者の利益のための手続保障だとしても、そうだとすれば、弁護人の援助を現に要求している被疑者に対して、被疑者の利益のための弁解録取手続を理由にして、弁護人の援助を受ける機会を延期することは、背理というべきであろう。なお、弁解録取手続の前に接見の機会が保障されるべきことについて詳細に論じたものとして、石田倫識「弁解録取手続と弁護人接見」註34書217頁。また、本書第3章参照。

246

第9章　被疑者の黙秘権と弁護人の効果的な援助を受ける権利

1　問題状況と本章の課題

(1)　問題状況

　捜査機関による被疑者取調べは、最も重要な捜査手段とされてきた。取調べを通じて作成された被疑者の供述調書は、検察官が起訴・不起訴を決定するにあたっても、起訴後の公判においても、重要な証拠とされてきた。また、実際には適正さを欠くような取調べがなされることもあり、取調べを通じて虚偽自白が採取されると、それは誤判・冤罪の最大の原因となってきた。近時、被疑者取調べに関連する二つの局面において、重要な法制度と実務の変化がみられる。

　第1に、被疑者の弁護人の援助を受ける権利についてである。1990年に始まった当番弁護士制度を踏まえ、2004年改正刑訴法により導入された被疑者国選弁護制度は、2009年の選任対象事件の拡大を経て、2016年改正法により、選任対象事件を全勾留事件とするに至った（2018年6月1日施行）。身体を拘束された被疑者と弁護人等との接見交通権は、長きにわたり、捜査機関による接見指定を通じて厳しい制約を受けていたが、最高裁の諸判例、さらには冤罪事件の発生などを契機とする警察・検察の組織的運用の変化を通じて、自由化が顕著に進み、現在、取調べを理由とする接見指定の適法性が争われることはなくなったといわれる[1]。他方、刑事手続がいっそう複雑化・専門

---

[1] 接見交通権をめぐる近時の状況について、葛野尋之＝石田倫識編『接見交通権の理論と実務』（現代人文社、2018年）参照。

化し、さらには当事者主義的手続運営が強化されるにともない、捜査、公判を通じて刑事弁護の活性化もみられる。そのなかで、逮捕・勾留された被疑者について、取調べにおいて黙秘を原則とする防御方針も広がっている。

　もっとも、被疑者の弁護人の援助を受ける権利については、逮捕段階における公的弁護制度が存在しないこと、被疑者が接見を要求しても、取調べは継続され、逮捕直後に要求した場合でも、取調べ前の弁護人との接見機会が保障されていないこと、弁護人は捜査機関から防御方針を立てるために必要な情報を十分得ることができず、また、取調べに立ち会い、取調べ中に被疑者に対して必要な援助を提供することができないことなど、限界が残されている。

　第2に、被疑者取調べ自体についてである。近年、被疑者取調べの録音・録画の運用は、とりわけ検察官取調べにおいて、顕著な拡大をみせてきた。2016年改正刑訴法により、裁判員裁判対象事件および検察独自捜査事件について取調べ全過程の録音・録画が義務化された（2019年6月1日施行）。この録音・録画は、第一次的には、被疑者の不利益供述の任意性を正確に認定することを目的としているが、取調べ状況の検証可能性の確保を通じて、その適正化に強く寄与するものである。実際、録音・録画の運用拡大および法的制度化によって、自白獲得のための威圧的・脅迫的取調べ、行き過ぎた誘導・暗示など、不適正な取調べが実際に減少していると報告されている。その結果、公判において被告人供述の任意性が争われる事案も確実に減っているという。

　ただし、法的義務化の対象事件が厳しく限定されており、録音・録画義務の例外が曖昧な形で広く許容されていること、警察取調べにおける録音・録画の運用は、検察官取調べに比して、なお限定的であり、検察官取調べにしても、全事件・全過程の録音・録画には至っていないことなど、限界も残されている。また、被疑者弁護と取調べをめぐる状況の変化のなかで、捜査機関の側は、被疑者の逮捕後、取調べの開始を早期化する傾向にあり、また、録音・録画記録媒体を実質証拠として請求することに積極的姿勢をとっている。

(2) 本章の課題

　刑事手続における被疑者取調べの重要性からしても、被疑者取調べの適正化が、長きにわたり、刑事手続改革の最重要課題の一つとして位置づけられてきたことは当然である。被疑者の取調べと弁護をめぐる近時の状況をみると、取調べの適正化に進展がみられることはたしかであろう。しかし、先に指摘した限界をみても、現在もなお、適正さ確保のための十全な手続保障があるとはいえない。被疑者取調べの適正化は重要課題であり続けている。

　被疑者取調べの適正化においては、被疑者を取調べの客体、すなわちたんなる証拠方法としての地位から解放し、被疑者の手続主体としての地位を確立することこそが目指されなければならない[2]。このとき基軸とされるべきは、被疑者の黙秘権である[3]。取調べにおける黙秘権は、被疑者に対して、意思に反する供述を強要されないこととともに、手続全体にわたる防御の観点から、いつ、どのような事項について、どのように供述するか、それともしないかを自由に決定する権利を保障している。供述強要からの保護という保護的機能に加えて、より積極的な、防御権的機能をも有するのである。「何人も、自己に不利益な供述を強要されない」とする憲法38条1項の保障のもとで、取調べにおいて、被疑者は「自己の意思に反して供述をする必要がない」ことを定める刑訴法198条2項は、このような内容を有するものとして、

---

[2] 平野龍一が、被疑者を取調べの客体の地位におく糾問的捜査観に対して、被疑者の主体性を承認する弾劾的捜査観を提唱したことを想起すべきである（平野龍一『刑事訴訟法』〔有斐閣、1958年〕83頁以下参照）。平野龍一は、公判手続における被告人について、「当事者主義は被告人を独立の人格として取り扱うから、その供述は任意でなければなら」ないのであり（平野龍一「刑法の客観化——刑法と刑事訴訟法との連関」警察研究20巻3号〔1949年〕14頁）、「当事者主義の訴訟は被告人を自己の利益を主張して戦う独立の訴訟主体として取り扱う。したがって、自己に不利益な事項については黙秘権が認められ、これに自白を期待することは許されない」とした（同「当事者訴訟の刑法に及ぼす影響」法律時報21巻11号〔1949年〕7頁）。黙秘権を保障された独立の訴訟主体として被告人の地位は、同様に、弾劾的捜査観において被疑者についても承認されることとなろう。

[3] イアン・デニスは、被疑者に捜査手続への「協力」を強要することは、「個人を証拠獲得のための客体」として扱うことになって、個人としての尊厳を尊重するという核心的価値に反するものであるとしたうえで、このような関心こそが、黙秘権の保障を基礎づけているとする（Ian Dennis, The Law of Evidence [7th ed., 2017] 211）。個人としての尊厳の尊重に根ざした被疑者の主体性の承認は、被疑者に対する黙秘権の保障として現れるのである。

黙秘権を保障しているものと理解すべきである。

　このような被疑者の黙秘権を確保するために、どのような手続保障が求められるか。EU法、イギリス（イングランド・ウェールズ）法などの展開に示されるように、重層的な手続保障が必要とされるが、その中核にあるものは弁護人の効果的な援助である。それは、被疑者が取調べ前に弁護人と接見して相談し、助言を受ける機会の保障、取調べに弁護人の立会を受けたうえで、被疑者への適宜の助言、取調への必要な介入など、取調べ中の援助を提供されること（以下、弁護人立会権）、さらに弁護人が効果的な援助を提供する前提として、捜査機関から被疑事件および収集証拠に関する情報の開示を受けるなどして、防御方針を策定するために必要な情報を獲得することを含んでいる[4]。

　本章は、以下、欧州人権裁判所の判例、EU法、イギリス法の展開を確認しつつ、取調べにおいて被疑者の黙秘権を確保するために必要とされる弁護人の効果的な援助のあり方を明らかにする。

2　EU法およびイギリス法の展開──弁護人の効果的な援助による黙秘権の確保

（1）欧州人権裁判所の判例

　欧州人権条約に関する人権裁判所の判例は、身体拘束下において捜査機関の取調べを受ける被疑者に対して弁護人の効果的な援助を保障することにより、その黙秘権を確保するという方向において発展を遂げた。

　2008年のサルダズ判決[5]は、欧州人権条約6条1項の公正な裁判を受ける権利の保障のもと、逮捕後、弁護人へのアクセスを制限したまま、刑事告発

---

[4] 石田倫識「被疑者・被告人の防御主体性」後藤昭責任編集『刑事司法を考える・3──刑事司法を担う人々』（岩波書店、2017年）は、黙秘権を「供述するか否かについての意思決定（自己決定）の自由」として捉えたうえで、被疑者取調べにおいて同様の手続保障が求められることを論じている。身体を拘束されて取調べを受ける被疑者に弁護人立会権を保障すべきとする見解は多くあった。もっとも、弁護人が取調べにおいてどのような役割を担うか、取調べ中にどのような具体的援助をなすべきかについての検討はほとんどなかった。韓国法およびアメリカ法の検討を踏まえて、憲法34条・38条1項による憲法上の権利として弁護人立会権が保障されるべきとする最近の研究として、安部祥太『被疑者取調べの憲法的規制』（日本評論社、2019年）。

を受けた者（the accused）を取り調べること、あるいはそれによって採取した自白を有罪証拠とすることは、弁護人の援助を受ける権利（同条3項(c)）とともに、黙秘権（同条1項）の侵害にあたるとした。同判決は、逮捕後取調べを受けた被疑者が、弁護人へのアクセスを拒否されたまま取調べを受け自白したという事案について、逮捕後取調べを受ける被疑者に対する弁護人の主要な任務がその黙秘権の確保にこそあると認めたうえで、公正な裁判を受ける権利を実際的かつ実効的に保障するためには、「弁護人へのアクセスは、具体的事情からみて、その権利を制約すべきやむにやまれぬ理由が立証された場合を除き、原則として警察による最初の被疑者取調べの時点から保障されなければならない。さらに、やむにやまれぬ理由により、弁護士へのアクセスの制限が例外的に正当化される場合でも、その制限は、人権条約6条により保障される被疑者の権利を不当に害してはならない。取調べが弁護人へのアクセスなくして行われ、それによって採取された自己負罪供述が有罪認定に用いられるときは、防御の権利は、原則として回復不可能なまでに害されることになる」と判示し、問題の事案において、「警察による身体拘束中に弁護人へのアクセスが認められなかったことは、申立人の防御権を回復不可能なまでに害することになる」として、人権条約6条1項・3項（c）の違反があるとした。

　このように、サルダズ判決は、弁護人へのアクセスを制限しつつ取調べがなされた場合、その結果採取された自白は、個別具体的事情の如何にかかわらず、直ちに排除されるべきとする予防的ルールを、あらゆる制度的制限も排除されるという絶対的要求に近い意味において原則化した。サルダズ判決にいう弁護人へのアクセスとは、身体を拘束された被疑者が弁護人に連絡し、接見のうえ相談し、助言を受ける機会を得ることを意味する。被疑者が要求

5　Salduz v Turkey, (2008) 49 EHRR 421. なお、欧州人権裁判所は、法執行機関・司法機関から正式に被疑事実が告知されたとき、被疑者が逮捕されたとき、警察により正式告発がなされたときなどには、人権条約上の「被告発者」の地位が認められるべきとしている（D. J. Harris et al., Law of the European Convention on Human Rights 208-210 [2009]）。本章においては、日本法との比較に配慮して、逮捕後に取調べを受ける者を「被疑者」とした。サルダズ判決およびその後の欧州人権裁判所の概要、影響、意義などについて、葛野尋之『未決拘禁法と人権』（現代人文社、2013年）173頁・187頁参照。

したときには、このような意味における弁護人の援助が、取調べに先立ち被疑者に対して与えられなければならず、それなくして取調べがなされた場合には、直ちに欧州人権条約の保障する弁護人の援助を受ける権利（6条3項(c)）とともに、黙秘権（6条1項）の侵害があったと認められるのである。このようなサルダズ判決は、ヨーロッパ全域において、同判決の要請を充足するための法の変化を現実に生み出した[6]。

翌2009年、ダヤナン対トルコ事件の人権裁判所判決[7]は、たとえ申立人が取調べにおいて黙秘していたとしても、身体を拘束された被疑者が取調べに先立ち弁護人にアクセスする権利を制限することは、それ自体直ちに人権条約6条1項・3項（c）に違反するとの判断を示し、予防的ルールをいっそう明確化した。同判決は、取調べを受ける被疑者を援助するにあたり弁護人が担う役割について、「被疑者が身体を拘束された時点から直ちに、弁護人の援助を受ける権利を保障される。それは、取調べ中の援助には限らない。実に、手続の公正さの要請として、被疑者は弁護人の援助に関連するあらゆる範囲の具体的サービスを受けることができなければならない。この点について、弁護人は、いかなる制限をも受けることなく、被疑者を弁護するための基本的な活動を確実に行うことができなければならない。すなわち、被疑事件についての協議、防御方針の策定、被疑者に有利な証拠の収集、取調べのための準備、窮地にある被疑者の支援、身体拘束状況の確認などである」と述べた[8]。弁護人は、逮捕され取調べを受ける被疑者に対して、取調べ中の援助を含め、さまざまな活動から構成される効果的な援助を提供すべきものとされたのである。

ところで、サルダズ判決が取調べ中の弁護人立会権の保障をも含意しているのかをめぐっては、意見が対立した[9]。これを肯定する見解もあった。し

---

[6] Jackson, Response to Salduz: Procedual Tradition, Change and the Need for Effective Defense, 79 Modern Law Review 987, 987-988（2016）. ジョン・ジャクソンによれば、サルダズ判決後、欧州諸国は取調べ前および取調べ中の弁護人へのアクセスを保障し、それを黙秘権と強く結びつけたものの、弁護人に捜査・取調べの過程においてどのように積極的役割を担わせるかという点においては、大きな違いを見せているという。

[7] Dayanan v Turkey, no. 7377/03, ECtHR Judgment of 13 October 2009.

[8] Id., at para 32.

かし、取調べに先立ち弁護人と接見する機会が保障されることを判示したにとどまるとの理解も有力であった[10]。

その後、2011年、メイダー判決[11]は、謀殺により逮捕された被疑者が、逮捕後、弁護人の援助を要求したものの、弁護人が警察署に到着する前に警察官が被疑者の取調べを行ったために、被疑者は警察官による初回取調べ中に弁護人の援助を受けていなかったという事案について、被疑者は「弁護人に相談することも、弁護人の立会を受けることもなくして、警察官により取り調べられ、自白した」ことを理由にして、欧州人権条約6条1項・3項の違反があると判断した。同年、スボールジ判決[12]は、警察官による初回取調べ中に被疑者が弁護人の援助を受けることがなく、被疑者は取調べ中に弁護人の援助を受ける権利を放棄していなかったという事案について、被疑者は「弁護人の立会を受けることなくして警察官による取調べを受けた」ことを理由にして、同条約6条1項・3項違反が認められるとした。これらの判決も、初回取調べにさいして弁護人へのいかなるアクセスも認めなかったという事案についてのものであったが、判決が、同条約6条1項・3項違反の理由として、被疑者が取調べ中に弁護人の援助を受けなかったことを明示していたことから、欧州人権裁判所の判例は、被疑者が逮捕後、初回取調べの前に弁護人と接見して相談し、その助言を受ける権利とともに、取調べ中の弁護人立会権をも保障しているとの理解が定着した[13]。

さらに、2018年、欧州人権裁判所大法廷は、ボイゼ対ベルギー事件[14]において、警察留置中の被疑者についての警察の取調べおよび捜査判事の審問にさいして弁護人へのアクセスが認められなかったという事案について、弁護人へのアクセスが身体拘束の時点から保障され、警察留置中および捜査段階における弁護人の主要な任務が黙秘権の尊重を確保する点にあることを確認

---

[9] Beijer, False Confession during Police Interrogations and Measures to Prevent Them, 18 European Journal of Crime, Criminal Law and Criminal Justice 311, 312-314（2010）.
[10] オランダ最高裁の2009年判決も、このような立場をとった（HR 30 June 2009, LJN: BH 3079）。
[11] Mader v. Croatia, no. 56185/07, ECtHR Judgment of 21 June 2011.
[12] Šebalj v Croatia, no. 4429/09, ECtHR Judgment of 28 June 2011.
[13] Hodgson, The Role of Lawyer during Police Detention and Questioning, 7（2）Contemporary Readings in Law and Social Justice 7, 15 n.4（2015）.

した後に、弁護人にアクセスする権利の内容について、実際的で実効的な権利の保障という人権条約6条の目的からすれば、「たんに弁護人を選任するだけでは、弁護人が被疑者に対して提供しうる援助の実効性を確保することができ」ないのであって、「被疑者は身体を拘束された時点から、弁護人と連絡をとることができなければならず、したがって、取調べに先立って、たとえ取調べが行われない場合でも、弁護人と相談することができなければならない。弁護人は自己の依頼者と秘密裏に協議し、秘密の指示を受けることができなければならない。……人権裁判所は、数々の事件において、被疑者は初回の取調べ中に、また、その後の公判前手続において尋問を受けるときにはいつでも、自己の弁護人を物理的に立ち会わせる権利を有していると認めてきた。……このような物理的立会は、立ち会った弁護人がたんに観念的なものではなく、実効的で実際的な援助を提供できるようなものとして、とりわけ取調べを受ける被疑者の防御権が害されないよう確保するようなものとして、なされなければならない」と判示した。そのうえで、刑事手続の最初期の段階または公判前の捜査手続において、弁護人が事件記録へのアクセスを拒絶され、あるいは同一性確認手続（identity parade）、犯行再現手続などの捜査手段への弁護人の関与が拒否されるならば、手続の公正さが害されることになりやすく、また、手続の公正さを判断するにあたっては、法的援助として提供されるすべてのサービス、すなわち被疑事件についての協議、防御方針の策定、被疑者に有利な証拠の収集、取調べのための準備、窮地にある被疑者の支援、身体拘束状況の確認などが考慮されなければならないとした。

　ボイゼ判決の判示から明らかなように、欧州人権裁判所の判例は、弁護人

---

14 Beuze v. Belgium,［2018］ECHR 925. もっとも、ボイゼ判決は、2016年のイブラヒム対連合王国事件大法廷判決（Ibrahim and Others v. The United Kingdom［2016］ECHR 750）とともに、身体を拘束され取調べを受ける被疑者による弁護人へのアクセスの例外的制限を許容する要件について、サルダズ判決による厳格かつ明確な判断基準を弛緩させた。両判決が人権条約6条による公正な裁判の保障においてサルダズ判決の水準を引き下げたとする強い批判がある（Sutherland and Graham, Fair Trial: Beuze v. Belgium,［2019］Criminal Law Review 233, 236-237）。この点について、詳細かつ的確に両判決を検討したものとして、小山雅亀「弁護人とのアクセスに関する欧州人権裁判所の新たな判例——サルダズ原則の変容・後退？」西南学院大学法学論集52巻1号（2019年）。

にアクセスする権利として、取調べ前の接見機会の保障に加え、取調べ中の立会を受ける権利が保障されなければならず、被疑者に対する弁護人の援助が実効的で実際的なものとして保障されるべきことを認めているということができる。

(2) 弁護人にアクセスする権利に関する EU 指令

EU においても、2009年の「刑事手続における被疑者・被告人の手続的権利の強化のためのロードマップ」に関する EU 理事会決議[15]に基づき、2013年10月22日、欧州議会および EU 理事会において採択された「EU 指令2013年48号」[16]が、刑事手続における弁護人へのアクセスについて規定している。

ここにいう「弁護人へのアクセス」とは、被疑者・被告人が弁護人からさまざまな援助を受けることを意味している。指令3条は、構成国に対して、1項において、被疑者・被告人が実際的かつ実効的に防御権を行使することができるような時期と方法により弁護人にアクセスする権利を確実に保障するよう求め、2項において、被疑者・被告人は、①捜査機関または司法機関の取調べを受ける前、②同一性確認手続、対質または犯罪場面の再現による捜

---

[15] RESOLUTION OF THE COUNCIL of 30 November 2009 on a Roadmap for strengthening procedural rights of suspected or accused persons in criminal proceedings (2009/C 295/01).

[16] DIRECTIVE 2013/48/EU OF THE EUROPEAN PARLIAMENT AND OF THE COUNCIL of 22 October 2013. この翻訳および解説として、久岡康成「EU 指令2013年48号における弁護人に対するアクセス権と第三者及び領事との連絡権」香川法学34巻3・4号(2015年)参照。法律扶助に関する2016年 EU 指令（DIRECTIVE 2016/1919/EU OF THE EUROPEAN PARLIAMENT AND OF THE COUNCIL of 26 October 2016）は、2013年指令による弁護人へのアクセスの保障に実効性をもたせるため、手厚い無料弁護の保障を求めている。すなわち、制裁として自由の剥奪が課される可能性のない場合を除いて、2013年指令により被疑者・被告人が弁護人へのアクセスを保障されるすべての場合を含め、自由を剥奪された者、EU 法または国内法により弁護人の援助が保障されている者および捜査機関による同一性確認手続・対質・犯行状況の再現に臨む者などに対して、公費による無料の弁護を保障している（2条）。無料弁護の適用にあたっては、国内法によって資力要件、有益性要件（merit test）のいずれかまたは双方を課すことが許されているが（4条2項）、身体を拘束されている場合には、有益性要件を満たすものとすべきとされている（同条4項）。また、これらの要件を課したとしても、少なくとも捜査機関等の取調べ、あるいは捜査機関による同一性確認手続・対質・犯行状況の再現手続の前には、無料弁護の適用があるかどうか決定されなければならないとされている（同条5項）。2016年指令の翻訳および解説として、久岡康成「法律扶助 EU 指令と2012年国連総会決議及び法律援助国連原則・指針」香川法学37巻1・2号（2017年）参照。

査機関の捜査ないし証拠収集活動が開始される時点、③自由の剥奪後不当な遅滞のない時点、④召喚状が発せられているときは裁判所出頭前、のうち最も早い時期より、不当な遅滞なく弁護人にアクセスする権利を保障されるべきものとしている。さらに、3項において、弁護人にアクセスする権利は、①捜査機関または司法機関による取調べ前も含め、弁護人と秘密裏に接見し、コミュニケーションを行う権利、②取調べへの弁護人の立会および効果的参加を受ける権利、③同一性確認手続、対質および犯罪場面の再現への弁護人の立会を受ける権利、を含むものとしている。指令3条3項にいう効果的参加について、その手続は国内法の規定に従うものとしながらも、その国内法は、立会・参加を受ける被疑者の権利の実効的行使とその本旨を損なわないようなものでなければならないとし、また、取調べに立ち会った弁護人は、質問をし、説明を求め、意見を陳述することができるものとしている（前文25）。取調べを受ける被疑者は、取調べ中に弁護人の立会を受け、これら弁護人の「参加」を通じて効果的な援助を受ける権利を保障されるのである。指令5条は、弁護人にアクセスする権利の行使としてなされる被疑者・被告人と弁護人とのコミュニケーションの秘密性を尊重すべきことを要求し、そのようなコミュニケーションは、接見、信書発受および電話による会話に加え、国内法により許される他のコミュニケーション手段をも含むとしている。

　弁護人にアクセスする権利と捜査機関の取調べ権限との関係について、2013年 EU 指令3条2項は、被疑者に対し、身体拘束のいかんによらず、捜査機関の取調べに先立ち弁護人と秘密裏に相談する権利を保障しているものと理解されている[17]。弁護人にアクセスする権利の行使が捜査機関の取調べ権限の発動と競合する場合には、前者が後者に対して優位におかれているのである。弁護人にアクセスする権利に関する同指令の規定は、サルダズ判決、ダナヤン判決など一連の欧州人権裁判所判決の要請を踏まえたものであり（前文6）[18]、また、EU 構成国はすべて欧州人権条約の締約国であって、欧州人権裁判所サルダズ判決の要請は、すべての EU 構成国に遵守が義務づけ

---

[17] Cape and Hodgson, The Right to Access to a Lawyer at Police Stations, 5 New Journal of European Criminal Law 450, 467 (2014).

られることからすれば、同指令においても、取調べの必要を理由として弁護人へのアクセスの要求を拒否・延期することは許されていないというべきだからである。

　ところで、2013年EU指令は、同指令が要請する弁護人へのアクセス権の保障からの一時的離脱（temporary derogation）を認めている。すなわち、例外的状況下において、公判前段階に限って、指令3条5項は、被疑者・被告人の地理的遠隔性から、自由剥奪の後に不当な遅滞なく弁護人にアクセスする権利を確保することが困難である場合について、同条6項は、人の生命・自由・身体に対する重大な侵害を回避するために緊急の必要がある場合および刑事手続に対する実質的な危険を防止するために捜査機関の即時の行動が緊急に必要とされる場合について、一時的離脱を認めているのである。同条5項による一時的離脱の場合には、その間、捜査機関による被疑者の取調べおよび証拠収集活動は停止されなければならない（前文30）。同条6項による場合には、一時的離脱は、事案の個別具体的状況に照らして正当化される範囲内に限られ、さらに、この場合には捜査機関の取調べが認められているものの、それは、被疑者・被告人が黙秘権を告知され、その権利を行使可能であり、また、実施される取調べが黙秘権を含む防御権を侵害しないときに限ってのことである。しかも、この場合の取調べは、人の生命・自由・身体に対する重大な危険を回避するために、または刑事手続に対する実質的な危険を防止するために必要不可欠な情報の獲得を唯一の目的とし、かつその範囲内で行われるものに限られる（前文31・32）。このように、一時的離脱によって、弁護人へのアクセスを停止した状態での取調べが許される可能性があるが、それは限定された例外的な場合と範囲においてでしかない。広く一般的状況下において、被疑者の弁護人にアクセスする権利が、捜査機関の捜査・取調べ権限に対して劣位におかれているわけではない。

---

[18] Hodgson, EU Criminal Justice: The Challenge of Due Process within a Framework of Mutual Recognition, 37 North Carolina Journal of International Law and Commercial Regulation 307, 307（2011-12）; Pia Janning, The EU Directive on the Right of Access to a Lawyer: A Guide for Practitioners, Irish Council for Civil Liberties 10（2015）.

（3）イギリス法における弁護人にアクセスする権利

　捜査機関の取調べを受ける被疑者の黙秘権を確保するために、弁護人の効果的援助を保障した実例として、イギリス法をあげることができる[19]。

　イギリス法の基本枠組みを定めているのは、1984年警察刑事証拠法である。虚偽自白とそれに基づく誤判の原因に関する徹底した調査研究を踏まえて、同法は、警察による身体拘束中の被疑者の取調べを捜査手段として積極的に承認する一方で、虚偽自白を防止し、被疑者の黙秘権を始めとする手続的権利を確保するために、逮捕後告発前の留置期間の限定、捜査と留置の徹底した分離、取調べ時間・方法の規制、そして全取調べ全過程の録音・録画など、重層的な手続保障を用意した。そのなかで最も重要なものが、弁護人にアクセスし、その援助を受ける権利の保障であった[20]。

　警察刑事証拠法のもと、逮捕され、警察署その他の場所に留置された被疑者は、弁護人の助言を要求するときはいつでも、弁護人と秘密裏に相談する権利を認められている（58条1項）。判例上、正式に警察留置が決定される前でも、さらには正式の逮捕前であっても、被疑者が行動の自由を重大に制約されているという意味において拘束状態におかれていれば、弁護人にアクセスする権利は保障される。また、同法の運用規程により、逮捕されることなく警察の取調べを受ける被疑者（任意出頭者）も、弁護人の助言を受ける権利を含め、逮捕され取調べを受ける被疑者と同じ権利を保障される（運用規程C3.21A）。弁護人の援助を必要とする被疑者が確実に要求できるようにするために、運用規程Cにより、弁護人へのアクセスに関する丁寧な告知および被疑者の意思確認の手続が定められている。これらについて責任を負うのは、捜査官ではなく、留置管理官である（同3.1）。なお、法律扶助協会の資格認定制度のもとで、ソリシタ資格を有しない者も、ソリシタの個別的指示・監督下において、警察署において被疑者と接見し、相談し、被疑者

---

[19] 葛野尋之『刑事拘禁と刑事手続』（現代人文社、2007年）87頁以下、同・注5書297頁以下、同『刑事司法改革と刑事弁護』（現代人文社、2016年）306頁以下参照。

[20] 被疑者弁護の現況に関する記述は、Cape, England and Wales, in Ed Cape et al., Effective Criminal Defence in Europe122-129（2000）; Ed Cape, Defending Suspects at Police Stations 123-228, 278-307（7th ed., 2017）; Liz Campbell, Andrew Ashworth and Mike Redmayne, The Criminal Process129-141（2019）による。

に助言を提供することを認められている。

　被疑者が弁護人の助言を要求した場合には、弁護人へのアクセスの遅延が例外的に許容されている場合を除いて、実際上可能な限り速やかに相談し、助言を受ける機会を与えなければならない（警察刑事証拠法58条4項）。実際にアクセスが延期されることは稀である。被疑者が助言を要求したときは、列挙された特別事由がある場合を除いて、被疑者が実際に弁護人と接見して相談し、助言を受けるまで、取調べをしてはならず、または取調べを中止しなければならない（運用規程C・6.6）。この特別事由は、裁判所により非常に厳格に解釈されている。被疑者と弁護人との相談については、秘密性が保障されなければならず、それは電話による相談の場合にも同様である（同・指針6）。さらに、警察刑事証拠法58条1項が、被疑者は要求により「いつでも」弁護人と秘密の相談をすることができると規定していることから、被疑者は、取調べに弁護人を立ち会わせ、取調べ中にもその援助を受けることができるとされており、このことは運用規程に明記されている（運用規程C・6.8）。

　逮捕された被疑者のうち弁護人の助言を要求した者の割合、さらにそのなかで実際に相談した者の割合についての全国統計は存在しない。1986年の警察刑事証拠法の施行以来、これらについての調査研究がいくつか実施されてきたところ、助言の要求、実際の相談のいずれについても、確実な増加傾向がみられ、最近の調査によれば、逮捕された被疑者のうち45～60％程度が弁護人の法的助言を要求し、35～45％程度の被疑者が実際に弁護人と相談し、その助言を受けている。近年の増加傾向は、運用規程の度重なる改正によって、弁護人へのアクセスに関する告知および被疑者の意思確認のための丁寧な手続がとられるようになったことの成果だとみられている[21]。

　被疑者は弁護人と電話により相談することができ、助言の要求を受けた弁護人から警察署にいる被疑者に電話をかけることもできる。法律扶助に関す

---

[21] Layla Skinns, Police Custody: Governance, Legitimacy and Reform in the Criminal Justice Process 112 (2011). イギリス法における手続初期段階での弁護人への早期アクセスの保障、そのための権利告知・意思確認の手続の整備と「権利告知書」の活用などについては、本書第8章を参照。

る委託契約の要求水準により、被疑者が助言の要求をしてから45分以内に弁護人は被疑者に電話をかけなければならないとされている。電話相談については、即時の相談が可能となることから、直接の接見の遅れがもたらす問題をカバーしうるとされている。もっとも、電話相談だけでは、法的助言の質の面で問題が残るので、接見までの応急的措置として電話相談を活用すべきとの意見が有力である。

　被疑者に対する弁護人の援助は、被疑者の資力のいかんにかかわらず、ほぼ全件、法律扶助によって賄われているところ、近年、財政支出の削減を目的として、法律扶助の縮小が顕著に進められてきた[22]。法律扶助の支出抑制という強い政治的要請のなかで、2008年、刑事弁護ソリシタ・コール・センター（以下、コール・センター）が導入された。従前、被疑者が特定のソリシタの助言を要求したときは、警察が直接そのソリシタに連絡をとっていた。コール・センターの導入にともない、弁護人の助言を希望する被疑者は、まず、私選弁護人の助言を要求するか、コール・センターに連絡するかを選択することとなった。被疑者がコール・センターへの連絡を選択した場合、センターは、被疑者の助言要求を刑事弁護直通電話サービス（Criminal Defence Service Direct; CDS Direct）につなぐか、それとも被疑者の指名するソリシタ（以下、ソリシタ事務所を指名する場合も含む）がいればそのソリシタに、いなければ当番弁護士につなぐかを判断することになった。被疑者の指名したソリシタに2時間以内に電話連絡がつかないときは、当番弁護士につなぐこととなる。コール・センターの振り分けにより、被疑者がどのような手段により法的助言を提供されるかが決められることになったのである。

　2008年、コール・センターとともに、刑事弁護直通電話サービスが導入され、主として有罪認定後に拘禁処分の可能性がない軽微な犯罪により逮捕され、警察署において留置された被疑者に対して、直通電話を通じて無料の法的助言が提供されるようになった。直通電話サービスの対象となる被疑者が

22　被疑者に対する法的助言の提供までの手続および刑事法律扶助と当番弁護士制度について、葛野・註19『刑事司法改革と刑事弁護』306頁以下参照。

自己の選任したソリシタとの直接接見を希望する場合には、その費用を自己負担しなければならないものとされた。被疑者の助言要求が刑事弁護直通電話サービスにつながれなかった場合には、被疑者の指名ソリシタまたは当番弁護士に助言要求がつながれ、指名されたソリシタまたは当番弁護士が被疑者のいる警察署に連絡を入れたうえで、被疑者のいる警察署に赴き、直接接見することとなった。この場合、法律扶助が適用される。

(4) イギリス法における弁護人の効果的な援助

弁護人の基本的役割について、運用規程Cの付属解説によれば、「警察署における弁護士の唯一の役割は、自己の依頼者の法的権利を擁護し、増進することである。そのために弁護士は、ときには、依頼者が訴追側立証を強化するような証拠の提供をしなくなるであろう効果をともなう助言をする必要もある。弁護士は、質問の意味を明確化するために介入し、自己の依頼者にとって不適切な内容の質問もしくは質問方法に異議を申し立て、個別の質問に応答しないよう自己の依頼者に助言し、または必要と認めるときは、自己の依頼者に対してさらに法的助言を提供することができる」とされている(6D)。

弁護人が被疑者の要求に応えて警察署に到着したならば、まず留置管理官が作成する留置記録（custody record）を閲覧した後、留置管理官および捜査官から、被疑事件および収集証拠に関する情報、すなわち被疑者の状況、被疑事件の内容、すでに収集されている証拠の概要などについて説明を受けたうえで、被疑者と接見し、被疑者による説明を聴取し、被疑者の法的立場および黙秘の法的効果を説明し、取調べにどのように対応するかについて助言するなどした後、さらに取調べに立ち会い、取調べ中の被疑者に必要な援助を行うことが、通常の実務となっている。運用規程C11.1Aによれば、被疑者および弁護人は、取調べに先立ち、捜査妨害にならない範囲において、「防御権を効果的に行使することを可能にするために」、被疑事件の内容および被疑者が嫌疑を受けることになった理由を理解するのに「十分な情報」を開示されなければならないとされている。同規定は、国内法を「刑事手続における情報に対する権利についてのEU指令2012年13号」に適合させるため

に挿入されたものである。同規定にいう「十分な情報」は、具体的には事件ごとに異なるが、最低限、日時、場所を含め、嫌疑の対象となっている犯罪事実の内容が開示されなければならず（運用規程 C 解説11ZA）、これに加えて、被疑者がその犯罪事実について嫌疑を受けることになった根拠が開示されるべきとされている[23]。

　運用規程 C6.9は、「弁護士が立ち会った取調べの場から離れるよう要求されるのは、その行為により、取調官が被疑者に対して適切な質問を行うことが不可能になる場合に限られる」としており、その付属解説によれば、同規定が「適用されるのは、立会弁護士の働きかけまたは行為により、被疑者に対して適切な質問を実施し、またはその対応を記録することが不可能になり、または不合理に妨げられる場合に限られる。容認されない行為の例としては、被疑者に代わり質問に応答すること、被疑者に引用させるために書面に記された応答を提示することなどがある」とされている。取調べ前の接見および取調中の援助において、弁護人は、被疑者の黙秘権その他防御権を確保するために、積極的役割を果たすべきことが求められている[24]。

　以上のように、イギリス法においては、限られた例外的な場合を除いて、被疑者が弁護人へのアクセスを要求した場合には、弁護人と接見して相談し、その助言を受ける権利が保障されている。被疑者が弁護人の助言を要求した場合、警察は、取調べを理由にしてそれを拒否ないし延期することはできない。取調べ前であれば、接見が終了するまで取調べを開始することはできず、

---

[23] Michael Zander, The Police and Criminal Evidence Act 1984, 400（8th ed., 2018）.

[24] 当番弁護士制度、法律扶助制度を含め、現在の実務とその問題点について、日本弁護士連合会『可視化への道、可視化からの道（イギリス取調べの可視化事情視察報告書）』（2011年）および同『第12回国選弁護シンポジウム基調報告書』（2012年）147～176頁は、ソリシタ協会（The Law Society）、刑事弁護に精通した独立開業弁護人、研究者などを含む関係者へのインタビューをもとに鮮やかに描写している。なお、弁護人ではない有資格者が、弁護人の代行者として、その指示・監督のもとで、被疑者と接見し法的助言を提供することが認められている。代行者の法的助言については、1980年代から90年代前半にかけて、その質に深刻な問題があることが指摘された。そのため、質の確保を目的として、1995年、法律扶助協会の資格認定制度が設けられ、法律扶助の適用を受ける場合には、代行者について特別な資格認定が必要とされた。現在、有資格の代行者による法的助言については、確実で迅速な相談機会の提供という点において有益である反面、とくに警察官出身の有資格者の場合などに、質の面ではなお問題があるとも指摘されている（Andrew Sanders et al., Criminal Justice 235-245［4th ed., 2010］）。

取調べ中であれば、取調べを打ち切って、弁護人と接見して相談し、助言を受ける機会を与えなければならない。さらに、弁護人に「いつでも」アクセスする権利は、取調べに弁護人の立会を受け、取調べ中に弁護人の援助を受ける権利をも包含している。しかも、弁護人は、留置記録の確認、捜査機関からの情報開示などを通じて、防御の準備のために必要な、被疑事件および収集証拠に関する情報を獲得し、それを踏まえて被疑者と接見して相談し、防御方針を立てたうえで、被疑者の取調べに立ち会い、被疑者への適宜の助言、取調への必要な介入など、取調べ中の援助を提供するのである。取調べを受ける被疑者に対する弁護人の効果的援助のあり方が、ここに示されている。

3 被疑者の黙秘権を確保するための弁護人の効果的な援助

(1) 被疑者の黙秘権の内実

　本章冒頭において指摘したように、被疑者取調べの適正化において、その基軸とされるべきは被疑者の黙秘権であり、取調べにおいて被疑者の黙秘権を確保するためにどのような手続保障が必要か、そのなかで弁護人の効果的援助がどのように保障されなければならないかが課題とされるべきである。

　このとき、まず確認されるべきは、被疑者に保障されるべき黙秘権の内実である。憲法38条1項が、「何人も、自己に不利益な供述を強要されない」と定め、刑訴法198条1項が、「前項の取調に際しては、被疑者に対し、あらかじめ、自己の意思に反して供述をする必要がない旨を告げなければならない」と規定していることからも明らかなように、被疑者の黙秘権が、意思に反する供述の強要の禁止を内容としていることに疑いはない。しかし、それに尽きるものではない。

　取調べにおける黙秘権の保障は、被疑者を取調べの客体の地位から解放し、被疑者の手続主体としての地位を承認するものである。そして、取調べにおいて、被疑者がいつ、どのような事項について、どのように供述するか、あるいはしないかが、起訴・不起訴の決定、さらには起訴後の公判に対して重大な影響を与えうるものであって、その意味において手続全体にわたる防御

の観点から重要な意義を有するものである。高度に複雑化した現代の刑事手続においては、被疑者取調べの防御上の重要性はひときわ高まる。これらのことからすると、被疑者の黙秘権は、意思に反する供述の強要の禁止にとどまらない、より豊かな内実を有するものとして理解すべきである。

　サルダズ判決を始めとする欧州人権裁判所の判例の分析から、ジョン・ジャクソンは、被疑者の黙秘権の内実として、意思に反する供述の強要の禁止とともに、より積極的な、防御権的機能があることを指摘した。ジャクソンによれば、黙秘権は効果的防御を可能にするための手続的権利としての機能を有しており、とくに身体拘束下の被疑者取調べという場面においては、黙秘権の防御権的機能が重要な意義をもっている。刑事手続に占める被疑者取調べとその結果採取される被疑者供述の証拠としての重要性からすれば、取調べの場面において、被疑者が自己を防御するための権利が十全に保障されなければならない。そのためには、取調べにおいて、被疑者がいつ、どのような事項について、どのように供述するか、あるいはしないかを自由に決定することを確保するための手続保障が用意されなければならず、そのような手続保障が備えられてこそ、黙秘権の防御権的機能が実質的に保障されたことになるのである。

　憲法38条1項の保障のもとで、取調べにおいて、被疑者は「自己の意思に反して供述をする必要がない」ことを定める刑訴法198条2項は、供述強要からの保護のみならず、先のような防御権的機能をも内容とするものとして、黙秘権を保障しているというべきである。黙秘権の内実についてのこのような理解は、身体拘束下での取調べが生みだす強い供述圧力に対する被疑者の脆弱性とともに、被疑者取調べとそれにより採取される証拠たる被疑者供述が手続全体に対して重大な影響を与えうること、それゆえ被疑者取調べが被疑者の防御にとって決定的に重要な場面であることの認識に立つものであって、取調べの適正化の基軸に被疑者の黙秘権を据え、黙秘権を確保するための手続保障のあり方という観点から、被疑者取調べの適正化を構想しようとするにあたり有益である。

(2) 黙秘権の確保のための弁護人の効果的な援助

　取調べにおいて被疑者の黙秘権を確保するための手続保障として、その中心にあるのは、弁護人の効果的な援助の保障である。取調べにおいて被疑者の黙秘権と弁護人の援助を受ける権利とは、このようにして結節する。

　ジャクソンによれば、弁護人の援助は、被疑者が意思に反する供述を強要されないよう確保するために必要とされるだけではない（ジャクソンは、これを弁護人の援助を受ける権利の保護的機能と呼ぶ)[25]。黙秘権の防御権的側面に着目するとき、被疑者取調べの防御上の重要性からすれば、高度に複雑化・専門化した現代の刑事手続において、手続全体にわたる防御の観点から、取調べを受ける被疑者がいつ、どのような事項について、どのように供述するか、あるいはしないかを自由に決定できるようにするためには、弁護人の効果的な援助が不可欠である。この決定は、手続全体にわたる被疑者の防御にとってきわめて重要な意義を有し、その決定のためには、複雑化した刑事手続および自己の権利についての十分な理解を踏まえた、高度に専門的な判断を必要とするからである。ジャクソンが弁護人の援助を受ける権利の参加的機能と呼ぶものである[26]。

---

[25] 黙秘権の内容を意思に反する供述の強要からの保護としてのみ捉えるならば、このような黙秘権を確保するために最良の方法は被疑者が取調べを受けないことだということになろう。アメリカにおいては、ミランダ原則のもとで、被疑者が弁護人の援助を受ける権利を放棄することなく、実際に弁護人が選任された場合には、弁護人は被疑者に黙秘権を行使させ、取調べを受けないよう助言するのが通常である。このような弁護実務の前提には、黙秘権の行使が取調べを拒否する効果を有していること、被疑者がいかなる供述もしないあいだに、弁護人が検察官と答弁取引に関する交渉を行うという実務が定着していることがあるが、さらにその基礎には、供述の強要からの保護こそが黙秘権の内容であるとする理解があるのかもしれない。なお、安部・註4書402条は、被疑者が弁護人の立会を求めたときでも、実際に弁護人が立ち会ったうえで取調べが行われることは稀であるという点について、「弁護人立会権が修正5条の自己負罪拒否特権に基づくものであるため、『弁護人選任権者』が存在しないことも影響しているであろう」とする。ミランダ原則は、身体を拘束された被疑者が弁護人の援助を受けることなく取調べを受けることのない権利を保障するものであるから、被疑者が弁護人の援助を受ける権利を放棄しない場合でも、捜査機関が被疑者の取調べをしなければ、憲法上の黙秘権の侵害という問題は生じない（日本弁護士連合会刑事弁護センター編『アメリカの刑事弁護制度』〔現代人文社、1998年〕36頁以下〔後藤昭〕)。

[26] Jackson, Re-Conceptualizing the Right of Silence as an Effective Fair Trial Standard, 58 International and Comparative Law Quarterly 835, 858-860 (2009).

被疑者の黙秘権を確保するための弁護人の効果的な援助として、より具体的にはなにが必要とされるか。イギリス法の展開とそのもとでの弁護実務が、有益な示唆を与えてくれるであろう。イギリス被疑者弁護の実務においては、弁護人が、取調べを受ける被疑者に対して、以下のような「積極的弁護」を提供している[27]。取調べにおいて被疑者の黙秘権を確保するための弁護人の効果的な援助のあり方が、ここに示されているといえよう。
　第1に、弁護人が、取調べ前に、捜査機関から防御準備のために必要な情報の開示を受けなければならない。イギリス法においては、留置管理官の作成した留置記録の閲覧とともに、被疑事件、収集証拠などに関する捜査官の説明を通じて、弁護人は「防御権を効果的に行使することを可能にするために」、被疑事実の内容および被疑者が嫌疑を受けることになった理由を理解するのに「十分な情報」を開示されることが求められている。この情報の開示は、弁護実務においては、被疑者との接見前に行われる。
　EU指令2012年13号を受けて、警察刑事証拠法の運用規程C11.1Aとして情報開示に関する規定が設けられる前は、被疑者弁護の実践のなかで、捜査機関からの情報開示が行われてきた。すなわち、弁護人が捜査機関に対して被疑事件および収集証拠に関する情報の開示を求めたにもかかわらず、捜査機関側が開示に消極的であるときは、防御方針を策定することができず、効果的援助を提供することができないとして、被疑者に黙秘することを助言したことから、捜査機関が被疑者から供述の獲得を欲するときは、防御準備に必要な情報を開示するという実務が広がった。情報開示と供述獲得とをめぐり、弁護人と捜査機関とのあいだで折衝が行われたのである。捜査機関から情報の開示を受けられることが、被疑者に弁護人が選任されている場合とされていない場合との最も大きな違いだとさえいわれる。情報の開示がなけれ

---

[27] イギリス被疑者弁護の実際について、最近のものとして、Hannah Quirk, The Rise and Fall of the Right of Silence 86-119 (2017); Anna Pivaty, Criminal Defence at Police Stations 63-92 (2019).「積極的弁護（active defence）」という言葉はピバティの著書による。捜査機関からの弁護人の情報獲得、取調べ前の接見、弁護人の取調べ立会によって構成される弁護実務について、葛野尋之「ワークショップ報告・被疑者国選弁護制度の拡充と被疑者弁護の課題」刑法雑誌58巻3号（2020年）〔石田倫識報告〕、近畿弁護士連合会刑事弁護委員会『取調室の扉を開こう（第30回近畿弁護士会連合会人権擁護大会・第2分科会）』（2018年）23頁以下参照。

ば、弁護人は被疑者と接見し相談しても、防御方針を策定することが困難であり、また、取調べに立ち会ったところで、被疑事件および収集証拠に関する取調官の説明の正確性、被疑者に対する質問の適切性などをチェックすることができず、被疑者がいつ、どのような事項について、どのように供述するか、あるいはしないかを決定するために必要な助言を、的を射た、具体的なものとして提供することもできない。さらには、逮捕とそれに続く留置の適法性を確認することもできない。被疑者に対する弁護人の効果的な援助の提供において、捜査機関から必要な情報開示を得ることが、決定的な重要性を有するのである[28]。

　第2に、取調べに先立ち、被疑者は、弁護人と接見する機会を保障されなければならない。被疑者は、弁護人と接見して、刑事手続の流れ、自己の権利、自己のおかれた状況などについて説明を受けたうえで、弁護人が捜査機関から獲得した情報に加え、被疑事件、捜査機関の収集証拠などに関する被疑者自身の説明をも踏まえて、弁護人との相談によって、防御方針を策定するのである。被疑者は、このように弁護人との接見を通じて、防御の準備を整えたうえで、取調べに臨むことになる。

　第3に、被疑者は、取調べ中に弁護人の立会を受け、適宜の助言、取調への必要な介入など、取調べ中の援助を受けることができなければならない。イギリスの弁護実務において、取調べに立ち会った弁護人は、積極的役割を果たしている。取調べ中、弁護人は、一般に取調官に向かって強い「対立的」姿勢をとることは避けようとしながらも、取調官の質問が不明確であれば、その内容を確認し、質問が威圧的・偽計的・誘導的なものとなった場合には、質問を止めさせ、被疑者がそれに応答しないよう、取調べに介入する。

---

[28] Sukumar, Hodgson and Wade, Behind the Closed Doors, (2016) Criminal Law Review 900, 901-903は、EU指令が発効した後もなお、警察官は取調べ前の情報開示に消極的姿勢をとることが少なくなく、被疑者からの供述獲得のための技法として取調べ中に少しずつ収集証拠に関する情報を開示する実務が残存していることを指摘しているところ、Sukumar, Hodgson and Wade, How the Timing of Police Evidence Disclosure Impacts Custodial Legal Advice, 20(3) International Journal of Evidence and Proof 200 (2016) は、取調べ前に情報開示がなされた場合と取調べ中に開示がなされた場合との比較実験から、取調べ前に開示を受けた方が、弁護人は被疑者に対して具体的事案によりよく即した、的確な助言を提供することができるとしている。

これらは、被疑者の黙秘権の意思に反する供述を強要されないという側面に対応した弁護人の援助だといえよう。また、被疑者がいつ、どのような事項について、どのように供述するか、あるいは供述しないかを決めるために、弁護人は、取調べに先立ち策定した防御方針に沿って、取調べ中に被疑者に適宜の助言を提供し、被疑者の供述の意味を明らかにするための介入を行う。取調官が予想外の質問を発したとき、被疑事件または証拠について未開示の説明をしたときなどは、取調べを中断させて、被疑者と秘密の相談を行う時間をとる。このような弁護人の援助は、黙秘権の防御権的側面に対応したものだといえよう。

　このようにして提供される弁護人の効果的な援助は、被疑者の黙秘権を確保するために必要とされるものであると同時に、取調べを受ける被疑者にとって弁護人の援助を受ける権利の本質をなすものであって、したがって憲法38条1項により要請されるとともに、逮捕・勾留された被疑者については、憲法34条の要請するところであり、また、逮捕・勾留されていない被疑者の場合には、憲法31条から要請されるものだといえよう。かりに直接の憲法的要請だとはしないとしても、黙秘権および弁護人の援助を受ける権利の憲法的保障の趣旨から、被疑者の権利として明確に保障すべきことが強く求められているというべきであろう。

（3）弁護人立会権と取調べ受忍義務

　起訴前の被疑者の身体拘束期間が最長23日と長期に及び、さらに刑訴法198条1項但書の反対解釈を根拠にして、逮捕・勾留された被疑者は取調室に出頭・滞在する義務、いわゆる取調べ受忍義務を負うとするのが確立した捜査実務である。これらを前提として、被疑者取調べが最も重要な捜査手段とされてきたことから、逮捕・勾留された被疑者は、長期にわたり連日、長時間の取調べを強いられてきた[29]。

　このような捜査実務を前にして、被疑者の弁護人立会権については、懐疑的な意見が表明されることもあった。すなわち、現在の実務を前提としたとき、弁護士業務の実態からすれば、長期にわたる連日長時間の取調べに、弁護人がすべて立ち会うことは不可能ではないか。立会の実現可能性を考える

ならば、弁護人立会権の保障よりも、取調べ受忍義務を否定することが先ではないか。このような意見である。

たしかに、取調べ受忍義務が否定されたならば、被疑者が取調べを受ける条件として弁護人の立会を求めたときに、捜査機関としては、弁護人の立会を認めたうえで取調べを行わざるをえなくなるであろう[30]。「被疑者が弁護人の立ち会わない限り取調べを受けることを拒否した場合、なお捜査機関が取調べに応じさせたいと思えば、弁護人の立会を認めるほかない」からである[31]。この場合において、捜査機関が被疑者を取り調べようとする限り、被疑者の要求を容れざるをえないことはたしかであるが、弁護人の立会は、受忍義務が否定されることの反射的効果として被疑者が設定しうる事実上の条件にすぎないとする見解がある[32]。しかし、被疑者の弁護人の援助を受ける権利は、本来、時間的・場所的限定に服しているわけではないから、取調べの立会も、刑訴法に明定されていないとしても、取調べという場面における弁護人の援助を受ける権利の具体的発現として、権利性を有するというべきであろう。現行法において弁護人の立会を禁止する規定もない。

本来、黙秘権の憲法的保障の趣旨からして、取調べ受忍義務は否定されるべきである[33]。被疑者が黙秘権を行使したときは、取調べを拒否する意思を表示したものとして、取調べは中止されるべきである[34]。しかし、逮捕・勾留された被疑者について取調べ受忍義務を肯定する立場が、捜査実務において確立している。取調べ中の弁護人立会が、被疑者の権利ではなく、事実上

---

[29] 法務省『取調べに関する国内調査結果報告書』（2011年）2頁によれば、調査対象の1月間に、平均取調べ時間は、全事件について警察18時間52分、検察2時間47分、合計21時間35分であり、裁判員裁判対象事件について警察34時間13分、検察9時間01分、合計43時間14分であった。被疑者取調べを中核とする「日本的」捜査とそれに支えられた「日本的」刑事手続について、改革課題、裁判員裁判の可能性を含め、高田昭正「刑事司法の改革課題──『日本的特色』論との関係で」『鈴木茂嗣先生古稀祝賀論文集』（成文堂、2007年）1頁参照。

[30] 逮捕・勾留されていない被疑者については、取調べ受忍義務が認められないことから、捜査実務において弁護人立会が被疑者の権利として承認されていない現在も、取調べを受ける条件として、被疑者弁護の実践のなかで弁護人の立会が求められることがある。実際に取調べに立ち会った例も報告されている。これについて、近畿弁護士連合会刑事弁護委員会・註27報告書82頁以下参照。

[31] 後藤昭『捜査法の論理』（岩波書店、2001年）158頁。

[32] 渡辺修『被疑者取調べの法的規制』（三省堂、1992年）227頁。

の要求にすぎないのであれば、捜査機関がその要求を拒絶して取調べを行おうとするとき、取調べの結果採取された被疑者の供述の任意性に影響が生じることはあっても、被疑者はその取調べを「受忍」しなければならないということになろう。

　弁護人の立会を被疑者の権利として認めた場合にはどうか。これには、具体的立法により弁護人の立会を権利として規定した場合だけでなく、取調べという場面における弁護人の援助を受ける権利の具体的発現として、立ち会いの権利性を承認する場合も含まれる。先の懐疑的な意見は、逮捕・勾留された被疑者が取調べ受忍義務を負うのであれば、取調べこそが弁護人立会権に対して優位におかれるとする理解を前提としているようである。取調べが優位におかれるがゆえに、弁護人の立会がなくとも捜査機関は被疑者を取り調べることができるのであり、それゆえ立会のない取調べをされないためには、捜査機関が被疑者の取り調べを行おうとする限り、弁護人はそのすべてに立ち会わなければならないとするのである。

　しかし、取調べ受忍義務の肯定という前提に立ったとしても、弁護人の立会を被疑者の権利として認めるのであれば、被疑者の弁護人立会権こそが、取調べに対して優位におかれるべきである。弁護人立会権は、取調べを受ける被疑者の黙秘権を確保するために必要とされるものであって、そのための弁護人の効果的な援助を構成する基本的要素であり、身体を拘束された被疑者の弁護人の援助を受ける権利の本質をなすものである。弁護人立会権が憲法38条1項・34条から直接、憲法的要請として保障されているとする場合はもちろん、これらの憲法的保障の趣旨を具体化するための立法または現行法の解釈により保障されるとした場合であっても、弁護人立会権が黙秘権およ

33　平野・註2書106頁。取調べ受忍義務の肯定論は、逮捕・勾留された被疑者を取調べの「客体」の地位におくものであって、黙秘権を基軸としつつ、被疑者の手続主体としての地位を承認し、実質化しようとする取調べ適正化の方向に反しているといえよう。松尾浩也『刑事訴訟法（上）（新版）』（弘文堂、1999年）67頁は、逮捕・勾留された被疑者について、出頭・滞在義務を肯定する一方、取調べを受ける義務を否定する。

34　後藤・註31書154頁、上口裕「自己負罪拒否特権の意義と射程」村井敏邦＝川﨑英明＝白取祐司編『刑事司法改革と刑事訴訟法（上）』（日本評論社、2007年）519頁、渕野貴生「黙秘権保障と自白法則」川﨑英明＝白取祐司『刑事訴訟法理論の探究』（日本評論社、2015年）191頁など。

び弁護人の援助を受ける権利の憲法的保障にとって重要な役割を担う権利であることからすれば、被疑者が弁護人の立会を求めるときに、捜査機関がそれを拒絶して、弁護人立会のないままに取調べを行うことは、弁護人立会権の侵害として許されないというべきである。それは同時に、憲法による黙秘権および弁護人の援助を受ける権利の保障の趣旨にも反することとなろう。

(4) 弁護人立会権の行使と取調べ権限の発動との「調整」

接見交通権の行使と取調べ権限の発動とが競合する場合について、1999年、最高裁大法廷[35]は、「被疑者と弁護人等との接見交通権が憲法の保障に由来するからといって、これが刑罰権ないし捜査権に絶対的に優先するような性質のものということはできない。そして、捜査権を行使するためには、身体を拘束して被疑者を取り調べる必要が生ずることもあるが、憲法はこのような取調べを否定するものではないから、接見交通権の行使と捜査権の行使との間に合理的な調整を図らなければならない」と判示して、刑訴法39条1項に基づく捜査機関による接見指定が憲法34条に違反しないとした。接見交通権の行使の場合と同様、取調べを受ける被疑者の弁護人立会権の行使と捜査機関の取調べ権限の発動とのあいだの「合理的な調整」が必要となるのか。

捜査機関が被疑者の取調べを行おうとしたとき、被疑者が弁護人の立会を要求した場合において、弁護人が捜査機関からの情報開示を受け、取調べ前に被疑者と接見をした後に、速やかに立ち会うことが可能な状態にあるならば、捜査機関は弁護人の立会のうえで取調べを行うべきことになる。弁護人の接見と取調べの実施とが両立しえないのと異なり、弁護人の立会と取調べの実施とが両立しうる以上、この場合には、被疑者の弁護人立会権の行使と取調べ権限の発動とのあいだに調整は必要ない。

被疑者が弁護人の立会を要求したときに、弁護人が速やかに立ち会うことのできる状態にない場合はどうか。上記最高裁大法廷判決は、「現に被疑者を取調べ中である場合」、または「間近い時に右取調べ等をする確実な予定があって、弁護人等の申出に沿った接見等を認めたのでは、右取調べ等が予

---

[35] 最大判平11・3・24民集53巻3号514頁。

定どおり開始できなくなるおそれがある場合」などは、「原則として……取調べの中断等により捜査に顕著な支障が生ずる場合に当た」り、したがって刑訴法39条3項にいう「捜査のため必要があるとき」に該当して、接見指定が可能であるとする。接見交通権の行使と取調べ権限の発動とが現実に競合する場合には、後者を優位においているのである。もっとも、2000年の最高裁判決[36]は、選任権者の依頼により弁護人となろうとする弁護士が、被疑者が逮捕され警察署に引致されてから25分後に初回の接見を申し出たという事案について、この接見機会が被疑者の防御にとってとくに重要性が高いとの認識に立って、現に被疑者を取調べ中であり、または間近で確実な取調べ予定があって、この申出を認めると「取調べの中断等により捜査に顕著な支障が生ずる場合に当た」り、「接見指定の要件が具備された場合でも、その指定に当たっては、弁護人となろうとする者と協議して、即時又は近接した時点での接見を認めても接見の時間を指定すれば捜査に顕著な支障が生じるのを避けることが可能かどうかを検討し、これが可能なときは、留置施設の管理運営上支障があるなど特段の事情のない限り、犯罪事実の要旨の告知等被疑者の引致後直ちに行うべきものとされている手続及びそれに引き続く指紋採取、写真撮影等所要の手続を終えた後において、たとい比較的短時間であっても、時間を指定した上で即時又は近接した時点での接見を認めるようにすべきであり、このような場合に、被疑者の取調べを理由として右時点での接見を拒否するような指定をし、被疑者と弁護人となろうとする者との初回の接見の機会を遅らせることは、被疑者が防御の準備をする権利を不当に制限するものといわなければならない」とした。同判決は、このように、逮捕直後の初回接見が被疑者の防御上とくに重要であることから、指定措置のあり方において、捜査に対する顕著な支障の有無をあらためて検討するにあたり、接見交通権の行使に対して取調べ権限の発動を優位にはおかなかった。この場合、捜査に対する顕著な支障が具体的に認められることは想定しにくいから、接見時間の制限はあるにせよ、即時または近接時点での接見が認められるという点において、接見交通権の行使の方に重きがおかれているとも

---

36 最判平12・6・13民集54巻5号1635頁。

いえよう。

　被疑者の弁護人立会権が、黙秘権および弁護人の援助を受ける権利の憲法的保障との関係において特別な重要性を有することからすれば、被疑者の弁護人立会権の行使と捜査機関の取調べ権限の発動とが競合するときに、後者を優位におくことは許されない。被疑者の弁護人立会権の行使を優位におくべきである。被疑者が要求したとき、弁護人が速やかに立ち会うことのできる状態にない場合でも、捜査機関は、弁護人の立会なしに被疑者を取り調べることはできないというべきである。イギリス警察刑事証拠法のもとでも、逮捕された被疑者について、日本の取調べ受忍義務に類した義務が認められているが（運用規程 C12.5）[37]、被疑者が弁護人へのアクセスを要求したときは、取調べ前の、または取調べを中断したうえでの接見機会を保障され、取調べ中に弁護人の立会を受ける権利も認められている。取調べ受忍義務が肯定されるからといって、弁護人立会のない取調べが許されるわけではないのである。

　もっとも、取調べ受忍義務の肯定は、被疑者取調べが捜査手段として高度の必要性・重要性を有しているとの前提に立っているもといえようから、このような前提を認めるのであれば、弁護人立会権の行使と取調べ権限の発動とが競合する場合には、弁護人立会のない取調べは許されないことを基本としつつ、両者のあいだに、なにがしかの調整が必要とされる場合もあるかもしれない。そのような調整としては、被疑者が弁護人の立会を要求したとき、弁護人が速やかにこれに応じられる状態にない場合には、弁護人と捜査機関とが協議し、弁護人立会のうえでの取調べの具体化に向けて、時間・場所の具体的調整をすべきことになろう。

　捜査機関が弁護人の立会が可能となるまで待機する時間の上限を設定すべきか。EU指令以前に被疑者の弁護人立会権を認めていなかったフランス、ベルギー、オランダなどでは、待機時間の上限を2時間と設定し、2時間以上待機しても弁護人の立会がなされなかった場合には、捜査機関が弁護人立

---

[37] ただし、取調べにおいて黙秘した被疑者に対して、供述するよう執拗に説得することはない。被疑者の黙秘権を侵害し、また、供述の任意性を害するからである。葛野・註19『刑事拘禁と刑事手続』110頁参照。

会のない取調べを行うことが認められている。さらに、取調べ前の接見が保障されているところ、接見時間は30分に制限されているようである[38]。日本においても、弁護人立会のうえでの取調べを実施することができないことにより、捜査に顕著な支障が具体的に生じる場合には、このような形での調整をすべきかどうか検討が必要となろう。

他方でまた、弁護人の立会可能性に配慮して、1日あたりの取調べ時間の上限を設定する必要もあろう。先の前提に立つときには、被疑者の弁護人立会権の行使と捜査機関の取調べ権限の発動とのあいだの正しい均衡点が設定されるべきなのである。

4 終 章——被疑者取調べの位置と機能

イギリス法においては、1984年警察刑事証拠法のもとで、手厚い法律扶助による無料弁護の保障を基盤にして、捜査機関からの被疑事件および収集証拠に関する情報獲得、取調べ前の接見、弁護人の取調べ立会と取調べ中の助言・介入からなる弁護人の効果的な援助のあり方が形作られた。弁護人の効果的援助の保障は、逮捕後告発前の留置期間の限定、捜査と留置の徹底した分離、取調べ時間・方法の規制、そして全取調べ全過程の録音・録画などと相俟って、被疑者取調べに対する重層的な手続保障を構成している[39]。取調べにおいて被疑者の黙秘権を確保するための手続保障である。

興味深い点は、イギリス法において被疑者取調べの適正化のための手続保障が発展するなかで、被疑者取調べそれ自体の位置づけや機能に変化が生じたことである。たしかに、警察刑事証拠法のもとでも、被疑者取調べは重要な捜査手段であり続けている。むしろ、同法は、被疑者取調べとそれによる供述採取を積極的な捜査手段として位置づけた。また、黙秘からの不利益推認の可能性など、被疑者の供述の獲得を拡大するための法改正もなされてきた（1994年刑事司法公共秩序法）。不利益推認の可能性が、積極的な被疑者

---

[38] 日弁連第62回人権擁護大会シンポジウム第1分科会実行委員会『立会をめぐる世界の潮流』（2019年）参照。
[39] 葛野・註19『刑事拘禁と刑事手続』87頁以下参照。

弁護に対して、抑制的な効果をもたらしていることも事実である[40]。しかし、弁護人の効果的な援助を中核として、厳重な手続保障が重層的に備えられるなかで、被疑者取調べは、より十分な証拠に基づく逮捕の後に、取調官が被疑者に対して被疑事件およびすでに収集した被疑者供述以外の証拠について説明しつつ、被疑者から被疑事件および収集証拠について説明を受け、そこに矛盾、曖昧な点、理解困難な点などがあれば、さらにその説明を求めるという形で（警察刑事証拠法運用規程C11.6参照）、ポイントを突いた、より「戦略的」なものとなったというのである[41]。このような捜査実務の変化を踏まえて、イギリス警察大学校において開発されたのが、被疑者取調べのPEACEモデルである[42]。

---

[40] Quirk, supra note 27, at 86-119は、不利益推認の要件は限定され、その現実的な可能性は高くないにせよ、法律の規定において不利益推認の可能性が明記されていることとともに、弁護人が被疑者の供述を交換条件として捜査機関からの情報開示を求める折衝をしなければならないことから、逮捕され取調べを受ける被疑者に対する援助において、弁護人が「根本的ジレンマ」に陥る可能性があることを指摘している。黙秘からの不利益推認をめぐる問題について、石田・註6論文65頁以下参照。

[41] アンドリュー・サンダースとリチャード・ヤングは、取調べ前に留置場の房に数時間被疑者を置き去りにすることによって、被疑者の不安と孤独感を高め、それによって自白獲得に向けての取調べの圧力を強めようとする「取調べテクニック」が広く用いられてきたとするところ（Sanders and Young, supra note 24, at 286-287）、ディクソンらは、警察刑事証拠法のもとでの「新しいプロフェッショナリズム」の台頭を指摘している。見込みと勘を頼りに被疑者を逮捕し、2日間留置し、取り調べて自白させ、「やってみるだけの価値はある」と判断すれば、証拠が十分とはいえない事件でもとりあえず告発していた「伝統的捜査方法」に対して、逮捕後、被疑者の取調べが許される告発前留置の時間が厳しく限定され、取調べ時間・方法も規制され、捜査と留置の分離が徹底されたなどしたため、逮捕前により十分な証拠を収集しておかなければならず、さらに逮捕後も「的を絞った」迅速な取調べをしなければならなくなったとするのである（Dixon et al., Safeguarding the Rights of Suspects in Police Custody, 1 Policing and Society 115, 132-133 [1990]）。アービングとマッケンジーは、警察刑事証拠法の施行前1970年の捜査実務と施行後1986年の捜査実務とを比較した調査研究に基づき、「警察刑事証拠法の施行後、逮捕の基礎となる証拠の質が高くなっており、その結果、逮捕後の取調べ開始時点で警察がすでに収集している被疑事実を裏づける証拠が、より強固なものとなった」と指摘している（Barrie L. Irving and Ian K. McKenzie, Police Interrogation: The Effect of the Police and Criminal Evidence Act 1984, 64-66 [1989]）。

[42] R・ルミン＝R・ブル（原聰編訳）『取調べの心理学』（北大路書房、2003年）197頁以下、白川靖浩「イギリスにおける被疑者取調べについて（下）」警察学論集60巻6号（2007年）81頁以下、指宿信「取調べの『高度化』をめぐって」法律時報83巻9＝10号（2011年）、「特集・エビデンスに基づく取調べの科学化」法と心理12巻1号（2012年）など参照。

日本においても、検察の在り方検討会議から法制審・新時代の刑事司法特別部会においては、被疑者取調べの適正化が、取調べ中心主義からの脱却ないしその軽量化と結びつけられ、適正化を現実的に促進する重要な要因として、取調べの軽量化が必要であることが提起された[43]。このような観点から、近時も、取調べの軽量化を促すために、起訴に必要な嫌疑の基準を引き下げるべきとする提案がなされている[44]。たしかに、有罪の確信がなければ起訴しないという確立した実務が、捜査・取調べの徹底化・詳密化を招いてきたことからすれば、起訴に必要な嫌疑の基準を引き下げることは、取調べの軽量化を促し、ひいてはその適正化の現実的基盤を作ることになろう。イギリス法においても、裁判所が「告発事実について被告人を有罪とする可能性が、無罪とする可能性よりも高い」（検察官職務規程4.5）という意味における「有罪判決の現実的見込み」（警察刑事証拠法運用規程C11.6（C）・16.1）という告発に必要な嫌疑の基準と告発前の捜査・取調べの限定とは、強い関連性を有しているといえよう[45]。

　他方、被疑者取調べの適正化のための手続保障を強化することが、取調べの位置づけと機能に変化をもたらす可能性もある。イギリス警察刑事証拠法のもとでの捜査実務の変化は、その可能性の現実化を例証している。法改正に先立つ議論において、被疑者取調べの適正化とその軽量化との結びつきが

---

[43] 葛野・註19『刑事司法改革と刑事弁護』149頁以下参照。多田辰也「わが国の刑事手続における被疑者取調べの位置づけ」大東法学70号（2018年）は、被疑者取調べの性質・機能という観点から2016年改正法の成果を詳細に分析し、被疑者取調べの変革のためには、「代用監獄制度を廃止し、身体拘束の要件等を厳格にしたうえで、受忍義務のない、しかも録音・録画だけでなく、弁護人の立会いが認められる取調べにしなければならず、さらには、取調べの性質・機能についての意識改革が必要であるとの立場からすれば、今回の法改正は、まったく不十分なものでしかない」と結論づけつつも、「変革への胎動は感じられる」とする（113頁）。

[44] 石田倫識「捜査改革と起訴基準」法律時報85巻8号（2013年）36頁、後藤昭「身体拘束」法律時報91巻12号（2019年）119頁。平野龍一の「弾劾的捜査観」が「あっさり起訴」ないし「弾劾的訴追観」と結びつけられていたことが想起される（「刑事訴訟の促進の二つの方法」平野龍一『訴因と証拠』〔有斐閣、1981年〕、「刑事訴訟における実体裁判請求権説」同『捜査と人権』〔有斐閣、1981年〕）。

[45] 石田倫識「起訴基準の再検討」川崎英明＝白取祐司編『刑事訴訟法理論の探究』（日本評論社、2015年）参照。「有罪判決の現実的見込み」が生じた時点が「捜査の終結」時点であり、その後速やかに告発すべきとされる（同論文98頁）。

指摘されていたものの、2016年刑訴法改正は、捜査・取調べ権限を縮小する、あるいは取調べの位置づけ・機能を変化させるような内容を含んではいなかった。改正法における被疑者取調べの録音・録画の制度化も、被疑者国選弁護人制度の拡大も、それ自体としては、捜査・取調べ権限を縮小するものでも、取調べの位置づけ・機能を変化させるものではない。しかし、被疑者弁護が拡大し、同時にその活性化が進むなかで、被疑者取調べの録音・録画が広がりは、取調べ状況の客観的検証を可能とすることによって、被疑者が、弁護人の援助を受けつつ実際に黙秘権を行使しうるような取調べ状況を生み出し、それにともない、弁護人の援助のもとでの原則黙秘という防御方針も広がりをみせている。

被疑者から得られる供述が少なくなれば、捜査機関は被疑者供述以外の証拠の収集にいっそう注力せざるをえなくなる。また、黙秘する被疑者に対して捜査機関が取調べの継続を断念することとなれば、取調べは縮減することとなり、あるいは黙秘する被疑者への執拗な「説得」の結果採取された供述の任意性が、裁判所によって否定されることとなれば、事実上、被疑者取調べが無効化することとなろう[46]。こうして、原則黙秘の弁護実務の広がりとその実効化は、ひいては被疑者取調べの位置と機能の変化を促すことになる。

弁護人の効果的な援助を中心に据えた手続保障の強化により、取調べにおける被疑者の黙秘権——それは供述の強要からの保護とともに、より積極的な、手続全体にわたる防御の観点から、被疑者がいつ、どのような事項について、どのように供述するか、あるいはしないかを自由に決定する権利を包含している——が確保されるとき、被疑者取調べの位置と機能は大きな変化を余儀なくされるはずである。そのような変化は、被疑者取調べのさらなる適正化を促すのみならず、刑事手続の構造的変化をも生むことになろう。

---

[46] 多田・註42論文114頁。録音・録画を通じて取調べ状況の事後検証が可能となることによって、後藤貞人「被疑者及び参考人の取調べ——弁護の立場から」三井誠ほか編『刑事手続の新展開（上）』（成文堂、2017年）325頁は、黙秘する被疑者に対する取調べ官の執拗な「説得」が黙秘権の侵害にあたると認められうることを、浦功「取調べの可視化と黙秘権」同編著『新時代の刑事弁護』（成文堂、2017年）38頁は、それが供述の「強要」と認定されうることを指摘している。

第10章　刑事手続における通信秘密の保護
　　　──弁護人の効果的な援助の保障と正確な事実認定

1　日本法の現状と課題

（1）接見交通権の歴史的展開

　刑訴法39条1項は、「身体の拘束を受けている被告人又は被疑者は、弁護人又は弁護人を選任することができる者の依頼により弁護人となろうとする者……と立会人なくして接見し、又は書類若しくは物の授受をすることができる」と定めている。この規定は、身体を拘束されている被疑者・被告人と弁護人（以下、接見交通権の文脈においては、選任権者の依頼により弁護人となろうとする者を含む）との秘密の接見を保障していると理解されている。同規定による秘密接見の保障は、秘密交通権とも呼ばれ、接見交通権の本質的内容をなすものとされている。

　接見交通権について、日本法の歴史を概観するならば、その生成と発展は、被疑者・被告人に対する弁護人の援助を受ける権利の保障の拡充とともにあったことが分かる[1]。

　1808年の治罪法は、公判段階の被告人について、はじめて刑事弁護を制度化した。同法140条は、「代言人」についても、親族などと同様、「密室監禁」の場合を除き、官吏の立会のもとでの接見が認められたに過ぎず、また、

---

* 本章は、弁護士および弁護士会の専門職倫理当為研究会の主催した「法曹倫理国際シンポジウム2021（ILEST2021）（2021年3月6日）」予稿集に掲載した報告原稿にいくらかの加筆・修正を施したものである。ILEST2021の準備過程およびシンポジウム当日に同研究会の会員諸氏からいただいた助言・示唆に感謝申し上げる。

[1]　三井誠「接見交通問題の展開（1）」法律時報54巻3号（1982年）8頁による。

書類の授受については、予審判事の検閲がなされ、差押も認められていた。

　1890年の旧旧刑訴法は、公判段階の被告人弁護の制度を継承した。同法85条は、「弁護士」の接見交通について、治罪法と同旨規定した。ただし、予審判事に加え、検事による書類の検閲・差押も認められた。密室監禁制度は廃止されたものの、その後の法改正により、予審判事は、勾留中の被告人の居室を別にしたうえで、接見および書類・物件の授受を禁止し、その書類・物件を差し押さえることができるとされた。

　1922年の旧刑訴法は、被告人が、公判段階のみならず予審段階を含め、起訴後いつでも弁護人を選任できることとした（39条1項）。同法45条は、公判段階において、勾留された被告人と弁護人との接見・信書発受を禁止することができない旨定めた。また、予審段階の被告人は、逃亡・罪証隠滅のおそれを理由とする接見禁止処分がなされない限り、弁護人と接見することを認められた（111条・112条。弁護人以外の者との接見と同じ扱いであった）。もっとも、公判段階においても、接見は官吏の立会を付され、信書は検閲された（監獄法46条・50条、同規則127条1項）。

　接見交通権の保障が飛躍的発展を遂げたのは、日本国憲法の制定（1946年）と現行刑訴法への全面改正（1948年）によってである[2]。

　憲法は、34条において、抑留・拘禁された者は「弁護人に依頼する権利」を保障される旨定め、37条1項において、刑事被告人についての弁護人の援助を受ける権利、さらには国選弁護人の選任の保障について規定した。憲法34条にいう抑留・拘禁は、刑訴法における逮捕・勾留を意味するものと理解された。憲法の保障を受けて、刑訴法30条は、「被告人又は被疑者は、何時でも弁護人を選任することができる」と規定し、捜査段階も含め、起訴の前後を通じて、被疑者・被告人の弁護人の援助を受ける権利を保障した。起訴後の被告人については、国選弁護人の選任についても規定した（同36条・37条）。

　日本国憲法制定後、憲法を実施するための必要最小限度の大綱を定めたも

---

[2] 三井・註1論文9頁、三井誠「接見交通権の成立過程」『平野龍一先生古稀祝賀論文集（下）』（有斐閣、1991年）参照。

のとして、応急措置法が制定された（1947年）。同法は、身体を拘束された被疑者についても弁護人の援助を受ける権利を認めたが、被疑者の接見交通に関する明文規定を有していなかった。司法省による立法趣旨の説明によれば、逮捕留置中の被疑者は、捜査官の許可がなければ弁護人との接見を認められず、勾留中の被疑者は、弁護人との接見交通権を保障されたものの、裁判官は接見禁止処分を付すことができるとされた。ただし、逮捕留置中または接見禁止処分が付されている場合でも、弁護人選任のために必要な接見・書類授受は常に認められるとされた。運用も、施行当初は、この規定のとおり旧法をわずかに前進させたものにとどまったが、半年余り経つと、被疑者と弁護人との接見には立会人をおかず、また、接見禁止処分も付さないという運用がとられるようになり、接見交通の自由が広く認められるようになった。

　1948年、現行刑訴法が制定された。制定過程において、弁護士会が、捜査段階での被疑者の接見交通権の明文化を主張したのに対して、検察庁は、弁護人の権限拡大に消極的な姿勢をとり、捜査段階での接見交通を認めるとしても、捜査官の許可を要するとすべきなどと主張した。自由な接見交通は、捜査・取調べの重大な妨げになり、刑事手続の目的たる「事案の真相を明らかに」すること（刑訴1条）の障害となると考えたのである。

　日本政府と連合軍総司令部との折衝の結果、現行刑訴法39条1項において、身体を拘束された被疑者・被告人の権利として、接見交通権が規定されるに至った。接見の秘密性も保障された。ただし、同条2項において、法令により、被疑者・被告人の「逃亡、罪証の隠滅又は戒護に支障のある物の授受を防ぐため必要な措置」をとることができると定められ、さらに同条3項において、捜査機関は「捜査のため必要があるときは、公訴の提起前に限り、第1項の接見又は授受に関し、その日時、場所及び時間を指定することができる」ものと規定された。自由かつ秘密の接見交通権の保障が捜査・取調べの重大な妨げになり、「事案の真相」の解明の障害になるとする消極的意見を反映する形で、接見指定制度が設けられたのである。

　このような接見交通権をめぐる歴史的経緯をみたとき、被疑者・被告人の弁護人の援助を受ける権利の保障にともない、刑訴法39条1項に、接見交通

権を保障する明文規定がおかれるに至ったが、接見交通権は、十分な捜査・取調べを通じての「事案の真相」の解明と対立するものとして位置づけられ、「事案の真相」の解明、換言するならば正確な事実認定の観点から、接見交通権を制約しようとする力が作用していたことが分かる。

（2）本章の課題

　「立会人なくして」の接見を保障する刑訴法39条1項は、現在までに、接見内容の秘密性を保障するものであって、収容施設職員の立会などによる接見内容の同時的探知だけでなく、接見内容を事前に報告させることなどによる事前的探知、取調べなどにおいて接見内容を聴取することなどによる事後的探知からも保護していると理解されている[3]。刑訴法39条1項によるこのような秘密接見の保障にもかかわらず、日本の刑事手続において、刑事事件の被疑者・被告人と弁護人とのあいだの通信（本章においては、口頭、文書その他の手段によるコミュニケーションを指す）について、諸外国における弁護士・依頼者間秘匿特権に相当する包括的な秘密保護は存在しない（後述するように、現在までに、秘匿特権は「特権」ではなく、被疑者・被告人の「権利」として捉えられている）。両者間の通信の秘密性が、強制的開示から包括的に保護されてはいないのである。

　刑訴法39条1項による秘密性の保障は、身体を拘束された被疑者・被告人と弁護人との「接見」にのみ及ぶものとされ、両者間の信書の発受を含む「書類若しくは物の授受」には及ばないものとされている。また、同法105条は弁護士の証言拒絶権について、同法149条は押収拒絶権について規定しているが、これらは弁護士の業務およびそれに対する社会的信頼の保護を目的とするものであって、被疑者・被告人の権利としての拒絶権を保障したものではない。文書が弁護士の手許にある場合には押収拒絶権の対象となりうる一方、被疑者・被告人の手許にある限り、その押収を拒絶することはできない。

　刑事収容施設法135条・222条・270条は、弁護人が刑事収容施設において

---

[3] 大阪高判平17・1・25訟月52巻10号3069頁、福岡高判平23・7・1判時2127号9頁。

身体を拘束された被疑者・被告人（刑事収容施設法における「未決拘禁者」）に宛てて発した信書については、信書の検査を発信人が弁護人あることを確認する限度において認めている。しかし、弁護人が発信した信書であることを確認するために必要だとの理由から、信書の内容検査を全面的に禁じているわけではない[4]。また、同法は、被疑者・被告人が発信する信書については、包括的な内容検査を許している[5]。収容施設内の規律・秩序の維持という目的から、信書による通信の秘密性は実質的な制約を受けているのである。

近時の裁判例のなかには、勾留された被告人が弁護人との接見の内容や防御方針を記録した文書について、被疑者・被告人の防御権（憲法31条）、弁護人の援助を受ける権利（憲法34条・37条1項）、秘密接見の権利（刑訴法39条1項）の趣旨から文書内容を秘匿する法的利益を承認したうえで、被告人の手許にある文書の押収が制限されるべきとしたものもある。しかし、文書内容の秘密保護は、証拠収集の利益によって相対化されている[6]。

以上のように、刑事手続における通信秘密の保護は断片的であり、また、捜査・訴追の利益および収容施設内の規律・秩序の維持との比較衡量により相対化されている。

日本の刑事手続においても、被疑者・被告人が自由な通信を通じて弁護人の効果的な援助を受けることを確保するために、刑訴法39条1項にいう「接見」に限ることなく、両者間のすべての通信について、秘密性を保障すべき

---

[4] 林真琴＝北村篤＝名取俊也『逐条解説・刑事収容施設法（第3版）』（有斐閣、2017年）689頁。弁護人が未決拘禁者に宛てて発した信書の検査の場合と同様、「受刑者が自己に対する刑事施設の長の措置その他自己が受けた処遇に関し弁護士法第3条第1項に規定する職務を遂行する弁護士……との間で発受する信書」については、「これらの信書に該当することを確認するために必要な限度において」検査を行うものとされているところ（刑事収容施設法127条2項・222条3項・270条3項）、受刑者の処遇に関する訴訟の代理人弁護士が受刑者に宛てて発した信書についての内容にわたる検査の適法性が争われた訴訟について、大野鉄平「刑事施設長による弁護士信書の内容検査と刑事収容施設法127条2項」季刊刑事弁護99号（2019年）、葛野尋之「訴訟代理人弁護士が受刑者に宛てて発した信書の検査をめぐる法的問題」一橋法学18巻3号（2019年）参照。

[5] 葛野尋之『刑事司法改革と刑事弁護』（現代人文社、2016年）226頁以下参照。

[6] 大阪地判平27・3・16判例時報2315号69頁、その控訴審判決たる大阪高判平28・4・22判例時報2315号61頁（最決平28・10・27の上告棄却および上告受理申立不受理により確定）、千葉地判平27・9・9裁判所ウェブサイト、その控訴審判決たる東京高判平28・7・14判例集未掲載。大阪高判平28・4・22の評釈として、葛野尋之「判批」刑事法ジャーナル51号（2017年）参照。

ではないか。そのことは、刑事手続の公正さを保障するとともに、正確な事実認定を確保することにもつながるのではないか。本章は、このような視点から、以下、刑事手続において、両者間の通信の秘密が包括的に保障されるべきこと、そのことが日本法としての効力を有する国際人権法からも要請されていることを論じる。

　たしかに、刑訴法39条1項が「立会人なくして」の接見を保障していることから、身体を拘束された被疑者・被告人と弁護人とは、接見を通じて、秘密の通信を行うことができる。事件の内容、防御方針、訴追側証拠に対する意見など、秘密性を確保すべき通信は、現在、接見を通じて行われており、それゆえ、接見以外の通信手段について秘密性の保障がないことにともなう問題が顕在化しにくい状況にある。しかし、身体を拘束された被疑者・被告人から弁護人との接見の内容を記録した文書を差し押さえる、取調べにおいて被疑者・被告人から接見内容を聴取するなどして、捜査機関が接見内容を探知する可能性が残っている。また、信書その他文書による通信は、接見を通じての通信を補完する機能を果たしうることに加え、正確性、固定性など固有の特性を有していることからすれば、通信手段として固有の重要性を有しているというべきである[7]。そうであるならば、接見のみならず、信書そ

---

[7] 葛野・註4論文83頁。旧監獄法下において勾留された被告人と弁護人とのあいだの信書の内容検査の適法性が争われた事件において、最判平15・9・5判時1850号61頁の梶谷・滝井裁判官反対意見は、「弁護人等が被勾留者と接見する場合、受付時間及び接見可能時間についての制限があるだけでなく、接見までの手続にかなりの待ち時間を要することもあって、これのみで、被勾留者との情報の交換、助言の伝達等によるコミュニケーションを十分に行えないことが少なくないのが実情である。また、弁護人等が信書によって被勾留者に求めるものや被勾留者から得たい情報を予め被勾留者に知らせ、被勾留者においてそれらの点について整理しておくことを求めて効果的に接見を行い、その後、接見を通じて十分に行えなかったことを追加して伝達したいと考えたことを信書によって伝えるなど、信書のもつ正確性、固定性など固有の特質を活用することによって、口頭による接見を補完することができる」と指摘していた。一審の浦和地裁は、監獄法50条および旧監獄法施行規則130条に基づく信書の検閲について、逃亡・罪証隠滅の防止、刑事施設の規律・秩序の維持という拘禁目的の達成のためには、検閲によってその内容を探知する必要がある一方、このような制限は通信そのものの規制ではなく、その「手段又は方法を規制する効果を有するにすぎない」から、必要かつ合理的な制限として憲法違反ではないと判示していた（浦和地判平8・3・22判時1616号111頁）。しかし、通信手段としての信書の発受には、接見によって代替し尽くされない固有の重要性があることからすれば、その一律の検閲は、たんなる通信の手段・方法の規制ではなく、実質的な制限に当たるというべきである。

の他の文書による通信についても、秘密性が保障されるべきであろう。通信秘密の包括的な保障が求められるのである。

　上記のように、刑訴法は、身体を拘束された被疑者・被告人に対して秘密接見の権利を保障する39条1項を有し、憲法も、弁護人の援助を受ける権利を保障する34条・37条3項を有している。憲法による弁護人の援助を受ける権利の保障は、最大判平11・3・24[8]によって、たんなる選任の自由だけでなく、実質的な援助を保障するものとされている。さらに、日本の批准する国際自由権規約も弁護人の援助を受ける権利を手厚く保障している。これらのことから、依頼者と弁護士とのあいだの通信秘密の保護において、刑事手続の場面での保護は、他の場面に比べて、より有利な条件を備えているともいえよう。そうであれば、刑事手続の場面において、被疑者・被告人と弁護人との通信の秘密が包括的に保護されるべきことを確認しておく必要があろう。そのことが、他の場面にも通信秘密の保護を広げていく力、あるいは基盤になりうるからである。

　他方、刑訴法1条は、「事案の真相を明らかに」することを法の目的として掲げている。このことから、刑事手続については、「事案の真相」を解明するために、正確な事実認定が求められ、そのためにはできるだけ多くの証拠が事実認定の資料として供されるべきだとする立場も有力である。このような立場からは、被疑者・被告人と弁護人との通信を包括的に保護することに対して、正確な事実認定ないし「事案の真相」の解明を妨げるとの批判が提起されうる[9]。接見交通権の歴史的展開においても、自由かつ秘密の接見交通権と「事案の真相」の解明ないし正確な事実認定とが対立的に捉えられ、前者は後者の妨げになるとの観点から、後者の目的によって自由かつ秘密の接見交通権を制約しようとする力が働いてきた。「事案の真相」の解明ないし正確な事実認定を妨げるとの批判に対して、どのような応答が可能であるのかを検討する必要がある。このとき、被疑者・被告人が、通信秘密の保護を通じて、弁護人の効果的な援助を受けることが、果たして本当に、「事案の真相」の解明ないし正確な事実認定の障害になるのかどうかが問われなけ

8　民集53巻3号514頁。

ればならない。

2 国際自由権規約による通信秘密の保護

(1) 国際自由権規約の効力と関連規定

　市民的及び政治的権利に関する国際規約（国際自由権規約）は、世界人権宣言を法的拘束力のある条約にしたものであり、最も重要な国際人権条約である。日本は1979年これを批准しており、同条約については、憲法98条2項により、国内法的効力が認められる。

　日本政府は、一般に、条約規定の直接適用の可能性について、「規定の目的、内容及び文言等を勘案し、具体的場合に応じて判断すべき」であるとの立場をとっているが、国際自由権規約については、規定形式に加え、同規約が締約国に対して権利を「尊重し及び確保する」即時的義務を課していることから、直接適用を肯定する見解が有力である。これを認めた裁判例[10]がある一方、否定したものはない。

　国際自由権規約14条1項は、「すべての者は、裁判所の前に平等とする。

---

[9] 内閣府に設置された独占禁止法審査手続についての懇談会は、審議を経て発表した『報告書』（2014年）において、弁護士・依頼者間秘匿特権について、事件関係人の「防御の確保」において一定の意義があることを認めつつも、「その根拠及び適用範囲が明確でなく、また、その実現に当たって実態解明機能を阻害するおそれがある」（13頁）として、現時点でそれを導入することは適当でないとの結論を示した（https://www8.cao.go.jp/chosei/dokkin/finalreport.html）。川出敏裕「独占禁止法審査手続の論点——刑事法からの分析」ジュリスト1478号（2015年）36頁は、「懇談会の議論は、終始一貫して、事件関係人の防御のための新たな制度の導入は、公取委による実態解明機能が損なわれない範囲で認められるという前提で行われてきた。しかし、防御というのは、国家機関による活動への対抗措置であるわけだから、事業者の防御権を強化するということは、その反面で、公取委による調査活動の制約を当然に伴うものであり、その結果として実態解明に一定の影響が及ぶことは、本来避けがたいものである。それを認めないという前提で検討が行われた以上、懇談会において、検討対象とされた制度の導入について合意がえられず、ほぼ既存の運用を確認する結果となったのは、ある意味で予想されたものであったともいえる」としている。独占禁止法審査手続について、榊原美紀ほか『詳説・独占禁止法審査手続』（弘文堂、2016年）258頁以下〔榊原美紀〕参照。また、日本弁護士連合会・弁護士と依頼者の通信秘密保護制度に関するワーキンググループ『弁護士と依頼者の通信秘密保護制度に関する最終報告』（2016年）https://www.nichibenren.or.jp/library/ja/committee/list/data/attorney-client_privilege/final_report.pdf も参照。

すべての者は、その刑事上の罪の決定又は民事上の権利及び義務の争いについての決定のため、法律で設置された、権限のある、独立の、かつ、公平な裁判所による公正な公開審理を受ける権利を有する。……」と定めており、同条3項は、刑事事件の被疑者・被告人の権利として、「防御の準備のために十分な時間及び便益を与えられ並びに自ら選任する弁護人と連絡すること」(b)、「自ら出席して裁判を受け及び、直接に又は自ら選任する弁護人を通じて、防御すること。弁護人がいない場合には、弁護人を持つ権利を告げられること。司法の利益のために必要な場合には、十分な支払手段を有しないときは自らその費用を負担することなく、弁護人を付されること」(d)を保障している。

これらの規定は、規定形式からみて、日本国内において直接適用が可能なものである。問題は、これらの規定から、通信秘密の保護が要請されるかである。

(2) 欧州人権条約と欧州人権裁判所判例

欧州人権条約は、国際自由権規約のモデルとなった人権条約であり、欧州評議会加盟国47国が、すべてその締約国となっている。同条約は、欧州人権裁判所という強力な実施機関を擁している。

欧州人権条約6条1項は、国際自由権規約14条1項とほぼ同じ文言により、公正な裁判を受ける権利を保障しており、また、同条約6条3項(b)・(c)はそれぞれ、刑事事件の被疑者・被告人の権利として、国際自由権規約6条3項(b)・(d)が定める権利を保障している。

欧州人権裁判所の判例は、文書によるものを含め、刑事事件の被疑者・被告人と弁護人とのあいだの通信の秘密性を強制的に奪うことは、欧州人権条約6条1項および同条3項(b)・(c)の保障する権利を侵害するとしている。

---

10 徳島地判平8・3・15判例時報1597号115頁および控訴審の高松高判平9・11・25判例時報1653号117頁は、国際自由権規約は「自由権的な基本権を内容とし、当該権利が人類社会のすべての構成員によって享受されるべきであるとの考え方に立脚し、個人を主体として当該権利が保障されるという規定形式を採用しているものであり、このような自由権規定としての性格と規定形式からすれば、これが抽象的・一般的な原則等の宣言にとどまるものとは解されず、したがって、国内法としての直接的効力、しかも法律に優位する効力を有するものというべき」だとした。

また、両者間の信書の秘密性を奪うことは、同条約 8 条の保障する通信の秘密を侵害するとも判示している[11]。このようにして、両者間の通信の秘密性を保障しているのである。

シューネンブルク＝デュルマス対スイス事件における1988年の欧州人権裁判所判決[12]が、リーディングケースである。この事件においては、薬物犯罪の嫌疑により逮捕された被疑者が警察署に留置されているときに、その妻が弁護人を選任したところ、弁護人は被疑者を宛名とした信書を作成したうえで、それを検察庁に対して発送し、被疑者に渡すよう依頼した。この信書のなかで、弁護人は被疑者に対して、捜査機関の尋問に答える義務はなく、答えたことは証拠とされる可能性があり、また、黙秘を続ける方が有利であろうとの助言を与えようとしていた。検察官がこの信書を閲読したうえで、必要な捜査の遂行を妨げるおそれがあるとの理由から、被疑者に弁護人からの信書を渡すことを差し止めた。同判決は、「シューネンブルク氏（弁護人・引用者）は被疑者に対して、『いかなる供述をも拒否する』ことができるというその権利を教示し、その権利を行使することが『利益』になるであろうことを助言しようとしていた。このようにして、彼はデュルマス氏に対して、ある種の防御方法をとるよう奨めたのである。……その防御方法についてのスイス連邦裁判所の判例によれば、刑事告発された者は黙秘することが認められるから、その防御方法自体適法なものである。また、シューネンブルク

---

11 Michaud v France, Judgement of 6 December 2012, §118-§119は、「人権条約 8 条は個人間で発受されるすべての通信の秘密を保護しているところ、弁護士と依頼者とのあいだの通信に対してはより強力な保護を与えている。このことが正当化されるのは、弁護士は訴訟当事者を代理・弁護するという民主的社会における基本的役割を担当しているという事実によるものである。しかし、弁護士が自らの代理・弁護する依頼者に対して両者間の通信が秘密性を保持されると保証することができないならば、このような不可欠の任務を遂行することは不可能である。このような弁護士の使命を遂行するために不可欠なものが、弁護士と依頼者とのあいだの信頼関係であるが、それがいま危険にさらされている。それは、捜査・訴追された者の自己負罪を免れる権利を含む、あらゆる者の公正な裁判を受ける権利にとって、間接的ながらも、必要な基盤なのである。／弁護士・依頼者間の通信の秘密保護に対する条約 8 条によるこのような特別の保護、そしてそれを支える根拠からみて、欧州人権裁判所は、このような視点から、第一次的には弁護士に対して一定の義務を課すことになるけれども、法曹秘匿特権が同条項によって具体的に保障されているものと認める」と判示している。

12 Schonenberger and Durmaz v Switzerland, [1989] 11 EHRR 202.

氏が、デュルマス氏（被疑者・引用者）に直接面会するまでのあいだ、彼にその権利とそれを行使した場合に生じうる結果について助言することは自己の職業上の義務であると考えるのも正当なことであろう。欧州人権裁判所の意見によれば、これらに関する助言は信書の発信者と受信者とのあいだで違法行為を隠蔽する危険を発生させるものではなく、正常な訴追活動に対する脅威を生じさせるものではない」と述べて、信書の受信差止は民主的社会において必要とされる制限にはあたらず、欧州人権条約8条に違反すると判示した。また、同判決は、弁護人が身体を拘束された被疑者に宛てて発した信書の内容の秘密保護が、同条約8条のみならず、「犯罪行為について訴追されたいかなる者も……自己の弁護の準備のために十分な時間および便益を保障されなければならない」とする同条約6条3項（b）によっても保障されているとした。

　S対スイス事件における1991年の欧州人権裁判所判決[13]は、欧州人権条約6条3項（b）は、告発された者という意味の刑事被告人が自己の弁護人と秘密の通信を行う権利を保障しており、国がその権利を侵害する危険は排除されなければならないとした。この事件においては、警察がかねてより調査対象としていた武器取引および原子力利用に反対する団体のメンバーを逮捕した後、弁護人がその被疑者と接見するために警察署を訪問したさい、警察官が両者の会話内容を盗聴し、また、警察官は、被疑者が弁護人に対して発した信書を押収したうえで、閲読した。同判決は、欧州人権条約6条において秘匿特権が明文で保障されているわけではないが、欧州評議会の制定した欧州刑事拘禁規則93条によって認められていることを指摘したうえで、「第三者によって内容を探知されないようにして自己の弁護人と通信を行う刑事被告人の権利は、民主的社会における公正な裁判の基本的要請のひとつであり、欧州人権条約6条3項（c）によって保障されている。もし弁護人がそのような監視なくしては自己の依頼者と相談し、依頼者から秘密の指示を受け取ることができないとするならば、欧州人権条約が、その権利を、実際上行使可能であり、かつ実効性のあるものとして保障しようと意図していたに

---

[13] S v Switzerland, [1991] 14 EHRR 670.

もかかわらず、弁護人の援助はその実効性を大きく喪失することになるであろう」と判示し、警察官による通信の監視は同条約6条3項（b）の保障する権利を侵害するとした。

（3）国際自由権規約の解釈基準としての欧州人権裁判所判例および国際準則

　もちろん、欧州人権条約は、日本において、直接的な法的効力を有していない。しかし、日本の裁判所が国際自由権規約の規定を解釈・適用するにあたり、欧州人権条約の関連規定に関する人権裁判所判例を解釈基準とすることができるのではないか。また、それ自体として法的効力を有しない国連その他国際機関の決議した諸準則も、同じく解釈基準として活用できるのではないか。

　過去、下級審の裁判例において、これらを解釈基準として援用して、国際自由権規約の規定を解釈し、そのうえで、国内法の関連規定をそれに適合するよう解釈・適用したものがある。

　大阪地判平16・3・9[14]は、弁護人が大阪拘置所に勾留中の被告人と接見するにあたり、施設職員に対し、刑事事件の証拠物として採用されているビデオテープを再生しながら被告人と接見することを申し入れたところ、同職員がビデオテープの内容の検査を求め、弁護人がこれを拒否したため、同職員が接見を拒否したという事案について、国際自由権規約14条3項（b）の保障する「防御の準備のために十分な時間及び便益」を与えられる権利の意味を明らかにするにあたり、条約法に関するウィーン条約（条約法条約）31条3項（b）にいう「条約の適用につき後に生じた慣行」および同条約32条にいう「解釈の補足的な手段」として、被疑者・被告人と弁護人とのあいだ

---

[14] 訟月52巻10号3098頁。控訴審判決の大阪高判平17・1・2訟月52巻10号3069頁は、「刑訴法39条1項の接見等の交通権は、憲法の保障に由来するものである。その実質的根拠は、かかる接見等の交通権が直接的に被告人等の人身の自由等の保障に資する点のみならず、被告人等が弁護人と相談し、その助言を受けるなど弁護人から援助を受ける機会が確保されることにより、国家の権能である刑罰権の発動ないし刑罰権発動のための捜査権の行使の適正化が図られ、もって、実体的真実の発見に資する点にも求められるのである（以上の法規範ないし法解釈は、憲法及び刑訴法の上記各規定の趣旨、目的等から導くことができるものであると考えられることから、当裁判所としては、被控訴人の主張するB規約の内容等には触れないこととする。）」と述べて、自由権規約に関する判断を示さなかった。

の通信の秘密性が十分に尊重されるべきとする自由権規約委員会の一般的意見[15]を用い、また、上記「解釈の補足的な手段」に準じるものとして、被拘禁者処遇最低基準規則93条[16]、被拘禁者保護原則18[17]、弁護士の役割に関する基本原則8条[18]を援用した。同判決は、このようにして国際人権規約14条3項（b）を解釈したうえで、それに適合するよう刑訴法39条1項を解釈した結果、同規定にいう「『接見』とは、口頭での打合せに限られるものではなく、口頭での打合せに付随する証拠書類等の提示をも含む打合せと解すべ

---

[15] 自由権規約委員会の一般的意見13（第21会期）（14条：司法の運営）（1984年4月12日採択）は、段落9において、「3項（b）は、被告人が、防御の準備のために十分な時間及び便益を与えられ並びに自ら選任する弁護人と連絡できなければならないと定める。……被告人が直接に防御することを欲しない場合又は自ら選任する人若しくは団体に依頼することを欲しない場合には、被告人は、弁護人を利用することができるべきである。さらに、本項は、弁護人に対し、通信の秘密性を十分に尊重するという条件のもとで被告人と通信を行うことを要求する。弁護士は、いかなる方面からも制限、影響、圧力または不当な干渉を受けることなく、確立した専門職としての活動基準および判断に従って、依頼者に助言し、依頼者を弁護することができなければならない」としており、また、一般的意見32（第90会期）（第14条：裁判所の前の平等と公正な裁判を受ける権利）（2007年8月23日採択）は、段落34において、「……弁護人は依頼人と秘密性を保障されつつ接見すること、および通信の秘密性が十分に尊重される状態で被告人と連絡することができなければならない。さらに、弁護人はいかなる方面からも制限、影響、圧力または不当な干渉を受けることなく、一般的に承認されている専門職の倫理に従って、刑事上の罪に問われている者に助言し、その者を弁護することができなければならない」としている。これらにいう「通信」は、接見のみならず、信書その他文書の授受を手段とする通信を含んでいる。

[16] 被拘禁者処遇最低基準規則（1957年7月31日国連経済社会理事会決議）は、93条において、「未決拘禁者は、自己の弁護のために、無料の法律扶助が利用可能な場合にはこれを求め、自己の弁護を目的として弁護人と接見し、かつ、秘密の指示文書を準備して、これを弁護人に手渡すことができなければならない。……未決拘禁者と弁護人との接見は、警察官または施設職員の視覚的監視下におくことはできるが、会話の聴取が可能なものであってはならない」と定めている。

[17] 被拘禁者保護原則（1988年12月9日・国連第43回総会決議）は、原則18において、「①拘禁され、または刑事施設に収容された者は、自己の弁護人と通信し、相談する権利を有する。②拘禁され、または刑事施設に収容された者は、自己の弁護人と相談するため、十分な時間と便宜を与えられる。③拘禁され、または刑事施設に収容された者が、遅滞なく、また検閲されることなく完全に秘密性を保障されて、自己の弁護人と接見し、弁護人と相談し、または通信を行う権利は、停止され、または制限されてはならない。但し、法律または法に従った規則に定められ、かつ裁判官等により安全と秩序を維持するために必要不可欠であると判断された例外的な場合を除く。④拘禁され、または刑事施設に収容された者とその弁護人との接見については、法執行官が視覚的に監視することはできるが、会話の内容を聴取することはできない。⑤本原則による、拘禁され、または刑事施設に収容された者とその弁護人とのあいだの通信は、被拘禁者または受刑者に対する証拠としては許容されない。但し、それが継続的もしくは意図的な犯罪と関係する場合を除く」と定めている。

きである」と判示し、大阪拘置所職員の上記措置を違法とした。

　また、刑事手続に関するものではないが、高松高判平9・11・25[19]は、刑事施設長が旧監獄法（面会の許否・条件を施設長の裁量とし、職員立会を付すことができると規定していた）の規定に基づき受刑者とその処遇に関する訴訟の代理人弁護士との面会について時間を制限し、職員を立ち会わせた措置を違法とするにあたり、国際自由権規約14条1項の解釈指針として、国際準則たる被拘禁者保護原則、救済申立に対する自由権規約委員会の見解とともに、欧州人権条約に関する人権裁判所判例を援用した。

　これらの裁判例が示しているように、国際自由権規約14条1項および同条3項(b)・(d)を解釈・適用するにあたっては、文書によるものを含め、被疑者・被告人と弁護人との通信の秘密性を包括的に保障する自由権規約委員会の一般的意見、救済申立に関する同委員会の見解、国連その他国際機関の決議した準則、さらには欧州人権条約に関する人権裁判所判例を活用することが可能である。

　さらに、これらの裁判例の後、EU法においては、2009年の「刑事手続における被疑者・被告人の手続的権利の強化のためのロードマップ」に関するEU理事会決議[20]に基づき、2013年10月22日、欧州議会およびEU理事会において採択された2013年EU指令[21]が、刑事手続における弁護人の援助を要求する権利について規定している。同指令3条は、構成国に対して、1項において、被疑者・被告人が現実的かつ効果的に防御権を行使することができるような時期と方法により、弁護人の援助を要求する権利を確保するよう求め、2項において、被疑者・被告人は、①捜査機関または司法機関の取調べを受ける前、②捜査機関の捜査ないし証拠収集活動の開始時点、③自由の剥

---

[18] 弁護士の役割に関する基本原則（1990年8月27日～9月7日犯罪防止・犯罪者処遇に関する第8回国連コングレス採択）は、第8項において、「逮捕、勾留、収監されたすべての者は、弁護士の訪問を受け、そして通信し、協議する十分な機会、時間及び便益を、遅延、傍受または検閲なしに、そして完全な秘密のもとで、提供されるものとする。そのような協議は、法執行官の目視できる範囲内であってもよいが、聴取できる範囲内であってはならない」と定めている。

[19] 判例時報1653号117頁。ただし、最判平12・9・7は、被告・国の上告を容認し、施設長の措置を適法とした。

[20] RESOLUTION OF THE COUNCIL of 30 November 2009 on a Roadmap for strengthening procedural rights of suspected or accused persons in criminal proceedings（2009/C 295/01）.

奪後不当な遅滞のない時点、④召喚状が発せられているときは裁判所出頭前、のうち最も早い時期より、不当な遅滞なく、弁護人の援助を要求する権利を保障されるべきものとしている[22]。そのうえで、同指令5条は、弁護人の援助を要求する権利の行使としてなされる被疑者・被告人と弁護人との通信の秘密性を尊重すべきことを要求し、そのような通信は、接見、信書および電話による会話に加え、国内法により許される他の通信手段を含むとしている。通信の秘密の包括的保護を求めているのである。すべてのEU加盟国（2021年2月23日時点で27か国）は、2年以内に、同指令の内容を国内法によって実施するよう義務づけられている。このような性格を有する同指令は、たんなるEU加盟国にとっての立法基準にとどまるものではなく、少なくとも条約法条約32条にいう「解釈の補足的な手段」、そのなかでも重要な「手段」として、国際自由権規約の上記規定、とくに規約14条3項（b）の解釈基準となりうるというべきである。

　自由権規約委員会の一般的意見、救済申立に関する同委員会の見解、国連その他国際機関の決議した準則、欧州人権条約に関する人権裁判所判例、さらには2013年EU指令を、「条約の適用につき後に生じた慣行」（条約法条約

21　DIRECTIVE 2013/48/EU OF THE EUROPEAN PARLIAMENT AND OF THE COUNCIL of 22 October 2013. この翻訳および解説として、久岡康成「EU指令2013年48号における弁護人に対するアクセス権と第三者及び領事との連絡権」香川法学34巻3・4号（2015年）参照。同指令3条5・6項は「一時的離脱（temporary derogation）」について定めているが、これについては、葛野尋之「被疑者取り調べと接見交通権」葛野尋之＝石田倫識編『接見交通権の理論と実務』（現代人文社、2017年）（本書所収・第5章）30頁参照。EU法における弁護人の援助を受ける権利の保障について、同「被逮捕者と弁護人の援助を受ける権利──公的弁護制度と確実な援助要求のための手続保障」『寺崎嘉博先生古稀祝賀論文集』（成文堂、2021年）（本書所収・第8章）参照。

22　指令3条3項は、弁護人の援助を要求する権利は、①捜査機関または司法機関による取調べ前も含め、弁護人と秘密に接見し、通信を行う権利、②取調べへの弁護人の立会および効果的参加を受ける権利、③同一性確認手続、対質および犯罪場面の再現への弁護人の立会を受ける権利、を含むものとしている。指令3条3項にいう効果的参加について、その手続は国内法の規定に従うものとされながらも、その国内法は、立会・参加を受ける被疑者の権利の実効的行使とその本旨を損なわないようなものでなければならないとされ、また、取調べに立ち会った弁護人は、質問をし、説明を求め、意見を陳述することができるものとされている（前文25）。指令5条は、弁護人の援助を要求する権利の行使としてなされる被疑者・被告人と弁護人との通信の秘密性を尊重すべきことを要求し、そのような通信は、接見、信書および電話による会話に加え、国内法により許される他の通信手段を含むとしている。

31条3項（b））または「解釈の補足的な手段」（同条約32条）として解釈基準とするとき、国際自由権規約の上記規定、とくに規約14条3項（b）は、刑事手続における通信の秘密の包括的保護を要求しているものと解釈することができる。国内裁判所は、当然のこととして、同規約のこれらの規定を直接適用することができる。あるいは、これらの規定の要請するところに適合するよう国内法の規定を解釈・適用することによって、秘密接見に関する刑訴法39条1項の適用範囲を拡張し、または押収に関する刑訴法の規定および刑事収容施設法の関連規定を限定的に解釈・適用することもできる。このようにして、日本の刑事手続においても、立法を待つことなく、「現行法」によって、通信の秘密を包括的に保護することが可能なのである。

3　秘匿特権の理論的検討

（1）理論的根拠

　秘匿特権は、依頼者と弁護士とのあいだの法的問題に関する通信の秘密を包括的に保護するものであって、イギリスのコモン・ローにおいて、遅くとも16世紀には形成されており、それ以来、さまざまな表現形態をとりながら発展してきた。形成当初、秘匿特権は、弁護士は、その徳義において、秘密裏に告げられた事実を開示するよう求められるべきではないということを意味していた。しかし、その後、制定法のなかにも、秘匿特権による通信秘密の保護を内容とする規定がさまざま設けられるようになり[23]、欧州人権裁判所の判例を通じて、欧州人権条約によって保障される権利として認められるようになった。これにともない、弁護士のその徳義としての特権としてではなく、刑事事件の被疑者・被告人を含む、依頼者の権利として性格づけられるようになった。

　秘匿特権は、犯罪実行の指導・助言を目的とする通信および犯罪実行を助

---

[23] 代表例として、1984年警察刑事証拠法8条1項（d）は、犯罪捜査にとって重要であり、被疑事実と関連性を有すると認められる資料であっても、同法10条の定義する秘匿特権の対象物に当たり、またはそのような物を含む場合には、マジストレイトが資料の存在する場所を捜索する令状を発することはできず、警察もそのような場所に立ち入ることはできないと規定している。

長する通信を保護の対象から除外するという限定的な例外を除いて、口頭、文書その他あらゆる手段による、法的問題に関する通信を強制的な開示から保護するものであって、現在までに、法的助言の獲得・提供を目的とする依頼者と弁護士とのあいだの通信を対象とする法的助言特権（legal advice privilege）と、依頼者または弁護士と証人、専門家など第三者とのあいだでなされた訴訟の準備・追行を主目的とする通信を対象とする訴訟秘匿特権（litigation privilege）という二つの形態において認められている[24]。

　秘匿特権により通信の秘密を包括的に保護すべきとすることの理論的根拠はなにか。現在までに、一般に、次のような根拠があげられてきた[25]。

　秘匿特権は、依頼者が弁護士に対して事実をすべて包み隠さず開示することの必要性から要請される。依頼者による事実の開示は、弁護士が必要とされる効果的な法的援助を提供するための必要条件であって、それゆえ依頼者の効果的な法的援助を受ける権利の構成要素として、秘匿特権による通信秘密の保護が求められるとされるのである。

　また、秘匿特権は、「全体としての司法の運営が依拠する基本的条件[26]」でもある。秘匿特権は、弁護士による効果的な法的援助の提供を促進するものであって、そのことは、公正な司法にとって不可欠なものである。法の複雑さと難解さからすれば、自己の法的問題の処理に関連する法を、一般人たる依頼者が十分に理解することはできない。それゆえ、法的問題を適切に処理するためには、専門家たる弁護士の効果的な助言・援助が必要とされる。依頼者が弁護士の効果的な助言・援助を受けるための必要条件が、両者間の

---

[24] イギリス法における秘匿特権の歴史と概要について、Jonathan Auburn, Legal Professional Privilege: Law and Theory 1-8 (2000); Bankim Thanki (ed.), The Law of Privilege 1-32 (2006); Liz Heffernan, Legal Professional Privilege 11-32 (2012). また、イギリス法に関する詳細な研究として、我妻学「イギリスにおける法律専門職に対する秘匿特権と証拠の開示」石川明＝三木浩一編『民事手続法の現代的機能』（信山社、2014年）参照。ドイツ法およびアメリカ法について、田村陽子「弁護士の職務上の秘匿特権と通信秘密をめぐる比較法的考察」筑波ロージャーナル27号（2019年）、アメリカ法について、安井哲章「アメリカにおける弁護士・依頼者秘匿特権」刑事法ジャーナル49号（2016年）、ヨーロッパについて、今井猛嘉「ヨーロッパにおける弁護士・依頼者秘匿特権」同所収参照。

[25] Ian Dennis, The Law of Evidence (6th ed., 2017) 401-407.

[26] R. v Darby Magistrate Court EX p. B [1996] 1A.C. 487 at 540.

通信秘密の保護なのである。このとき、取り扱う法的問題の重大性に比例して、秘密保護の重要性も高まる。重大犯罪についての刑事事件の被疑者・被告人と弁護人とのあいだの通信については、秘匿特権による秘密保護の重要性がことのほか高い。

　秘匿特権は、司法の機能の効率性を向上させることにも資する。通信の秘密が保護されることによって、弁護士は依頼者からすべての情報の開示を受けることができる。その結果、弁護士の業務が最小限の時間とコストにより効果的な法的援助を提供することが可能になる。このようにして、全体としての司法の機能の効率性を向上させるのである。

　さらに、秘匿特権は、法制度が基礎をおく基本的な道徳的・政治的価値を維持することにも寄与する。その道徳的・政治的価値とは、すべての個人が平等な関心と尊重をもって取り扱われるということである。現実の社会のなかで、個人が自己の問題を処理する能力・資源は、決して平等に配分されてはいない。法的問題の処理において、このような個人間の不平等を是正するために、弁護士の効果的な法的援助が必要とされるのであり、そのために、依頼者と弁護士とのあいだの通信秘密の保護が求められるのである。

　以上のように、秘匿特権は、弁護士から効果的な法的援助を受けるという依頼者の権利を確保することを直接の目的とするが、それを通じて、全体としての司法の機能の効率を向上させるという公共的利益の実現にも寄与する。さらに、秘匿特権は、弁護士の効果的な法的援助によって法的問題の処理における個人間の不平等を是正するという点において、すべての個人が平等な関心と尊重をもって取り扱われるという基本的な道徳的・政治的価値を維持することにも奉仕するのである。

（2）秘匿特権に対する批判

　秘匿特権に対して厳しい批判を提起したのが、ベンサムである。ベンサムの批判は、現在に至るまで、秘匿特権による通信秘密の保護に対する批判者によって継承されている[27]。

　ベンサムは、法の目的は共同体の幸福の総量の増進であるとする[28]。法を実体法と訴訟法とに区別したうえで、実体法の目的は最大多数の者の幸福の

最大化であり、訴訟法の目的は実体法を執行し、実体法の有する効用を最大化することにあるとする。証拠法は、このような訴訟法の目的を達成するために、正確な事実認定に基づく判決の無謬性（rectitude of decision）を目的とするというのである[29]。

　このような理解に立って、ベンサムは、正確な事実認定に基づく判決の無謬性を保障するための証拠法を構想した。ベンサムの証拠法においては、証拠能力の制限が基本的に排除された。事実に関する証拠すべてを許容したうえで、訓練された事実認定者が自由に証拠価値を評価して事実を認定することによってこそ、正確な事実認定とそれに基づく判決の無謬性が保障されるとしたのである。ベンサムは、この構想を「手続の自然なシステム（natural system of procedure）」と呼び、証拠能力の制限を広く認める「技術的システム（technical system）」に対置させた[30]。

　ベンサムの証拠法において、秘匿特権は、自己負罪拒否特権と同様、批判の的となった[31]。すなわち、秘匿特権は、依頼者に過去の事実に関する情報を秘匿することを許すものであるから、過去の事実に関する真実の発見を妨げることとなり、正確な事実認定に基づく判決の無謬性という証拠法の目的に反するというのである。刑事手続に即していえば、無実の依頼者にはなんら隠すべき事実はないはずであるから、秘匿特権は真犯人を利するばかりである。たとえ通信の秘密が保護されず、無実の依頼者と弁護人との通信が強制的に開示されたとしても、依頼者が無辜である限り、なんら不都合はないのである。依頼者が犯罪を行っていないのであれば、秘匿特権のインセンテ

---

[27] H.L. Ho, History and Judicial Theory of Legal Professional Privilege, [1995] Singapore Journal of Legal History 558, 574-576.

[28] Jeremy Bentham, An Introduction to the Principles of Morals and Legislation 158（1907）. ベンサムの法理論について、Postema, The Principle of Utility of Procedure: Bentham's Theory of Adjudication, 11 Georgia Law Review 1393（1977）参照。また、安井哲章「自己負罪拒否特権の性質と機能（1）」比較法雑誌46巻2号（2012年）参照。

[29] Jeremy Bentham, The Principle of Judicial Procedure, in 2 Works of Jeremy Bentham 1, 6（1838-1843）.

[30] Jeremy Bentham, Rationale of Judicial Evidence Specially Applied to English Practice Vol.2, 425-434（1827, 1995 reprint）.

[31] Id. at 474-476.

ィブがなくとも、弁護人に対して事実をすべて正直に告げるはずである。結局、秘匿特権は、真犯人である依頼者が自己の犯罪行為を覆い隠すのに役立つだけなのである。このような批判である。

（3）批判に対する応答（1）

　ベンサム流の批判に対して、これまで、次のような応答がなされてきた。

　第1に、秘匿特権による通信秘密の保護がなければ、依頼者は、弁護人に対してすべての事実を告げることを差し控えることになる。差し控えるのは、真犯人に限らない[32]。依頼者は、真犯人でなくとも、自己の犯罪事実が明らかにされるのを恐れるということ以外の理由から、弁護人に対して事実を開示しないことがある。たとえば、誰と一緒にいたのかを秘匿したいがために、あるいは犯罪行為には当たらない無分別な行為に関与していたことを隠したいがために、アリバイに関する事実を明らかにしない場合がある。このような応答である。

　しかし、秘匿特権が存在していても、このような場合であれば、依頼者は公判においてアリバイを主張することを避けようとするかもしれない。そうであるならば、秘匿特権の存在によって、弁護人が公判において依頼者の防御のために援用することのできる事実が増えるわけではない。秘匿特権が存在するかしないかによって、弁護人が援用することのできる事実に増減はないのである。たしかに、弁護人が依頼者から事実を告げられていたならば、依頼者が秘匿したい事実については、それを開示することなく、その事実から得られた情報を間接的に用いることによって、依頼者を防御することも可能かもしれない。しかし、そのような方法による防御が可能な場合は限られている。

　第2に、ベンサム流の批判は、依頼者たる被疑者・被告人が、どのような事実が自己の刑事責任の追及につながるものなのかを正しく判断できるとの前提に立っているが、このような前提は成り立たない[33]。ある事実の法的意

---

[32] H.L. Ho, Legal Professional Privilege and the Integrity of Legal Representation, 9 Legal Ethics 163, 171 (2006).

[33] Ibid.

味について判断するためには、依頼者は弁護人と相談し、その助言を受ける必要がある。秘匿特権が存在しなければ、依頼者は、実際には自己の刑事責任を減免するような事実であるにもかかわらず、自己の刑事責任の追及につながるであろうと自ら誤って判断した事実については、弁護人に対して告げることを差し控えてしまうであろう。秘匿特権は、そのような事実を含めて、すべての事実を告げるよう促すものであるから、この点において、無実の依頼者にも利益をもたらすのである。このようにして、裁判所は、秘匿特権が存在しなければ依頼者が弁護人に対して告げることがなかったであろう、したがって裁判所に対して提示されなかったであろう事実をも認定資料とすることができるから、秘匿特権は、正確な事実認定を妨げるのではなく、むしろ促進することになるのである。

　しかし、ウィグモアは、秘匿特権が正確な事実認定を促進するというこのような応答は、「直接的ではなく、想像上のもの」でしかないのに対して、正確な事実認定を妨げるという批判は、「明白かつ現実的なもの」であると指摘した[34]。このような応答は、実際には希有なことにすぎない事例を重視しすぎている。また、このような応答は、思考のパズルのようなものであって、秘匿特権が弁護人に対する依頼者の率直な態度を促すと仮定するのであれば、その仮定のもとで、秘匿特権がなければ、依頼者が弁護人に対して事実を包み隠すことになるというのは当然のことである。

　第3に、秘匿特権は、弁護士との事前の相談を通じて、依頼者の遵法行動を促進する[35]。ベンサム流の批判は、依頼者が弁護士に対して行為を実行する前に相談をする場合があることを見落としており、事後に相談することだけを想定している。依頼者が、これから自分が実行しようとする行為の適法性を確認するために、弁護士に相談することはしばしばあり、依頼者は、弁護士から違法であるとの助言を受けた場合には、その行為の実行を思い止まることも多い。秘匿特権は、事前相談にさいして依頼者が弁護士に対して事実を包み隠さず告げることを保障するものであり、もって個人が遵法的行動

34　J.H. Wigmore, Evidence in Trials at Common Law Vol. VIII, §2291（1961）.
35　Ho, supra note 27, at 579.

をとることを促進する。秘匿特権が役立つのは、依頼者が真犯人である場合、すなわち犯罪行為をすでに実行している場合のみであるという想定は誤りなのである。

　この応答は、アメリカ連邦最高裁のアップジョン判決[36]が示した法令遵守理論（compliance theory）に通じるものである。しかし、刑事手続の場面において、遵法行動ないし法令遵守の促進ということを想定できるかは疑問である。刑事事件の被疑者・被告人は過去の犯罪行為について嫌疑を受け、または訴追されている者であって、刑事手続において被疑者・被告人は、過去の犯罪行為についての捜査・訴追に対して防御をなすべき、あるいは防御を強いられる立場にある。被疑者・被告人は、弁護士と相談し、その助言を受けつつ、これから犯罪行為を実行するかどうかの意思決定をするという場面に立っているのではない。秘匿特権の根拠としての遵法行動の促進ないし法令遵守理論は、弁護士の助言に従って将来の違法行為を回避するという場面については妥当するであろうが、過去の犯罪行為についての捜査・訴追に対する防御が問題となる刑事手続の場面については、基本的に妥当しないというべきである。

　依頼者が、将来の犯罪行為について弁護士に相談し、弁護士の助言に従って犯罪行為の実行を回避するという場面も、たしかにありえないわけではない。しかし、この場合において、依頼者は、過去の犯罪行為について捜査・訴追の対象となっている被疑者・被告人ではない。この場合における遵法行動ないし法令遵守の促進は、刑事手続とは別の場面での問題というべきであ

---

[36] Upjohn Co. v. United States, 449 U.S. 383（1981）. 同判決は、製薬会社の内部において、同社社員による外国政府職員に対する問題のある金銭の供与について調査を行う過程で、同社の雇用する弁護士と中間管理職の立場にある同社社員とのあいだで行われた通信が「弁護士・依頼者秘匿特権（attorney-client privilege）の保護の対象となると判示するにあたり、秘匿特権について、この特権は「コモン・ローにおいて通信の秘密を保護するための最古の特権である」とし、「その目的は弁護士と依頼者とのあいだの十分で包み隠すことのない通信を奨励し、それをもって法の遵守と司法の運営というより広汎な公共の利益を促進することにある」とした。アメリカにおいては、①依頼者と弁護士とのあいだの通信であり、②秘密性が保たれており、③法的サービスをえるためになされたものであり、④依頼者による放棄されておらず、⑤犯罪・不正行為の例外（crime fraud exception）に該当しないものについて、秘匿特権が及ぶとされている（安井・註25論文47頁、日本弁護士連合会・註9報告書4頁）。

る。また、このような事前の相談をするのは、日常的・継続的に弁護士の援助を受けている個人、団体、企業などに限られるであろう。たしかに、犯罪行為の回避を強く志向する個人・団体・企業であれば、弁護士との事前相談による違法行為の回避と遵法行動の促進が強く期待できることもあろう。

ところで、ILEST2020において、ノーマン・スポールディングは、法令遵守理論を批判し、法への抵抗、あるいは法からの創造的逸脱という根源的価値から秘匿特権を根拠づけようとした。すなわち、秘匿特権は、依頼者において、弁護士との秘密の相談を通じて、法の遵守について十分な情報に基づく熟慮を可能にさせるものであって、依頼者における法の遵守に関する自由な選択、ときには法への抵抗ないし法からの創造的な逸脱をも含む自由な選択を支援するところにこそ、秘匿特権の本質的意義があるとする[37]。刺激的な見解である。しかし、この理論もまた、法令遵守理論と同様、依頼者の将来の行為に関する意思決定を問題にするものであるから、刑事手続の場面については基本的に妥当しないというべきである。

(4) 自己負罪拒否特権と秘匿特権

秘匿特権を、自己負罪拒否特権と関連させて根拠づける見解もある[38]。すなわち、被疑者・被告人が自己負罪的供述をするよう強要されないというのであれば、弁護人に対して自己負罪的事実を告げたときに、弁護人がそのような事実の開示を強制されるべきでもない。弁護人に開示を強制することは、被疑者・被告人に対して、いわば間接的に、自己負罪的供述を強要することになるとするのである。

しかし、この見解によって、秘匿特権を十分根拠づけることができるかは疑問である。秘匿特権による通信秘密の保護は、被疑者・被告人が弁護人に対して告げた自己負罪的供述のみを対象とするものではない。弁護人は、被疑者・被告人が秘匿特権を放棄しない限り、自己負罪的事実だけでなく、被

---

[37] ノーマン・スポールディング(石田京子=手賀寛訳)「秘密保持と民主政」弁護士および弁護士会の職業倫理的当為の研究会『法曹倫理国際シンポジウム東京2020 (ILEST2020) 予稿集——守秘義務と公益』(2020年) 22頁。
[38] Ho, supra note 27, at 592-593.

疑者・被告人が法的援助を受けるためになされた通信に含まれるすべての事実について、開示しないことを義務づけられる。もし弁護人が開示しようとしたならば、被疑者・被告人はこれを止めさせることができる。また、すべての事実について、弁護人は開示を強制されることもないのである。

ILEST2019において、デイヴィッド・ルーバンは、秘匿特権がなければ真犯人が有罪とされる可能性は高まるとするベンサム流の批判に対して、功利主義に優越すべき人間の尊厳という観点から、自己負罪拒否特権の根拠とも関連づけながら、秘匿特権の根拠を説明していた[39]。

自己負罪拒否特権の根拠として、被疑者・被告人の直面する「残酷なトリレンマ」が指摘されている。すなわち、自己負罪拒否特権を廃止して真実を供述する義務を課したならば、実際に犯罪行為を実行した者は、自己の刑事責任の追及につながる供述を強いられるか（選択肢１）、虚偽の供述を強いられるか（選択肢２）、一切供述することを拒み、それによって法廷侮辱罪により処罰されるか（選択肢３）のいずれかの選択を余儀なくされる[40]。このことは、「人格の不可侵性に対する尊重[41]」に矛盾する。真犯人であっても、

---

[39] デイビッド・ルーバン（石田京子＝手賀寛訳）「秘密保持の道徳的基礎」弁護士および弁護士会の職業倫理的当為の研究会『法曹倫理国際シンポジウム東京2019（ILEST2019）予稿集——秘密の保持、その理論と実践』（2019年）24頁。

[40] ベンサムは、「残酷なトリレンマ」により自己負罪拒否特権を根拠づけることは、怪我の治療のために外科手術を受ける幼い子どもはかわいそうだと嘆き悲しむ「老女の理屈（the old woman's reason）」と同じであると揶揄した（Jeremy Bentham, Rationale of Judicial Evidence Specially Applied to English Practice Vol.5, 230-238 [1827, 1995 reprint]）。すなわち、真犯人に真実の供述を義務づけることが苛酷だというのであれば、真犯人に刑罰を科すことはそれよりも苛酷であるから、刑罰を科すことが一切許されないことになる。自己負罪供述を義務づけることが苛酷であるというが、愛する第三者の証言により有罪となる方が、より苛酷ではないか。また、証人として自分の子どもを有罪に導くような証言を義務づけられる方が、より苛酷ではないか。このような批判である。ベンサムによれば、自己負罪拒否特権が存在しなくとも、真犯人でなければ包み隠すべき事実など有していないはずであるから、なんら不利益を被ることもない。自己負罪拒否特権の廃止は、真犯人に対して真実の自己負罪供述を義務づけることによって、真犯人についての有罪認定を促進する。他方、自己負罪拒否特権は、真犯人が有罪認定から免れる機会を与えようとするものであって、そのような機会を与えることを公正だとするのであれば、正確な事実認定による判決の無謬性を目的とすべき訴訟手続の公正さを、娯楽を目的とするスポーツの公正さと同一視するものにほかならないとする。ベンサムは、これを「狐狩りの理屈（the fox-hunter's reason）」だと揶揄した（Id. at 238-240）。

[41] Murphy v. Waterfront Commission, 378 U.S. 52, 55（1964）.

自分自身を処罰するよう強いることは、一種の自己疎外と屈辱を与えるものであって、人間の尊厳を損なう。虚偽の供述を強いて、自己の名誉を強制的に捨てさせることも、また、法廷侮辱罪により処罰されることを強いることも、同じく人間の尊厳を損なう。自己負罪拒否特権の否定は、真犯人を有罪とすることを可能とし、共同体の幸福の総量を増大させるかもしれないが、たとえそうであったとしても、人間の尊厳を毀損することは、そのことによっては正当化できないとするのである。

　ルーバンによれば、秘匿特権についても、もしそれが存在しなかったならば、依頼者は自己負罪拒否特権の場合と類似した「残酷なトリレンマ」に直面することとなるとされる。このとき、自己負罪的事実の開示は弁護人を通じてなされることになるから、自己負罪的供述の強要は間接的なものとなる。次のようなトリレンマである。「依頼者であるあなたは、真実を告げて、そして弁護人の唇を通じてあなた自身を有罪とすることができる（選択肢1）。もしくは、あなたは弁護人に嘘をつくことができる（選択肢2）。もしくは、あなたはあなたの弁護人から、事件についての事実を隠すことができる（選択肢3）」。弁護人を通じての間接的なものであれ、自己を有罪とするための事実の開示を強いること、また、虚偽の事実を弁護人に対して告げるよう強いることは、自己負罪拒否特権の場合と同様、人間の尊厳を損なうものである。さらに、弁護人に対して事件に関する事実を隠すことは、弁護人の効果的な援助を受けることを不可能にするものであって、そのような選択を強いることもまた、人間の尊厳を損なうというのである。

　ルーバンの見解は、功利主義に優越する人間の尊厳という基本的価値に立つ点において、正当なものといえよう。個人の自律性と人格の尊厳こそが至高の価値を有することからすれば、秘匿特権を認めないことが人間の尊厳を毀損することになれば、真犯人についての有罪認定の可能性が高まったとしても、それをもって人間の尊厳の毀損を正当化することはできないというべきである。しかし、ルーバンの見解についても、秘匿特権の根拠を完全に説明したといえるか疑問が残る。被疑者・被告人が真犯人であるとは限らないからである[42]。被疑者・被告人が真犯人ではなく、弁護人に対して自己負罪的事実を告げる立場にはない場合でも、両者の通信に含まれる事実は、すべ

て強制的な開示から保護されることになるのである。

　ベンサム流の批判の核心は、秘匿特権が正確な事実認定を妨げ、判決の無謬性を損なうという点にあった。そのことからすれば、正確な事実認定という観点から、批判に対する応答を試みるべきであろう。秘匿特権が正確な事実認定を妨げることになるのかについて、問い直す必要があるのである。

（5）批判に対する応答（2）

　これらの応答は、ベンサム流の批判に対する完全な反論とはなっていない。イアン・デニスのいう刑事手続の正統性（legitimacy）という観点からすると[43]、ベンサム流の批判に対する応答は、秘匿特権による通信秘密の保護が正確な事実認定を妨げるのか、また、秘匿特権は手続の公正さの確保に奉仕するのでないか、という二つの基本的視点に立つべきであろう[44]。

　第1に、秘匿特権は正確な事実認定を妨げるのか。

　秘匿特権によって正確な事実認定が妨げられることはないというべきである。秘匿特権が存在するかどうかによって、裁判所が認定資料として利用しうる事実の総量に変化が生じるとはいえないからである。すなわち、秘匿特権があれば、依頼者が弁護人に対して告げた自己に不利益な事実は、たしかに強制的開示から保護されることになる。もし秘匿特権が存在しなければ、依頼者は自己に不利益な事実を弁護人に告げることをしないであろうから、そのような事実を裁判所が事実認定の資料とすることはできないのである。秘匿特権によって強制的開示から保護されるか、依頼者が弁護人に対して告げることをしないかの違いはあるものの、裁判所がそのような事実を事実認定の資料とすることができないという点においては同じなのである[45]。

　また、秘匿特権が存在しなければ、無辜が誤って有罪とされる危険性が高まることになる。秘匿特権が否定されるとき、被疑者・被告人および弁護人

---

[42] デニスは、「残酷なトリレンマ」によって自己負罪拒否特権の根拠づける見解に対して、このことを指摘している（Dennis, supra note 25, at 210）

[43] Id. at 52-63.

[44] このような基本的視点に立つことは、法律の定める適正な手続によらなければ、何人も有罪とされ、刑罰を科されることがないと定める憲法31条の趣旨にも適合するであろう。

[45] Ho, supra note 32, at 172

は防御に関する通信の内容が捜査・訴追機関に知られることを慮って、自由な通信を差し控えることとなろう。自由な通信に対する萎縮的効果が生じるのである[46]。このことは、被疑者・被告人が真犯人か、無辜かによって変わることはない。その結果、被疑者・被告人は弁護人から十分な援助を受けることができず、捜査・訴追に対して効果的な防御を行うことが困難になる。それにともない、無辜が誤って有罪とされる危険性が高まるのである。

　むしろ、秘匿特権は、正確な事実認定を促進するというべきである。正確な事実認定がなされるためには、訴追側の証拠が被告人側からの弾劾にさらされ、その証明力が吟味されなければならないし、また、被告人側からも証拠が提出されなければならない。捜査・訴追側の収集した証拠のみが、被告人側からの十分な弾劾にされされることもなく、事実認定の資料とされるならば、裁判所が事実認定を誤る危険は高まることになる。秘匿特権により通信の秘密が保護されるときにこそ、被疑者・被告人は、弁護人からより効果

---

[46] これまで、下級審の裁判例は、被疑者・被告人と弁護人とのあいだの自由な通信に対する「萎縮的効果」の排除をもって接見の秘密性が保障されるべきことの実質的根拠としてきた。検察官が取調べにおいて被疑者から弁護人との接見の内容を聴取したことの適法性が争われた事件において、福岡高判平23・7・1判時2127号9頁は、弁護人が報道機関に公表していない接見内容の聴取を違法とするにあたり、刑訴法39条1項による「秘密交通権」の保障が捜査・取調べの必要によって相対化されることを一般論としては認めながらも、「被疑者等と弁護人等との接見交通権は、身体を拘束された被疑者等が弁護人等の援助を受けることができるための刑事手続上最も重要な基本的権利に属するものであるとともに、弁護人等にとって、その固有権の最も重要なもののひとつであるから、捜査権の行使と秘密交通権の保障とを調整するに際しては、秘密交通権の保障を最大限尊重すべきであり、被疑者等と弁護人等との自由な意思疎通ないし情報伝達に萎縮的効果を及ぼすことのないよう留意することが肝要であって、刑訴法39条1項の趣旨を損なうことになるか否かについても、かかる観点から慎重に判断すべきものといわなければならない」とした。また、弁護人が拘置所職員に対して刑事事件の証拠物として採用されているビデオテープを再生しながら勾留中の被告人と接見することを申し入れたところ、同職員がビデオテープの内容の検査を求め、弁護人がこれを拒否したため、同職員が接見を許さなかったという事件において、大阪高判平17・1・25訟月52巻10号3069頁は、同職員の措置を違法とするにあたり、「刑訴法39条1項の『接見』とは、口頭での打合せに限られるものではなく、口頭での打合せに付随する証拠書類等の提示をも含む打合せと解すべきである」と判示したうえで、持ち込まれる書類等の内容に及ぶ検査は「被告人等と弁護人とのコミュニケーションに対して……萎縮的効果を及ぼす」ものであるから、「秘密接見交通権が保障された趣旨を没却する不合理な制限として許されない」とした。福岡高判平23・7・1について、葛野尋之『刑事司法改革と刑事弁護』（現代人文社、2017年）186頁以下、大阪高判平17・1・25について、同「弁護人接見と電子機器の使用──裁判例の到達点と限界」季刊刑事弁護108号（2021年）（本書所収・第7章）参照。

的な援助を受けることが可能になる。その結果、訴追側の証拠に対する弾劾がより十分なものとなり、また、被告人側から提出される証拠の量が増加し、その質も高まる。このようにして、秘匿特権は正確な事実認定を促進するのである。

　第2に、秘匿特権は刑事手続の公正さを確保するために必要ではないか[47]。

　手続の公正さは、正確な事実認定とは別の、刑事手続において達成されるべき価値である。適正手続という憲法原則はそれを求めている。手続の公正さの本質的要素として認められてきたものに、訴訟当事者間の武器対等（equality of arms）の原則がある。刑事手続についてみると、捜査・訴追を担う国家機関と被疑者・被告人とのあいだには、複雑な法的手続のなかでの専門的能力においても、法的に認められている権限においても、利用可能なリソースにおいても、顕著な不均衡がある。被疑者・被告人は圧倒的に不利な立場にある。

　武器対等を実現するためには、被疑者・被告人に対して専門家たる弁護人の効果的な援助が保障されなければならない。弁護人の効果的な援助を保障するためには、被疑者・被告人と弁護人とのあいだの自由な通信が確保されなければならない。両者間に自由な通信がないとき、被疑者・被告人は、弁護人から、自己の必要とする効果的な援助を受けることはできない。また、弁護人は、被疑者・被告人に対して、効果的な援助を提供することができない。上述した萎縮的効果を考えるとき、自由な通信にとって不可欠な条件となるのが、通信の秘密性の保障である。ILEST2019において、ルーバンも、被疑者・被告人に対して弁護人の効果的な援助を保障するためには、秘匿特権による通信秘密の保護が不可欠であって、秘匿特権がなければ、弁護人の援助を受ける権利は空洞化すると説いていた。

　ILEST2019において、スポールディングは、秘匿特権の本質が、依頼者が

---

[47] Dennis, supra note 25, at 32. ホック・ライ・ホウは、弁護士による助言、代理などの法的援助を受けることは、依頼者が自己の法的権利を理解し、それを行使するために必要であって、依頼者は弁護士の法的援助によってこそ自己が正当に有している手続的権利および手続的保障を奪われることがないと論じたうえで、自己負罪拒否特権、犯罪事実の証拠による十分な立証を国に求める権利など、正当な手続的権利・手続的保障を保護するという手続的公正さの確保をもって秘匿特権を根拠づけるべきだと説いている（Ho, supra note 27, at 593-596）。

弁護士の助言を受けつつ法の遵守について熟慮し、そのうえで法を遵守するかどうかを判断することを支援する点にあると指摘した。この見解は、依頼者における将来の行為についての意思決定を問題とするものであるが、刑事手続において、将来の行為に関する依頼者の意思決定が問題になる場面としては、被疑者・被告人が自己の防御方針を決定するという場面がある。近時、日本の弁護実務においても、防御の主体はあくまでも被疑者・被告人本人であり、弁護人は専門家としての立場から被疑者・被告人の防御方針の決定を援助しつつ、被疑者・被告人の決定した防御方針に従って具体的な弁護活動を行うべきとする立場、このようにして弁護人の基本的役割を理解する立場が有力である[48]。このような観点からすると、被疑者・被告人は、弁護人との通信の秘密性を保障されるなかで、将来の強制的開示の可能性によって萎縮することなく、弁護人に対して率直に事実を告げ、弁護人と十分に相談し、弁護人の専門家としての立場からの助言を受けることができ、そうすることによってこそ、自己の権利、直面する状況、これからの手続の進行、生じうる結果などを正確に理解し、自己のとるべき防御方針に関する利用可能な選択肢から、自己にとって最も相応しいものを選択し、それに沿って弁護活動を行うよう弁護人に指示することができるようになる。被疑者・被告人が、弁護人の効果的な援助を受けつつ自己の防御方針を決定し、弁護人を通じてそれを具体的に展開させることによって、被疑者・被告人は刑事手続における主体としての地位を実質化することができ、捜査・訴追を担う国家機関との武器対等の関係性をも獲得しうることとなろう。

　こうして、通信秘密の保護は、弁護人の効果的な援助の保障を通じて武器対等を実現し、もって手続の公正さを確保するのである。

48　浦功「弁護人に真実義務はあるか」竹澤哲夫ほか編『刑事弁護の技術（上）』（第一法規出版、1994年）、村岡啓一「刑事弁護人の誠実義務と真実義務」『現代法律実務の諸問題・平成8年版』（第一法規出版、1997年）、同「被疑者・被告人と弁護人の関係」期間刑事弁護22号（2000年）、同「刑事弁護人の役割・再考」『現代法律実務の諸問題・平成13年版』（第一法規出版、2002年）、同「刑事弁護人は『正義の門番』か」一橋論叢129巻4号（2003年）など参照。

4　終　章——日本法改革の視座

（1）手続の公正さと弁護人の効果的な援助

　刑事事件の被疑者・被告人と弁護人とのあいだの通信について、現行の日本法による秘密保護は断片的である。包括的な秘密保護はなされていない。両者間の通信の手段とされた文書または通信の内容を記録した文書が、弁護人の手許にある場合には、刑訴法149条による押収拒絶権の対象となりうるものの、被疑者・被告人の手許にある場合には、対象外である。これらの文書を強制的開示から保護するための明文の法的根拠はない。しかし、現行法においても、国際自由権規約14条1項および同条3項（b）・（d）によって通信秘密が包括的に保護されていると理解することも可能である。

　現行法により可能であるとの理解に立たない場合には、通信秘密の包括的保護のためには新たな立法が必要となる[49]。通信秘密の包括的保護を立法課題として位置づけたときは、弁護人の効果的な援助を確保するための通信秘密の保護の必要性、正確な事実認定に対する負の影響という両面が問題になる[50]。

　被疑者・被告人に対する弁護人の援助の保障（憲法34条・37条3項）は、武器対等の原則を媒介として、適正手続（憲法31条）の本質的な構成要素である。最大判平11・3・24も認めるように、憲法の保障する弁護人の援助を受ける権利は、選任の自由を形式的に認めるだけでなく、面会、相談、助言などを通じての弁護人による援助を実質的に保障するものである。実質的に保障されるべき弁護人の援助は、効果的な援助でなければならない[51]。弁護人の効果的な援助を保障するためには、両者間の自由な通信が確保される必要があり、そのためには、通信の秘密性の保障が不可欠である[52]。弁護人の

---

[49] 現行法において通信秘密が包括的に保護されているとの理解に立った場合でも、包括的保護を被疑者・被告人の権利として明確化するために、明文規定をおくことが望ましい。
[50] 川出敏裕「弁護士・依頼者間秘匿特権を巡る現状と課題」刑事法ジャーナル49号（2016年）44頁。
[51] 田鎖麻衣子「弁護人の効果的援助を受ける権利」一橋法学16巻2号（2017年）参照。

効果的援助を確保するという目的からすると、被疑者・被告人と弁護人とのあいだの通信の秘密を保護する必要性は高いのである。

ところで、刑事手続の公正さ、それを支える透明性が、現在、いっそう強く求められているというべきである。個人主義とそれを基礎にした市民社会が成熟に向かい、人々の価値観が多様化する一方、政治経済・社会・文化のグローバル化が進展し、通信技術が飛躍的発達を遂げた現在、より透明で客観性の高い、そして被疑者・被告人の主体性と参加をよりよく保障する、そのような意味においてより公正な刑事手続の構築が、ますます強く求められているといえよう[53]。市民から選ばれた裁判員が重大な刑事事件の公判審理に参加したうえで、裁判官とともに構成する合議体によって、事実の認定、法の適用および量刑に直接関与する裁判員制度も、刑事手続の公正さと透明性への要求の高まりのなかで導入されたといえよう[54]。刑事手続の公正さを確保するために被疑者・被告人に対する弁護人の効果的な援助を保障しなければならない以上、そのために不可欠なものとして、両者間の通信について、包括的な秘密保護が強く求められることは当然だといえよう。

---

[52] 弁護人の側からみるならば、弁護人は被疑者・被告人の権利・利益を擁護するという基本的役割を負いながら、被疑者・被告人から告げられた被疑者・被告人に不利益なものをも含めて、通信に含まれる事実を開示するよう強制されるというのでは、深刻な役割葛藤に陥ることとなろう。弁護人はもはや、被疑者・被告人を「弁護」する立場にあるとはいえまい（Lo, supra note 27, at 594）。

[53] 葛野・註46書24頁。法務大臣の諮問機関として設置された検察の在り方検討会議が2011年に発表した『提言』（http://www.moj.go.jp/kentou/jimu/kentou01_00001.html）が、裁判員制度の導入など、検察と刑事司法を取り巻く環境が大きく変化するなかで、「人権意識や手続の透明性の要請が高まり、グローバル化、高度情報化や情報公開等が進む21世紀において、『密室』における追及的な取調べと供述調書に過度に依存した捜査・公判を続けることは、もはや、時代の流れとかい離したものと言わざるを得ず、今後、この枠組みの中で刑事司法における事実を解明することは一層困難なものとなる」と指摘したことが注目される。第2回会議において、元検事総長の但木敬一委員が、これまで捜査および裁判が取調べと供述調書に依拠しつつ「真相解明」を追求してきたことを指摘したうえで、「しかし、社会が大きく転換する中で、そういうやり方自体が一つの問題として提起されている。つまり、過度に取調べに頼る捜査、あるいは過度に検事調書に頼る裁判、それが根源的に問われているんじゃないか。やっぱり、ここは本当にその構造自体をみんなで本当にこれで良いのか、次の時代もこれで良いのかどうか。ここを本当に考えていなければいけないんじゃないかと私は思っております」と発言していた。

[54] 裁判員制度についてとくに、一橋大学刑事法部門編・葛野尋之編集代表『裁判員制度の現在』（現代人文社、2021年）参照。

（2）裁判所の判決における正確な事実認定

　通信秘密の包括的保護に対する批判的立場からは、それが正確な事実認定ないし事案の真相解明の妨げになるとされる。正確な事実認定のためには、事実認定者が事実の存否に関するすべての証拠を利用できるようにしなければならないとされるのである。たしかに、刑訴法１条の規定にあるように、刑事手続の基本的目的として、正確な事実認定ないし「事案の真相」の解明がある。このことについて、鴨良弼は、「真実発見は刑事手続にとってもっとも基本的な目標の一つである。もちろん、真実発見は刑事手続の唯一の目標ではない。刑事手続には、ほかに、公正な法の発見という目標がある。しかし、具体的な事案の審理を通じて公正な法を発見するといっても、それは、あくまで、事案における真実の発見を前提としてはじめて可能であるのであって、真実発見をぬきにしては、公正な法の発見ということもありえない」と論じている[55]。

　通信秘密の包括的保護が正確な事実認定を妨げるという批判があるが、ベンサム流の批判に対する応答として述べたように、被疑者・被告人と弁護人との通信の秘密を包括的に保護することが正確な事実認定を妨げるとはいえない。むしろ、正確な事実認定を促進するものといえよう。このことは、当事者主義の手続による公判審理の結果としてなされる裁判所の判決による事実認定について、とくによく妥当する。

　ところで、日本の刑事手続においては、当事者主義の公判手続の前に、長期に及ぶ徹底した捜査が行われ、検察官が捜査手続によって収集されたすべての証拠を評価し、起訴すれば有罪判決を獲得できると確信した場合にのみ公訴を提起するという検察実務が、長きにわたり定着している。公訴提起は、検察官が実質的に「有罪」を認定した場合にのみ行われる[56]。ベンサム流の批判に対する応答は、この検察官による事実認定にも妥当するのか。検察官による正確な事実認定のために、通信秘密の保護の対象となるべきものも含め、すべての証拠を認定資料に供すべきなのか。

　ここにおいて問題となるのは、正確な事実認定が確保されるべきは、どの

---

[55] 鴨良弼「真実発見と法技術」同『刑事訴訟における技術と倫理』（有斐閣、1964年）85頁。

手続段階においてか、手続のどの場面においてかということである。検察官が起訴・不起訴を決定する段階なのか、それとも起訴後、当事者主義の手続による公判審理を経て出される裁判所の判決なのか。

　裁判所の判決における正確な事実認定こそ不可欠だというべきである。正式な有罪の認定とそれに基づく具体的な刑の言渡は、裁判所の判決によらなければならないからである。そうであれば、裁判所の判決における正確な事実認定こそが確保されなければならないのである。また、有罪判決獲得の確信というきわめて高度な起訴基準をとり、検察官が起訴・不起訴を決定する段階における正確な事実認定を要求するならば、平野龍一が指摘するように、「訴訟の実質は捜査手続に移らざるをえなくなる。そして裁判所は、検察官が有罪と確信したものを、『念のために確かめる』だけのものになってしまう」ことになる。このとき、裁判所は「有罪か無罪かを判断するところ」ではなく、「有罪であることを確認するところ」となる[57]。捜査と公判とが分離されるべきとし、裁判結果に対して捜査が支配的影響を与えることを否定する公判中心主義に反することとなるのである[58]。

　裁判所の判決において正確な事実認定を確保するためには、事実認定者た

---

[56] 司法研修所検察教官室編『検察講義案（平成30年版）』（法曹会、2020年）は、「検察実務においては、的確な証拠によって有罪判決が得られる高度の見込みのある場合、すなわち、法廷において合理的な疑いを超えて立証できると判断した場合に初めて起訴することとしている。これは、刑罰権の実現が国家的な問題であり、かつ、検察官には公益の代表者の立場から実体的真実を追究することが求められているため、検察官自身が有罪の確信を持てない以上、その事件を起訴するのは妥当でないと考えられているからである。我が国における無罪率が極めて低いことは、こうした検察実務の実際からみて、当然の結果ということができよう」（6〜7頁）とする。また、「検察の実務においては、的確な証拠に基づき有罪判決が得られる高度の見込みがある場合に限って起訴するという原則に厳格に従っている」とし、「起訴の在り方に関し『検察官は、主観的に犯罪の嫌疑があると認めた場合には直ちに起訴することを原則とすべきである』との見解が一部にあるが、この見解は、検察官が起訴時において、『一応の犯罪の嫌疑が認められる』程度のおおまかな証拠判断に立ち、起訴後の証拠収集をも期待しつつ、公訴を提起するという在り方を一般化することになろう。これでは、犯罪の嫌疑が十分でない者が多く起訴される結果となり、我が国の実情などにかんがみると、これらの起訴に伴う種々の人権侵害を生む弊害の危険性が余りに高く、国民の負託にこたえるものとは到底いえない。我が国においては、この見解は妥当でなく採り得ない」と説いている（71頁）。

[57] 平野龍一「現行刑事訴訟の診断」『団藤重光博士古稀祝賀論文集（第4巻）』（有斐閣、1985年）408頁。

る裁判所が、捜査・訴追から独立して公平な立場にあらねばならないだけでなく、事実認定の資料となる証拠の提出と評価において、多角的視点が確保される必要がある。そうでなければ、認定資料の面でも、証拠評価の面でも、偏りが生じるおそれがあるからである。多角的視点を欠くとき、事実認定者は、認知バイアスとしての確証バイアスから免れることが困難となり、また、トンネル・ヴィジョンに陥る危険にさらされる。その結果、事実認定者は自己の「見立て」に適合しない証拠を無視し、あるいは証拠から得られる情報を取捨・選択しながら、自己の「見立て」の正しさに固執して、証拠評価を誤る可能性が高まる。ここにおいて、事実認定を誤る危険が生じる。このことは、過去の誤判事件が教えるところであるし、法と心理学の知見が示すところでもある[59]。正確な事実認定のためには、証拠の提出と評価において、多角的視点を確保しなければならないのである。

たしかに、歴史的経過をみるとき、当事者主義の手続による公判審理は、その母国イギリスにおいて、正確な事実認定を目的として、そのために形成されたものとはいえない[60]。しかし、訴追を担う検察官に対して、被告人・弁護人が対等の当事者として向きあう当事者主義の手続による公判審理は、事実認定者たる裁判所の中立性を保障するだけでなく、その結果たる判決における事実認定が多角的視点に立って行われることを可能にする。このこと

---

[58] 公判中心主義、あるいはその内実をなす直接主義について、松尾浩也「直接主義とは何か」法学教室169号（1994年）、宇藤崇「直接主義・口頭主義」法学教室268号（2003年）、堀江慎司「公判手続における直接主義・口頭主義」刑法雑誌43巻3号（2004年）、川出敏裕「刑事裁判における直接主義の意義と機能」『川端博先生古稀記念論文集（下）』（成文堂、2014年）など参照。裁判員裁判における公判中心主義の実質化をめぐって、後藤昭「公判中心主義（中間総括・刑事司法改革10）」法律時報92巻5号（2020年）、緑大輔「裁判員裁判の運用状況と評価──公判中心主義の観点から」一橋大学刑事法部門編・註54書など参照。

[59] 「〔特集〕バイアスと冤罪」法と心理17巻1号（2017年）参照。同特集所収の笹倉香奈「トンネル・ヴィジョンと冤罪」によれば、「『トンネル・ヴィジョン』とは、トンネルの中に入ったときのように視野が狭窄し認知の範囲が狭くなる状態である。例えば捜査官はある被疑者に焦点を絞り、その被疑者の事件について有罪判決を得るための証拠を選び出す。他方で、無罪方向を示す証拠を無視したり排除してしまったりする。有罪への志向は証人や目撃者の取調べや識別手続、被疑者の取調べ、情報提供者への対応に影響を与えることになる。この状況がトンネル・ヴィジョンであり、冤罪の原因となる」とされる（3頁）。

[60] 長谷部恭男「当事者対抗刑事司法の形成について」『井上正仁先生古稀祝賀論文集』（有斐閣、2019年）3・18頁。

は否定しえないであろう。このとき、認定資料、証拠評価の両面において多角的視点に立った事実認定を確保するためには、被告人の側が訴追側の証拠を効果的に弾劾し、被告人の側から十分な証拠が提出されるよう保障する必要がある。当事者主義を実質化し、有効に機能させなければならないのである。そのためには、捜査から訴追、公判を経て判決に至る手続の全過程において、被告人側の防御の準備とそのための弁護人の効果的な援助を確実に保障しなければならない。十分な防御の準備のためには、弁護人の効果的な援助が、起訴後の公判手続においてだけでなく、手続のより早期の段階から保障されるべきである[61]。

　ここにおいて、起訴・不起訴の決定にあたっての検察官による正確な事実認定のために必要だとして、すべての証拠を認定資料に供するために、通信秘密の保護を否定したならば、少なくとも捜査手続において、被疑者が弁護人の効果的な援助を受けることは制限されざるをえず、防御の準備に困難が生じることとなる。刑事手続は連続する過程であるから、このことは、起訴後の公判手続における被告人側の防御をも制約することになるであろう。その結果、裁判所の判決における事実認定から、多角的視点が失われる、あるいはそれが弱まることになる。このとき、裁判所の判決における事実認定の正確さは損なわれることになる。

　捜査・訴追手続だけでなく、起訴後の公判手続をも視野に入れ、裁判所の判決における事実認定の正確さを確保しようとするとき、通信秘密の包括的保護がそれを妨げるとはいえない。むしろ、通信秘密の包括的保護を否定することこそが、裁判所の判決における正確な事実認定を阻害することになるであろう。

---

[61] 春日勉「弁護権の歴史的考察——明治・大正期を中心として」九大法学77号（1999年）315頁は、職権主義的手続のもとで裁判所の職権的活動による真実発見を目的化するとき、弁護人が被疑者・被告人のために行う訴訟準備は真実発見を妨げるものとされ、弁護人の活動を制度的に抑制する傾向にあったとする。ここにおいては、多角的視点に立った事実認定こそが正確な事実認定にとって必要であるとの観点が欠落していたといえよう。

第11章　少年司法における少年の参加・再訪
　　　──少年審判における法的援助の保障

1　問題設定──「対話」と「参加」

　少年司法は、そのすべての手続および措置・処分を通じて、少年の成長発達する権利を具体的に保障しようとする。非行・犯罪からの離脱は、その結果としてある。
　そうであるがゆえに、「対話型司法」であることは、少年司法の本質的特徴をなす。服部朗が指摘するように、少年司法においては、「家庭裁判所調査官の面接、付添人の面接、少年審判など、少年と対話を重ねながら手続を進めていく場面が多い」[1]。家裁調査官の社会調査の場面でも、少年との対話を通じて信頼関係を構築し、要保護性に関する事実についても、「少年の言い分に十分耳を傾けながら、一つ一つを丁寧に確認していく必要がある」とされる[2]。対話の意義について、服部朗は次のように述べている。「対話という『関係性』に着目すれば、審判にせよ、付添人の面接にせよ、それは互いに向き合い、相手の言葉を聴き合うプロセスという性格を持っており、この点では『対話』の契機を多分に含んでいる。『対話』のエッセンスを、このように、相手をひとりの人間として尊重し、その人と向かい合う関係に立とうとするものとして理解するなら、裁判官と少年との間にも対話の契機はある……」[3]。
　私はかつて、少年審判の場面を念頭におきつつ、少年と裁判官との対話に

1　服部朗『少年法、融合分野としての』（成文堂、2021年）11頁。
2　服部・註1書114頁。
3　服部・註1書12頁。

よって可能となる審判手続への少年の「参加」こそが、適正手続の本質であると論じた。ここにいう手続参加とは、「少年が審判手続について理解し、自己の意見を自由に表明することでき、裁判官がそれを真摯に受け止めながら、両者の間に効果的なコミュニケーションが成立する関係」を意味し、「このような関係自体が、審判手続における適正手続の本質的要請」だとしたのである[4]。「効果的なコミュニケーションが成立する関係」は、服部のいう「対話」と同義であろう。

　私が、手続参加こそが「適正手続の本質的要請」であると強調したのは、審判手続への参加がたんなる政策として、あるいは裁判官、家裁調査官、付添人その他手続関与者の配慮として求められるのではなく、それ自体、適正手続の本質的な構成要素であって、少年の権利として保障されるべきことを明確にするためであった。少年司法の実務においては、多くの裁判官、家裁調査官らが少年との対話に努め、少年の参加を促し、それを具体化させている。しかし、成功しない例もあるようである。そのとによって、少年が手続を理解することができず、手続から疎外されることにもなろう。手続参加が、少年の権利として保障されるべきことを再確認する意義がここにある。

　近年、欧州においては、裁判手続に実効的に参加する権利を保障することの意義が再確認されている。実効的な手続参加の確保という観点から少年司法のあり方を再考しようとする動向もある。「子どもにやさしい司法（Child-friendly Justice）」である。本章は、少年審判における少年の権利としての手続参加について、国際人権法および欧州の法と政策を概観することを通じて、少年の手続参加権が少年の意見表明権（児童の権利条約12条）と公正な裁判を受ける権利（市民的及び政治的権利に関する国際規約〔以下、国際自由権規約〕）ないし適正手続の保障（憲法31条）という基本的権利によって基礎づけられることを明らかにする。そのうえで、弁護士付添人の法的援助

---

[4] 葛野尋之『少年司法における参加と修復』（日本評論社、2009年）181頁。ここにいう自由な意見表明は、自己の意思に反して意見表明を強いられないことを含む。他に、同書6頁・191頁・211頁・319頁、葛野尋之『少年司法の再構築』（日本評論社、2004年）421頁参照。非行事実の認定手続における少年と裁判官とのコミュニケーションについて、中川孝博『刑事裁判・少年審判における事実認定――証拠評価をめぐるコミュニケーションの適正化』（現代人文社、2008年）190頁。

を受ける権利の保障に注目しつつ、日本の少年司法に対して得られる示唆を提示する。

2　児童の権利条約

(1) 北京ルールズ

　少年の手続参加について規定した国際人権文書の嚆矢は、1985年の国連総裁において採択された「少年司法運営に関する国連最低基準規則（北京ルールズ）」である。同規則は、少年司法に関する詳細な国際人権文書であり、各国少年司法が満たすべき最低基準を示したものである。

　同規則14.2は、「手続は、少年の最善の利益に資するものでなければならず、かつ、少年が手続に参加して自らを自由に表現できるような理解し易い雰囲気の下で行われなければならない」と定めている。手続参加が少年の権利として保障されるべきことは明記されていないものの、参加によって少年が「自らを自由に表現できる」ことが求められている。

(2) 児童の権利条約

　児童の権利条約（子どもの権利条約）は、1989年の国連総会において採択され、1994年に日本も批准した[5]。同条約は児童を保護の客体ではなく、権利の主体として位置づけ、あらゆる領域においてその権利が実質的に保障されるべきことを求めている。児童のすべての権利のなかでも基本的権利とされるのが、「生命・生存・発達の権利（6条）」、「児童の最善の利益（3条）」、「差別の禁止（2条）」、そして「意見表明と参加の権利（12条）」である。これらの基本的権利からは、児童にかかわるあらゆる法、司法的判断、政策決定、行政的措置などにおいて、児童の生命・生存・発達の権利が保護され、増進され、親、他の成人、公共を含む他者の対抗的な権利・利益との調整を図るにあたっては、児童の最善の利益が最優先に考慮されなければならず、

---

[5] "child" ないし "children" を、児童の権利条約の文脈においては、政府訳に従い「児童」とし、その他の文脈においては「子ども」とした。

児童に対する差別は許されないことになる。このとき、いかなる判断を行うにあたっても、児童は判断のプロセスに実効的に参加する機会を保障されなければならないとされる[6]。

　同条約12条は、意見表明権を保障している。すなわち、第１項において、「締約国は、自己の意見を形成する能力のある児童がその児童に影響を及ぼすすべての事項について自由に自己の意見を表明する権利を確保する。この場合において、児童の意見は、その児童の年齢及び成熟度に従って相応に考慮されるものとする」と規定し、これを受けて第２項において、「このため、児童は、特に、自己に影響を及ぼすあらゆる司法上及び行政上の手続において、国内法の手続規則に合致する方法により直接に又は代理人若しくは適当な団体を通じて聴取される機会を与えられる」と定めている。このようにして、同条約は、年齢・成熟度に従った相応の考慮と司法・行政手続における意見聴取の機会の保障とを含む、意見表明権を明記した。司法手続における少年の参加は、このような意見表明権によって基礎づけられており、そうであるがゆえに、それ自体として権利として性格づけられるのである。

　同条約40条は、「刑法を犯したと申し立てられ、訴追され又は認定されたすべての児童」についての実体的な措置・処分および手続を定めており、その適用範囲は、捜査手続、少年審判、刑事裁判を含む少年司法の全体を包含している。同条第２項は、手続的権利として、無罪推定、理由となった行為について告知を受ける権利、防御の準備、弁護人の援助を受ける権利、公正で迅速な裁判、供述の強要禁止、証人審問権、無料の通訳を受ける権利、プライバシーの保護などを具体的に規定している。同規定は、意見表明権ないし手続参加の権利について直接言及してはいないが、同条約12条２項が、司法手続において意見を聴取される権利が保障されることを明記しているところ、その前提となる意見を表明する権利（同条１項）が司法手続においても保障されるべきことは、もちろんである。

---

[6] Peleg, International Children's Rights Law: General Principles, in Ursula Kilkelly & Ton Liefaard (eds), International Human Rights of Children (2019) 139.

(3) 児童の権利委員会「一般的意見」

　児童の権利委員会は、児童の権利条約に基づき設置された同条約の実施機関であるところ、一般的意見として、同条約の規定の解釈指針を示してきた。

　一般的意見10号[7]は、少年司法に関するものであった。同意見は、同条約12条2項の意見を聴取される権利について、「刑法を犯したと申し立てられ、訴追され又は認定されたすべての児童にとって、意見を聴取される権利が公正な裁判（fair trial）の基本的要素であることは明らかである」とし、児童が「手続に実効的に参加するためには」、児童は少年司法について必要な情報を提供され、自己の意見を自由に表明し、その意見が年齢と成熟度に応じて正当に考慮されなければならないとしている。

　そのうえで、同意見は、同条約40条2項（b）（iv）について、「公正な裁判を受ける権利からは、児童が裁判手続に実効的に参加できることが要請される」とし、それゆえ、児童は、法的援助者（legal representative）に指示を与え、証人に反対尋問を行い、事実について陳述し、被告発事実および手続の結果・制裁について十分理解し、証拠・証言・課されうる措置について適切な判断ができるよう、告発事実、手続の結果および課されうる処分について十分理解していなければならないとしている。

　一般的意見12号[8]は、意見を聴取される権利に関するものであった。同意見は、「刑法を犯したと申し立てられ、訴追され又は認定されたすべての児童」が、司法手続から処遇場面に至るまでの少年司法のあらゆる段階において、自己の意見を自由に表明し、意見を聴取される権利を十分に保障されるべきことを確認したうえで、「手続は、児童が参加し、自己の意見を自由に表明することができるような雰囲気のなかで進行されなければならない」としている。

　一般的意見24号[9]は、少年司法における児童の権利に関するものであり、

---

[7] Committee on the Rights of the Child, General Comment No.10（2007）on Children's Rights in Juvenile Justice, CRC/C/GC/10, 25 April 2007. 一般的意見については、平野裕二氏による日本語訳が同氏のホームページ「子どもの権利・国際情報サイト」上に掲載されている（https://w.atwiki.jp/childrights/pages/32.html）。

[8] Committee on the Rights of the Child, General Comment No.12（2009）on The Right of the Child to be Heard, CRC/C/GC/12, 20 July 2009.

一般的意見10号を改訂したものである。同意見は、意見を聴取される権利および同条約40条2項（b）（iv）の公正な裁判を受ける権利について、一般的意見10号・12号において述べたことを再確認したうえで、さらに次のように述べた。すなわち、「手続は、児童が十分に参加できるように、理解し易い雰囲気のなかで進められるべきである。『子どもにやさしい司法』をめぐる展開のなかで、すべての段階における子どもにやさしい言葉遣い、子どもにやさしい面接場所および法廷の配置、適切な大人による支援、委縮させるような法服の廃止、障害のある児童のための特別措置を含む手続の修正を促進する動きが生まれている」。

これらの一般的意見によれば、児童の権利条約のもとでは、意見を聴取される権利、意見を年齢・成熟度に従って相応に考慮される権利を含む意見表明権（12条）に基づき、少年審判の手続に実効的に参加する少年の権利が保障されており、この意味の手続参加権は、公正な裁判を受ける権利（40条2項）の要請でもあるとされている。そしてさらに、少年の参加を確保するためには、手続が「理解し易い雰囲気」のなかで進められるべきであって、審判手続それ自体のみならず、言葉遣い、服装などにおいてさまざまな修正を加えた特別な手続が採用されるべきとされていた。

児童の権利条約において、上記のように、参加の権利は、基本的権利として位置づけられている。意見表明権によって基礎づけられた審判手続に実効的に参加する権利は、公正な裁判を受ける権利の内容をなすものとして、少年の最善の利益を目標とする福祉モデルと手続的権利を手厚く保障する適正手続とを両立させようとする少年司法に関する国際人権法において中核に位置するものとされている[10]。

---

9 Committee on the Rights of the Child, General Comment No.24（2019）on Children's Rights in the Child Justice System, CRC/C/GC/24, 18 September 2019.
10 Don Cipriani, Children's Rights and the Minimum Age of Criminal Responsibility: A Global Perspective（2009）26.

3 欧州人権裁判所の判例

(1) T. 対英国事件・V. 対英国事件判決

　欧州人権条約は、市民的及び政治的権利に関する国際規約（国際自由権規約）の原型ともなった重要な国際人権条約であり、欧州人権裁判所の司法判断を通じての実効的な実施システムを備えている。

　欧州人権裁判所は、1994年、スタンフォード対英国事件[11]において、音響効果が劣悪であったために、両当事者が刑事裁判の公判手続の内容を聞き取ることができなかったという事案について、「欧州人権条約6条を全体として解釈したとき、同条が刑事裁判に実効的に参加する被告人の権利を保障していることは否定しようがない。一般に、この権利は、被告人が在廷する権利だけでなく、手続の内容を聞き取り理解する権利をも含んでいる」と判示していた。

　イギリスにおいて、11歳の少年2人が幼児を被害者とする謀殺罪などについて告発され、刑事法院の陪審裁判に付され、1993年、有罪を認定され、その後、不定期拘禁刑を言い渡された。欧州人権裁判所は、1999年、欧州人権条約6条が「自己の裁判手続に実効的に参加する刑事被告人の権利を保障している」と判示したうえで、少年2人について、刑事裁判に実効的に参加することができなかったことを理由にして、欧州人権条約6条の保障する公正な裁判を受ける権利が侵害されたと認めた[12]。

　欧州人権裁判所は、刑事法院における陪審裁判の公開・対審の手続において、少年に対して一定の特別な配慮がなされたにもかかわらず、「刑事法院の形式的で儀式張った手続は、しばしば、11歳の少年にとっては理解不可能なものであり、脅迫的であったようである。……本件においては、申立人の弁護人が、イギリス政府の説明によれば、『息がかかるくらいの至近距離

---

[11] Stanford v. United Kingdom, Application No. 00016757/90, European Court of Human Rights, Judgment of 23 February 1994, Series A no. 282-A, para 26.

[12] T v. The United Kingdom; V v. The United Kingdom, [2000] 30 EHRR 121. 葛野・註4『少年司法の再構築』428頁参照。

で』着席していたものの、緊迫した公判廷において、公衆の厳しい視線にさらされるなかでは、申立人が十分に抑制から解放されて、開廷中に弁護人と相談することができたとはとても考えられない。また、実際、申立人の未成熟さや情緒障害の状態にあったことからすれば、申立人が公判廷外で、自己の防御のために弁護人と協力し、弁護人に必要な情報を与えることが可能であったとすることもおよそできない」と認めた。

(2) S.C. 対英国事件判決

T. 対英国・V. 対英国事件判決に対応すべく、イギリスにおいては、刑事法院の裁判手続が少年に不必要な恐怖や怯えを生じさせることなく、少年の理解と参加を促進するものとなることを意図して、すべての手続関与者が同じ高さの席に着くこと、少年は自分の弁護人と自由に気兼ねなく相談できるような位置に着席すること、法服や鬘を着用しないこと、報道機関について配慮したうえで法廷傍聴に制限がなされることなど、現行手続の枠組のなかでの特別措置がとられることとなった[13]。

しかし、欧州人権裁判所は、2004年、刑事法院における陪審裁判について、再度、少年の実効的な参加が不可能であったことを理由にして、欧州人権条約6条の権利が侵害されたことを認めた[14]。

欧州人権裁判所は、「欧州人権条約6条1項の要請する『実効的な参加』とは、刑事被告人が裁判手続の性質や、自己に課される可能性のある処分の重大性を含め、自己にとって重要な問題をおおむね理解していることを意味する。たとえば、刑事被告人が、必要であれば通訳、弁護人、ソーシャル・ワーカー、友人の援助を受けながら、法廷で話されていることの要旨を理解することができなければならないという意味である。被告人は検察側証人の供述内容を理解することができなければならず、また、弁護人が選任されているときは、自己の弁護人に対して自分の立場からみた事実を説明し、納得のいかない証言があればそれを指摘し、自己の防御のために提示すべき事実

---

[13] Practice Direction (Crown Court: Young Defendants), [2000] 1 WLR 659.
[14] S.C. v The United Kingdom, [2004] 40 EHRR 10. この判決について詳しくは、葛野・註4『少年司法における参加と修復』214頁。

を教えることができなければならない」と述べて、「実効的な参加」の意味を明らかにした。そのうえで、深刻な知的障害を有する11歳少年を被告人とする、刑事法院における陪審裁判の公開・対審の手続について、上記実務指令にあるような一定の特別措置がとられたにもかかわらず、少年の実効的な参加が不可能であったとしたのである。

(3) ギュベチ対トルコ事件判決

　トルコにおいて、15歳の少年がクルド労働者党（PKK）の構成員であるとして告発され、国家安全保障裁判所の刑事裁判に付された。同裁判所は、少年の有罪を認定し、8年の拘禁刑を言い渡した。同裁判所の刑事裁判について、欧州人権裁判所は、2009年、実効的な参加が不可能であったとの理由から、公正な裁判を受ける権利が侵害されたことを認めた[15]。

　少年は、法定刑に死刑を含む犯罪の嫌疑により逮捕されたにもかかわらず、1995年9月30日の逮捕から8か月半の間、弁護人の援助をなんら受けることがなく、その間、警察官、検察官、予審判事および第一審裁判所判事の尋問を受けた。国家安全保障裁判所においては、通常公判が14期日、再審公判（retrial）が16期日行われたところ、少年は健康上の理由から、そのうち14期日に出廷できなかった。最初選任された弁護人は、25期日のうち17期日に在廷しておらず、1999年3月18日から、新たな弁護人が選任された2002年10月3日までの間、再審公判のきわめて重要な最終段階であったにもかかわらず、少年には弁護人が付されていなかった。

　欧州人権裁判所は、公正な裁判であるためには「ただ在廷しているだけでなく、手続を聞き取り、理解することができなければならない」とし、「実効的な参加」についてのS.C.対英国事件判決の判示を再確認した。そのうえで、少年が裁判手続に実効的に参加するうえで、弁護人が果たすべき重要な役割を強調した。「手続上の問題、とりわけ手続の多くの部分において弁護人の援助が実際に与えられなかったことによって、少年が自己の裁判に実

---

[15] Güveç v. Turkey, Application No. 70337/01, European Court of Human Rights, Judgment of 20 January 2009.

効的に参加できないという結果はますます深刻なものとなり、それゆえ少年の適正手続の権利（right to due process）が侵害された」としたのである。

（4）公正な裁判を受ける権利と実効的な手続参加

　欧州人権裁判所の判例は、欧州人権条約6条1項の保障する公正な裁判を受ける権利の内容として、裁判手続に実効的に参加する権利を保障したうえで、少年の実効的な手続参加を確保するためになにが必要とされるかを示した。法的拘束力を有するものであるだけに、手続参加の権利の発展にとって、これらの判決が果たした役割はきわめて大きい[16]。

　一連の判例は、少年が裁判手続に実効的に参加できなかったならば、そのことはすなわち、公正な裁判を受ける権利の侵害にあたることを確認した。ここにいう公正な裁判を受ける権利は、ギュベチ対トルコ事件判決が言及していたように「適正手続の権利」と同義である。そのうえで、実効的な手続参加が可能であったとするためには、少年が、弁護人などの援助を受けながら、手続の性質・意味、審理の内容、ありうる処分・措置などを理解し、弁護人に対して自己の立場から事実について説明し、証拠について意見を述べることなどができなければならないとされた。ここにおいて、弁護人から助言を受け、弁護人と相談し、弁護人に指示を与えるなどして、少年が自己の防御権を実効的に行使できるようにするために、弁護人の効果的な援助を実質的に受けることが決定的に重要なものとされた[17]。弁護人の効果的な援助を欠いたとき、そのことは少年の実効的な参加を不可能とし、公正な裁判を受ける権利の侵害につながる。

　一連の判例は、刑事裁判における少年の手続参加を問題にしたものであった。イギリスを始め欧州各国において、少年事件を刑事裁判、とくに陪審裁判の公開・対審の手続に付すことの是非が問題とされたのは当然である。しかし、公正な裁判を受ける権利の内容として実効的な手続参加が要請されることは、刑事裁判の場合に限らず、少年裁判所の審判手続についてもいえる

16　Cipriani, supra note 10, at 28.
17　Stephanie Rap and Ido Weijers, The Effective Youth Court: Juvenile Justice Procedures in Europe 32（2014）.

ことである[18]。実際、イギリスにおいては、T. 対英国・V. 対英国事件判決およびS.C. 対英国事件判決の判示をもとにして、少年裁判所における実効的な手続参加が争点となった事件がある[19]。

4　欧州評議会指針およびEU指令

（1）欧州評議会閣僚委員会「子どもにやさしい司法に関する指針」

　子どもにやさしい司法は、現在、欧州の少年司法において、子どもの権利の保障および保護という観点から司法制度を構想する際に用いられる確立した概念であるとされる[20]。

　欧州評議会閣僚委員会は、2010年、「子どもにやさしい司法に関する指針」（以下、「子どもにやさしい司法指針」）を発表した[21]。同指針は、それ自体として法的拘束力を有するものではなく、欧州評議会の加盟国に対して、自国の司法手続を少年の具体的な権利およびニーズに適合したものとし、その結果として司法手続をより子どもにやさしいものにするための指針を提供するという目的のもと策定されたものであった[22]。

　子どもにやさしい司法は、欧州人権裁判所の判例を踏まえたものであって、少年の実効的な参加に焦点を合わせている[23]。同指針は、欧州各国の少年司

---

[18] Terry Moore and Tony Wilkinson, Youth Court Guide 67（2nd ed., 2005）.

[19] イギリス高等法院行政部の判決として、R（on the application of TP）v West London Youth Court,［2005］EWHC 2583（admin）. 葛野・註4『少年司法における参加と修復』199頁参照。

[20] Liefaard and Kilkelly, Child-friendly Justice: Past, Present and Future, in Barry Goldson（ed.）, Juvenile Justice in Europe: Past, Present and Future 57（2019）.

[21] Guidelines of the Committee of Ministers of the Council of Europe on Child-friendly Justice, Adopted by the Committee of Ministers on 17 November 2010 at the 1098th Meeting of the Ministers' Deputies. 平野裕二氏による日本語訳が同氏の上記ホームページにおいて公表されている（https://w.atwiki.jp/childrights/pages/165.html）。

[22] Stephanie Rap and Ido Weijers, The Effective Youth Court: Juvenile Justice Procedures in Europe 33（2014）.

[23] Liefaard, Child-friendly Justice and Procedural Safeguards for Children in Criminal Procedure, 8: 1 Bergen Journal of Criminal Law and Criminal Justice 1（2020）. 他方、同指針は少年司法ないし刑事司法に焦点を合わせたものではなく、民事、行政を含むすべての司法手続をカバーするものであって、その「最低基準」を示すものであったがゆえに、重要な具体的局面においてなお不十分な面も含まれていた（Liefaard and Kilkelly, supra note20, at 66）。

法に対して、少年を保護するだけでなく、少年の参加を確保するという明確な方向づけを行った[24]。

　同指針は、子どもにやさしい司法を、同指針が掲げる「諸原則に留意し、かつ子どもの成熟度および理解力ならびに事案の事情を正当に考慮しながら、すべての子どもの権利の尊重および実効的な実施を到達可能な最高水準において保障する司法制度をいう」ものとし、「とりわけ、アクセスしやすく、年齢に相応しく、迅速で機動的な、子どものニーズおよび権利に適合し、それらに焦点を合わせた、適正手続の権利、手続を理解し手続に参加する権利、私生活および家族生活を尊重される権利を含む子どもの権利を尊重する司法」を意味するものとされた（Ⅱc）。

　同指針は、子どものすべての権利が確保されるために必要とされる基本原則として、参加、子どもの最善の利益、尊厳、差別からの保護、法の支配をあげた。第一の基本原則とされた参加については、「自己の権利について情報を与えられ、司法にアクセスするための適切な方法を提供され、また、自己が関与するまたは自己に影響を与える手続において相談され、意見を聴取されるすべての子どもの権利が、尊重されなければならない。これには、このような参加を意味のあるものとする目的から、子どもの成熟度および子どもが有している可能性のある意思疎通上の困難に留意しながら、子どもの意見を正当に考慮することも含まれる」とし、さらに、「子どもは完全な権利享有主体であると目され、取り扱われなければならず、自己の意見を形成する能力および事案の事情を考慮に入れた方法により、自己のすべての権利を行使する地位を認められなければならない」とした（ⅢA）。

　「司法手続における子どもにやさしい司法」の項のなかで、同指針は、「意見を聴取され、表明する権利」について、「裁判官は、自己に影響を与えるあらゆる事柄について意見を聴取され、または、少なくとも問題となっている事柄について十分な理解力を有していると評価されるときには意見を聴取される子どもの権利を尊重しなければならない。この目的のために用いられる手段は、子どもの理解力の程度および意思疎通の能力に適合したものでな

---

[24] Liefaard and Kilkelly, supra note 20 at 66.

ければならず、また、事案の事情を考慮しなければならない。意見を聴取されたいと望む事柄については、子どもと相談しなければならない」こと、「子どもの意見および見解は、その年齢および成熟度に従って正当に斟酌されなければならない」こと、「子どもは、意見を聴かれる権利を効果的に活用する方法についての必要なあらゆる情報を提供されなければならない。そうとはいえ、子どもは、意見を聴かれ、意見を考慮される権利が、必ずしも最終的な判断を決するわけではないことを説明されなければならない」こと、「子どもに影響を与える判決および裁判所の判断、とりわけ子どもの意見および見解のとおりに決せられなかった判断については、子どもが理解できる言葉により十分な理由が付されなければならず、その理由が子どもに対して説明されなければならない」ことなどを規定した（Ⅳ D3）。

また、「子どもと親その他の当事者との間に利益相反があり、またはその可能性がある手続においては、子どもは、独立して（in their own name）、自己の弁護人および法的代理人の援助を受ける権利を保障されなければならないこと」、「子どもは自分自身の権利を有する十分に完成した依頼者として見なされなければならず、子どもを弁護する弁護人は子ども自身の意見を提示しなければならない」ことなど、弁護人の援助の保障について手厚い規定をおいた（Ⅳ D2）。

EUの政策執行機関である欧州委員会、EU基本的権利局（EU Fundamental Rights Agency）などの活動を通じて、子どもにやさしい司法の構築という政策が広く受容されるに伴い、少年司法に関する欧州人権裁判所の判例においても、具体的事案に関する法的判断の根拠として援用されるわけではないにせよ、判例の依拠する法的枠組みとして、「子どもにやさしい司法指針」の重要性を指摘するものが増加した。また、補足意見、反対意見、あるいは具体的事件の当事国の政府の主張のなかで、同指針が言及される例も増えた。これらのことは、同指針がたんなる政策文書を超えて、法的判断が依拠する準則としての性格を有するものとなったことを意味しているとされる[25]。

(2) 2016年 EU 指令

　EU 議会および EU 理事会は、2016年、「刑事手続において被疑者・被告人となった子どものための手続保障に関する指令」（以下、「2016年 EU 指令」）を発表した[26]。EU 加盟国は、国内法として、同指令の内容を具体化する義務を負っている。同指令は、「子どもにやさしい司法指針」を踏まえて、子どもの権利の強化を図るものである（前文7）。2015年に公表された同指令の草案は、弁護人の援助を受ける権利に関する6条などにおいて、明示的に同指針に言及していた[27]。「子どもにやさしい司法指針」の重要な構成要素が、同指令を通じて、EU 加盟国の立法に反映されるべきことになったと指摘されるところである[28]。

　同指令16条は、「裁判手続に直接出席し、参加する子どもの権利」のタイトルのもと、第1項において、「加盟国は、子どもが自己の裁判手続に在廷する権利を確保しなければならず、また、子どもが裁判手続に実効的に参加することができるようにするために、子どもに対して意見を表明し、意見を聴取される機会を与えることを含む、すべての必要な措置をとらなければならない」と定めている。同条は、裁判手続における子どもの意見表明と意見を聴取される権利の実質的な保障こそが、裁判手続への実効的な参加を意味することを明らかにしている。また、同条は、同指令の前文（60）が示唆しているように、欧州人権条約6条1項による公正な裁判を受ける権利の保障に関する欧州人権裁判所判例を踏まえたものである。

　同指令6条は、被疑者・被告人となった少年に対して弁護人の援助を受け

---

[25] Liefaard, Child-friendly Justice: Protection and Participation of Children in the Judicial System, 88 Temple Law Review 905, 914（2016）.

[26] DIRECTIVE 2016/800/EU OF THE EUROPEAN PARLIAMENT AND OF THE COUNCIL of 11 May 2016 on Procedural Safeguards for Children Who Are Suspects or Accused Persons in Criminal Proceedings, THE EUROPEAN PARLIAMENT AND THE COUNCIL OF THE EUROPEAN UNION. この EU 指令について、久岡康成「刑事手続における子どものための手続的保護措置に関する2016年 EU 指令」立命館法学383号（2019年）参照。

[27] President Proposal for a Directive of European Parliament and of the Council on Procedural Safeguards for Children Who Are Suspects or Accused Persons in Criminal Proceedings, COM（2013）822 final（Dec. 16, 2015）.

[28] Liefaard, supra note 25, at 915.

る権利を手厚く保障している。同条1項は、刑事手続における弁護人の援助を要求する権利に関する2013年 EU 指令[29]の保障内容が等しく及ぶことを確認したうえで、同条2項は、「加盟国は、少年が本指令に基づいて防御の権利を実効的に行使することができるように、弁護人によって援助されることを確保しなければならない」と定めている。同条3項は、弁護人の援助を受ける権利の始期について、①捜査機関または司法機関の取調べを受ける前、②同一性確認、対質または犯行状況の再現により捜査機関の捜査ないし証拠収集活動が開始された時点、③自由の剥奪後不当な遅滞のない時点、④裁判所に召喚され、または出頭するときは裁判所出頭前、のうち最も早い時期とし、同条4項は、弁護人の援助の内容について、①捜査機関または司法機関による取調べ前も含め、弁護人と秘密に接見し、コミュニケーションを行う権利、②取調べへの弁護人の立会および効果的参加を受ける権利、③同一性確認手続、対質および犯行状況の再現への弁護人の立会を受ける権利、を含むものと規定している。同条5項は、弁護人の援助を要求する権利の行使としてなされる被疑者・被告人と弁護人とのコミュニケーションの秘密性を尊重すべきことを要求し、そのようなコミュニケーションは、接見、信書および電話による会話に加え、国内法により許される他のコミュニケーション手段を含むとしている。さらに、同条6項は、身体を拘束する処分の決定手続において、また、身体を拘束された場合には、弁護人の援助を必要的なものとするとともに、裁判手続のすべての過程において弁護人の援助を受けていなければ、刑罰を言い渡すことはできないとしている。さらに、2016年 EU 指令18条は、「加盟国は、法律扶助に関する国内法が同指令6条による弁護人の援助を受ける権利の実効的な行使を保障するものとなるよう確保しなければならない」と規定し、少年が弁護人の効果的な援助を実際に受けること

---

[29] DIRECTIVE 2013/48/EU OF THE EUROPEAN PARLIAMENT AND OF THE COUNCIL of 22 October 2013 on the Right of Access to a Lawyer in Criminal Proceedings and in European Arrest Warrant Proceedings, and on the Right to Have a Third Party Informed upon Deprivation of Liberty and to Communicate with Third Persons and with Consular Authorities while Deprived of Liberty, THE EUROPEAN PARLIAMENT AND THE COUNCIL OF THE EUROPEAN UNION. この翻訳および解説として、久岡康成「EU 指令2013年48号における弁護人に対するアクセス権と第三者及び領事との連絡権」香川法学34巻3・4号（2015年）参照。

ができるために無料弁護制度の充実を求めている。

同指令20条は、子どもに関係する法執行機関、拘禁施設、裁判官、検察官、弁護士などが、子どもの権利、適切な質問の技法、子どもの心理、子どもに適した言葉によるコミュニケーションなどに関する特別な研修を受けるべきことを規定している。このことは、子どもの権利を尊重するとともに、個々の子どもの成熟度に適した子どもにやさしい少年司法の実現を通じて、少年の実効的な参加の権利を強化することになるとされている[30]。

5　日本法改革の視座

(1) 手続参加の権利構造

国連および欧州の法と政策の概観から明らかなように、少年の手続参加権は、児童の権利条約12条が保障する児童の意見表明権と、欧州人権条約6条1項に基づく公正な裁判を受ける権利という二つの基本的権利によって基礎づけられている。このことは、児童の権利委員会の一般的意見も示すところである。

児童の権利条約は、日本においても国内法的効力を有している。また、同じく国内法的効力を有する国際自由権規約14条1項は、公正な裁判を受ける権利を保障する欧州人権条約6条1項と同じ文言によるものであって、同規定に関する欧州人権裁判所の判例は、国際自由権規約14条1項の重要な解釈指針になるというべきである。そうすると、欧州人権条約6条1項の場合と同様に、国際自由権14条1項も、同じく公正な裁判を受ける権利の内容として、実効的な手続参加を保障していると理解すべきである[31]。かくして、児童の権利条約12条および国際自由権規約14条1項に基づき、日本法においても、少年司法における手続参加が、裁判官、家裁調査官その他手続関与者の配慮ないしたんなる政策を超えて、少年の権利として保障されているものと理解すべきである。

---

[30] Stephanie Rap et al., White Paper on the EU Directive 2016/800 on Procedural Safeguards for Children Who Are Suspects or Accused Persons in Criminal Proceeding 29 (2018).
[31] 葛野・註4『再構築』446頁。

（2）意見表明権と手続参加権

　児童の権利条約12条は、意見を聴取される権利を含めて、児童の意見表明権を保障した規定である。意見表明権は、子どもがその年齢および成熟度につれて向上する能力に応じて、司法手続を含めて、自己に影響を与える手続に参加する主体として扱われなければならないという子どもの法的地位を承認するものであって、このような意味の参加の権利は同条約の保障するすべての権利のなかでも最も基本的な権利の一つとされる[32]。参加の権利は、もちろん、少年司法においても確保されなければならない。同条約12条2項は、司法手続において意見を聴取される権利を明示的に規定している。

　児童の権利委員会の一般的意見12号は、意見表明権について、なにが児童の最善の利益（同条約3条）であるかを確認し、児童の最善の利益を確保するための手続的権利として性格づけている。すなわち、条約3条が「児童の最善の利益を実現するという目的」を規定する一方、条約12条は「目的を達成するための方法として児童の意見を聴取すること」を規定しているのであって、「12条の諸要求が尊重されない限り、3条の正しい適用はなしえない」とするのである[33]。このような理解は、児童の権利条約の制定過程からも支持されるとされている[34]。

　このような理解に立つならば、少年司法において意見表明権によって基礎づけられている手続参加権も、なにが少年の最善の利益なのかを確定し、それを確保するために要請されることになる。少年審判において非行事実を正確に認定したうえで、少年の要保護性の正確な認定に基づき適切な処遇を決定するために、手続参加権の保障が要請されるのである。逆に、手続参加権の保障に欠けるとき、非行事実の認定に誤りが生じ、また、要保護性の認定が不正確なものとなって、過剰な介入にわたる処遇の決定がなされる危険が生じる。

　服部朗が指摘していたように、裁判官と少年とが「真摯に向かい合う」関

---

[32] Liefaard, supra note 25, at 908.

[33] Committee on the Rights of the Child, supra note 8, para. 74. 喜多明人ほか編『逐条解説・子どもの権利条約』（日本評論社、2009年）100頁〔喜多明人〕参照。

[34] 永井憲一『新解説・子どもの権利条約』（日本評論社、2000年）90頁。

係のなかで、両者の間に「対話が成立する」ときにこそ、「少年は真実を語ることが可能にな」るのであって、正確な非行事実の認定も可能になる[35]。流山中央高校放火未遂事件の最高裁決定[36]における団藤裁判官補足意見が指摘したように、少年・付添人から要求がある場合には、重要な証人・参考人について少年・付添人に反対尋問の機会を実質的に保障する必要がある。また、処遇決定過程において、少年・付添人は、社会記録を開示され、その内容を十分検討する機会を保障されたうえで、社会記録に含まれる要保護性の基礎事実の誤りを指摘し、また、少年の立場から要保護性に関する事実とその評価、それらに基づく適切な処遇について意見を陳述する機会を保障されなければならない。家裁は処遇決定にあたり、重要な点において少年・付添人の意見と異なる判断を行う場合には、明確かつ説得的な判断理由を示さなければならない。さらに、家裁はとくに不必要・不相当な場合を除いて、少年・付添人が社会記録の内容について家裁調査官に直接質問する機会を認めるべきである[37]。少年司法における少年の手続参加は、このように具体化されなければならない。

(3) 公正な裁判を受ける権利と手続参加権

欧州人権裁判所の判例は、実効的な手続参加が、欧州人権条約6条1項の保障する公正な裁判を受ける権利の内容として保障されるとした。これら判例の事案は、少年が刑事裁判の被告人となったものであったが、これらの判例が示した理からすれば、少年審判をうける少年についても、同様の権利が認められるべきである[38]。

また、上記のように、国際自由権規約14条1項に基づき、日本法においても、同じく公正な裁判を受ける権利の内容として、実効的な手続参加が保障されると理解すべきである。欧州人権条約および国際自由権規約において、公正な裁判を受ける権利の保障は適正な刑事手続のための総則的保障であっ

---

35 服部朗『少年法における司法福祉の展開』(成文堂、2006年) 210頁。
36 最決昭58・10・26刑集37巻8号1260頁。
37 葛野・註4『少年司法における参加と修復』319頁。
38 葛野・註4『少年司法における参加と修復』191頁。

て、日本国憲法においては、憲法31条による適正手続の保障に相当する。そうすると、実効的な手続参加の権利も、日本国憲法においては、適正手続（31条）の内容として保障されていると理解すべきであろう[39]。

適正手続の保障内容として手続参加権を位置づけることによって、武内謙治が指摘するように、第1に、「懇切」で「和やか」な審判（少年法22条1項）、審判の非公開（同条2項）、主観的個別審理（同法49条参照）・客観的併合審判の原則（少年審判規則25条の2）、直接審理の原則（同規則28条3項）など、これまで「教育的理由から刑事的な適正手続保障と対立的に捉えられてきた審判の原則を適正手続保障の脈絡で把握すること」が可能となる[40]。そのように把握するならば、審判の具体的運営のなかで、「教育的理由」からの裁判官の裁量によって、これらの原則に例外を設けることは許されないというべきである。少年審判は、すべて、少年の実効的な手続参加を具体化する方向において運営されるべきことになる。

同じく第2に、「国親思想による根拠づけからは適用に慎重であった刑事的な適正手続保障を少年保護手続にふさわしく再構築した上で適用する道を開く」ことができる[41]。黙秘権の保障、法的援助の保障などの権利も、少年の実効的な手続参加を確保するために要請されることになる。「黙秘権保障で審判の教育機能が害されうる」という理由から、黙秘権の保障を否定することは許されず、また、「手続参加を実質化するには、少年の立場からの意専門的な法的援助が不可欠である」ことから、国連子どもの権利委員会が勧告するように、「すべての子どもが手続のあらゆる段階で法的……援助を提供されることを確保する」ために、捜査・調査、審判の過程を通じて、少年に対する法的援助の公的保障を整備する必要があろう[42]。

（4）弁護士付添人の法的援助の保障

少年の実効的な手続参加を確保するためには、効果的な法的援助を保障す

---

[39] 葛野・註4『少年司法の再構築』446頁。
[40] 武内謙治『少年法講義』（日本評論社、2015年）271頁。
[41] 武内・註40書271頁。
[42] 武内・註40書276頁。黙秘権の保障について、服部・註35書30頁参照。

ことが不可欠とされている。とりわけ欧州人権裁判所の判例は、刑事裁判の手続の文脈において、このことを強調していた。

　日本法においても同じである。少年審判という司法手続において、少年が自己の意見を表明し、それを聴取される権利を、自己の意思に従い意見を表明しないことを含めて、実効的に行使するためには、もっぱら少年の権利・利益を擁護する立場にある専門家の法的援助が必要とされよう。日本法において法的援助の担い手となるのは、弁護士付添人である（少年法10条1項）。

　近時、弁護士付添人の選任率が上昇している（【グラフ】参照）。2021年、付添人選任総数（4,212人）のうち弁護士付添人の選任が99.0%を占めていたが、一般保護事件総数に占める弁護士付添人の選任率は25.7%であり、そのうち国選弁護士付添人が61.6%を占めていた。処分決定別にみると、保護処分決定事件の57.3%（67.6%）、保護観察決定事件の45.9%（61.7%）、少年院送致事件の98.0%（79.6%）について、弁護士付添人が選任されていた（括弧内は国選弁護士付添人が占める割合）。近年、国選付添人の占める割合が顕著に上昇している。とはいえ、刑事事件の被告人についてみると、2021年、地裁における弁護人選任率が99.6%、国選弁護人選任率が84.5%、簡裁において各98.0%、90.8%であったから、少年事件の弁護士付添人選任率、国選弁護人選任率は、これらに比べてなお低い。

　2016年EU指令18条が、法的扶助に関する国内法によって、同指令6条により保障される弁護人の援助を受ける権利を実効的に行使できるよう確保しなければならないと定めており、また、「子どもにやさしい司法指針」も、「子どもは、成人の場合と同じ、またはそれよりも緩やかな条件のもとで無料の法律扶助にアクセスすることができなければならない」としているように、少年の法的援助を受ける権利を実質化するためには、無料の援助のための公的保障を強化することが不可欠である。しかし、少年法による国選弁護士付添人制度は重大な限界を残している。

　国選弁護士付添人の基本規程となるのが、2014年改正による少年法22条の3第2項である。同規定によれば、家裁は、死刑または無期もしくは長期3年を超える懲役・禁錮に当たる罪の犯罪少年・触法少年の事件について、少年鑑別所送致の観護措置がとられており、かつ、「少年に弁護士である付添

付添人選任数

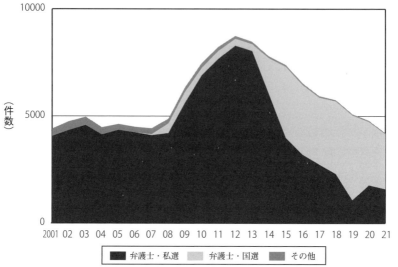

各年の『司法統計年報(少年編)』をもとに作成

弁護士付添人選任率

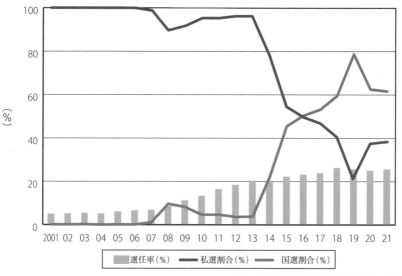

各年の『司法統計年報(少年編)』をもとに作成

人がない場合において、事案の内容、保護者の有無その他の事情を考慮し、審判の手続に弁護士である付添人が関与する必要があると認めるときは、弁護士である付添人を付することができる」とされている。

　第1の問題が、法定刑を基準にした対象事件の限定である。対象事件の範囲は、少年法22条の2第1項の定める検察官関与の対象事件の範囲と同じである。また、2014年改正当時、少年を含む刑事事件の被疑者国選弁護制度の対象事件の範囲と一致させるという趣旨からも、このような範囲が設定された。被疑者国選弁護制度の対象事件は、2016年の刑訴法改正によって（2018年6月施行）、被疑者が勾留された全事件に拡大されたにもかかわらず、国選付添人制度の対象事件は拡大されていない。実務においてぐ犯による家裁送致は深刻な成長発達上の問題を抱える少年の事件に厳選され、そうであるがゆえにぐ犯少年の少年鑑別所送致率は高いにもかかわらず、ぐ犯は対象事件から除外されている[43]。また、法定刑の軽い罪に関する非行について少年鑑別所送致が決定される場合には、少年が要保護性の面で重大な問題を抱えていることが多いであろう。法定刑を基準にした対象事件の限定には疑問がある[44]。

　第2の問題は、少年鑑別所送致が決定された事件への限定である。ここにおいて、「子どもにやさしい司法指針」が、成人事件と同じ、またはそれより広い範囲において無料の法的援助を保障すべきとしていたことを想起すべきである。これは、少年が成人に比して相対的に脆弱性を有することからすれば、少年の実効的な手続参加を確保し、適正手続を実質化するためには、

43　武内謙治「国選付添人制度の展望と課題」法政研究75巻1号（2008年）173頁。
44　憲法34条は「抑留」・「拘禁」する場合には弁護人の援助を受ける権利を保障しなければならないとしているところ、少年鑑別所送致は「拘禁」に当たるというべきであるから、憲法34条の保障の趣旨からしても、少年鑑別所送致が決定された場合でありながら法定刑により対象事件を限定することには重大な疑問がある（武内・註43論文171頁参照）。ところで、2001年に福岡弁護士会により開始された当番付添人制度は、2009年に全国的な実施されるに至り、2013年7月からは全弁護士会において少年鑑別所送致が決定された全事件を対象として運用されている。日本司法支援センターは、日弁連の委託事業として少年事件付添援助事業を実施し、これを通じて、国選弁護士付添人制度の対象外の事件およびその対象事件であっても家裁が弁護士付添人を選任しなかった事件について、少年が希望する場合には弁護士費用を援助している。弁護士会のボランティアに基づく制度に依存し続けるのではなく、公的保障の拡充が必要である。

成人の場合以上に手厚い法的援助の保障が必要だという認識によるものであろう。刑事訴訟法において、刑事事件の被告人については、勾留の有無を問わず、請求があったときには、裁判所が弁護人を選任するものとされている（刑訴法36条）。少年鑑別所送致の決定を選任要件としている点において、国選弁護士付添人制度の対象事件は、刑事事件の被告人についての国選弁護制度の対象事件に比べ狭められている。少なくとも審判が開始された事件については、非行事実が認定され、保護処分が決定される可能性があるのであるから、少年鑑別所送致の決定がなくとも、選任対象とすべきであろう[45]。

　ところで、刑訴法289条は死刑または無期もしくは長期3年を超える懲役・禁錮に当たる事件について、弁護人がいなければ審理をすることができないと定めている。少年法は、弁護士付添人の必要的選任を求める規定を有していない。2016年EU指令6条6項は、身体を拘束する処分の決定手続において、また、身体を拘束された場合には、弁護人の必要的な援助を要求している。身体の拘束は少年の基本的人権たる自由を奪い、その成長発達に対して重大な影響を与えることからすれば、少年審判についても、EU指令の趣旨を具体化する形で、弁護士付添人の必要的選任が制度化されるべきである[46]。審判開始が決定された事件については、すべて少年院送致の保護処分が決定される可能性があり、また、保護観察の保護処分についても、保護観察所長による施設送致申請（更生保護法67条2項）を経て、家裁の決定により施設送致がなされる可能性がある（少年法26条の4）。そうすると、少年鑑別所送致が決定された場合に加え、審判開始が決定された場合にも、弁護士付添人が必要的に選任されるべきことになる。

　第3の問題は、家裁が弁護士付添人の関与の必要性を認めた場合に限定し

---

[45] 葛野・註4『少年司法の再構築』608頁。他方、現行法の解釈として、少年鑑別所送致が決定されていれば、審判開始の決定は選任の要件とならないとすべきである（武内・註43論文171頁）。
[46] 寺本奈津樹「少年の取調べにおける少年の手続参加」（2022年度一橋大学大学院法学研究科博士学位請求論文）は、イギリスの少年被疑者の取調べにおける法的援助と福祉の援助に関する制度・運用の分析を踏まえて、少年の防御権を実質化すべく法的援助を実効的に保障するためには、法的援助へのアクセスの促進、個々の少年の特性を正しく把握したうえでのそれに適した法的援助の提供という両面において、福祉的援助もあわせて保障されるべきことを論じている。なお、福祉的援助には、取調べにおける少年の福祉に有害な環境の除去という独自の役割もあるとしている。

ていることである。この選任要件が付されたのは、少年審判が職権主義構造を採用していること、少年院送致等の処分が見込まれない場合、保護者による十分な援助を受けることができる場合など、あえて公費による弁護士付添人の選任の必要性が認められない事件があること、によるものとされる[47]。刑事事件の被告人の場合には、被告人の請求がある以上、裁判所は国選弁護人を選任しなければならず、施設収容を伴う処分が見込まれない場合であっても、選任の必要性がないとして選任しないことは許されていない。このことからすると、少年審判が職権主義構造を採用している点こそが、家裁による必要性の承認を選任要件としてことの実質的理由だといえよう。

　しかし、職権主義構造の審判と家裁による必要性の承認という選任要件とが直ちに結びつくわけではない。家裁が必要と認めたときにのみ弁護士付添人を選任するとしたのは、むしろ付添人の基本的役割を家裁の協力者だとする旧来の付添人観によるものというべきであろう。少年を権利の主体として位置づけ、適正手続が保障されるべきとする少年審判においては、このような付添人観はもはや維持することはできない。「子どもにやさしい司法指針」が、「子どもは自分自身の権利を有する十分に完成した依頼者として見なされなければならず、子どもを弁護する弁護人は子ども自身の意見を提示しなければならない」とし、また、2016年EU指令6条2項が、少年の防御の権利を実効的に行使することができるようにするために、弁護人による援助を確保しなければならないと規定しているように、少年が自己の権利を十全に行使し、審判手続に実効的に参加することができるようにするため、すなわち少年の手続参加権を実質化するためにこそ、弁護士付添人の法的援助を受ける権利が保障されているというべきである。少年法10条1項も、付添人の選任を少年の権利として規定している。弁護士付添人の法的援助は、家裁のためにあるのではなく、少年の権利なのである。家裁による必要性の承認という選任要件は、少年の権利としての性格を曖昧化する。この選任要件は削除されるべきである。

47　久木元伸＝川淵武彦＝岡崎忠之「『少年法等の一部を改正する法律』について」家裁月報59巻11号（2007年）70頁。

6　結　語——少年と弁護士付添人との関係性

　本章は、少年審判の手続に実効的に参加する権利が、児童の権利条約12条による意見表明権に基づき、また、国際自由権規約14条1項の保障する公正な裁判を受ける権利の内容として、さらには憲法31条の保障する適正手続の要請として、保障されるべきことを論じ、少年の手続参加権を確保するためには、弁護士付添人の法的援助の保障が本質的な重要性を有することを指摘した。

　ここにおいて問題となるのが、弁護士付添人の基本的役割いかんである[48]。弁護士付添人の役割は、かつて、家裁の協力者的役割と刑事弁護人的役割とのいずれを強調するかという形で論じられたが、近時、弁護士付添人の義務としては、パートナーシップ論[49]がいうように、最終的に少年の判断とその指示に従いつつ、その権利・利益を擁護することとして捉える立場が有力である。これは、刑事弁護人の役割について、被疑者・被告人を防御の主体として位置づけたうえで、被疑者・被告人の判断・指示に従いつつその権利・利益を擁護する義務として弁護人の誠実義務を理解する立場と重なり合う[50]。

　最終的には少年の判断・指示に従うべきとしても、少年が最終判断に至るまでに、弁護士付添人は、法の専門家として、少年に対して事実と法的問題について丁寧な説明を行い、少年の十分な理解を得なければならず、そのさい知的・情緒的な未成熟性に関連した少年の特性に十分配慮する必要がある。このような意味のインフォームド・コンセントの関係がなければ、弁護士付添人の誠実義務は空洞化する。少年の最終判断までのプロセスにおいて、少年の特性を踏まえてどれほど手厚い支援を提供することができるかが、弁護

---

[48] 葛野・註4『少年司法の再構築』608頁参照。なお、少年司法とコミュニティとの繋がりを強め、少年司法の教育機能を強化するための市民付添人の意義と役割について、葛野・註4『再構築』628頁参照。

[49] 多田元「少年審判における付添人の役割」加藤幸雄＝野田正人＝赤羽忠之編『司法福祉の焦点』（ミネルヴァ書房、1994年）など参照。

[50] 葛野尋之「『刑事弁護』分野の回顧と展望」刑法雑誌62巻3号（2023年）、同「刑事弁護の拡大と高度化——その現状と改革課題」青山法学論集65巻2号（2023年）（本書所収・序章）参照。

士付添人の活動の真骨頂とされているといってよい。ここにおいて、誠実義務を実質化させるために弁護士付添人が少年とインフォームド・コンセントの関係を形成することこそが、少年の手続参加権を具体化することになるのである。

第12章　再審請求中の死刑執行をめぐる法的問題

1　問題の所在と本章の骨子

（1）問題の所在

　現在、大阪地方裁判所第19民事部合議1A係に係属している令和2年（ワ）第12340号国家賠償請求事件（以下、「本件」）は、再審請求中の死刑確定者についての死刑執行の適法性および死刑執行による弁護人の弁護権の侵害をめぐって、重要な法的問題を提起している。本件は、死刑確定者が2017年9月12日に第四次再審を請求した後、翌2018年12月27日に死刑執行により死亡したところ、同確定者が再審を請求するにあたり選任した弁護人（刑訴440条1項）が、この執行により自己の弁護権を侵害されたとして、国家賠償請求をした事件である。なお、大阪地決令1・12・5[1]は、再審請求人が死亡したという事実に言及することも、請求人の死亡により再審請求手続が終了したとすることもなく、請求理由が認められるかどうかを判断し、結論において認められないとして、請求を棄却した。

　本件をめぐっては、様々な法的論点が存在しているところ、核心的論点は、第1に、再審請求中の死刑確定者について死刑を執行することが許されるのか、再審請求中の執行は請求人の再審請求権を侵害するものとして違法ではないのか、第2に、再審請求中の死刑確定者について死刑が執行されたとき、

＊本章は、原告代理人弁護団を通じて、大阪地方裁判所第19民事部合議1A係に提出した私の意見書「再審請求中の死刑執行の違法と死刑執行による弁護権の侵害に関する意見（2022年2月14日）」をベースにしている。
[1] 判例集未掲載。

同確定者が請求した再審請求手続は終了するのか、それとも、死刑執行による請求人の死亡後も、再審請求手続は継続するのか、第3に、請求人の死亡後も再審請求手続が継続し、請求人が再審請求にあたり選任した弁護人が請求手続を追行する権利を有するとするならば、請求人たる死刑確定者についての死刑執行により、弁護人の請求手続追行権の効果的な行使が重大に妨げられ、この点において弁護人の弁護権が侵害されるのではないか、というものである。本章は、これらの論点について理論的検討を加える。検討の射程は、「有罪の言渡を受けた者」（刑訴439条1項2号）が再審を請求した場合である。

ところで、再審請求中の死刑確定者について死刑を執行する例が、近年、顕著に増加している。かつて、実務においては再審請求の「手続が終了するまで死刑の執行をしないのが通常である」ともいわれていた[2]。しかし、1999年には1件の執行が確認されており、その後、2017年に3件の執行が、2018年には10件の執行が報告されている[3]。

刑訴法442条は、「再審の請求は、刑の執行を停止する効力を有しない。……」と定めており、また、法務大臣の死刑執行命令に関する刑訴法475条も、「判決確定の日から6箇月」経過後において再審請求によって執行命令が制限されることを明記してはいない。日本政府は、再審請求中の執行を停止すべきという規約人権委員会の勧告に対して、再審請求中に執行できないというのでは、請求が繰り返される限り永久に執行が不可能となり、また、個々の事案についても記録などを精査し、再審開始の事由があるかなどを検討しているとして、請求中の執行も認められるとの見解を表明している[4]。

死刑事件も誤判（本章においては、「誤った犯罪事実の認定に基づく有罪判決」を意味するものとして用いる）の可能性から免れることはできない。誤判に基づく死刑の執行は「どんなことがあろうとも絶対に許されるべきでない不正義」である[5]。これを回避するためには、通常手続において誤判を

---

[2] 田宮裕『注釈刑事訴訟法』（有斐閣、1980年）514頁。
[3] 田鎖麻衣子「再審請求中の死刑執行」季刊刑事弁護98号（2019年）68頁。
[4] 「自由権規約委員会の総括所見（CCPR/C/JPN/CO/6）に対する日本政府コメント」（2015年8月）https://www.mofa.go.jp/mofaj/gaiko/kiyaku/index.html

生じさせないための手続保障が徹底されなければならないことに加え、死刑判決の確定後においても、誤判を是正するための制度が備えられ、十全に機能するようにしなければならない。判決確定後の誤判是正を担うのが再審制度である[6]。

　再審を請求している最中に死刑を執行されると、再審を請求した死刑確定者は、誤判からの現実的救済を受ける機会を失うことになる。再審請求権が誤判からの現実的救済にとどまらない、誤判の是正を求める権利としての本質を有するにしても、確定判決による刑の執行が終了していない限り、再審請求権の保障において、誤判からの現実的救済は重大な意義を有している（以下、誤判からの現実的救済に関する文脈においては、刑の執行が終了していない時期の再審請求を問題にする）。死刑確定者にとって、誤判からの現実的救済は自己の生命剥奪の阻止を意味するものであるから、再審請求権の保障におけるその意義はひときわ重大である。最近、再審請求中の執行を違法とする見解もみられる一方[7]、国に対して再審請求中には死刑執行に応じる義務がないことの確認を求める公法上の法律関係等の地位確認訴訟において、再審請求中に死刑を執行されない法的地位ないし権利は認められないとした裁判例もある[8]。

　再審請求中の死刑執行が増加するなかで、再審請求中の執行が本当に適法

---

[5] 団藤重光『死刑廃止論（第6版）』（有斐閣、2000年）160頁。

[6] アメリカにおいて、死刑事件についてスーパー・デュープロセスの保障とともに、死刑確定後にも重層的な誤判是正の制度が設けられている点が注目される。これについて、岩田太『陪審と死刑』（信山社、2009年）、小早川義則『デュー・プロセスと合衆国最高裁Ⅲ』（成文堂、2013年）275頁、田鎖麻衣子「死刑事件における適正手続」季刊刑事弁護83号（2015年）、「（連載）死刑事件と適正手続」法律時報91巻49号（2019年）など参照。

[7] 福島至「死刑執行と自由権規約6条4項の保障」判例時報2433号（2000年）は、日本の恩赦が「他の方法では救い得ない誤判の救済」という「再審請求と同種」の機能をも有しているとの理解から（142頁）、死刑確定者の「特赦又は減刑を求める権利」を定める国際自由権規約6条4項は再審請求の権利をも保障しており、再審請求中の執行はこの規定に違反するとする。また、仙台弁護士会「再審請求中の死刑囚に対する死刑執行の停止を求める意見書」（2020年8月27日）https://senben.org/archives/8666参照。

[8] 大阪地判令2・2・20裁判所ウェブサイト。同決定は、法律上の争訟性および確認の訴えの利益を認め、また、行政事件訴訟により刑事判決の取消変更を求めるものでもないとして、訴えの適法性を認めた。

といえるのかをあらためて検討する必要がある。また、再審請求中の執行が違法とされたとき、死刑執行による請求人の死亡後、その請求手続はどのように扱われるべきかも問題となる。本件は、これらの問題を提起しているのである。

（2）本章の骨子
　上記の理論的検討を通じて、本章は、以下のような結論を導く。
　第1に、再審請求中の死刑執行は違法であって、その違法性は重大である。再審請求中の死刑執行は、誤判の是正を求める請求人から、誤判からの現実的救済を受ける機会を奪うものである。この点において、誤判の是正という再審の目的に反しており、請求人の再審請求権（刑訴435条・439条1項2号）を侵害する。再審請求権は、憲法32条の保障する裁判を受ける権利を再審請求の場面において具体化したものであるから、再審請求中の死刑執行は、憲法32条による裁判を受ける権利の侵害にも当たる。それとともに、憲法13条による個人の尊重および生命・自由の保障、憲法31条による適正手続の保障の趣旨にも反している。
　再審請求中の死刑執行を違法とすることは、現行法の規定とも矛盾しない。また、刑訴法は同一の理由による請求の繰り返しを禁じる（刑訴447条2項）以外には、複数回の請求を制限していないから、再審請求によって死刑執行の機会が制限されたとしても、そのことは、確実な誤判の是正のために複数回の請求を認めたことの帰結として受容されなければならない。
　第2に、死刑執行によって再審請求人が死亡した後も、請求人が再審請求にあたり選任した弁護人が、請求手続の追行を担いつつ、請求手続は継続する。再審請求は、誤判からの現実的救済にとどまらず、誤判の是正を求めるものである。再審の目的は、誤判の是正にこそある。本来あるべきでなかった違法な死刑執行により請求人が死亡したときに、請求人の死亡を理由にして再審請求の効力が失われるとすることは背理である。弁護人が請求手続追行権を有することは、刑訴法440条2項が「再審の請求をする場合」における弁護人の選任の効力は「再審の判決」まで及ぶとしていることとも整合する。

第3に、再審請求中の死刑執行は、請求手続における弁護人の弁護権を侵害する。請求手続において、弁護人は、請求人の死亡前における包括代理権を基本とする弁護権と、死刑執行による請求人の死亡後における固有権としての請求手続追行権とから構成される弁護権を有している。請求人に対して効果的な援助を提供するためには、請求人との十分なコミュニケーションが必要とされるところ、再審請求中に死刑が執行され、請求人が死亡したならば、弁護人は、請求人とのコミュニケーションの機会を一切失うことになる。確定判決の証拠構造、犯罪事実の認定を基礎づけた証拠の証明力、新証拠に関する請求人側の主張・立証、検察官の意見に対する反論などについて、請求人と協議して検討を尽くすことができず、また、その指示を受けることが一切できないのであれば、弁護人が請求手続追行権を効果的に行使することはきわめて困難なものとなる。この点において、再審請求中の死刑施行は、弁護人の弁護権を侵害するのである。

　これらを踏まえて、本件についてみるならば、本件事案において、死刑確定者たる請求人は、再審請求後、請求に対する判断が確定する前に、死刑執行により死亡した。この執行は、請求人の再審請求権（刑訴435条・439条1項2号）、さらにはその裁判を受ける権利（憲法32条）を侵害する違法なものであった。請求人の死亡後、請求手続は終了することなく、請求人が選任した弁護人がその追行を担った。実際、本件事案において、再審請求を受けた裁判所は、請求人の死亡によって請求手続が終了したとすることなく、請求手続を継続させた（大阪地決令1・12・5）。本件事案において、死刑執行により請求人が死亡した後、弁護人は請求手続追行権を有していたところ、死刑執行によって、請求人とのコミュニケーションの機会を一切失うこととなり、その効果的な行使を重大に妨げられた。この点において、再審請求中の死刑施行は、請求手続における弁護人の弁護権を侵害した。

2　再審請求権の意義と性格

（1）再審請求権の基礎

　本章が検討する上記論点のうち、再審請求中の死刑執行の違法性を論じる

前提として、死刑確定者を含む、有罪判決の確定により刑を執行された者の再審請求権の意義と性格を明らかにしておく。

刑訴法439条は、「有罪の言渡を受けた者」(以下、「有罪判決確定者」) に対して再審請求をする権利を保障している。この再審請求権は、誤った犯罪事実の認定に基づく有罪の確定判決を受けた者が、誤判の是正を求める権利である。

刑事裁判は誤判の可能性から完全に免れることはできない。それゆえ、再審は、「非常救済手段とはいえ、裁判には不可欠な制度」である[9]。憲法39条が二重の危険の禁止を定めたことにともない、不利益再審が禁止されたことによって、再審は端的に誤判からの「無辜の救済」のための制度として性格づけられた[10]。誤判の是正ないし無辜の救済に向けて再審制度が有効に機能するためには、まずもって再審請求権が十全に保障されなければならない。

誤判の是正を求める権利は、誤判を免れる権利 (the right against wrongful conviction) から派生するものである。誤判を免れる権利は、個人の尊厳ないし人格の自律性の尊重という根源的価値に由来する[11]。個人の尊厳ないし人格の自律性は、個人の生命・身体の自由によって支えられているところ、正当な理由によることなく、国が個人の生命・身体の自由を剥奪することを許さない。誤判は、まさに正当な理由によることなく、刑罰を通じて、個人の生命・身体の自由を奪うものであるから、誤判を免れる権利は、生命・身体の自由の基本的保障として働くものである。

誤判は、誤った犯罪事実の認定に基づく有罪判決を言い渡された当人たる個人に対して、刑罰による生命・身体の自由の剥奪をはじめとして、重大な不利益をもたらす。この不利益は法的なものだけでなく、事実上の不利益をも含む。また、誤判による不利益は、本人だけでなく、その家族などにも及ぶ。この不利益の賦課を正当化することはできない。とはいえ、このような

---

[9] 田宮裕「再審の指導理念」鴨良弼編『刑事再審の研究』(成文堂、1980年) 19頁。
[10] 田宮裕『一事不再理の原則』(有斐閣、1978年) 294頁。
[11] Ian Dennis, Law of Evidence (6th ed., 2017) pp.38-41. イアン・デニスは、死刑が存在しないことを前提にして、「身体の自由」についてのみ言及しているが、本章は、死刑が存置している場合を想定して、「生命・身体の自由」とした。

功利主義的根拠だけが、誤判を免れる権利を基礎づけているのではない。

権利論の観点からすると、自由な民主的社会においては、個人としての尊厳ないし人格の自律性こそが根源的価値として認められるべきところ、上記のように、誤判は、正当な理由によることなく、国が個人としての尊厳ないし人格の自律性を支える個人の生命・身体の自由を剥奪することにほかならないから、誤った有罪判決および無辜の処罰こそが、とりわけ回避しなければならない目標とされる。誤った有罪判決によってもたらされる道徳的害悪は、真犯人を誤って処罰しないことによって生じる害悪よりもはるかに重大なのである[12]。それゆえ、誤った有罪判決および無辜の処罰の回避は、強い道徳的・政治的要請となる。

このように理解するとき、誤判を免れる権利から派生する誤判の是正を求める権利としての再審請求権は、たんに刑訴法上の権利として保障されているのではなく、憲法による生命・身体の自由（13条）、さらには財産権（29条1項）の保障に根ざしたものであり、また、法律の定める適正な手続による刑罰の具体的実現を定めた憲法31条に由来するものといえよう。より根源的には、個人の尊重を保障する憲法13条から導き出されるものだというべきであろう[13]。

死刑確定者が誤判の是正を求めるとき、その再審請求権の重要性は、他の場合に比してひときわ高いというべきである。権利論の観点からすれば、生命に対する権利こそは至高の価値を有しており、誤判による刑罰のなかでも、誤判による死刑こそが究極の道徳的・政治的害悪だからである。

（2）再審請求権と裁判を受ける権利

再審請求権はまた、憲法32条が保障する裁判を受ける権利を再審請求という場面において具体化したものである。

裁判を受ける権利とは、「すべての人が平等に、政治部門から独立の公平

---

[12] Dennis, supra note 11, at 39は、無罪確定者について再度の訴追を禁止する一方、誤判からの無辜の救済については期限を設けないという法制度のなかに、このことが具体化しているとする。

[13] Dennis, supra note 11, at 37は、誤判を免れる権利の実定法上の根拠として、個人の自由についての権利および法律に基づく刑罰を保障する欧州人権条約5条・7条をあげている。

な裁判所の裁判を求める権利を有するということ（民事、行政事件の場合）、および、そのような裁判所の裁判によるのでなければ刑罰を科せられないこと（刑事事件の場合）を意味」し、前者は「司法拒絶」の禁止として捉えられ、後者は「31条の定める適正手続の要請でもあり、さらに憲法37条1項が重ねて規定するところ」だとされる。この権利は、裁判所による違憲審査権が認められているところでは、「人権保障のための手続上の権利」の性格を強く帯びることになり、「基本権を確保するための基本権」というべきものとされる[14]。

憲法32条にいう「裁判」がなにを意味するかについて、かつて最大判昭31・10・31[15]は、ある事件を処理するのに訴訟手続によるか非訟手続によるかは立法政策の問題であるとの立場をとり、調停に代わる裁判（強制調停）を非訟手続によることを合憲とした。しかし、その後、最大判昭35・7・6[16]は、「性質上純然たる訴訟事件につき、当事者の意思いかんに拘わらず終局的に、事実を確定し当事者の主張する権利義務の存否を確定するような裁判が、憲法所定の例外の場合を除き、公開の法廷における対審及び判決によってなされないとするならば、それは憲法82条に違反すると共に、同32条が基本的人権として裁判請求権を認めた趣旨をも没却する」と判示し、強制調停を違憲とした。この判示は、「法律上の実体的権利義務自体を確定することが固有の司法権の主たる作用」であるとの理解[17]を前提として、「事実を確定し当事者の主張する権利義務の存否を確定するような裁判」こそが「訴訟事件」であって、「訴訟事件」の裁判は公開の対審・判決によるべきとするのが憲法82条であり、憲法32条は、「訴訟事件」についてそのような裁判を受ける権利を保障しているとするものである。憲法32条にいう「裁判」と憲法82条の保障する公開の対審・判決によるべき「裁判」とを同一視するのである。

最大判昭42・7・5[18]は、刑事再審の請求手続について、「憲法82条は、刑

---

14 樋口陽一他『注釈日本国憲法（上）』（青林書院新社、1984年）716頁〔浦部法穂〕。
15 民集10巻10号1355頁。
16 民集14巻9号1657頁。
17 最大判昭40・6・30民集14巻9号1657頁。

事訴訟についていうと、刑罰権の存否ならびに範囲を定める手続について、公開の法廷における対審および判決によるべき旨を定めたものであつて、再審を開始するか否かを定める手続はこれに含まれない」と判示した。再審請求手続が、憲法82条のもとでの公開の対審・判決による裁判の保障の埒外にあるとするならば、上記最高裁判決とあわせ考えたとき、再審請求手続については、憲法32条による裁判を受ける権利の保障も及ばないということになる。

　上記大阪地判令2・2・20は、再審請求中の死刑確定者は死刑を執行されることのない法的地位ないし権利を有しているとの原告の主張に対して、最大判昭42・7・5を参照しつつ、「憲法32条は、何人も、裁判所において裁判を受ける権利を奪われない旨規定するところ、これを刑事訴訟についてみると、刑罰権の存否及び範囲を定める手続について、独立した公平な裁判所の公開法廷における対審及び判決によるべきであることを定めたものと解するのが相当である……。そうすると、独立した公平な裁判所において公開・対審の訴訟手続による確定判決を受けた場合において、その後の非常救済手続である再審手続の審理が終了しない間に死刑が執行されたとしても、憲法32条が保障する裁判を受ける権利が侵害されたということはできない」とした。憲法32条の保障する「裁判」は、「公開・対審の訴訟手続による確定判決」による裁判をいうのであって、再審請求手続については同規定による裁判を受ける権利の保障が及ばないとしたのである。

18　刑集21巻6号764頁。なお、最決昭33・5・27刑集12巻8号1638頁は、再審請求手続が非公開であることは「公開裁判を受ける権利」を保障する憲法37条1項に違反するとの弁護人の上告趣意に対して、「一たん公開公判手続を経た確定判決に対する再審を開始するか否かの手続は、公判そのものではなく憲法にいわゆる『裁判の対審』ではないと解しうべき……」と判示しており、再審請求手続が憲法82条1項にいう「裁判」に当たらないとしているが、同決定における「再審は確定判決の効果を動かすものであるから、法は厳格な要件の下においてのみその開始を許すのである。刑訴435条6号にいう『明らかな証拠』というのは証拠能力もあり、証明力も高度のものを指称すると解すべきであつて、被告人の弁護人宛の事件を否認する書信の如きは証拠能力の点からいつても、また証明力の点からいつても到底『明らかな証拠』ということはできない」とする判示については、「明らかな証拠」に当たるかどうかは、新旧両証拠すべてを総合的に評価して、「疑わしいときは被告人の利益に」という観点から、確定判決における事実認定につき合理的な疑いをいだかせ、その認定を覆すに足りる蓋然性のある証拠かどうかにより判断すべきとする最決昭50・5・20刑集29巻5号177頁により、実質的に否定されている。

しかし、憲法32条にいう「裁判」を憲法82条によって公開の対審・判決によることが保障されるべき訴訟事件の裁判に限定するという最高裁判例の立場は、憲法学説から、広く批判されるところとなった[19]。この批判は、訴訟の非訟化という流れのなかで強まった。公開・対審の手続が適当でない事件は、訴訟事件か、非訟事件かという形式的区別によってではなく、事件の内容・性質によって決まると考えるべきであって、憲法32条は、「公開・対審をあくまでも基本原則とし、しかし、それを唯一絶対とせず、すべての裁判について、その事件の性質・内容に応じた最も適切な手続によるべきことを要求する」ものだと理解すべきとするのである[20]。

このような立場からすると、刑事事件についても、憲法32条の保障する「裁判」が、公開の対審・判決によるべき「刑罰権の存否及び範囲を定める手続」に関するものに限定されるということにはならない。刑訴法において、再審請求手続が、再審を開始するかどうかを決定するために、確定有罪判決を支えた旧証拠を再評価したうえで、請求人の提出した新証拠が「無罪……を言い渡（す）……べき明らかな証拠」（刑訴435条6号）に当たるかを判断するという手続の性質に応じて、公開の対審・判決によらないものとされたのだとしても、請求人がその誤判を是正する権利を具体的に実現するために、再審請求に対する裁判所の裁判を求める手続として、その性質と憲法的意味における重要性に相応しい適正さを確保したものでなければならない。このような適正な手続による裁判を、憲法32条は保障しているものと理解すべきである。このような理解に立つとき、再審請求権は、たんに刑訴法により保障される権利というだけではなく、憲法32条により保障される裁判を受ける権利を再審請求の場面において具体化したものだということになる。

（3）再審請求権と再審公判の裁判にアクセスする権利

再審請求権が憲法32条の保障する裁判を受ける権利を再審請求の場面において具体化したものであることは、再審制度の二段階構造、そのなかでの請

---

[19] 芦部信喜編『憲法Ⅲ・人権（2）』（有斐閣、1981年）302頁〔芦部〕など。
[20] 樋口・註14書722頁〔浦部〕。

求手続における請求人の能動的立場からもいえることである。

　再審公判は、公開の対審手続を通じた判決によって被告人の罪責と有罪の場合の量刑を判断する手続であるから、憲法32条の保障する公開の対審・判決によるべき「刑罰権の存否及び範囲を定める手続」（最大判昭42・7・5）にほかならず、憲法32条による裁判を受ける権利の保障が及ぶべき手続であることに疑いはない。翻って、裁判へのアクセスが十全に保障されない限り、裁判による法的救済を確保することはできないことからすると、もともと、憲法32条の保障する裁判を受ける権利は、裁判所の裁判にアクセスする権利の保障を含むものとして理解すべきである。このことは、民事事件の裁判を受ける権利について、憲法32条が「司法拒絶」の禁止を定めているとする理解と重なるものであるが、同規定の英文が、裁判を受ける権利を"the right of access to the courts"と表現していることからもいえることである[21]。

　再審請求権は、再審公判の裁判にアクセスする権利として捉えることができる。刑訴法の定める再審制度において、請求手続は、請求人の提出した新証拠が「無罪……を言い渡（す）……べき明らかな証拠」（435条6号）に該当することなど、再審の請求に理由があるかどうかを判断し、理由があると認めたときに再審の開始を決定する手続である（448条1項）。この開始決定によって、再審公判が開始される（451条1項）。請求人は、請求手続を通じて裁判所の開始決定を得たときに、再審公判の裁判を受けることになるのである。

　刑事事件の通常手続においては、公判手続を始動させる公訴提起の権限を検察官が有しており、検察官が公訴を提起すると、被告人は応訴を強制され

21　欧州人権条約6条1項は、民事事件か、刑事事件かを問わず公正な裁判を受ける権利を保障しているところ、欧州人権裁判所・人権委員会の一連の判例は、この権利は裁判所の裁判にアクセスする権利を包含しているとしている。この点について、北村泰三『国際人権と刑事拘禁』（日本評論社、1996年）130頁・238頁、葛野尋之『刑事手続と刑事拘禁』（現代人文社、2007年）255頁、同『未決拘禁法と人権』（現代人文社、2012年）273頁参照。M・カペレッティ＝B・ガース（小島武司訳）『正義へのアクセス──権利実効化のための法政策と司法改革』（有斐閣、1981年）は、「裁判への実効的なアクセスは、すべての者のために法律上の権利を単に宣言するだけでなくこれを現実に保障する、現代の平等を基調とする法律制度の最も基本的な礎──最も基本的な『人権』──である」と説いている。

る立場におかれる。被告人は防御の主体であるにせよ、手続の開始という点についてみると、受動的立場にある。これに対して、再審公判は、請求人が再審を請求し、裁判所が再審開始を決定することによって始動する。請求手続の開始において、請求人は能動的立場にあって、この請求人の立場は、民事事件の裁判における原告の立場と共通性を有している。民事事件について、憲法32条は裁判にアクセスする権利を保障し、「司法拒絶」を禁止している。

　このような再審制度の二段階構造、そのなかでの請求手続における請求人の能動的立場からすると、請求手続は、まさに請求人が再審公判の裁判にアクセスするための手続だということができる。再審公判の裁判を受ける権利を保障するためには、それにアクセスするための手続たる請求手続の利用が、十全に保障されなければならない。請求手続の利用が十全に保障されなければ、いくら再審公判の裁判を受ける権利を保障したといっても、それは形骸化を免れえない。憲法32条が再審公判の裁判を受ける権利を保障するとき、その保障は、この裁判にアクセスするための請求手続を十全に利用する権利をも包含しているというべきなのである。そうであるならば、再審請求権は、再審公判の裁判にアクセスする権利として、憲法32条の裁判を受ける権利を具体化したものだということができる[22]。

　かりに、一連の最高裁判例に従って、憲法32条が保障する裁判は、公開の対審・判決によるべき「刑罰権の存否及び範囲を定める手続」に関するものに限定されるとし、再審公判についてのみ同規定による裁判を受ける権利の保障が及ぶことになるとの前提に立ったとしても、請求手続には少なくとも憲法32条による裁判を受ける権利の保障の趣旨が及ぶものと理解すべきであろう。請求人は請求手続を通じて裁判所の開始決定を得てこそ、再審公判の裁判を受けることができるという点において、請求手続が再審公判の裁判にアクセスするための手続であることはたしかであって、請求手続は再審公判の

---

[22] 再審公判だけでなく、請求手続についても憲法32条による裁判を受ける権利の保障が及ぶとする本章の見解とは異なり、豊崎七絵「再審請求権の本質」法律時報92巻1号（2000年）77頁は、再審制度については、「再審公判での『公正な裁判を受ける権利』の実効的保障を中核とする、再審公判中心主義」が指導理念となるとし、請求手続は「再審公判の準備のための、証拠の収集・保全を行う手続として位置づけられるべきであ」り、そのことは請求手続における「請求人の能動性と裁判所の後見性とによって確保・遂行される」とする。

裁判と密接に関連する手続だからである。

3　再審請求中の死刑執行の違法性

(1) 死刑執行による再審請求権の侵害

　再審請求が、刑訴法上の権利（刑訴435条・439条1項2号）であるにとどまらず、誤判の是正を求めるものであって、再審請求権は、憲法13条・31条に基礎づけられた誤判を免れる権利から派生したものであり、さらにそれは、憲法32条の保障する裁判を受ける権利を再審請求の場面において具体化したものであるとするとき、再審請求中の死刑執行は違法であって、その違法性は重大だというべきである。

　再審請求は、たしかに、誤判からの現実的救済にとどまらない、誤った犯罪事実の認定に基づく有罪判決の是正を求めるものである。再審の目的は、誤判の是正にこそある。そうとはいえ、再審請求において、有罪判決確定者に対して誤判からの現実的救済は、特別に重大な意義を有している。刑訴法439条1項4号において、「有罪の言渡を受けた者……の配偶者、直系の親族及び兄弟姉妹」が再審の請求をできるのが、「有罪の言渡を受けた者が死亡し、又は心神喪失の状態に在る場合」に限られているのは、再審請求権の帰属主体として、「有罪の言渡を受けた者」に対して特別に重要な位置を与えていることの現れだといえよう。それは、「有罪の言渡を受けた者」こそが、誤判による刑罰を実際に科された主体であるからであって、再審請求において、誤判からの現実的救済が重大な意義を有しているからであろう。死刑確定者にとって、誤判からの現実的救済は自己の生命剥奪の阻止を意味するものであるから、再審請求におけるその意義はひときわ重大である。

　国が、再審請求中に死刑を執行することは、誤判の是正を求める請求人から、誤判からの現実的救済を受ける機会を奪うものにほかならない。死刑執行によって、誤判からの現実的救済を受けるべき主体たる再審請求人の生命が奪われるからである。この点において、再審の目的に反するものであって、請求人の再審請求権（刑訴435条・439条1項2号）を侵害することになる。それはまた、憲法32条の保障する裁判を受ける権利の侵害にも当たる。さら

には、誤判の是正を求める権利を基礎づけている憲法による個人の尊重と生命・身体の自由の保障（13条）および適正手続の保障（31条）の趣旨にも反する。

　国が死刑確定者に対して再審請求権を保障する以上、本来、国は、死刑確定者の再審請求権を尊重すべき義務を負っている。再審請求権は、国の機関たる裁判所による確定判決について、裁判所に対して再審の開始を求めるものであるから、請求人にとって、国はその実質的な相手方といえる立場にある。死刑確定者に対して再審請求権を保障する一方で、死刑確定者が自ら再審請求権を行使している最中に、再審請求の実質的な相手方たる国がその確定者の死刑を執行し、再審請求権の帰属主体たる人の生命を奪い、誤判からの現実的救済を受ける機会を失わせることは、死刑確定者の再審請求権を尊重すべき義務に反するものであって、死刑確定者に対して再審請求権を保障した趣旨とまったく相容れない。

　以上のように、再審請求中の死刑執行は、誤判の是正を求める請求人から、誤判からの現実的救済を受ける機会を奪う点において、再審の目的に反するものであって、請求人の再審請求権を侵害する（刑訴435条・439条1項2号）。それは同時に、請求人の裁判を受ける権利（憲法32条）の侵害にも当たり、さらに、個人の尊重と生命・身体の自由の保障（同13条）および適正手続の保障（同31条）の趣旨にも反する。また、再審請求中の死刑執行は、死刑確定者に対して再審請求権を保障した趣旨とも相容れない。これらのことからすれば、再審請求中の死刑執行は違法であって、その違法性は重大である。

　かりに、再審請求手続については憲法32条の裁判を受ける権利の保障が直接及ぶことはなく、その趣旨が及ぶにとどまるとの理解に立ったとしても、再審請求中の死刑執行が違法であって、その違法性が重大であることに変わりはない。

（2）現行法規定の解釈における基本的視座

　刑事訴訟法のなかには、一見すると、再審請求中であっても請求人の死刑を執行することを禁じていないかのような規定が存在する。これらの規定か

ら、再審請求中の死刑執行も許されるとの結論を導き出し、もって再審請求中の死刑執行は適法であるとする立場もある。しかし、このような立場は、再審請求権の憲法的意味における重要性、そして再審請求中の死刑執行による請求人の再審請求権の侵害という問題の本質を看過しているものといわざるをえない。

上記のように、再審請求権（刑訴435条・439条1項2号）は、誤判の是正を求めるものであって、再審請求権は、憲法13条・31条に基礎づけられた誤判を免れる権利から派生したものであり、さらにそれは、憲法32条の保障する裁判を受ける権利を再審請求の場面において具体化したものである。再審請求権のこのような憲法的重要性からすれば、再審請求中の死刑執行は誤判の是正を求める請求人から誤判からの現実的救済を受ける機会を奪うという点において、再審の目的に反するものであって、請求人の再審請求権を侵害する違法なものでないかということこそが先決問題である。現行法の規定は、この先決問題についての結論に適合するように解釈されなければならない。

先に確認したように、再審請求中の死刑執行は、請求人の再審請求権を侵害する違法なものであって、同時にそれは、憲法32条の保障する裁判を受ける権利の侵害でもあり、また、憲法13条・31条の保障の趣旨にも反している。それゆえ、現行法の規定は、再審請求中の死刑執行が違法であるとの結論に沿って、それと矛盾しないよう解釈されなければならない。

（3） 刑訴法442条の解釈

刑訴法442条本文は、「再審の請求は、刑の執行を停止する効力を有しない。但し、管轄裁判所に対応する検察庁の検察官は、再審の請求についての裁判があるまで刑の執行を停止することができる」と定めている。同規定の本文からすると、再審請求は死刑の執行を停止する効果を有せず、それゆえ、再審請求中の死刑執行も違法ではないかにみえる。

たしかに、同規定の本文は、再審請求が刑の執行停止の効力を有しないことを明記している。しかし、死刑の場合と自由刑・財産刑の場合とを、等しく扱うべきではない。死刑の場合には、刑が執行されると、再審請求権の帰属主体たる人の生命が失われることになる。それにともない、請求人たる死

刑確定者は、誤判からの現実的救済を受ける機会を失う。上記のように、国が再審請求中に死刑を執行することは、誤判の是正を求める請求人から誤判からの現実的救済を受ける機会を奪う点において、死刑確定者の再審請求権を侵害するものである。

これに対して、自由刑・財産刑の場合であれば、再審請求中に刑の執行が停止されなくとも、再審請求権の帰属主体たる人が存在しなくなるわけではないから、有罪判決確定者から誤判からの現実的救済を受ける機会が奪われることはない。したがって、有罪判決確定者の再審請求権が侵害されることにはならないのである。

再審請求中の死刑執行は、請求人たる死刑確定者の再審請求権を侵害するものであって、再審請求権を尊重すべき国の義務に反するものであるから、違法であり、その違法性は重大である。それゆえ、再審請求が刑の執行停止の効力を有しないとする刑訴法442条本文は、死刑の場合を除外するものとして解釈されなければならない。再審請求がなされたときに、再審請求中の死刑執行が重大な違法性を有するにもかかわらず、執行は停止されないとすることは、背理である。

再審請求中の死刑執行が違法であることからすれば、本来、検察官は、同規定但書に基づき、「再審の請求についての裁判があるまで刑の執行を停止」すべき義務を負っているというべきであろう。刑訴法479条は、死刑確定者が「心神喪失の状態に在るとき」（1項）または「死刑の言渡を受けた女子が懐胎しているとき」（2項）は、「法務大臣の命令によつて執行を停止する」と定めており、これらの事由による死刑の執行停止は「法務大臣の命令」によるとしているところ、再審請求を理由とする刑の執行停止については、刑訴法442条但書によって検察官の処分としてなされることとしても、執行停止の事由に差異があり、また、有罪判決確定者に利益な再審の請求をなしうるなど（刑訴439条1項）、再審請求手続において検察官が「公益の代表者」（検察4条）としての地位にあることからすれば、問題はないといえよう。

(4) 刑訴法475条の解釈

　刑訴法475条は、1項において、「死刑の執行は、法務大臣の命令による」としたうえで、2項において、「前項の命令は、判決確定の日から六箇月以内にこれをしなければならない。但し、上訴権回復若しくは再審の請求、非常上告又は恩赦の出願若しくは申出がされその手続が終了するまでの期間及び共同被告人であつた者に対する判決が確定するまでの期間は、これをその期間に算入しない」と定めている。この2項の規定からすると、再審の請求によって法務大臣の執行命令が制約されるのは、判決の確定から6か月以内に限られ、6か月経過後は、再審請求中であっても執行命令に制約はないようにもみえる。

　しかし、もともと、刑訴法475条2項における「六箇月以内」の執行命令（本文）は、法的拘束力を有しない訓示にとどまるものであって[23]、その期間に再審請求期間を「参入しない」こと（但書）それ自体が、大きな意味を有するわけではない。そうすると、但書の実質的意義は、列挙された手続の結果いかんにより確定判決に影響が及ぶ場合もありうるため、生命の尊重という趣旨から、これらの手続が終了するまでは執行命令を発しないことを期待してこのように規定されたという点にあるというべきである。

　刑訴法475条2項は、判決確定から6か月経過後の執行については、直接にはなんら規定しているものではないところ、但書の規定をもとに、6か月経過後であれば、列挙された手続終了前であっても執行命令を発することになんら制約はないとすることはできない。同規定本文による「六箇月以内」の執行命令は訓示規定であるとの理解に立ち、6か月経過後の執行命令をも認める以上、手続の結果いかんにより確定判決に影響が及ぶ場合がありうることは、判決確定から6か月経過後についても同じく妥当するのであるから、

---

[23] 東京地判平10・3・20判タ983号222頁は、「刑訴法475条2項は、法的拘束力のない訓示規定と解すべきである。／仮に、同項が訓示規定でないとしても、同項に基づく法務大臣の義務は、確定判決がいつまでも執行されないまま放置されることを防止する趣旨から課された義務というべきである。また、死刑は執行を受ける者の生命を断つという回復できない不利益を与える刑罰であるから、たとえ死刑の執行に至るまで死の恐怖が継続するとしても、死刑確定者にとって速やかに刑の執行を受けることが利益であるということはできず、死刑確定者に対する関係で速やかに刑の執行をすべき義務を想定することはできない」と判示している。

同規定の趣旨としては、生命の尊重という観点から、6か月経過後においても、手続終了前には執行命令を発しないことこそが期待されているというべきであろう[24]。このような理解に立つとき、再審請求中の死刑執行は請求人の再審請求権を侵害するものとして違法であって許されないとすることと、刑訴法475条2項の規定とのあいだにまったく矛盾はない。

また、再審請求中の死刑執行が許されないとすることは、死刑の執行が請求人の再審請求権を侵害する違法な執行であるがゆえのことであって、行政の裁量的な判断によって裁判を執行しないということではない。それゆえ、裁判とその執行をめぐる司法と行政との関係という観点からも、問題は生じない。むしろ、再審請求中の死刑執行は、行政の判断による執行をもって、請求人から、裁判所の判断による誤判からの現実的救済の機会を奪うものである。再審請求中の執行が、再審請求権（刑訴435条・439条1項2号）の侵害にとどまらず、憲法32条の保障する裁判を受ける権利の侵害にも当たるというのは、このことを意味している。

(5) 再審請求の繰り返しと死刑執行

再審請求中の死刑執行が違法であって、許されないということとなれば、死刑確定者が再審請求を繰り返す限り、永久に執行ができなくなることになるから、請求中の執行が許されないとすることは不合理であるとする意見がある。本章冒頭において示したように、日本政府も、国際自由権規約の実施状況の審査にあたり、自由権規約委員会に対して、このような意見を表明している。

しかし、刑訴法447条2項は、請求棄却の「決定があつたときは、何人も、同一の理由によつては、更に再審の請求をすることはできない」と定めており、同一の理由による請求の繰り返しを禁じているのみであって、「同一の理由」によるものでない以上、再度の請求を認めるというのが刑訴法の立場である。そうであってこそ、誤判の是正という目的に向けての再審制度の十全な機能が保障されるというべきであろう。実際、再審無罪が確定した死刑

---

[24] 同規定の立法趣旨および解釈について、田鎖・註2論文66頁参照。

事件4件を含め、これまでの再審開始の決定の多くは、複数回の請求の結果としてなされたものであった。そうであるならば、複数回の請求は、「同一の理由」によるものと裁判所が認める限りにおいて制限されるべきであって、再度の請求によって死刑執行の機会が制限されたとしても、そのことは、確実な誤判の是正のために複数回の再審請求を認めていることの帰結として受容されなければならない。

　日本政府の第5回定期報告に対する自由権規約委員会の総括所見は、「死刑事件の再審請求や恩赦の出願による執行停止効を確保すべきである」としたうえで、「執行停止の濫用を防止するため、恩赦の出願の回数には制限が設けられてもよい」としており（para.17）[25]、恩赦出願の回数制限に言及する一方、再審請求の回数制限には触れていない。同総括所見の趣旨も、再審請求中の施行は停止されるべきことを前提として、再審請求については回数を制限してはならないというものだといえよう。

4　再審請求中の死刑執行と請求手続の継続

（1）請求人死亡による請求手続終了とする立場

　再審請求中の死刑執行は、請求人の再審請求権を侵害するものであって、違法である。この前提に立ったとき、死刑執行により請求人が死亡した場合、請求手続は終了することになるのか。再審開始の決定が確定した事件については、「有罪の言渡を受けた者が、再審の判決がある前に、死亡し（た）……とき」でも、再審手続が継続するものとされている（刑訴451条2項2号）。しかし、請求手続中に請求人が死亡したときについては、死刑執行による場合も含め、規定がない。

　請求人の死亡により請求手続は終了するという見解が有力である[26]。三鷹事件の死刑確定者が再審を請求し、再審請求中に死刑執行によるのではなく死亡した事案について、東京高決昭42・6・7[27]は、請求人の死亡は請求手

---

[25] https://www.mofa.go.jp/mofaj/gaiko/kiyaku/pdfs/jiyu_kenkai.pdf
[26] 伊藤栄樹他『新版・註釈刑事訴訟法（第7巻）』（立花書房、2000年）148頁〔臼井滋夫＝河村博〕、松尾浩也監修『条解刑事訴訟法（第4版増補版）』（弘文堂、2016年）1140頁など。

続にいかなる効力も与えないとする弁護人の主張に対して、請求手続の「基本的な性格は裁判所対再審請求者の関係」であって、裁判所は再審請求について決定する場合には請求人から意見聴取をする必要があること（刑訴規286条）、決定謄本を請求人に送達しなければならないことをあげて、「この手続段階における請求者の存在は欠くことのできない要素であるといわなければなら」ず、そのことからすれば、請求人の「死亡によつて手続は本質的な形を失い、ひいて当該請求事件は実質上終了せざるを得ない」と判示した。同決定はさらに、刑訴法には請求人の地位の継承を認める根拠規定は存在せず、再審請求について民事訴訟のような権利ないし訴訟物の継承という観念を容れる余地はないのであり、また、刑訴法440条2項が、再審請求する場合の弁護人の選任について、「再審の判決があるまでその効力を有する」と定めているのは、総則の規定の適用がないため、弁護人選任の効力の存続を示した点においてのみ意味を有しているものと判示した。

　最高裁判例としても、最決平3・1・25[28]は、旧刑訴法の適用のある再審請求事件において請求人が特別抗告申立中に死刑執行によるのではなく死亡した事案について、「旧刑訴法及び刑訴応急措置法には、……申立人の親族らに対し、申立人の再審請求権者たる地位の継承を認める規定はないから、本件再審請求事件の手続は、申立人の死亡により終了したものといわなければならない」とした。

　さらに、最決平16・8・24[29]は、死刑確定者による再審請求事件において請求人が特別抗告中に死刑執行によるのではなく死亡した事案について、とくに理由を述べることなく、「本件再審請求事件の手続は、申立人の死亡によって終了したものというべきである」とした。

　再審請求中の死刑執行により請求人が死亡した場合についての裁判例とし

27　下刑集9巻6号815頁。
28　集刑257号153頁。
29　集刑285号501号。日野町事件の第一次再審請求において、大津地裁の棄却決定に対して請求人が即時抗告を申し立てた事案について、大阪高決平23・3・30 LEX/DB 25548003は、この最高裁決定を引用しつつ、「本件再審請求事件の手続は、申立人の死亡により終了した」とした。その後、有罪判決確定者の近親者の請求による第二次請求において、大津地決平30・7・11判時2389号38頁は再審開始を決定した。

て、菊池事件（藤本事件）に関する福岡高決昭38・3・15[30]がある。裁判所が菊池事件の再審請求を棄却した翌日、請求人の死刑が執行されたため、請求人の母親および長女が請求棄却決定に対する即時抗告の申立をなした事案について、同決定は、根拠規定がないことを理由にして、「再審の請求が棄却された後、同請求人が死亡した場合、その請求人の母及び子などその直系の親族は、新に再審の請求をすることはできるにしても、それらの者が右死亡した請求人の地位を承継し、若しくは独立して該請求棄却の決定に対しこれを不服として即時抗告を為し得るに至るものとは到底解することができない」と判示し、即時抗告を違法なものとして棄却した。同決定は、死刑執行による請求人の死亡により請求手続が終了すると判示したわけではないが、請求人の死亡後、直系親族が請求人の地位を継承することは認められないとしたのである。

（2）請求人死亡後の請求手続の継続

　請求人の死亡により請求手続が終了するとの見解に対して、請求人死亡後も請求手続は継続するとする見解も存在した。継続を認める見解は、とくに死刑執行による場合を想定していたわけではなく、請求人の死亡一般について論じたものであったが、その理は、当然のことながら、死刑執行による請求人死亡の場合にも妥当する。

　大出良知の見解が代表的なものである[31]。それによれば、「再審による救済の具体的中身は、事実誤認の是正であり、その確認自体が、例えば刑の執行からの解放といった現実的効果とは別に重要な意味をもっている」。それゆえにこそ、「有罪の言渡を受けた者」の死亡後も「その配偶者、直系の親族及び兄弟姉妹」による再審請求も認められている（刑訴439条1項4号）。このことを前提とすれば、「いったん、請求が行われた以上、手続的に支障がない限り、再審を開始すべきか否かの判断に最終的な決着がつくまで、請求人が死亡したというだけで、手続が終了するということはありえないと考

30　下刑集5巻3・4号210頁。
31　大出良知「再審請求人の死亡と請求手続」法学セミナー411号（1989年）135頁。

えるべき」であって、刑訴法に手続の終了を示唆する明文規定がないのも、それゆえのことだとされる。

　大出良知は、請求人により弁護人が選任されている場合であれば、請求人死亡の後、手続的支障は生じないとする。すなわち、上記東京高決昭42・6・7が指摘した意見聴取および決定送達についてみると、「請求人に代わってその請求の趣旨を体現し、決定の送達を受ける者がいればよい」のであって、弁護人がその役割を担うことができるとする。刑訴法440条2項が請求手続における弁護人の選任の効力は「再審の判決」まで及ぶとしているのも、「一度の選任行為があれば、いかなる事態にも弁護人が代わって対処しうるという前提」があるからであって、請求人としても、「『再審の判決』までの選任によって、……手続追行の意思を表明している」といえるとするのである。「弁護人による手続の追行ということになれば、承継という観念の是非を問題にする必要もない」という。

　再審による誤判の是正の実質が、誤判からの現実的救済にとどまらない、誤った犯罪事実の認定の是正にあるというのは、正当な理解である。刑訴法439条1項が有罪判決を受けた本人の死亡後における近親者による再審請求について規定していることに加え、同法441条が刑の執行終了後においても再審請求ができることを認めているのも、再審請求がこのような性格を有するからである。このことを基礎にしつつ、「再審の判決」までの選任の趣旨もあわせて、請求人死亡後における弁護人による手続の追行をみとめる大出良知の見解は、説得力のあるものといえよう。

　ところで、刑訴法451条は、再審開始の決定が確定した後、「有罪の言渡を受けた者」が、再審の判決前に死亡した……ときも、再審公判の手続が継続するとしている（同条2項）。そのように規定されたのは、再審の目的が誤判からの現実的救済にとどまらず、誤った犯罪事実の認定に基づく有罪判決の是正にあることから、有罪判決を受けた本人が死亡しても、再審の目的はなお消滅しないからである。高田卓爾によれば、「本項は、再審の目的から考えて当然の規定というべきである。すなわち、439条1項4号は有罪判決を受けた本人が死亡した場合……にもなおその利益のために再審請求を認めているのだから、本項1号のような規定を設けないと右の規定と矛盾するこ

とになる」とされる[32]。同条3項は、その場合には、「被告人の出頭がなくても、審判をすることができる。但し、弁護人が出頭しなければ開廷することはできない」と定めており、請求人が選任した弁護人がいるときは、その弁護人が公判手続の追行を担うともとしており、同条4項は、弁護人がいないときは、「裁判長は、職権で弁護人を附しなければならない」こととしている。このように、同条は、開始決定の確定後については、「有罪の言渡を受けた者」が死亡したときも、公判手続の継続と弁護人によるその追行を認めているのである。そうであるならば、「有罪の言渡を受けた者」が再審を請求した後、裁判所の判断が確定する前に死亡した場合にも、再審請求が誤判の是正を求めるものである以上、請求手続は終了しないというべきである。有罪判決確定者が再審開始の決定が確定した後に死亡した場合に限らず、再審請求後、請求に対する裁判所の判断が確定する前に死亡した場合でも、刑訴法439条1項4号により近親者による再審請求が認められているのであるから、同法451条2項が公判手続の継続を認めるのと同じように、請求手続の継続を認めなければ、それは同法439条1項4号の規定と矛盾する結果になる。請求人が死亡した場合には、請求人の選任した弁護人がいるのであれば、その弁護人が請求手続の追行を担うものというべきであろう。そのように理解することが、弁護人の選任の効力は「再審の判決」まで及ぶとする刑訴法440条2項にも整合するといえよう。

（3）旧刑訴法の規定との対比

　高田卓爾も、「請求者の生存が請求手続の適法要件であるというのは解釈論として必然的な結論といえるかは問題」であることに加え、「請求した本人が死亡すれば再審が無意味になるというわけでもない」として、請求人死亡による請求手続の終了という見解に疑問を呈していた。また、高田卓爾は、旧刑訴法が不利益再審の場合に限って、有罪判決確定者または元被告人の死亡により再審請求および開始決定が失効するとしていたことを指摘し、このことの「一種の反対解釈」として、利益再審の場合には、請求人の死亡は

---

[32] 平場安治編『注解刑事訴訟法（下）（全訂新版）』（青林書院新社、1983年）377頁〔高田卓爾〕。

「何らの影響も与えないと結論することも可能であった」とも述べていた[33]。

旧刑訴法（大正11〔1922〕年5月5日法律第75号）の規定を確認するならば、同法513条は、「第488條ノ規定ニ依リ再審ノ請求ヲ為シタル事件ニ付再審ノ判決ヲ為ス前有罪ノ言渡ヲ受ケタル者又ハ被告人タリシ者死亡シタルトキハ再審ノ請求及其ノ請求ニ付為シタル決定ハ其ノ効力ヲ失フ……」と定めていた。「第488條ノ規定ニ依リ再審ノ請求ヲ為シタル事件」とは、検察官が不利益再審の請求をした事件を指している。

この規定の趣旨について、『刑事訴訟法提案理由書』は、「被告人の不利益のためにした再審請求については、これに対して新たに有罪を言い渡し、または原判決の認めたものより重い刑を言い渡すことができるところ、もし被告人が審理中に死亡したときは、その再審の請求は目的を失うに至るというべきである。それゆえ、再審の請求および再審請求についてした決定は、その効力を失うものとすべきである（引用者が口語化）」と説明していた[34]。また、平沼騏一郎は、判決の「言渡を受けた者の不利益のために再審の請求をした事件について、言渡を受けた者（これには有罪の言渡を受けた者のほか、無罪、免訴もしくは公訴棄却の言渡を受けた者が含まれる。法文においては、これらを合わせて『被告人タリシ者』としている）が再審の判決をする前に死亡したときは、再審の請求およびその請求についてした決定は、効力を失うことになる。すでに死亡した者の不利益のために再審の請求をなしえないことは当然である。言渡を受けた者の不利益のために再審の請求をした後にその者が死亡したときは、請求の目的は消滅する。それゆえ、審理を継続することができないのである。この場合には、別に請求を棄却する裁判をすることはない。請求およびその請求についてした決定は、当然にその効力を失うべきものである（引用者が口語化）」と説いていた[35]。

旧刑訴法513条が、有罪の確定判決を受けた者または無罪、免訴などの判決が確定した元被告人が死亡したときに再審請求がその効力を失うと規定し

---

33 平場・註31書345頁〔髙田卓爾〕。髙田卓爾『刑事訴訟法（二訂版）』（青林書院新社、1984年）604頁も参照。
34 法曹会編『刑事訴訟法提案理由書』（法曹会、1922年）317頁（旧法案515条についての解説）。
35 平沼騏一郎『新刑事訴訟法要論（改訂増11版）』（日本大学出版部、1926年）723頁。

ていたのは、検察官がこれらの者に対する不利益再審の請求をした場合に限ってのことであった。上記論説からも明らかなように、検察官が不利益再審を請求した場合において、有罪判決確定者・元被告人が死亡したならば、請求手続において再審開始が決定されたところで、再審公判において被告人とされるべき者がもはや存在しないのであるから、再審公判を開始することはできない。この点において、有罪判決確定者・元被告人の死亡によって、不利益再審の「請求の目的は消滅する」とされたのである。

不利益再審の請求の場合と利益再審の請求の場合とでは、前提が大きく異なっている。再審請求は、誤判からの現実的救済にとどまらない、誤った犯罪事実の認定に基づく有罪判決の是正を求めるものであるところ、利益再審を請求した場合には、請求人たる有罪判決確定者が死亡しても、死亡した有罪判決確定者の名誉回復を含む、誤判の是正という再審の目的は消失しないからである。旧刑訴法513条において、「請求の目的は消滅する」として有罪判決確定者・元被告人の死亡によって再審請求が効力を失うとされたのが、検察官が不利益再審の請求をした場合に限定されていたのは、それゆえのことである。現行刑訴法においては、不利益再審が否定されたことから、不利益再審の請求の場合について規定した旧刑訴法513条に相当する規定はおかれていないが、再審公判については、再審判決前に被告人が死亡しても再審公判は継続すると定められているのも（451条2項2号）、誤判の是正という利益再審の目的が、被告人の死亡により消滅することがないがゆえのことである。

このように考えると、旧刑訴法が、検察官が不利益再審を請求した場合に限って、有罪判決確定者・元被告人の死亡により請求の効力が失われるとしていたことには、積極的意味があったというべきである。そうであるならば、利益再審のみを認める現行刑訴法が、再審請求中に請求人が死亡したときに請求手続が終了すると規定していないことにも、積極的意味があるというべきであろう。請求人の死亡による請求手続の終了を予定していないのである。

（4）再審請求中の死刑執行による請求人の死亡

以上のように、再審請求中に請求人が死亡したとしても、本来、請求人の

死亡により請求手続が終了するとすべきではない。再審請求にあたり請求人が弁護人を選任している場合には（刑訴440条1項）、請求人の死亡後も、弁護人が手続の追行を担うことによって、請求手続は継続するというべきである。このことは、再審請求中の死刑執行によって請求人が死亡した場合にも妥当する。

しかし、上記最決平16・8・24は、請求人の死亡により請求手続が終了するとしていた。もっとも、同決定は、請求人が請求中の死刑執行により死亡した事案についてのものではない。再審請求中の死刑執行は違法であり、その違法性は重大である。このことからすれば、死刑執行による請求人の死亡の場合と死刑執行によるのではない死亡の場合とでは、前提事実において大きな質的差異があるというべきである。

再審請求中の死刑執行は重大な違法性を有しており、本来、国は死刑執行をすべきではなかった。本来あるべきでなかった死刑執行により請求人が死亡したときに、請求人の死亡を理由にして再審請求の効力が失われるとすることは背理である。たとえ死刑執行により請求人が現実的救済を受ける機会を失ったとしても、再審請求は、それにとどまらない誤判の是正を求めるものである。再審の目的は、誤判の是正にこそある。このことからすれば、死刑確定者が再審請求にあたり弁護人を選任していたときは、請求人の死亡後は、弁護人が請求手続の追行を担うことによって、請求手続は継続するというべきである。上記最決平16・8・24の射程は及ばないのである。

実際、死刑執行により請求人が死亡した後も、請求手続を終了させることなく、請求理由の有無を判断した例がある。前橋地高崎支決平30・6・25[36]は、死刑確定者が前年の2017年6月21日に第四次再審を請求した後、同年12月19日に死刑執行により死亡した事案について、請求人の死亡により請求手続が終了したとすることなく、請求理由が認められるかどうかを判断し、結論において認められないとして、請求を棄却した。検察官は、第四次再審請求が第一次・第二次の各請求と同一の理由によるものであって違法である旨主張していたところ（刑訴447条2項参照）、同決定はこの主張を退け、「本

---

36 判例集未掲載。同決定について、田鎖・註2論文72頁註55参照。

件再審請求は、その一部に第1回、第2回再審請求と同一の理由による部分を含むものの、……これまでの再審請求手続で審理されていない証拠をも本件証拠として提出されていることからすると、全体としては、第1回、第2回の各再審請求と同一の理由による再審請求に当たるとはいえない」とした。

また、本件に関連して、大阪地決令1・12・5[37]は、死刑確定者が2017年9月12日に第四次再審を請求した後、翌2018年12月27日に死刑執行により死亡した事案について、請求人が死亡したという事実に言及することも、請求人の死亡により請求手続が終了したとすることもなく、請求理由が認められるかどうかを判断し、結論において認められないとして、請求を棄却した。死刑執行による請求人死亡の場合について、再審請求が終了するとした最高裁判例も、下級審判例もないなかで、これらの決定は請求手続の終了を認めなかった点において、注目されるところである。

5　再審請求中の死刑執行による弁護権の侵害

(1) 弁護人の請求手続追行権の法的性格

再審請求人が死刑執行によって死亡した後も、請求人が再審請求にあたり弁護人を選任していたときは、弁護人が請求手続の追行を担うことによって、請求手続は継続する。弁護人は、請求人の選任に基づく弁護権として、再審請求手続を追行する権利を有するのである。このとき、弁護人の請求手続追行権は、どのように性格づけられるのか。

この問題を検討するにあたり参照すべきは、刑訴法451条3項に基づく弁護人の再審公判手続を追行する権利である。同規定は、「再審開始の決定が確定した事件」（1項）について、「有罪の言渡を受けた者が、再審の判決がある前に、死亡し」たときであっても、刑訴法339条4号により公訴棄却の決定をもって手続を終結させるのではなく（2項）、「その審級に従い、更に審判をしなければならない」（1項）ものとしている。この場合において、刑訴法451条3項は、「被告人の出頭がなくても、審判をすることができる。

---

[37] 判例集未掲載。

但し、弁護人が出頭しなければ開廷することはできない」とし、同条4項は、「第2項の場合において、再審の請求をした者が弁護人を選任しないときは、裁判長は、職権で弁護人を附しなければならない」と定めている。すなわち、刑訴法440条1項により請求人が再審請求にあたり弁護人を選任していた場合には、その弁護人が、選任していない場合には、裁判所が必要的に選任した弁護人が、再審公判手続の追行を担うべきものとされているのである。

　このとき、弁護人における再審公判手続を追行する権利（刑訴451条3項）の性格については、弁護人が独立して権利を行使することのできる固有権であると理解されている[38]。再審開始決定の確定した事件については、有罪判決確定者が死亡した後、弁護人がその固有権として、再審公判手続を追行する権利を有するのである。このことは、刑訴法440条が、検察官以外の者が再審請求にあたり弁護人を選任したとき（1項）、その「弁護人の選任は、再審の判決があるまでその効力を有する」（2項）としていることとも、整合性を有している。

　このような理解を前提にするとき、死刑執行による再審請求人の死亡後における弁護人の請求手続追行権についても、弁護人の固有権として性格づけることができよう。死刑執行による請求人の死亡後、請求人によって選任された弁護人は、その固有権として、再審請求手続を追行する権利を有するのである。請求人による選任から、死刑執行により請求人が死亡するまでは、請求手続において、弁護人は基本的に包括代理権としての弁護権を行使し[39]、死刑執行により請求人が死亡した後は、固有権としての弁護権を行使し、請求手続の追行を担うことになるのである。

---

[38] 河上和雄ほか編『注釈・刑事訴訟法（第3版）（第1巻）』（立花書房、2011年）498頁〔植村立朗〕。

[39] 刑訴法443条1項が再審請求を取り下げる権利について規定しているところ、この取下権は請求人の権利として理解されているが、この権利の性質からみて、請求人本人による個別的授権があれば、弁護人の代理行使が可能だとされている（河上・註37書484頁）。また、刑訴規則286条が「再審の請求について決定をする場合には、請求をした者及びその相手方の意見を聴かなければならない。有罪の言渡を受けた者の法定代理人又は保佐人が請求をした場合には、有罪の言渡を受けた者の意見をも聴かなければならない」と定めているところ、この意見陳述権は、弁護人の固有権として理解されている（同書497頁）。

（2）再審請求手続における弁護権

　再審請求人は、請求にあたり、弁護人の援助を受ける権利を保障されている（刑訴法440条1項）。再審請求人により選任された弁護人は、請求手続において、請求人の権利・利益を擁護するために法的援助を提供する権利としての弁護権を有している。

　死刑確定者たる再審請求人と弁護人との面会について、拘置所長が職員の立会のない面会を許さなかった措置の適法性が争われた事案について、最判平25・12・25[40]は、拘置所長の措置が違法だと判断するにあたり、「刑訴法440条1項は、検察官以外の者が再審請求をする場合には、弁護人を選任することができる旨規定しているところ、死刑確定者が再審請求をするためには、再審請求弁護人から援助を受ける機会を実質的に保障する必要があるから、死刑確定者は、再審請求前の打合せの段階にあっても、刑事収容施設法121条ただし書にいう『正当な利益』として、再審請求弁護人と秘密面会をする利益を有する。／また、上記の秘密面会の利益が保護されることは、面会の相手方である再審請求弁護人にとってもその十分な活動を保障するために不可欠なものであって、死刑確定者の弁護人による弁護権の行使においても重要なものである。……」と判示していた。この判示は、弁護人が請求人の権利・利益を擁護するために自己の弁護権を行使して、請求人に対して効果的な援助を提供するうえで、秘密性の保障によって支えられた請求人との自由なコミュニケーション、それを通じて得られる請求人との再審請求に関する協議・検討および請求人の指示がいかに重要かを表している。もとより、この判示が前提としているのは、再審請求手続において、弁護人がその弁護権の行使として、請求人に対して効果的な援助を提供することが重要であるということである。

　刑訴法440条1項が再審請求人に対して弁護人の援助を受ける権利を保障しているのは、誤判の是正を求める請求人が再審請求権を実効的に行使できるようにするためであり、そのようにして再審請求権の保障を実質化するた

40　民集67巻9号176頁。同判決について、葛野尋之『刑事司法改革と刑事弁護』（現代人文社、2016年）261頁以下参照。また、再審請求人と弁護人との秘密接見の保障について、同『未決拘禁法と人権』（現代人文社、2012年）239頁以下参照。

めである。再審請求手続において、請求人は再審請求の趣意書（刑訴規283条）、同補充書、事実取調べ請求書などを作成・提出し、証人尋問、請求人質問などを行ったうえで、最終意見（同286条）を明らかにすることになる。趣意書の記載内容は、刑訴法、刑訴規則などにより規定されていないが、最低限の内容として、請求人、請求の趣旨、再審の理由、再審理由となる新規・明白な証拠などを明記するものとされている[41]。このような請求手続からすれば、それを「すすめるために専門法曹たる弁護士の援助は不可欠であり」、刑訴法440条1項が弁護人の援助を受ける権利を保障したのは「当然の規定」だと理解されている[42]。

　弁護士の岡部保男は、再審請求を行うに際して、①確定記録の検討、事件現場の調査などによる事件の全体像の把握、②確定有罪判決の証拠構造の検討、③供述証拠や鑑定の採否・判断などについて確定判決の弱点の解明、④新証拠の発見・確保、⑤確定訴訟記録がない場合にはその復元の努力、が必要になるとしている。とくに、新証拠の発見・確保については、新証拠の「創造」と表現したうえで、「新証拠がすでにあってこれを発見するというものではなく、弁護人が事件全体の構造を把握したうえで、原判決を覆すに足る証拠はなにであるかを見定めて、これに適合する証拠を、事実のなかから、関係者のなかから、科学的分析のなかから、つかみ出し、証人として、鑑定人として、物証として、証拠書類として、検証請求として、『創造』して、再審請求審理に持ち込むものである」と説いている[43]。再審請求を効果的に進めるためには、弁護人の十分な援助がほとんど不可欠といえるであろう。請求人の身体が拘束されている場合、請求人が自ら能動的・積極的な準備活動を行うことが制約を免れないことから、そのことはいっそう強く妥当する[44]。

　このように、再審請求の実際からみても、請求手続を追行するために、請

---

[41] 岡部保男「再審請求はどのように行うか」竹澤哲夫＝渡部保夫＝村井敏邦編『刑事弁護の技術（下）』（第一法規、1994年）100頁。

[42] 藤永幸治＝河上和雄＝中山善房『大コンメンタール・刑事訴訟法（第7巻）』（青林書院、2000年）110頁〔高田昭正〕。

[43] 岡部・注41論文96～100頁。

求人が弁護人の効果的な援助を受けることが必要であり、弁護人の側からみれば、弁護人がその弁護権の行使として、請求人に対して効果的な援助を提供することが必要であることが分かる。その必要性はきわめて高い。最判平25・12・25の上記判示も、再審請求の実際に符合したものである。

（3）再審請求中の死刑執行による弁護権の侵害

　再審請求中の死刑確定者について死刑が執行された場合、再審請求手続における弁護人の弁護権は、上記のように、請求人の死亡前における包括代理権を基本とする弁護権と、死刑執行による請求人の死亡後における固有権としての請求手続追行権とから構成される。

　再審請求の実際からも、弁護人が請求人に対して効果的な援助を提供するうえで、請求人との十分なコミュニケーションが必要不可欠であることが分かる。十分なコミュニケーションを通じて、弁護人が、確定判決の証拠構造、犯罪事実の認定を基礎づけた証拠の証明力、新証拠に関する請求人側の主張・立証、検察官の意見に対する反論などについて請求人と協議して検討を尽くし、また、請求人から適切な指示を受けることによってこそ、請求人に対して効果的な援助を提供することができるのである。このことを踏まえて、最判平25・12・25も、「秘密面会の利益が保護されることは、面会の相手方である再審請求弁護人にとってもその十分な活動を保障するために不可欠なものであって、死刑確定者の弁護人による弁護権の行使においても重要なものである」と判示していた。

　逆に、再審請求手続において、請求人と弁護人とのあいだの十分なコミュニケーションが欠けたならば、弁護人は請求人に対して効果的な援助を提供することはできない。最判平25・12・25以前には、請求人と弁護人との接見は、時間の制限、職員の立会など、重大な制限を課されており、これによって、両者のコミュニケーションは実質的な制約を受けていた。このようななかで、弁護人が請求人に対して効果的な援助を提供することにおいて、大き

44　免田栄『獄中ノート』（インパクト出版会、2004年）77〜80頁、95頁以下によれば、免田事件の再審請求においても、当初独力による再審請求は困難を極め、3次請求後、弁護人の援助を受けたことによって、ようやく再審請求手続を効果的に追行することが可能になったとされる。

な限界が存在したのである。

　この点について、岡部保男は、「再審請求は……高度な専門的知識を必要とするばかりか、事実関係、証拠関係について実に詳細な検討が必要である。そして、その検討は、再審請求を行う準備の段階においてより必要とする。したがって、再審請求の前後を通じて、弁護人との打合せは必要不可欠である」としたうえで、請求人と弁護人との接見に施設職員が立ち会い、その内容がすべて聴取され、逐一記録化されることによって、「事件の核心にふれて、詳細な打合せをすることは不可能である」と指摘している。岡部保男は、「再審請求人と弁護人との間に秘密交通権が保障されないならば、再審請求を行う第一歩の段階で重大な支障に直面する」としているが[45]、それは、接見の秘密性が保障されないときに、十分なコミュニケーションができないからのことである。

　日本弁護士連合会編『再審』によれば、「再審の段階での弁護活動にはさまざまな障害があって弁護を全うすることが困難な状態におかれているのが実情である」が、その「最初の障害が接見の問題である」という。すなわち、死刑確定者の場合を含め、請求人が身体を拘束されているとき、「弁護人が請求人との打合せのために面会に行くと、傍らに刑務官が腰掛けてその内容を克明に記録している」。たとえば、後に再審無罪が確定する財田川事件においても、大阪拘置所に収容中の請求人谷口繁義氏との接見について、「弁護人が谷口と接見するたびに、拘置所当局に対して、刑務官の立会をやめ、弁護人の秘密交通権を保障するよう要求してきたが、拘置所はこれを拒否し、毎回、刑務官が立ち会い、接見中のやりとりをすべて記録している。このような状態では請求人がいいたいこともいえず、弁護人は聴きたいことも聴けない。刑務官がどのように、そのやりとりを誤解・歪曲して記録し、あるいは上司に報告するやもしれぬ不安があり、さらにその報告がそのようにゆがんで検察官・裁判官に通ずるかもしれないという恐れはぬぐいきれない」という。財田川事件再審請求における弁護活動は、「記録の検討と請求人を含む事件関係者からの事情聴取、現場関係者の調査を繰り返し行うことから始

45　岡部保男「再審請求手続の実態と問題点」法と民主主義82号（1973年）8頁。

まった」という。もちろん訴訟記録の検討は重要であるものの、「もともと訴訟記録は、基本的には検察官の有罪立証の記録であって、請求人の側に有利なものは顕出されていない場合が多」い。それゆえ、「請求人からの事情の聴取は再審遂行上重要な位置を占める」というのである[46]。

同じく後に再審無罪が確定する松山事件においても、弁護士の島田正夫は、「再審を準備しこれを遂行してゆくためには、請求人及び弁護人にとってその打合せのための接見交通が重要な役割をもつ」とし、それにもかかわらず、昭和40年頃から「刑務官の立会がつき接見打合せの内容を逐一記録するようになった。他の再審事件でも問題になったが、その記録を再審裁判所が押収取調べの対象にする可能性が現実にある以上、この点からも再審は大きな制約を受けている」と指摘している[47]。

このように、再審請求手続において、弁護人がその弁護権の行使として、請求人に対して効果的な援助を提供するためには、秘密性の保障に支えられた請求人との十分なコミュニケーションが必要不可欠であって、両者のあいだの十分なコミュニケーションが欠けるならば、弁護人は効果的な援助を提供することができないというべきである。弁護権の行使を大きく制約されるのである。

再審請求人について死刑が執行され、請求人が死亡したならば、弁護人は、請求人とのコミュニケーションの機会を失うことになる。確定判決の証拠構造、犯罪事実の認定を基礎づけた証拠の証明力、新証拠に関する請求人側の主張・立証、検察官の意見に対する反論などについて、請求人と協議して検討を尽くすことがまったくできず、また、その指示を受けることが一切できないのであれば、死刑執行による請求人の死亡後において、弁護人としては、その固有権としての請求手続追行権を効果的に行使することが、きわめて困難になるといわざるをえない。この点において、再審請求手続における弁護

---

[46] 日本弁護士連合会編『再審』（日本評論社、1977年）122〜124頁。かつて死刑確定者である請求人と弁護人との接見には立会がつかなかったが、1965年の帝銀偽証事件をきっかけとして、弁護人との接見にも職員立会を付すことが一般化したという。
[47] 島田正夫「再審担当弁護人からみた検察官、裁判官――松山事件を中心に」自由と正義28巻4号（1977年）70頁。

人の弁護権は、再審請求人の死刑執行によって侵害されるのである。

6　終　章

以上の検討を通じて、本章は、以下のような結論を導いた。

第1に、再審請求中の死刑執行は違法であって、その違法性は重大である。再審請求中の死刑執行は、誤判の是正を求める請求人から、誤判からの現実的救済を受ける機会を奪うものである。この点において、誤判の是正という再審の目的に反しており、請求人の再審請求権（刑訴435条・439条1項2号）を侵害する。再審請求権は、憲法32条の保障する裁判を受ける権利を再審請求の場面において具体化したものであるから、再審請求中の死刑執行は、憲法32条による裁判を受ける権利の侵害にも当たる。それとともに、憲法13条による個人の尊重および生命・自由の保障、憲法31条による適正手続の保障の趣旨にも反している。

再審請求中の死刑執行を違法だとすることは、現行法の規定とも矛盾しない。刑訴法422条は、再審請求が刑の執行停止の効力を有しないと明記しているところ、死刑以外の刑罰であれば、刑の執行が停止されなくとも、請求人が誤判からの現実的救済の機会を失うわけではないのに対して、死刑の場合には、執行によって請求人は誤判からの現実的救済の機会を奪われ、その再審請求権が違法に侵害されることとなる。それゆえ、同規定は、死刑以外の刑罰について規定したものであって、死刑については適用が除外されるものと理解すべきである。また、刑訴法475条2項は、法務大臣による死刑執行の命令が判決確定から6か月以内に発せられるべきとしたうえで、再審請求がなされた場合には、それが終了するまでの期間は6か月に算入しない旨規定しているところ、6か月以内の執行命令ということ自体が訓示規定でしかなく、同規定の趣旨は、生命の尊重という観点から、再審請求中の執行命令を制約することにあり、6か月経過後の執行命令を認める以上、このような趣旨は、6か月経過後の執行命令にも妥当するというべきである。それゆえ、同規定から、6か月経過後には、再審請求中であっても法務大臣の執行命令になんら制約はないとすることはできない。このような理解に立つとき、

再審請求中の死刑執行が違法であって許されないということと、刑訴法475条2項の規定とのあいだに矛盾はない。

さらに、再審請求中の死刑執行が違法であって、許されないということとなれば、死刑確定者が再審請求を繰り返す限り、永久に執行ができなくなることになるから、請求中の執行が許されないとすることは不合理であるとする意見があるところ、刑訴法は同一の理由による請求の繰り返しを禁じるのみであり（刑訴447条2項）、それ以外には、複数回の請求を制限していないのであるから、再審請求によって死刑執行の機会が制限されたとしても、そのことは、確実な誤判の是正のために複数回の請求を認めたことの帰結として受容されなければならない。実際、再審無罪が確定した死刑事件4件を含め、これまでの再審開始の決定の多くは、複数回の請求の結果としてなされたものであったことを想起すべきである。

第2に、死刑執行によって再審請求人が死亡した後も、請求人が再審請求にあたり選任した弁護人が、請求手続の追行を担いつつ、請求手続は継続する。再審請求は、誤判からの現実的救済にとどまらず、誤判の是正を求めるものである。再審の目的は、誤判の是正にこそある。本来あるべきでなかった違法な死刑執行により請求人が死亡したときに、請求人の死亡を理由にして再審請求の効力が失われるとすることは背理である。弁護人が請求手続追行権を有することは、刑訴法440条2項が「再審の請求をする場合」における弁護人の選任の効力は「再審の判決」まで及ぶとしていることとも整合する。

第3に、再審請求中の死刑執行は、請求手続における弁護人の弁護権を侵害する。請求手続において、弁護人は、請求人の死亡前における包括代理権を基本とする弁護権と、死刑執行による請求人の死亡後における固有権としての請求手続追行権とから構成される弁護権を有している。請求人に対して効果的な援助を提供するためには、請求人との十分なコミュニケーションが必要とされるところ、再審請求中に死刑が執行され、請求人が死亡したならば、弁護人は、請求人とのコミュニケーションの機会を一切失うことになる。確定判決の証拠構造、犯罪事実の認定を基礎づけた証拠の証明力、新証拠に関する請求人側の主張・立証、検察官の意見に対する反論などについて、請

求人と協議して検討を尽くすことができず、また、その指示を受けることが一切できないのであれば、弁護人が請求手続追行権を効果的に行使することはきわめて困難なものとなる。この点において、再審請求中の死刑施行は、弁護人の弁護権を侵害するのである。

　これらを踏まえて、本件についてみるならば、本件事案において、死刑確定者たる請求人は、再審請求後、請求に対する判断が確定する前に、死刑執行により死亡した。この執行は、請求人の再審請求権（刑訴435条・439条１項２号）、さらにはその裁判を受ける権利（憲法32条）を侵害する違法なものであった。請求人の死亡後、請求手続は終了することなく、請求人が選任した弁護人がその追行を担った。実際、本件事案において、再審請求を受けた裁判所は、請求人の死亡によって請求手続が終了したとすることなく、請求手続を継続させた（大阪地決令１・12・５）。本件事案において、死刑執行により請求人が死亡した後、弁護人は請求手続追行権を有していたところ、死刑執行によって、請求人とのコミュニケーションの機会を一切失うこととなり、その効果的な行使を重大に妨げられた。この点において、再審請求中の死刑施行は、請求手続における弁護人の弁護権を侵害した。

　再審請求中に死刑が執行され、請求人が死亡しても、再審請求の効力は失われない。再審請求にあたり請求人の選任した弁護人が請求手続の追行を担いつつ、請求手続は継続する。このことは、再審請求が誤判からの現実的救済にとどまらず、誤判の是正を求めるものであることの帰結である。しかし、死刑執行によって、再審請求権の帰属主体たる人の生命は失われ、誤判の是正を求めた請求人は、誤判からの現実的救済を受ける機会を奪われる。このことは、死刑確定者に対して再審請求権を保障する一方で、死刑執行によってその権利を侵害することの矛盾を際立たせるである。

【付記】 私は、2024年８月３日、大阪地裁において、原告側請求の証人として尋問を受けた。私の供述は、本章の内容に沿ったものであったが、証人尋問を受けるにあたり、準備の過程で、かりに再審請求中の死刑執行が適法だとしても、請求人死亡後において、弁護権の侵害が認められるのかという仮定の問題について検討した。かりに再審請求中の死刑執行が適法だとの前提

に立ったとしても、執行による請求人死亡後、請求手続は継続し、弁護人が弁護権の行使として手続追行を担うというべきであり、そうすると、弁護人の手続追行は本人の死亡により重大な制約を受けることになり、死刑執行により弁護人の弁護権が侵害されることになる。そうであるならば、遡って、死刑執行は適法であるとの前提はとりえないことになる。再審請求中の死刑執行は、請求人死亡後の請求手続における弁護人の弁護権たる手続追行権を侵害する点においても、違法なのである。

終 章　刑事弁護の拡大・高度化と起訴基準
―― 起訴基準引下げの現実的契機

1　問題設定――「精密司法」と起訴基準

　法制審議会新時代の刑事司法制度特別部会『時代に即した新たな刑事司法制度の基本構想』は、2013年、日本型刑事手続について次のように指摘していた[1]。すなわち、日本型刑事手続は、「取調べによる徹底的な事案の解明と綿密な証拠収集及び立証を追求する姿勢」をとるものであり、「取調べ及び供述調書への過度の依存」を生み、その結果、「本来公判廷で事実が明らかにされるべき刑事司法の姿を変容させ、取調べを通じて作成された供述調書がそのまま公判廷でも主要な証拠として重視される状況を現出させ、刑事裁判の帰すうが事実上捜査段階で決着する事態」をもたらした。そして、「取調べ及び供述調書に余りにも多くを依存してきた結果、取調官が無理な取調べをし、それにより得られた虚偽の自白調書が誤判の原因となったと指摘さ

＊私は、一橋大学大学院法学研究科、中国人民大学刑事法律科学研究センター、中国刑事訴訟法学会の共催による第5回中日刑事訴訟法シンポジウム（2023年3月25日）において、本章の主要部分を抜粋した原稿をもとにして、報告を行った。当初、私は、この報告原稿自体を発表することを予定していなかったが、その後、同シンポジウムの報告およびコメントをまとめた書籍として、一橋大学大学院法学研究科刑事法部門編・王雲海編集代表『刑事手続における検察の権限』（国際書院、2024年）の出版が決定され、私の報告に対する龍宗智・四川大学教授のコメントも同書に掲載しなければならなかったため、私の報告原稿に基づく論攷を同書に収める必要が生じた。このような事情から、王雲海教授、小坂井久弁護士、秋田真志弁護士にご承諾いただいたうえで、本章から記述の一部を省略・短縮し、公判中心主義に関する記述を付加し、グラフを挿入するなどして、別論文「公判中心主義と起訴基準」を作成し、同書に掲載した。関係各位に御礼申し上げる。

[1] 法制審議会新時代の刑事司法制度特別部会『時代に即した新たな刑事司法制度の基本構想』（2013年1月）2頁、https://www.moj.go.jp/shingi1/shingi03500012.html。

れる事態」が生じ、「捜査段階において真相解明という目的が絶対視されるあまり、手続の適正確保がおろそかにされ又は不十分となって、無理な取調べを許す構造となってしまっていないかとの指摘」もなされている、とである。日本型刑事手続は、しばしば「精密司法」と呼ばれてきたが[2]、その実質は、捜査、とくに取調べ中心主義であり[3]、捜査と公判の分離を本旨とする公判中心主義の形骸化なのである[4]。

「精密司法」の枢要部に位置するのが、検察官による起訴の厳選である[5]。検察実務において、検察官は、綿密で徹底した捜査・取調べを通じて収集した証拠を検討し、有罪判決を獲得することができると確信した事件についてのみ公訴を提起するという高度な起訴基準（以下、これを「確信基準」という）に依拠し、また、広汎な訴追裁量権（刑訴248条）を積極的に行使し、多くの事件を起訴猶予としてきた。2022年の刑法犯処理内訳をみると、公訴提起は36.2％であった（起訴猶予41.8％、その他の不起訴20.3％）。起訴率は、200年以降、低下傾向を見せている（【グラフ】参照）。このような起訴・不起訴の判断のために、捜査・取調べが肥大化し、とりわけ長期間・長時間にわたる被疑者取調べが捜査の中心に位置づけられる。逮捕・勾留された被疑者は、取調べ受忍義務を負うものとされる。捜査機関の取調べを通じて、大量の供述調書が作成される。裁判所の公判審理は供述調書に強く依存したものとなり、直接主義・口頭主義は後退する。確信基準による公訴提起の結果、有罪率はほぼ100％である。「精密司法」は検察官司法であるといわれる所以である[6]。

被疑者取調べの適正化は、被疑者の黙秘権の実質化という観点からも、不適正な取調べからしばしば生じる虚偽自白と誤判の防止という観点からも、刑事司法改革の最重要課題の一つであり続けている。このとき、上記のよう

---

[2] 松尾浩也『刑事訴訟法（上）（新版）』（弘文堂、1999年）16頁。
[3] 三井誠「取調べの現実と今後」井戸田侃編『総合研究・被疑者取調べ』（日本評論社、1991年）29頁。
[4] 葛野尋之『刑事司法改革と刑事弁護』（現代人文社、2016年）7頁以下参照。
[5] 三井誠「刑事手続法の行方」法学教室280号（2004年）33頁。
[6] 三井誠「刑事訴訟法30年と『検察官司法』」別冊判例タイムズ9号『刑事訴訟法の理論と現実』（1980年）37頁。

刑法犯処理内訳と起訴率の推移

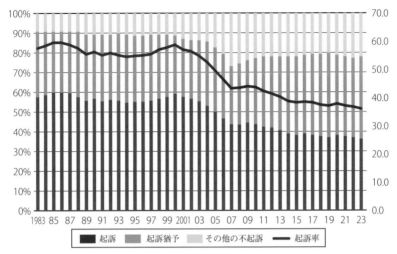

『犯罪白書令和5年度版』による

な「精密司法」の構造からすると、被疑者取調べの適正化はその軽量化、すなわち被疑者取調べ依存の軽減と表裏の課題であるとされ、さらに取調べ依存を軽減するためには起訴基準の引下げが必要であることが指摘されてきた。被疑者取調べの適正化と起訴基準の引下げとは、このようにして結節する。

　本章は、起訴基準の引下げによって取調べの適正化を促進するというのとは逆方向の可能性、すなわち被疑者弁護の拡大と高度化[7]を起点として、取調べの適正化を進展させ、被疑者に保障される黙秘権を実質化することをもって、起訴基準引下げの現実的契機とする可能性について検討する。取調べ録音・録画の制度化と運用拡大のうえに、被疑者弁護が拡大し、頻繁な接見、捜査機関内部のガイドライン遵守の要求、義務化対象外の事件における取調べ録音・録画の要求、原則黙秘の防御方針の採用、さらには在宅事件を含む取調べ立会の要求など、被疑者弁護が高度化するなかで、被疑者取調べの適

---

[7] ここにいう「高度化」とは、被疑者・被告人の権利・利益を擁護し、その防御権を実効化するために誠実にないし熱心に活動する弁護の実践を意味する。「熱心弁護（zealous advocacy）」の現状について、宮澤節生ほか「刑事弁護の高度化に関する予備的検討」青山法務研究論集18号（2019年）、同「連載・刑事弁護の変化と課題」季刊刑事弁護102〜104号（2020年）参照。

正化が進展している。被疑者に保障される黙秘権が実質化し、これに伴い、取調べの位置と機能に変化が生じるとき、捜査機関としては、自らの期待する通りに、被疑者から自白その他の不利益供述を獲得することが困難になる。このことは、検察官において、起訴・不起訴の決定時に有罪獲得の確信を形成することを難しくする。ここにおいて、起訴基準引下げの現実的契機がある。

2　起訴基準の引下げ

（1）検察実務における確信基準

　起訴基準を定める明文規定はない。しかし、公訴提起は確信基準によるとする検察実務が古くから確立している[8]。明治刑訴法下、1900年頃より、検察実務においては、訴追裁量権限の積極活用を通じて起訴猶予が増加するとともに、無罪・予審免訴の減少が企図され、それに伴い、刑事事件全般について検察官が自ら被疑者・関係者を取り調べ、証拠収集を積極的に行うようになった。旧刑訴法（1922年制定、24年施行）は検察官の起訴猶予権限を明文化し、これに伴い、起訴猶予率が大幅に増加するとともに、無罪・予審免訴の数は相当に減少した。起訴基準が高度化したのである。

　現行刑訴法の制定過程では、予審の廃止を前提としつつ、GHQ側から、予備審問を制度化すべしとの提案がなされた。すなわち、検察官が比較的低い起訴基準により公訴を提起し、予備審問において裁判官が勾留・保釈に関する決定を行うとともに、簡単な証拠の調査と審理によって公判に付すべきでない事件を免訴とするとの提案である。しかし、日本側は、旧法以来の確信基準による公訴提起を維持すべきとする立場をとり、断固として譲らなかった。公判に付すべき事件の厳選を、予審の廃止後は、検察官の起訴・不起

---

[8] 三井誠『刑事手続法Ⅱ』（有斐閣、2003年）22頁。起訴基準について、川﨑英明「起訴基準と訴追裁量」川﨑英明＝後藤昭＝白取祐司『刑事司法改革の現段階』（日本評論社、2021年）、斎藤司「公訴提起に必要な嫌疑」一橋大学大学院法学研究科・中国人民大学法学院・中国刑事訴訟法研究会共催「2021年度中日刑事訴訟法シンポジウム──刑事訴訟における訴追と公判」（2022年3月26日）報告原稿など参照。

訴の判断に担わせようとしたのである。結局、予備審問は制度化されることなく終わった[9]。現行法施行からしばらくして、無罪率は旧法時代のそれをさらに下回る低さとなり、このことは、詳密な捜査・取調べを前提とする高度な起訴基準による公訴提起の結果だとされた[10]。

　検察実務においては、実体的真実主義を強調しつつ、起訴後に無罪となる被告人の負担および社会的烙印効果の回避などもあげながら、現在もなお、公訴提起は確信基準によるべきとする立場が維持されている[11]。「検察実務においては、的確な証拠によって有罪判決が得られる高度の見込みのある場合、すなわち、法廷において合理的な疑いを超えて立証できると判断した場合に初めて起訴することとしている。これは、刑罰権の実現が国家的な問題であり、かつ、検察官には公益の代表者の立場から実体的真実を追究することが求められているため、検察官自身が有罪獲得の確信を持てない以上、その事件を起訴するのは妥当でないと考えられているからである」とされるのである[12]。「一応の犯罪の嫌疑が認められる」程度など、起訴基準を引き下

9　渡辺咲子「現行刑事訴訟法制定時における公訴提起に必要な嫌疑」『田宮裕博士追悼論集（上）』（有斐閣、2001年）参照。渡辺は、起訴基準の引下げというGHQの提案は容れられなかったとする。これに対して、現行刑訴法案の国会審議において、政府委員の野木新一が、「公訴の提起ということは、検察官に与えられた最も重大な職責でありますので、検察官としては、これを行使するについては、十分慎重でなければならないということは、現行刑事訴訟法においても、この案においても同じことであろうかと存じます。ただこの案は現行刑事訴訟法と違いまして、公判中心主義を一層徹底しておりまして、名実ともの公判で黒白を決しようという建前になつておりますことと、それからいわゆる検察官が被疑者の身柄を留置して取調べるということは、事実上は従来よりも限られてきておりますので、捜査の段階において、全部の証拠を100パーセント固めて公訴を提起するというようなことにはできがたい場合も相当あるようになるものと思います。従いまして、公訴をする段階におきましても、今までのように何から何までも全部固めて起訴するということでなくて、いま少し公判においてゆとりがあるように、犯罪の嫌疑があればそれで公訴を提起する。そしてあとは公判でいろいろの証拠を出して黒白を決するように、だんだんとなつていくと思います。従つて無罪の率などというものも、現在は非常に少いわけでありますけれども、この訴訟法においては、おそらく今までよりも無罪の率なども多くなるのではないかと思います」と発言しており、公判中心主義が、捜査・取調べの縮小を媒介として、起訴基準の引下げを伴うものであることを指摘していた点が注目される（第2回国会衆議院司法委員会第38回〔1948年6月22日〕）。
10　佐伯千仭「刑事訴訟法40年と無罪率の減少」ジュリスト930号（1989年）参照。
11　岡本章「検察官の訴追裁量——検察の立場から」三井誠ほか編『刑事手続の新展開（下）』（成文堂、2017年）4頁。

げるべきとの見解については、「犯罪の嫌疑が十分でない者が多く起訴される結果となり、我が国の実情などにかんがみると、これらの起訴に伴う種々の人権侵害を生む弊害の危険性が余りに高く、国民の負託にこたえるものとは到底いえない。我が国においては、この見解は妥当でなく採り得ない」とされる[13]。

　裁判員制度の導入に伴い、起訴基準も低下するのではないかとの期待があった。しかし、確信基準によるべきとする立場が維持された。最高検が2009年2月に発表した『裁判員裁判における検察の基本方針』[14]は、「裁判員裁判対象事件の捜査においても、……迅速かつ徹底した捜査によって事案の真相を解明するという捜査の基本に変わるところはな」く、被疑者・関係者、とりわけ被疑者の供述採取が重要であって、「検察官は、従来と同様、被疑者の心を開かせて真実を語らせるための十分な取調べを行い、被疑者から真の自白を得るよう、最善を尽くさなければならない」として、捜査、わけても被疑者取調べの徹底を継続するという立場を示したうえで、「検察権行使の基本的な在り方に変更はなく、公訴権の行使に関しても従来と同様に、検察官は、的確な証拠によって有罪判決が得られる高度の見込みがある場合、すなわち公判廷において合理的な疑いを超える立証をすることができると判断した場合に限り、適正な訴追裁量の上で、公訴を提起することになる」としていた。裁判員裁判において、供述調書の使用が減り、直接主義・口頭主義に立った公判審理が活性化したことはたしかであろうが、綿密で徹底した捜査・取調べ、確信基準による公訴提起、起訴猶予の積極活用による起訴の厳選、さらには供述調書の使用を広く許容する伝聞例外規定という「精密司法」の基本的要素に決定的な変化はなく、その基本構造は残存しているのである[15]。

12　司法研修所検察教官室編『検察講義案（令和3年版）』（法曹会、2023年）6頁。
13　司法研修所検察教官室編・註12書74頁。
14　最高検察庁『裁判員裁判における検察の基本方針』『裁判員裁判の実務（法律のひろば別冊）』（2009年）所収。
15　葛野・註4書19頁。

（2）確信基準引下げの提起

　このように、公訴提起は確信基準によるとする検察実務が確立している。これに理論的支持を与えた論者の代表は、松尾浩也である。松尾は、捜査の開始および逮捕・勾留の理由となる嫌疑と比較して、「公訴の提起は、対象となる被告人に事実上ないし法律上の多大の不利益——心理的・経済的・社会的負担、さらには休職処分のおそれなど——を及ぼすことがあるため、高度の嫌疑がなければ許されない」とした[16]。

　これに対して、捜査・取調べ依存の軽減とその適正化、公判中心主義の実質化を目指して、起訴基準を引き下げるべきとの提起がなされてきた。代表的な論者は、平野龍一である。平野によれば、「起訴に高度の嫌疑が要求されると、訴訟の実質は捜査手続に移らざるをえなくなり、また捜査機関にかなり強力な強制権限を与えざるをえなくなる。そして裁判所は、検察官が有罪と確信したものを、『念のために確かめる』だけになってしまう」[17]。綿密で徹底した捜査・取調べ、確信基準による公訴提起、公判中心主義の後退が、このように結節しているというのである。かくして、平野の構想は、被疑者側の防御権を強化しつつ、捜査・取調べ権限を抑制するという弾劾的捜査観に立ったうえで、起訴基準を引き下げ、もって公判中心主義を実質化しようとするものであった[18]。起訴基準を引き下げ、「あっさりと起訴させようとする[19]」平野の立場は、弾劾的訴追観とも呼ばれた。

　しかし、起訴基準を引き下げるべきとする平野の見解は、検察実務のみならず、学説からも広い支持を得ることはできなかった。捜査構造論としての弾劾的捜査観が広く支持されたのとは対照的であった。後藤昭は、その理由として、保釈運用の現実および有罪率の高さからすれば、「起訴を慎重にすることが人権の尊重になるとの判断」があったこと、起訴基準を引き下げた

---

[16] 松尾・註2書149頁。無罪となった場合の刑事補償も指摘されている。

[17] 平野龍一「現行刑事訴訟法の診断」『団藤重光博士古稀祝賀論文集（第4巻）』（有斐閣、1985年）407頁。

[18] 平野龍一『刑事訴訟法』（有斐閣、1958年）83頁、同「刑事訴訟の促進の二つの方法」同『訴因と証拠——刑事法研究第4巻』（有斐閣、1981年）185頁、「刑事訴訟における実体判決請求権説」同『捜査と人権——刑事法研究第3巻』（有斐閣、1981年）194頁。

[19] 平野龍一「訴因概説」同・註18『訴因と証拠』105頁。

場合の手続のあり方が明確に示されなかったことを指摘している[20]。

検察実務が確信基準による公訴提起に執着するなかで、起訴基準引下げの現実的展望がなかったといってよい。構造的改革を断念し、微修正の積み重ねによるべきとする「精密司法」論が台頭するなかで、弾劾的捜査観には、捜査権限を抑制し、公訴提起の事件選別機能を低下させることによって、公判審理の比重を増大させようとする「捜査抑制型」と、真相解明に向けた強力な捜査を認めつつ、並行して被疑者側の準備も進行させ、公訴提起の慎重さを維持したうえで、公判における当事者の点検の活性化をはかるという「当事者点検型」の二類型があるとし、国民感情において真相解明のための強力な捜査が期待され、起訴の誤りに対する警戒も強いことから、「捜査抑制型」ではなく、「当事者点検型」を基本におくべきとする見解もみられた[21]。

その後、大規模な刑事司法改革が構想されるなかで、被疑者取調べ依存の強さが取調べの適正化を妨げており、取調べの適正化と取調べ依存の軽減とが表裏の課題であることが再認識されるに伴い[22]、起訴基準の引下げによって捜査・取調べ依存を軽減させるべきことがあらためて提起された。注目されるのは、石田倫識の見解である。石田は、確信基準による公訴提起が有罪獲得の確信が得られるまで「捜査の終結」を認めず、身体拘束下での被疑者取調べを長期化させていると指摘し、捜査機関の取調べは供述の本来の証拠価値を害する危険をはらんでおり、捜査段階での供述採取は必要最小限度に抑制すべきとする[23]。そして、イギリス法を参照しつつ、「有罪判決の現実的見込み（51％基準）」をもって公訴を提起すべきことを示唆し、それによって「捜査の終結」を早期化し、被疑者取調べを抑制すべきだとする[24]。

---

20 後藤昭「平野刑訴法理論の今日的意義」ジュリスト1281号（2004年）62頁。
21 田宮裕「取調べ問題の展望」井戸田侃編『被疑者取調べ』（日本評論社、1991年）793頁。このような捉え直しは精密司法論への応答といえるかもしれないが、綿密で徹底した捜査・取調べと公訴提起の厳選との結合が、公判中心主義を後退させた最大の要因であることからすると、モデル論としての弾劾的捜査観の実践性・革新性の低下を招くことになろう（葛野尋之「刑事司法のモデル論」朴元奎＝太田達也編『リーディングス刑事政策』〔法律文化社、2016年〕104頁）。
22 三井誠「鍵は刑事弁護」論究ジュリスト12号（2015年）110頁、葛野・註4書151頁など。
23 石田倫識「起訴の基準に関する一試論」法政研究78巻3号（2011年）839頁。

（3）起訴基準引下げの方法

　本章冒頭において指摘したように、「精密司法」は捜査・取調べへの強度の依存と公判中心主義の後退という歪みを伴いつつ、実体的真実主義に過度に傾斜し、手続の適正を犠牲にしてきた。この歪みを解消するためには、「精密司法」の構造的改革が必要であって、その枢要部に位置する確信基準による公訴提起を見直さなければならない。起訴基準の引下げが必要なのである。

　問題はどのような方法によるべきかである。起訴基準の引下げは「精密司法」の構造的変化をもたらし、刑事司法における検察官の影響力の低下につながりうるものであるだけに、検察内部のイニシアティブによる起訴基準の引下げを期待することはできない。確信基準による公訴提起という長期の確立した検察実務は、そのことを示している。

　考えられるのは、起訴基準に関する法律の規定を設け、たとえばイギリス法に倣って、検察官は「有罪判決の現実的見込み」をもって公訴を提起しなければならない旨法定するという方法である。このような規定が設けられたならば、法定の基準に達したにもかかわらず公訴を提起せず、捜査を継続することは違法となるから、起訴基準の引下げにとって、たしかに有効であろう。しかし、立法の現実的可能性は高くない。検察実務において、確信基準によるべきとする立場は堅固である。起訴基準の引下げは、検察官司法ともいわれる「精密司法」に構造的変化をもたらし、有罪・無罪の判断における検察官の実質的な影響力を低下させる。また、起訴基準の引下げは、起訴・不起訴の決定に至るまでの捜査・取調べ権限の抑制と結びついている。日本において、刑事司法に関する立法が警察・検察の強い影響のもとにおかれているという事実からすると、捜査・訴追の権限を抑制する立法の実現は、大きな現実的困難に直面せざるをえない[25]。

　立法的改革に関連して、検察審査会法の2004年改正法（2009年5月21日施

24　石田倫識「起訴基準の再検討」川﨑英明＝白取祐司編『刑事訴訟法理論の探求』（日本評論社、2015年）93頁。
25　葛野尋之「刑事司法をめぐる立法の力学――被疑者取調べ録音・録画の義務化立法を素材にして」後藤昭編『刑事司法を考える3――刑事司法を担う人々』（岩波書店、2017年）参照。

行）は、検察審査会の2回の起訴相当議決による強制起訴を制度化した[26]。これにより、起訴基準が引き下げられ、「精密司法」に変化が生じるのでないかとの期待が示される一方[27]、起訴された被告人の負担・不利益という現実からすれば、起訴議決も確信基準によるべきとする意見もある[28]。強制起訴の制度化によって、社会的関心の高い刑事事件が公判に付されたことはたしかであるにせよ、それらの多くが無罪判決を言い渡されているなかで、少なくとも現在までに、強制起訴の制度化が確信基準による公訴提起という検察実務を変化させるには至っていない。

　判例によって起訴基準が引き下げられる可能性が問題となる。1952年に発生した鉄道爆破事件について起訴され、第一審の有罪判決の後、控訴審において無罪判決が言い渡され確定した元被告人らが、検察官の公訴提起の違法などを主張して、国家賠償を請求した事件において、1978年の最高裁判決[29]は、検察官の公訴提起に違法はないとした。同判決は、「無罪判決が確定した場合には、判決時と捜査、公訴の提起・追行時で特に事情を異にする特別の場合を除き、捜査、訴追は違法であつたと判定されるべきである」との上告人の主張に対して、「刑事事件において無罪の判決が確定したというだけで直ちに起訴前の逮捕・勾留、公訴の提起・追行、起訴後の勾留が違法となるということはない。けだし、……公訴の提起は、検察官が裁判所に対して犯罪の成否、刑罰権の存否につき審判を求める意思表示にほかならないのであるから、起訴時あるいは公訴追行時における検察官の心証は、その性質上、判決時における裁判官の心証と異なり、起訴時あるいは公訴追行時における各種の証拠資料を総合勘案して合理的な判断過程により有罪と認められる嫌疑があれば足りるものと解するのが相当であるからである」と判示した。

　同判決は、たしかに、検察官が公訴を提起するにあたっては「合理的な判断過程により有罪と認められる嫌疑があれば足りる」と判示した。しかし、

---

[26] 川﨑英明「検察審査会ははりきりすぎか」後藤昭ほか編『刑事司法を担う人々』（岩波書店、2017年）参照。
[27] 三井・註5論文36頁、福井厚「国民の司法参加と民主主義」『村井敏邦先生古稀祝賀論文集』（日本評論社、2011年）417頁。
[28] 中島宏「検察審査会と起訴基準」法学セミナー698号（2013年）16頁。
[29] 最判昭53・10・20民集32巻7号1367頁。

同判決の判示は、この意味における合理的嫌疑による公訴提起であれば適法であり、これに至らない嫌疑による公訴提起は違法だとするものであって、合理的嫌疑を超える、確信基準による公訴提起が違法だということを含意していない。むしろ、合理的嫌疑による公訴提起が適法だとされるのであれば、それを超える起訴基準によることは適法だということになろう。

公訴提起が確信基準より低い嫌疑をもってなさるべきとした場合でも、検察官がより高度な確信基準をもって公訴を提起したとき、必要な嫌疑の程度を超える嫌疑をもって公訴を提起している以上、起訴すべきでない事件を起訴したということにはならないから、その刑事事件について、裁判所が、確信基準による公訴提起は違法であって、より低い起訴基準によるべきとの判断を示すことは想定しがたい。そうすると、判例によって起訴基準が引き下げられることを期待することもできない。

起訴基準引下げの現実的契機となりうるのはなにか。

3　被疑者取調べの適正化と起訴基準の引下げ

（1）被疑者取調べと起訴基準

ここにおいて、起訴基準と被疑者取調べとの関係性をあらためて確認しておく。

確信基準による公訴提起は、捜査・取調べの肥大化を媒介として、被疑者取調べの適正を損ないやすい。検察官が確信基準によって起訴・不起訴を判断しようとするとき、その基礎となる捜査資料を収集するための捜査・取調べが肥大化するのは必至である。起訴・不起訴の判断資料は未だ公判において被告人側の弾劾を受けていないことからすれば、被疑者自身による犯罪事実の告白としての自白が重視されるのは自然であろう。犯罪捜査の中心は、被疑者取調べにおかれることになる[30]。松尾浩也が指摘するように、「精密司法の問題性は、おのずから『手続の適正』よりも『真相の解明』に傾くところにある[31]」。被疑者取調べが適正さを欠くものになりがちなのである。

30　葛野・註4書22頁。

被疑者の黙秘権の形骸化、さらには虚偽自白と誤判の危険がここから生じる。

　起訴基準と被疑者取調べとがこのような関係性を有するからこそ、起訴基準の引下げが、捜査・取調べ依存の軽減を媒介として、被疑者取調べの適正化を促進しうるのである。そうであるならば、被疑者取調べを適正化することによって、起訴基準の引下げを促すことはできないか。取調べ録音・録画の制度化と運用拡大のうえに、被疑者弁護の拡大と高度化によって進展した取調べの適正化、それに伴う被疑者の黙秘権の実質化は、起訴基準引下げの現実的契機となるのではないか[32]。

（２）被疑者取調べの適正化

　近時、被疑者取調べの適正化をめぐる展開が急である。

　対象事件が限定され、曖昧で広汎な例外も認められたとはいえ、刑事弁護を担う弁護士たちが強く求めてきた取調べの録音・録画[33]は、2016年の刑訴法改正（2019年6月1日施行）によって遂に制度化された。とくに検察官取調べにおいては、義務化対象事件を超えて、録音・録画は顕著な拡大を見せている。録音・録画の制度化は、第一次的には、被疑者供述の任意性を正確に判断することを目的としているが（刑訴301条の2）、取調べ状況の検証可能性の確保を通じて、その適正化を強く促すものである。実際、録音・録画の制度化と運用拡大によって、限界を残しつつも、自白獲得のための威圧的・脅迫的取調べ、行き過ぎた誘導・暗示など、不適正な取調べが実際に減

31　松尾・註2書16頁。
32　石田倫識「捜査改革と起訴基準——公判中心主義の実現に向けて」法律時報85巻8号（2013年）37頁は、検察審査会の起訴相当議決について拘束力を認める法改正により、起訴基準が引き下げられたとしても、それが当然に公判中心主義の実質化をもたらすわけではないとし、公判中心主義を実質化するためには、取調べの適正化が必要だとする。取調べの適正化と公判中心主義の実質化とを関連させる点においては、本章と同じ視点に立つが、被疑者弁護の拡大・高度化に伴う被疑者取調べの適正化の進展、とくに被疑者の黙秘権の実質化が契機となって、起訴基準が引き下げられ、それがさらに公判中心主義の実質化を促すという関係性を指摘しているわけではない。
33　小坂井久＝秋田真志編『取調べ可視化——密室への挑戦』（日本評論社、2004年）、小坂井久『取調べ可視化論の現在』（現代人文社、2009年）、同『取調べ可視化論の展開』（現代人文社、2013年）など参照。

少していると報告されている。その結果、公判において被告人供述の任意性が争われる事案も確実に減っているという。

　他方、1990年に弁護士会が開始した当番弁護士制度、それを踏まえて制度化された被疑者国選弁護制度とその対象事件の拡大によって、被疑者が実際に弁護人の援助を受ける機会が劇的に広がった。2021年、請求による勾留状発付人員の85.4％にあたる被疑者について、国選弁護人が選任されていた。私選弁護人の選任を合わせると、勾留された被疑者の90数％が実際に弁護人の援助を受けていることになろう（序章の【グラフ1】・【グラフ3】参照）。

　被疑者弁護の拡大とともに、被疑者取調べをめぐり、その高度化も顕著である。頻繁な接見、捜査機関内部のガイドライン遵守の要求、義務化対象外の事件における取調べ録音・録画の要求、さらには在宅事件を含む取調べ立会の要求などを通じて、被疑者取調べは、適正さを強める方向へと変化をみせている[34]。

　とくに注目されるのは、原則黙秘の防御方針の広がりである[35]。録音・録画の制度化と運用拡大によって、被疑者に供述を強要するような取調べが現実に抑止され、被疑者が実際に黙秘を続けることのできる取調べ環境が生まれたことに伴い、被疑者と弁護人とが相談のうえで、黙秘をもって取調べに臨むという防御方針が広がったのである。現在、原則黙秘こそが被疑者弁護の基本であるともいわれる。

　このように、録音・録画の制度化と運用拡大という基盤のうえに、被疑者弁護が拡大し高度化したことは、被疑者取調べの適正化を進展させる大きな力となる。とくに原則黙秘の防御方針は、取調べの主導権を被疑者の側に移すことを通じて、被疑者の黙秘権の実質化を促進する。

---

[34] 原則黙秘の防御方針を含め、浦功「取調べの可視化と黙秘権——新時代の刑事弁護の展望」浦功編『新時代の刑事弁護』（成文堂、2017年）、小坂井久「可視化時代の刑事弁護」・秋田真志「弁護人立会権の実践と展望」佐藤博史責任編集『捜査と弁護』（岩波書店、2017年）など参照。
[35] 被疑者の黙秘権行使において弁護人が果たすべき役割についての「取調べに対する防御」という観点からの分析を含め、岡慎一「被疑者の黙秘権と弁護人の役割」『四宮啓先生古稀記念論文集』（日本評論社、2022年）参照。

(3) 起訴基準引下げの現実的契機

　被疑者取調べの適正化が進展することは、取調べの場面において被疑者の黙秘権が実質化することを意味する。すなわち、被疑者が自己の意思に反して供述を強要されることなく、手続全体にわたる防御の視点に立って、いつ、どのような事項について、どのように供述するか、あるいは供述しないかを真に自由に決定することを可能にするのである[36]。

　被疑者の黙秘権の実質化は、取調べの位置と機能を変化させることになろう[37]。実際、イギリスにおいては、1984年警察刑事証拠法のもとで、弁護人の効果的な援助の保障を中核として、厳重な手続保障が重層的に整えられたことに伴い、被疑者取調べは、より十分な証拠に基づく逮捕の後に、取調官が被疑者に対して被疑事件およびすでに収集した被疑者供述以外の証拠について説明しつつ、被疑者から被疑事件および収集証拠について説明を受け、それに矛盾、曖昧な点、理解困難な点などがあれば、さらにその説明を求めるという形で（運用規程C11.6参照）、ポイントを突いた、より「戦略的」なものとなったというのである[38]。このような取調べ実務の変化を踏まえて、イギリス警察大学校において開発されたのが、被疑者取調べのPEACEモデルである[39]。

　日本においても、被疑者の黙秘権の実質化に伴い、被疑者取調べの位置と機能に変化が生じるであろう。被疑者が強固な黙秘の意思を有しており、被疑者から供述を獲得する現実的な見込みが低い場合には、捜査機関としても、取調べ以外の捜査による証拠収集に力点を移さざるをえなくなるであろう[40]。また、被疑者を取り調べるにあたっても、捜査機関の側は身体拘束・取調べの前に客観的な証拠を収集する必要が高くなり、そのうえで取調べにおいては被疑者から被疑事実および証拠について説明を受け、説明に欠ける点、不合理な点、客観的証拠と矛盾する点などについてさらに説明を求めるという

---

[36] 黙秘権の保護的機能および防御権的機能について、葛野尋之『未決拘禁法と人権』（現代人文社、2012年）193頁、同「被疑者の黙秘権と弁護人の効果的な援助」『大出良知＝高田昭正＝川﨑英明＝白取祐司先生古稀祝賀論文集』（現代人文社、2020年）248頁参照。

[37] 小坂井久＝中西祐一「可視化法理と『取調べ観』の転換（下）」判例時報2397号（2019年）122頁は、録音・録画のもとで原則黙秘の防御方針が広がり、被疑者の黙秘権が実質化するなか、「取調べ観」の変化が生じていると指摘する。

方向への変化が生じることになろう。取調べ実務の変化によって、とくに客観的証拠の収集が十分でない場合には、捜査機関は、被疑者から自白その他

---

38 アンドリュー・サンダースとリチャード・ヤングは、取調べ前に留置施設の居房に数時間被疑者を置き去りにすることによって、被疑者の不安と孤独感を高め、それによって自白獲得に向けての取調べの圧力を強めようとする「取調べテクニック」が広く用いられてきたとするところ (Sanders and Young, Andrew Sanders et al., Criminal Justice 286-287 [4th ed., 2010])、ディクソンらは、警察刑事証拠法のもとでの「新しいプロフェッショナリズム」の台頭を指摘している。見込みと勘を頼りに被疑者を逮捕し、2日間留置し、取り調べて自白させ、「やってみるだけの価値はある」と判断すれば、証拠が十分とはいえない事件でもとりあえず告発していた「伝統的捜査方法」に対して、逮捕後、被疑者の取調べが許される告発前留置の時間が厳しく限定され、取調べ時間・方法も規制され、捜査と留置の分離が徹底されたなどしたため、逮捕前により十分な証拠を収集しておかなければならず、さらに逮捕後も「的を絞った」迅速な取調べをしなければならなくなったとするのである（Dixon et al., Safeguarding the Rights of Suspects in Police Custody, 1 Policing and Society 115, 132-133 [1990]）。アービングとマッケンジーは、警察刑事証拠法の施行前1970年の捜査実務と施行後1986年の捜査実務とを比較した調査研究に基づき、「警察刑事証拠法の施行後、逮捕の基礎となる証拠の質が高くなっており、その結果、逮捕後の取調べ開始時点で警察がすでに収集している被疑事実を裏づける証拠が、より強固なものとなった」と指摘している（Barrie L. Irving and Ian K. McKenzie, Police Interrogation: The Effect of the Police and Criminal Evidence Act 1984, 64-66 [1989]）。

39 R・ルミン＝R・ブル（原聰編訳）『取調べの心理学』（北大路書房、2003年）197頁以下、「特集・エビデンスに基づく取調べの科学化」法と心理12巻1号（2012年）など参照。

40 現職の検察官からも、黙秘する被疑者に対しても「聴取」に続き、「追求」、さらには「説得」を行うべきとする一方、被疑者の黙秘権を侵害しないよう十分注意を払う必要があるとし、架空の事案に即して取調べの具体的方法を解説するなかで、「黙秘を貫かれた場合には、これ以上質問を続けることは不適切だと思います。何を聞こうが黙秘を貫くという姿勢が明確となっているとみるべき状況で、質問をし続けることは黙秘権の侵害だとの誹りを受ける可能性があります」との見解が示されている（山田昌広『録音録画時代の取調べの技術』〔東京法令出版、2021年〕244頁）。濱田毅「検察における取調べの録音・録画」刑法雑誌62巻1号（2023年）17頁によれば、録音・録画の試行結果を踏まえて、「検察内部でも、録音・録画時代における取調べの在り方の検討・指導の重要性が意識され始めた」とされ、「取調べの適正化に向けて、目の前の被疑者を当然のように『犯人』扱いしない、否認、とくに黙秘〔弁護人による黙秘推奨を含む〕に対する意識・感情的反発を制御することなども指導され」ているという。他方、犯罪捜査を担う実務家のなかには、被疑者の供述こそが事案の真相解明にとって不可欠であり、自白が「証拠の王」とはいえなくなった現在でも、取調べこそが依然として捜査の中心であるとの認識が根強いようである（たとえば、「『神聖な場所』への弁護士立ち会い、話が違う――元捜査一課長が語る」朝日新聞DIGITAL2023年11月20日）。このような認識は、取調べ技法のみならず、長期・長時間の取調べ、長期の身体拘束、警察留置場への拘束、録音・録画の限定、弁護人立会の否定などを通じて、被疑者取調べを、被疑者の黙秘権を無効化する方向へと傾斜させることになろう。そのような方向は、憲法における黙秘権の保障（38条1項）、その基礎にある「個人として（の）尊重」（13条）という究極的価値に矛盾するものであろう。

の不利益供述を獲得することが難しい環境が形成される。被疑者から獲得する供述が少なくなれば、捜査機関としては、客観的証拠の収集にいっそう注力することになろう[41]。そのことは、被疑者取調べの位置と機能の変化をさらに促進する。

　検察官が起訴・不起訴の決定時に有罪獲得の確信を形成しようとするとき、上記のように、そのための資料としては自白を重視することになろう。被疑者取調べの位置と機能の変化に伴い、被疑者から自白その他の不利益供述の獲得が困難になると、結果として、検察官は有罪獲得の確信を形成し難くなる。ここにおいて、起訴基準引下げの現実的契機があるのである。

4　結　語──さらなる変化を促進するための手続保障

　以上のように、録音・録画の制度化と運用拡大のうえに、被疑者弁護が拡大し、頻繁な接見、捜査機関内部のガイドライン遵守の要求、義務化対象外の事件における取調べ録音・録画の要求、原則黙秘の防御方針の採用、さらには在宅事件を含む取調べ立会の要求など、被疑者弁護の高度化が進むことによって、被疑者の黙秘権が実質化し、これに伴い、取調べの位置と機能に変化が生じる。このとき、捜査機関としては、被疑者から自白その他の不利益供述を獲得することが困難になる。このことは、検察官が起訴・不起訴の決定時に有罪獲得の確信を形成することを難しくする。ここにおいて、起訴基準引下げの現実的契機がある。確信基準による公訴提起が「精密司法」の枢要部に位置していたことからすると、起訴基準の引下げは、「精密司法」の構造的変化を生み、捜査・取調べ依存の軽減とともに、捜査と公判の分離を本旨とする公判中心主義の再生を促すであろう。

　被疑者弁護の拡大・高度化を起点とするこのような連鎖的変化をさらに促進するためには、被疑者取調べと被疑者弁護をめぐり、さらなる手続保障の強化が必要とされよう[42]。

41　犯罪捜査において、携帯電話・電子メール・SNSの通信情報、スマートフォンを通じてのGPS位置情報、防犯カメラ・監視カメラによる画像情報などの入手可能性が高まれば、取調べによる供述獲得が占める位置は相対的に低下することとなろう。

第1に、取調べ録音・録画の拡大である。義務化対象事件および精神障がいのある被疑者の事件を除き、警察取調べの実務における録音・録画は依然として例外的なものにとどまる。また、任意同行した在宅被疑者を長時間取り調べ、自白を獲得しようとする捜査実務も続いている。イギリス法に倣い、在宅被疑者の取調べを含め、全事件・全過程の取調べの録音・録画が義務化されるべきである。

第2に、被疑者弁護のいっそうの拡大である[43]。被疑者が勾留された全事件が国選弁護人の選任対象とされたが、逮捕段階を含む、捜査初期段階における弁護人の援助の保障はなお不十分さを残している。逮捕段階の国選弁護人制度、資力のない被疑者に対する法律扶助の適用、公費による当番弁護士制度など、重層的な公的弁護制度を設けることによって、弁護人の援助を必要とする被疑者が、逮捕前の任意取調べを受ける段階を含む捜査初期段階から、確実に弁護人の援助を受けることができるようにすべきである。

第3に、被疑者弁護の高度化を進めるための手続保障の強化である[44]。弁護人の効果的な援助を受けることによって、被疑者が防御の準備を整えたうえで取調べに臨むことができるような手続保障を構築する必要がある。そのためには、弁護人が、取調べ前に、被疑事実および収集された証拠について、捜査機関から防御準備のために必要な情報の開示を受けなければならない。また、取調べに先立ち、被疑者は弁護人と接見し、必要な助言を受け、十分

---

[42] 取調べの適正化と強く関連する課題として、逮捕・勾留要件の解釈の厳格化、逮捕留置期間の限定、勾留質問の対審化と弁護人の効果的な援助の保障、代用監獄制度の廃止、保釈・拘禁代替措置の制度化など、被疑者の身体拘束の改革がある。これについて、葛野・註35書41頁・59頁・25頁・157頁、葛野尋之・註4書168頁、葛野尋之「被疑者の身体拘束――残された改革課題」村井敏邦＝海渡雄一編『可視化・盗聴・司法取引を問う』（日本評論社、2017年）参照。起訴基準の引下げにとってはとくに、起訴された被告人の負担を軽減するために保釈の拡大が必要とされる。このとき、保釈条件の多様化も求められる。この点について、葛野・註35書59頁、同「保釈とGPS電子監視」季刊刑事弁護107号（2021年）22頁参照。

[43] 葛野尋之「被逮捕者と弁護人の援助を受ける権利――公的弁護制度と確実な援助要求のための手続保障」『寺崎嘉博先生古稀祝賀論文集（上）』（成文堂、2021年）（本書所収・第8章）211頁。

[44] 葛野・註35論文249頁。刑事弁護の高度化を通じて被疑者・被告人の効果的弁護を受ける権利を実質化するための制度的・理論的課題について、葛野尋之「『刑事弁護』分野をめぐる回顧と展望」刑法雑誌63巻3号（2023年）、同「刑事弁護の拡大と高度化――その現状と改革課題」青山法学論集65巻2号（2023年）（本書所収・序章）参照。

相談する機会を与えられなければならない。接見を通じて、取調べへの対応方法を含め、防御方針を決めるのである。さらに、被疑者は取調べ中に弁護人の立会を受け、適宜の助言、取調べへの必要な介入など、取調べ中の援助を受けることができなければならない。

【付記】渕野貴生「検察官司法の動向と改革展望」立命館法学405・406号（2022年）は、「精密司法」を「検察官司法」と性格づけたうえで、適正手続の強化に向けてその根本的改革を展望し、「検察官司法の岩盤そのものを破壊する正面突破を決断しない限り、根本的な改革の実現は覚束ないだろう。具体的には、取調べ受忍義務を否定して、黙秘権行使に取調べ遮断効を持たせる条文を正面から規定すること、被疑者が取調べを拒否したにもかかわらず、捜査官が被疑者の意向を無視して取調べを続行することができないようにするために取調べへの弁護人立会い制度を導入すること、伝聞例外規定を抜本的に改正して、自白調書および検察官面前調書の証拠能力を全面的に否定すること、などが求められる。また、広範な訴追裁量を容認している刑訴法248条についても、考慮要素を縮減し、基本的には、行為責任の大小に従った客観的な基準に基づき、行為責任が一定以下の場合には起訴猶予処分とし、一定以上の場合には起訴するというドライな基準に改正する必要があろう。併せて、起訴に必要な嫌疑の程度も、より低い基準に設定し、設定した基準に到達すれば起訴しなければならない、という規定ぶりにする必要がある」と論じている（698頁）。たしかに、これら諸改革が実現したならば、「精密司法」は根本的変革を余儀なくされる。もっとも、これら諸改革の必要性が説かれてきたにもかかわらず、諸改革がなお実現しておらず、間近で確実な実現の見通しも立っていないことからすれば、諸改革を実現するための現実的契機を具体的に論じることにも意味があろう。本章は、確信基準による公訴提起が「精密司法」の枢要部に位置するところ、被疑者弁護の拡大・高度化が、被疑者の黙秘権の実質化を媒介として、起訴基準の引下げの現実的契機となりうることを論じ、本書、とくに序章は、刑事弁護の拡大・高度化が、刑事手続の諸局面において、「精密司法」の根本的改革につながる諸改革の実現を促すことを論じた。

索 引

《ア行》

EU 指令 …… 9, 11, 14, 102, 141-142, 149, 152, 230-231, 242-243, 254-256, 260, 265-266, 272, 290-291, 325, 331, 334-335
意見表明権（児童の権利条約12条）
　　…… 313, 315, 317, 327, 336
意思確認（弁護人の援助についての被疑者の——）…… 218, 223, 226, 242-243, 257
欧州人権裁判所 …… 9, 12, 14, 101, 102, 126, 137-141, 143, 230, 249-253, 255, 263, 285, 287, 290-291, 318-322, 325, 327, 329, 331, 348
欧州人権条約 …… 137-139, 230, 232, 249, 251-252, 285, 287-288, 290-292, 318-319, 321, 325, 327, 329, 344, 348

《カ行》

確信基準（公訴提起の——）…… 376, 378-379, 381-385, 390
起訴基準 …… 309, 376-386, 388, 390
規律・秩序（刑事施設／収容施設の——）
　　…… 111-112, 114-117, 119, 122-124, 173, 175-176, 178-180, 183-185, 191, 195, 197, 202-206, 210-211, 213, 281-282
警察刑事証拠法（PACE）（イギリス）
　　…… 144, 147, 218-219, 221, 223, 226, 230, 257-258, 265, 272-275, 292, 388-389
警察署常駐型当番弁護士制度 …… 12, 227-230, 240, 243
刑事収容施設及び被収容者等の処遇に関する法律（刑事収容施設法）

　　…… 110-116, 119, 122-124, 155, 157-158, 161-164, 171, 173-183, 186-190, 192, 280-281, 292, 366
原則黙秘（の弁護方針）…… 6, 14, 84, 276, 387, 390
権利告知書 …… 218, 224, 233, 241
公正な裁判を受ける権利（欧州人権条約6条1項）…… 101, 230, 285-286, 313, 317, 320-321, 325, 327, 329, 336, 348
公的弁護（制度）…… 151, 217, 237-238, 243, 247, 391
公判前整理手続 …… 8, 15-16, 159
公判中心主義 …… 5, 8, 309, 376, 379, 381, 390
公判弁護 …… 26
国選弁護人 …… 3, 12-13, 19, 26, 126, 128, 235, 237-238, 241-242, 278, 331, 391
告知（弁護人の援助を受ける権利の——）
　　…… 94, 154, 218-219, 223-226, 232-233, 239, 241-244, 258
個人としての尊厳 …… 248, 344
子どもにやさしい司法 …… 313, 317, 322-325, 331, 333, 335
誤判を免れる権利 …… 343-344, 350
固有権（弁護人の——）…… 108, 110, 303, 342, 365, 368, 370, 372

《サ行》

罪証隠滅（の可能性／防止）…… 13, 34, 79, 95, 127, 133-134, 148, 158, 161, 171-172, 175-177, 180, 183-184, 187, 189, 195, 197, 202-206, 210-213, 278-279, 282
再審請求 …… 198, 338-342, 346-347, 350, 352-355, 357, 359-363, 368-374
再審請求権 …… 343-344, 347-353, 355-356, 366, 371, 373

再審請求人 …… 350, 364-366, 370-372
再審請求弁護人 …… 198, 368
裁判員制度（裁判員裁判）…… 8, 160, 307, 380
裁判を受ける権利（憲法32条）…… 341-342, 344, 346-352, 355, 371, 373
サルダズ判決 …… 9, 14, 138-141, 143, 230, 249-251, 253, 255, 263
死刑確定者 …… 340, 343-344, 346, 351, 353, 355, 357, 363, 366, 368, 372-373
死刑（の）執行 …… 338-342, 350-353, 355-358, 363-365, 368, 370-374
市民的及び政治的権利に関する国際規約（国際自由権規約）…… 2, 217, 284-285, 288, 355
出頭・滞在義務（被疑者の——）…… 61, 64, 72, 267, 269
守秘義務（弁護人の——）…… 12, 22
情報通信機器の持込み／使用 …… 154-158, 160-165, 168
資力要件 …… 102, 220, 232, 238-239, 243, 254
真実義務（弁護人の——）…… 21, 23-24, 27
身体（の）拘束 …… 4, 9, 13, 46, 50, 53, 57, 59, 61, 65, 71, 74, 78, 81, 94, 105, 159, 217, 239, 245, 255, 263, 334, 382, 388, 391
身体の自由 …… 99
誠実義務（弁護人の——）…… 17-18, 20-25, 27-28, 31, 161, 336
精密司法 …… 376-377, 382-384, 390
接見交通（権）…… 7, 34, 39, 43, 49, 50, 52, 55-60, 71-72, 74, 78, 80, 89-90, 92, 104, 108-109, 111-116, 118, 120, 122-137, 148-149, 153, 157-158, 160, 164, 170, 172-181, 184, 186, 189, 192-194, 196, 203-205, 207-208, 210-211, 213, 246, 270-271, 277-279, 283, 370
接見指定（制度）…… 7, 8, 49, 51-52, 57, 59, 72, 86, 90-93, 98, 103-104, 123, 129, 132-137, 148, 172, 214, 246, 270-271, 279

《タ行》

逮捕・勾留 …… 10, 11, 15, 51, 56, 59, 61, 64, 70, 72, 81, 159, 161, 178, 234, 244, 267, 269, 278, 376, 381, 391
逮捕段階での（被逮捕者に対する）公的弁護 …… 6, 9, 10, 26
逮捕前の（被疑者と弁護人等との）面会 …… 35, 45, 47-49, 52-55, 58, 61, 64, 66-67, 70-71, 73, 104
逮捕留置 …… 128, 279, 391
弾劾的捜査観 …… 248, 275, 381-382
庁舎管理権 …… 158, 162, 175, 181, 183, 187, 189
通信秘密の（包括的）保護 …… 283, 292, 294, 296, 299, 302, 304, 306, 308, 311
付添人（弁護士——）…… 28-31, 236, 312-313, 329, 331, 333-337
当事者主義 …… 4, 20, 125, 160, 193, 248, 309-311
当番弁護士制度 …… 3, 9, 13, 147, 151, 227, 234, 238, 240, 387
逃亡（の可能性／防止）…… 33-34, 47-48, 52-54, 71, 95, 127, 158, 161, 171, 175-177, 180, 183-185, 187, 189, 195, 197, 202-206, 210-213, 278-279, 282
取調べ受忍義務 …… 11, 15, 31, 267-269, 272, 376

《ナ行》

日本型刑事手続 …… 375-376

日本司法支援センター（法テラス）……4, 234

《ハ行》

被疑者国選弁護制度……3, 9, 26, 151, 159, 234-235, 237-238, 246, 333, 387
被疑者取調べ……4, 6, 14, 102, 126, 246-248, 267, 272-276, 376-377, 380, 382, 385-388, 391
秘匿特権……280, 284, 286-287, 292-304
秘密交通（権）……130, 164, 169, 172, 197, 200, 204, 208, 210-211, 213-214, 277, 303, 369
武器対等……4, 304-306
弁解録取……33, 35, 84, 88-90, 93-105, 217, 244-245
弁護士職務基本規程……21-23, 161, 184, 188, 191
弁護士の役割に関する基本原則……2, 290
弁護人の（高度な）専門性……4, 8, 160, 187, 197, 204, 211, 213-214
弁護人の（職業）倫理……20, 158, 161, 184, 186-187, 190-192, 197, 203-204, 206, 211-213, 289
弁護人の効果的な援助……2, 4, 16, 25, 101, 105, 125, 160, 187, 193, 208, 244, 249, 260, 264-265, 267, 269, 274, 276, 281, 304, 305-307, 311, 321, 326, 368, 388, 390-391
弁護人の弁護権……37, 41, 45, 48, 54, 60, 64, 69-70, 72, 85, 158, 167, 191, 197, 338, 342, 364-366, 368, 370-374

弁護の拡大……3, 4, 5, 386, 390
弁護の高度化……3, 4, 5, 8, 15, 386, 390-391
防御権……2, 4, 9, 12-13, 17-18, 22, 25-26, 37-38, 46, 100, 105, 147, 189, 191, 261, 377, 381
法令遵守理論……298-299
保護室……110-124
保釈……13, 99, 378, 381, 391
保釈率……4

《マ行》

無料弁護……11, 102, 220, 225, 232-233, 254, 273, 327
黙秘権……14-15, 23, 26, 31, 85, 101, 129-132, 137-139, 141, 143-144, 148-151, 244-245, 248-249, 256-257, 261-265, 267-270, 272-273, 276, 330, 376, 386-390
黙秘権の防御権的機能……31, 149-151, 244, 248, 263, 267, 388
黙秘権の保護的機能……31, 149, 151, 244, 248, 264, 388

《ラ行》

留置管理官（イギリス）……145-146, 223, 225, 227-228, 241, 257, 260, 265
留置の必要（性）……35, 85, 94-96, 99-100, 104, 217
録音・録画（取調べの——）……14, 84, 101, 149, 150, 217, 247, 257, 276, 377, 386-387, 391

《著者紹介》

葛野 尋之（くずの ひろゆき）

●――略歴

1985年、一橋大学法学部卒業。1990年、一橋大学大学院法学研究科単位修得退学。2003年、博士（法学）。静岡大学人文学部助教授、立命館大学法学部助教授・教授、一橋大学大学院法学研究科教授などを経て、2022年より、青山学院大学法学部教授。

●――主要業績

単著書として、『少年司法の再構築』（日本評論社、2003年）、『刑事手続と刑事拘禁』（現代人文社、2007年）、『少年司法における参加と修復』（日本評論社、2009年）、『未決拘禁法と人権』（現代人文社、2012年）、『刑事司法改革と刑事弁護』（現代人文社、2016年）。編著書として、『少年司法改革の検証と展望』（日本評論社、2006年）、『リーディングス刑事訴訟法』（法律文化社、2016年）、『接見交通権の理論と実務』（共編著）（現代人文社、2018年）、『少年法適用年齢引下げ・総批判』（共編著）（現代人文社、2020年）、『裁判員裁判の現在――その10年の成果と課題』（編集代表）（現代人文社、2021年）、『刑事訴訟における公判中心主義――日本と中国』（共編著）（成文堂、2022年）、『再審制度ってなんだ』（共編著）（岩波書店、2024年）など。

青山学院大学法学叢書　第10巻

弁護人の援助を受ける権利の現代的展開
（べんごにん　の　えんじょ　を　うける　けんり　の　げんだいてきてんかい）

2025年2月28日　第1版第1刷発行

著　者	葛野尋之
発行所	株式会社　日本評論社

〒170-8474　東京都豊島区南大塚 3-12-4
　　　　電話 03-3987-8621　　FAX 03-3987-8590
　　　　振替 00100-3-16　　　https://www.nippyo.co.jp/

印刷所	精文堂印刷
製本所	松岳社
装　幀	百駱駝工房

検印省略　© H. Kuzuno 2025

ISBN978-4-535-52834-5　　　Printed in Japan

JCOPY　〈(社)出版者著作権管理機構　委託出版物〉

本書の無断複写は著作権法上での例外を除き禁じられています。複写される場合は、そのつど事前に、(社)出版者著作権管理機構（電話03-5244-5088、FAX 03-5244-5089、e-mail: info@jcopy.or.jp）の許諾を得てください。また、本書を代行業者等の第三者に依頼してスキャニング等の行為によりデジタル化することは、個人の家庭内の利用であっても、一切認められておりません。